ケイト・L・トゥラビアン Kate L. Turabian　　沼口隆＋沼口好雄［訳］

シカゴ・スタイル
研究論文執筆マニュアル

A Manual for Writers of Research Papers, Theses, and Dissertations
Chicago Style for Students and Researchers

慶應義塾大学出版会

Copyright © 2007 by The University of Chicago. All rights reserved.
Japanese translation rights arranged with
The University of Chicago Press, Chicago, Illinois, U.S.A.
Through Japan UNI Agency, Inc., Tokyo.

■ 序 文

　今日の大学や大学院で研究レポート、学位論文、および博士論文を書いている学生たちは、1937年には想像もされなかったエレクトロニクスの技術に満ち溢れた世界に生活している。その年に、シカゴ大学の博士論文担当の事務官だったケイト・L・トゥラビアンは、学生執筆者のためにガイドラインのブックレットを編纂した。今やインターネットの情報源とワープロ・ソフトの有用性は、学生たちが研究を行い、その結果を文書にまとめ上げる方法を変えてしまった。しかし、これらの技術は学生執筆者の基本的な課題を変えたわけではなかった。すなわち、引用方法、文体、体裁についての確立された学術的基準に従いながら、適切に計画された研究を行い、それを明快に正しく表現することである。

　トゥラビアンの1937年のブックレットは、*A Manual of Style*, 第10版の中に見られるガイドラインを反映している。そのマニュアルは、シカゴ大学出版局から出版され、執筆者や編集者には既に古典的な虎の巻になっていたものである。1947年にシカゴ大学出版局は、トゥラビアンのブックレットを配布し始め、『学期末レポート、学位論文、および博士論文の執筆者のための手引 *A Manual for Writers of Term Papers, Theses, and Dissertations*』という表題で1955年に初めて、それを本として出版した。トゥラビアンは、学生たちのニーズに応え、『シカゴ・マニュアル *The Chicago Manual of Style*』の最新の助言を反映するため、さらに2度改訂した。やがてこのトゥラビアンの本は、全国の大学でどのようなレベルの学生たちにとっても標準的な参考書になった。1987年にトゥラビアンは94歳で亡くなった。第5版が出版された数カ月後のことである。シカ

ゴ大学出版局は、この第5版ならびに第6版（1996年）への改訂のために、編集スタッフを招いた。

この第7版については、ウエイン・C・ブース、グレゴリー・G・コロンブ、およびジョセフ・M・ウィリアムズが手引書としての目標を拡大した。新しく加えられた第Ⅰ部の"研究と論文執筆——立案から完成へ"は、彼らの『研究の技術 Craft of Research』（シカゴ：シカゴ大学出版局、2003年）を書き直したものである。このパートは、研究とレポートのまとめ方の手順を、段階的に指導するものである。以前はこの手引書では扱われていなかったが、原典の明示、文体およびレポート準備のテクニックと不可分のトピックである。その中には、研究の本質、資料の発見と取り組み、メモづくり、主張の展開、草稿と改稿、それに表と図を使った論拠の提示が入っている。さらには型にはまらない公開討論会での研究発表についての解説も含まれている。このパートでは、著者は読者を複雑なトピックに取り組ませるために、くだけた、大学生向けの表現で書いている。どのようなレベルで研究課題に着手している学生諸君も、このパートを読むことによって、得るものがあるだろう。もっとも、レベルの高い研究者たちは、第1～4章をざっと読むだけでいいかもしれない。

手引書のほかの部分は、過去の版と同じトピックを扱っているが、広範にわたって改訂されている。『シカゴ・マニュアル』第15版（2003年）の助言に従い、学生の執筆のあらゆる面に影響を与えている現代の科学技術を受け入れ、最新の例を提供し、さらに読みやすく、使いやすくするためである。

研究手順と、注意深く適切な引用形式の必要性との間には、密接な関係があるが、それに関係する"原典の明示"の項目は、この手引書では第Ⅱ部に掲載されている。第Ⅱ部の第15章では学術的引用方法についての概観が示されている。そこには、よい研究の実践だけでなく研究の倫理との関係も含まれている。引用に注記式参考文献目録方式（人文科学や一部の社会科学では一般的）を使っている学生たちは、次に引用の基本的な形式の解説について第16章を読み、また広範にわたる出典に必要になるだろう、第17章を参照することが望ましい。カッコ入り出典—参照リスト方式（大部分の社会科学、および自然科学と物理学で一般的）を使っている学生たちは、第18章と第19章で同じ類いの情報を発見するだろう。第16・17章、第18・19章のいずれの組の場合にも、最新の例を加え、オンラインやその他の電子情報源からの引用の仕方について

も、新しく言及している。

　第Ⅲ部の"文体"は、従来の版で前半部分を占めていた問題点を扱っている。スペリングと句読法には、数詞の扱い方と省略法を含むので、別々の章に分けられている。名前、専門用語、作品の表題についての章は拡大された。第Ⅲ部の最後の2つの章は、引用文と図表（表と図）の使い方のテクニックと、第Ⅰ部で修辞学的観点から取り上げられているトピックを扱っている。学生執筆者たちは、これらの章をそっくりそのまま読んでもいいし、あるいは特定のポイントについてガイダンスを求めて参照してもよい。

　第Ⅱ部と第Ⅲ部の中の助言は、『シカゴ・マニュアル』の助言とは、いくつかの事例で異なっている。しかし、その相違は程度の問題で、本質的なものではない。ある種の事例では、『シカゴ・マニュアル』が2つ以上の書式を推薦しているのに、この手引書では1つのみを推薦している。一方だけを選ぶのは、平易さのためであることもある。（第22章で提示される見出し方式の大文字表記の規則の場合がそうだ。）他方、出版される著作物とは対照的に、学生のレポートに相応しいものを示していることもある。（オンライン情報源からの「すべての」引用にアクセス日をつけるのが必要条件であることなど。）出典についての章では、ブログのような、新しいタイプの出典も入れてある。ブログは2003年から出現したので、『シカゴ・マニュアル』の現行版では扱われていない。これらの助言は『シカゴ・マニュアル』で述べられた原則を、必然的に拡張している。

　付録は、ケイト・トゥラビアンの最初のブックレットの核心だったレポートの体裁と提出についてのデータを、1カ所にまとめている。その後ずっと、このデータは全国の博士論文受付窓口にとって、最も重要で権威あるものとなっている。このデータを改訂するにあたって、シカゴ大学出版局は謝辞の項で名前を挙げた人たちを始め、さまざまな公立や私立大学の博士論文事務官のアドバイスを求めた。ガイドラインは、一貫性の重要さを強調し続けながら、ページ番号の位置、表題の書体のような事柄では、現在のワープロ・ソフトの能力を反映して、今やもっと柔軟性を容認している。提示されている見本のページは新しく、2000年以降シカゴ大学に提出された模範的な博士論文から採用されている。この付録は、主として博士論文や修士論文、卒業論文を書く学生に配慮されたものである。しかし、体裁の必要条件や電子ファイルの準備につい

ての節は、講義レポートを書く学生たちにも通用する。

　この手引書のガイドラインは、学生執筆者たちが遭遇する広範囲の問題点に対して実用的な解決策を提供しているが、ガイドラインは特定の学問分野の慣習、または特定の組織や学部の好みによって補足される——あるいは却下されさえする——だろう。文体や体裁についてのすべての章は、学生たちに彼らの大学、学部、あるいは指導者の要求する条件を確認するように促している。それらの条件は、ここに提示されたガイドラインより優先されるからである。拡充された参考文献目録は、主題の領域別に構成され、特定の学問分野に特有とされる、研究上そして文体上の問題点に言及した参考資料を列挙している。

■ 学生への覚書

　今回で第7版となるが、『研究レポート、学位論文、および博士論文の執筆者のための手引 A Manual for Writers of Research Papers, Theses, and Dissertations』では、数世代にわたる学生たちが首尾よく研究し、レポートを執筆して提出する手助けをしてきた。この『執筆者のための手引書 A Manual for Writers』は熱心な利用者には原著者の名前の"トゥラビアン"で最も広く知られており、"シカゴ・スタイル"についての権威ある学生用の虎の巻である。

　もしあなたが研究レポートを執筆中なら、出典および大文字表記や省略法のようなテクニックについては、シカゴ・スタイルに従うよう求められるであろう。シカゴ・スタイルはすべての学術分野で学生たちに広く利用されている。出典については、シカゴ・スタイルで奨励されている2つの方式のうちの1つを利用するだろう。人文科学や一部の社会科学では、おそらく注記式参考文献目録方式（notes-bibliography style）を利用するだろうし、自然科学や物理学（それに一部の社会学）では、カッコ入り出典―参照リスト（または"著者―日付"）方式（parenthetical citations-reference list style）――を利用するかもしれない。この『執筆者のための手引書』では、両方の方式を説明し、例示している。

　この第7版は、シカゴ・スタイルについての詳細な情報に加えて、研究と執筆の手順のあらゆるステップを網羅した新しいパート（第Ⅰ部）も盛り込んでいる。これはウエイン・C・ブース、グレゴリー・G・コロンブ、およびジョセフ・M・ウィリアムズの手によるものである。このパートは、適切な問題を設定し、批判的に読み、主張を構築し、草稿を修正するのに役立つ実用的なアドバイスを提供している。

■ 謝　辞

　70年にわたり数百万の学生たちによって利用されてきた本を改訂することは、決して小さな仕事ではない。ケイト・トゥラビアンの創作を21世紀に持ち込むという挑戦に、最初に着手したのはリンダ・J・ハルバーソンで、当時、シカゴ大学出版局で参考書籍編集の部長をしていた。彼女は1996年の第6版の出版以来、学生執筆者のニーズがいかに変わったかを認め、そのような変化しつつあるニーズに対処するための改訂プランを練り上げた。

　このプランのカギは、エレクトロニクス時代に研究し、レポートを執筆する学生たちのために、トゥラビアンの伝統をどのように作り直すことができるかを理解している改訂チームをまとめていくことだった。ウエイン・C・ブース、グレゴリー・G・コロンブ、およびジョセフ・M・ウィリアムズは、教師として、および『研究の技術 The Craft of Research』を始め研究と執筆を主題とする多数の書籍の著者として、両方の専門的知識を役立ててくれた。改訂チームで出版局の編集スタッフを代表していたのは、最初は現 New England Journal of Medicine の原稿編集部長のマーガレット・パーキンスであり、参考書籍担当の上席企画編集者のメアリー・E・ローアが後を継いだ。2人とも『シカゴ・マニュアル The Chicago Manual of Style』第15版（2003年）の作成で重要な役割を果たした。この本の第Ⅱ部と第Ⅲ部は、それから書き直されたものである。

　改訂の過程を通して、原稿（部分的に、また全面的に）には、学生の研究と執筆のいろいろな局面について専門的知識を持つ評者たちの助言から得るところが多々あった。協力してくれた評者たちは、スーザン・アラン（American Journal of Sociology）、クリストファー・S・アレン（国際問題論、ジョージア大学）、ア

ンナ・ニブリー・ベイカー（HealthInsight）、ハワード・ベッカー（サンフランシスコ）、ポール・S・ボイヤー（歴史学、ウィスコンシン・マディソン大学）、クリストファー・バック（文章表現、修辞学、およびアメリカ文化論、ミシガン州立大学）、デイヴィッド・キャンベル（政治科学、ノートルダム大学）、エリック・カールソン（シカゴ大学出版局）、マイケル・D・クーガン（宗教学、ストンヒル大学）、ダニエル・グリーン（米国ホロコースト記念博物館）、アンネ・ケリー・ノウルズ（地理学、ミドルベリー大学）、ルイス・ランカスター（東アジアの言語と文化、カリフォルニア大学バークレー校）、リューク・エリック・ラシター（人文学、マーシャル大学大学院）、ジェイムズ・レラウディス（歴史学、ノースカロライナ大学チャペル・ヒル校）、カート・モッサー（哲学、デイトン大学）、ジェラルド・ムルデリック（英語学、デポール大学）、エミリー・S・ローゼンバーグ（歴史学、カリフォルニア大学アーヴァイン校）、アニタ・セイメン（シカゴ大学出版局）、ポール・ストーラー（文化人類学と社会学、ウエスト・チェスター大学）、アン・B・シスル（生物科学、フロリダ州立大学）、リチャード・バレリー（政治科学、スワースモア単科大学）である。

いろいろな公立、および私立の大学での、ケイト・トゥラビアンの後継者たちは、博士論文の作成と提出について、貴重な見識を提供してくれた。付録の評者には、ピッツバーク大学のフィリッパ・K・カーター、メリーランド大学カレッジ・パーク校のマシュー・ヒル、ウィスコンシン・マディソン大学のエリナ・シアオチン・シュー、イリノイ大学アーバナ・シャンペイン校のジョンナ・E・D・パーカー、ジョージタウン大学のクリスチン・キグレイがいた。シカゴ大学で現在、トゥラビアンのかつての地位に就いているコリーン・ムラーキーは、原稿全体を精査し、また、付録の見本ページに引用されている模範的な博士論文を見付け出すのを援助してくれた。自分たちのテキストが利用されることを承諾した博士論文の著者たちは、関連する図の説明文で、明らかにされている。

原稿を本にするには、出版局の別のチームの努力が必要だった。キャロル・フィッシャー・サラーは原稿を編集し、ランドルフ・ペティロスはページの校正をし、ビクトリア・ベイカーは索引を作成した。マイケル・ブレームはデザインを担当し、一方、シルビア・メンドーサ・ヘシモビッチは製作を監督した。クリストファー・ローズは、計画全体にわたって編集補助をした。キュロル・

カスパー、エレン・ギブソン、ローラ・アンダーソンは、最終的な製品を市場に出した。

　原稿が完成する間際でのウエイン・ブースの死は、計画に参画したすべての人々の心を打った。それは、彼の最後の新作であり続けるだろう。

目次

序文 ... iii
学生への覚書 ... vii
謝辞 ... ix

第Ⅰ部　研究と論文執筆
　　　　──立案から完成へ ... 1

　第Ⅰ部の概観 ... 3

第1章　研究とは何か、また研究者はそれについてどう考えるか ... 7
　1.1　研究者は自身の目的についてどう考えているか ... 9
　1.2　研究者が問いかける3種類の問題 ... 11
　　1.2.1　概念的な問題：「何を考えるべきか」 ... 11
　　1.2.2　現実的な問題：「何をやるべきか」 ... 13
　　1.2.3　応用的な問題：「やるべきことを知る前に、何を理解しなければならないか」 ... 13
　　1.2.4　適切な種類の問題を選ぶこと ... 14
　　1.2.5　概念的な問題という特別の難題：「それでどうだというのだ」に答えること ... 15

第2章 トピックから問題、問題から作業仮説へ　17

2.1 自分のトピックの中に問題を見つけよう　18
- 2.1.1 関心をそそるトピックを探そう　20
- 2.1.2 トピックを処理しやすくしよう　21
- 2.1.3 トピックに疑問を持とう　22
- 2.1.4 問題を評価しよう　25

2.2 いくつかの役に立つ解答を提示しよう　26
- 2.2.1 作業仮説について決定しよう　27
- 2.2.2 作業仮説におけるリスクに気をつけよう　28
- 2.2.3 解答を見つけられないなら、自分の問題に賛成の意見を述べてみよう　29

2.3 作業のプランを立て、管理するため、ストーリーボードを作ろう　30
- 2.3.1 問題と作業仮説を明確に提示しよう　30
- 2.3.2 理由を明確に提示しよう　31
- 2.3.3 探すべき論拠の「種類」の概略を述べてみよう　31
- 2.3.4 全体を見よう　32

2.4 作業支援グループを組織しよう　32

第3章 有用な資料を見つけること　34

3.1 読者が使うことを期待する種類の資料を理解しよう　35
- 3.1.1 論拠を求めて1次資料を調べよう　35
- 3.1.2 ほかの研究者から学ぶため、2次資料を読もう　36
- 3.1.3 入門的概観を求めて3次資料を読もう　38

3.2 資料を十分に、正確に、かつ適切に記録しよう　38
- 3.2.1 引用方式を決めよう　39
- 3.2.2 参考文献目録用のデータを記録しよう　39

3.3 組織的に資料を探そう　40
- 3.3.1 そのトピックについて何か知っている人を探そう　41
- 3.3.2 インターネットをざっと検索しよう　41
- 3.3.3 図書館司書に相談しよう　41
- 3.3.4 関連分野を拾い読みしよう　42
- 3.3.5 いくつかの専門の参考書籍にざっと目を通そう　42
- 3.3.6 図書館のカタログを検索しよう　43
- 3.3.7 定期刊行文献の手引書を検索しよう　44
- 3.3.8 書棚を拾い読みしよう　44
- 3.3.9 高度な研究課題のために、参考文献目録を追跡しよう　45

3.4	資料の関連性と信頼性を評価しよう	46
	3.4.1 資料の関連性を評価しよう	46
	3.4.2 出版されている文献資料の信頼性を評価しよう	47
	3.4.3 オンライン資料の信頼性を評価しよう	48
3.5	一般的な参考資料以外にも広く目を向けよう	49

第4章　資料を検討する　51

4.1	理解するために偏見なく読もう。そのあとで内容を検討したり、評価したりするために批判的に読もう	52
	4.1.1 有意義な意見の一致を探そう	52
	4.1.2 有意義な意見の相違を探そう	54
4.2	組織的にメモを取ろう	56
	4.2.1 メモのためのテンプレートを創ろう	57
	4.2.2 要約すべきか、言い換えるべきか、引用すべきかを知ろう	58
	4.2.3 不注意な剽窃（盗用）には用心しよう	59
4.3	役に立つメモを取ろう	60
	4.3.1 思考を進めるためにメモ取りを利用しよう	60
	4.3.2 問題と作業仮説に関連づけてメモを取ろう	61
	4.3.3 関連のある文脈を記録しよう	62
	4.3.4 整理できるようにメモを分類しておこう	63
4.4	読みながら書き進めよう	64
4.5	進行度合いを再検討しよう	64
	4.5.1 解答のためにメモを検索しよう	65
	4.5.2 問題を創り出そう	66
	4.5.3 メモを再整理しよう	66
4.6	混乱の時期を切り抜けよう	67

第5章　議論の筋道をつけること　68

5.1	研究の議論は何であり、何でないのか	69
5.2	読者の疑問に対する解答を中心に議論を組みたてよう	70
5.3	作業仮説を「主張」に転換しよう	71
5.4	議論の要素をまとめよう	72
	5.4.1 主張を提示し、評価しよう	72
	5.4.2 理由と根拠で、主張を立証しよう	73

	5.4.3　読者の視点を受け入れ、それに答えよう	75
	5.4.4　理由の関連性を証明しよう	77
5.5	論拠に基づいた議論と、根拠に基づいた議論を区別しよう	84
5.6	議論をまとめよう	85

第6章　最初の草稿の計画を立てること　87

6.1	役に立たないプランは避けよう	88
6.2	読者のニーズに応えるプランを作ろう	88
	6.2.1　ストーリーボードをアウトラインに転換しよう	89
	6.2.2　作業用の導入部の概略を書こう	90
	6.2.3　キーワードを割り出し、レポートを一本化し、各パートを特徴づける概念をはっきりさせよう	93
	6.2.4　それぞれの節を独自に特徴づける副題を作るため、キーワードを使おう	95
	6.2.5　理由を順序よく配置しよう	95
	6.2.6　移り変わりを示す言葉で順序を明確にしよう	97
	6.2.7　それぞれの節や副節の短い導入部の概略を示そう	97
	6.2.8　それぞれの節について論拠、読者の見解の承認、根拠、および要約に関する概略を示そう	97
	6.2.9　作業用の結論の概略を書こう	99
6.3	残った資料はファイルにして、保存しておこう	99

第7章　レポートを起草すること　100

7.1	最も気楽に感じる方法で起草しよう	101
7.2	生産的な起草習慣を養おう	102
7.3	自分自身を軌道に乗せておくために、キーワードを使おう	102
7.4	適切に引用し、言い換え、要約しよう	103
7.5	引用文をテキストに合体させよう	104
7.6	脚注と後注を賢く使おう	106
7.7	複雑または詳細な論拠は、事前に解釈しておこう	107
7.8	意外なことに心を広く持とう	108
7.9	軽率な剽窃（盗用）には用心しよう	109

	7.9.1 典拠を明示するときでさえも、あらゆる引用に印をつけよう	110
	7.9.2 逐語的な言い換えをしないようにしよう	111
	7.9.3 自分自身のものでないアイデアについては、通常は典拠を明示しよう	112
	7.9.4 不案内であること、誤解したこと、悪意のないことを言い訳にしないようにしよう	113
7.10	不適切な援助には用心しよう	114
7.11	慢性的な遅れやスランプを切り抜けて作業を続けよう	115

第8章　表と図を使って論拠を示すこと　117

8.1	言葉による表現か視覚に訴える表現かを選ぼう	117
8.2	最も効果的な図表を選ぼう	119
8.3	表と図をデザインしよう	121
	8.3.1 読者が理解しやすいように、それぞれの図表を組み立てよう	121
	8.3.2 内容が許す限りイメージを単純にしよう	124
	8.3.3 表、棒グラフ、および折れ線グラフのためのガイドラインに従おう	126
8.4	データを倫理的見地から伝えよう	132

第9章　草稿を改稿すること　137

9.1	導入部、結論、および主張をチェックしよう	138
9.2	レポートの本文が首尾一貫しているか確認しよう	138
9.3	パラグラフをチェックしよう	141
9.4	草稿を寝かせておき、それから言い換えてみよう	141

第10章　最終的な導入部と結論を書くこと　143

10.1	最終的な導入部を起草しよう	144
	10.1.1 先行研究の簡潔な文脈を確認しよう	145
	10.1.2 自分の問題を、知られていないか、完全には理解されていないものとして述べなおしてみよう	147
	10.1.3 問題の意義を述べよう	147
	10.1.4 主張を述べよう	148

		10.1.5 新しい最初のセンテンスを起草しよう	149
	10.2	最終的な結論を起草しよう	150
		10.2.1 主張を述べなおしてみよう	151
		10.2.2 新しい意義、実用的な応用、または新しい研究（あるいは3つすべて）を指摘しよう	151
	10.3	最後に表題をつけよう	152

第11章　センテンスの改稿　153

- **11.1** 1つのセンテンスの最初の7語か8語に集中しよう　154
  - 11.1.1 長い前置きのフレーズやクローズ〔節〕は避けよう　156
  - 11.1.2 主語を短く、具体的にしよう　157
  - 11.1.3 主語と動詞が、1〜2語以上で分断されないようにしよう　159
  - 11.1.4 重要な行為は、名詞ではなく、動詞にしよう　160
  - 11.1.5 読者によく知られた情報はセンテンスの初めに、新しい情報は最後に入れよう　161
  - 11.1.6 以上の原則を反映するために、能動態動詞か受動態動詞かを選ぼう　164
  - 11.1.7 第1人称代名詞を適切に使おう　166
- **11.2** 読むものを分析しよう　168
- **11.3** 正しい言葉を選ぼう　169
- **11.4** 推敲しよう　170
- **11.5** 書くのをやめてプリントアウトしよう　171

第12章　戻されたレポートから学ぶこと　173

- **12.1** 具体的なコメントの中に、一般的な原則を見出そう　173
- **12.2** 指導教員と話し合ってみよう　174

第13章　型にはまらない公開討論会で研究を発表すること　176

- **13.1** 口頭発表を計画しよう　177
  - 13.1.1 焦点を絞ろう　177
  - 13.1.2 聴き手と読者の違いを理解しよう　178
- **13.2** 傾聴してもらえるように発表の構想を立てよう　179
  - 13.2.1 導入部の概略を述べよう　179

		13.2.2	話の本体についてのメモを、一目で理解できるようにデザインしよう	180
		13.2.3	導入部を基にして結論を作ろう	181
		13.2.4	質問への準備をしよう	182
		13.2.5	配布資料を作ろう	182
	13.3	ポスターを使った発表を計画しよう		182
	13.4	学会発表に申し込む準備をしよう		183

第 14 章　研究の精神について　　185

第 II 部　原典の明示　　189

第 15 章　引用の慣行についての概論　　191
- 15.1　出典を挙げる理由　　191
- 15.2　引用の必要条件　　192
  - 15.2.1　引用を必要とする状況　　193
  - 15.2.2　引用で必要な情報　　193
- 15.3　2 つの引用方式　　194
  - 15.3.1　参考文献目録方式　　195
  - 15.3.2　参照リスト方式　　196
- 15.4　電子情報の引用　　196
  - 15.4.1　オンライン情報　　196
  - 15.4.2　その他の電子メディア　　199
- 15.5　引用の準備　　199
- 15.6　引用のソフトウエアについて　　200

第 16 章　注記式参考文献目録方式：基本型　　201
- 16.1　基本的パターン　　203
  - 16.1.1　項目の順序　　207
  - 16.1.2　句読点（コンマ、ピリオド）の入れ方　　207
  - 16.1.3　大文字表記　　207

16.1.4	表題の印刷体裁	207
16.1.5	数値	208
16.1.6	省略法	208
16.1.7	字下げ	208

16.2　参考文献目録　208

16.2.1	参考文献目録の種類	209
16.2.2	記載事項の整理	210
16.2.3	省略できる出典	213

16.3　注記　213

16.3.1	脚注対後注	214
16.3.2	テキストの中の参照注	214
16.3.3	注の番号づけ	215
16.3.4	注の体裁を整える	215
16.3.5	複合的な注	216

16.4　省略注　218

16.4.1	短縮注	218
16.4.2	Ibid.	220
16.4.3	カッコ入り注	222

第17章　注記式参考文献目録方式：特定の種類の資料の引用　226

17.1　書籍　228

17.1.1	著者の名前	229
17.1.2	表題	236
17.1.3	版	240
17.1.4	巻	241
17.1.5	シリーズ	243
17.1.6	出版情報	244
17.1.7	ページ番号などの該当箇所を特定する情報	247
17.1.8	書籍の章などの表題をつけられた部分	250
17.1.9	出版されたコレクションの中の書簡と他の通信文	253
17.1.10	オンラインと他の電子書籍	254

17.2　学術雑誌の記事　255

17.2.1	著者の名前	256
17.2.2	記事の表題	256
17.2.3	学術雑誌の表題	257
17.2.4	発行の情報	257
17.2.5	ページ番号などの該当箇所を特定する情報	259
17.2.6	特別号と補遺	259

17.2.7	オンラインで公表された記事	260

17.3 雑誌記事 261

17.4 新聞記事 262
    17.4.1 特別な体裁の号 264
    17.4.2 特殊な新聞記事の引用 264

17.5 特殊な出版資料 265
    17.5.1 古典文学、中世文学、および初期英文学の作品 265
    17.5.2 聖書、その他の聖典 268
    17.5.3 参考図書 269
    17.5.4 批評 270
    17.5.5 要旨 270
    17.5.6 パンフレットと報告書 271
    17.5.7 マイクロフォーム版 271
    17.5.8 CD-ROM または DVD-ROM 272
    17.5.9 オンライン・データベース 272

17.6 未公刊の資料 273
    17.6.1 学位論文と博士論文 273
    17.6.2 会合で発表された、講演とレポート 274
    17.6.3 インタビューと私信 274
    17.6.4 手稿コレクション 275

17.7 非公式に出版された電子資料 278
    17.7.1 ウェブ・サイト 278
    17.7.2 ウェブログの記載事項とコメント 279
    17.7.3 電子メーリング・リスト 280

17.8 視覚芸術や舞台芸術での資料 280
    17.8.1 視覚的資料 281
    17.8.2 ライヴ・パフォーマンス 282
    17.8.3 テレビ番組と他の放送資料 283
    17.8.4 録音 284
    17.8.5 録画 285
    17.8.6 オンライン・マルチメディア・ファイル 286
    17.8.7 視覚芸術と舞台芸術のテキスト 287

17.9 公的文書 288
    17.9.1 取り入れるべき項目、それらの順序、および体裁を整える方法 289
    17.9.2 国会の出版物 289
    17.9.3 大統領府の出版物 292
    17.9.4 政府省庁の出版物 293

目次

17.9.5　合衆国憲法　　　　　　　　　　　　　　294
17.9.6　条約　　　　　　　　　　　　　　　　　295
17.9.7　判例　　　　　　　　　　　　　　　　　296
17.9.8　州と地方行政府の文書　　　　　　　　　297
17.9.9　カナダ政府の文書　　　　　　　　　　　298
17.9.10　英国政府の文書　　　　　　　　　　　　299
17.9.11　国際機関の文書　　　　　　　　　　　　301
17.9.12　未公刊の政府文書　　　　　　　　　　　301
17.9.13　オンラインの公的文書　　　　　　　　　302

17.10　ほかに引用されている資料　　　　　　　　　　302

第18章　カッコ入り出典—参照リスト方式：基本型　　304

18.1　基本的パターン　　　　　　　　　　　　　　　305
18.1.1　項目の順序　　　　　　　　　　　　　　306
18.1.2　句読法　　　　　　　　　　　　　　　　306
18.1.3　大文字表記　　　　　　　　　　　　　　306
18.1.4　表題の印刷体裁　　　　　　　　　　　　309
18.1.5　数値　　　　　　　　　　　　　　　　　309
18.1.6　省略法　　　　　　　　　　　　　　　　310
18.1.7　字下げ　　　　　　　　　　　　　　　　310

18.2　参照リスト　　　　　　　　　　　　　　　　　310
18.2.1　記載事項の整理　　　　　　　　　　　　310
18.2.2　省略できる出典　　　　　　　　　　　　313

18.3　カッコ入り出典　　　　　　　　　　　　　　　314
18.3.1　テキストの中での配置　　　　　　　　　314
18.3.2　特別の項目と体裁の問題点　　　　　　　315
18.3.3　脚注とカッコ入り出典　　　　　　　　　317

第19章　カッコ入り出典—参照リスト方式：特定の種類の資料の引用　　318

19.1　書籍　　　　　　　　　　　　　　　　　　　　320
19.1.1　著者の名前　　　　　　　　　　　　　　321
19.1.2　出版年　　　　　　　　　　　　　　　　327
19.1.3　表題　　　　　　　　　　　　　　　　　328
19.1.4　版　　　　　　　　　　　　　　　　　　332
19.1.5　巻　　　　　　　　　　　　　　　　　　334
19.1.6　シリーズ　　　　　　　　　　　　　　　335

19.1.7	出版情報	336
19.1.8	ページ番号などの該当箇所を特定する情報	338
19.1.9	書籍の章などの表題をつけられた部分	341
19.1.10	オンラインなどの電子書籍	344

19.2 学術雑誌の記事 345

19.2.1	著者の名前	345
19.2.2	出版年	345
19.2.3	記事の表題	346
19.2.4	学術雑誌の表題	347
19.2.5	発行の情報	348
19.2.6	ページ番号などの該当箇所を特定する情報	348
19.2.7	特別号と補遺	349
19.2.8	オンラインで公表された記事	350

19.3 雑誌記事 351

19.4 新聞記事 352

19.4.1	特別な体裁の号	353
19.4.2	特殊な新聞記事の引用	354

19.5 特殊な出版資料 355

19.5.1	古典文学、中世文学、および初期英文学の作品	355
19.5.2	聖書、その他の聖典	358
19.5.3	参考図書	358
19.5.4	批評	359
19.5.5	要旨	360
19.5.6	パンフレットと報告書	360
19.5.7	マイクロフォーム版	361
19.5.8	CD-ROM または DVD-ROM	361
19.5.9	オンライン・データベース	362

19.6 未公刊の資料 363

19.6.1	学位論文と博士論文	363
19.6.2	会合で発表された講演とレポート	364
19.6.3	インタビューと私信	364
19.6.4	手稿コレクション	365

19.7 非公式に出版された電子資料 367

19.7.1	ウェブ・サイト	368
19.7.2	ウェブログの記載事項とコメント	369
19.7.3	電子メーリング・リスト	369

19.8 視覚芸術や舞台芸術での資料 370

19.8.1	視覚的資料	370

19.8.2	ライヴ・パフォーマンス	371
19.8.3	テレビ番組などの放送資料	372
19.8.4	録音	374
19.8.5	録画	374
19.8.6	オンライン・マルチメディア・ファイル	375
19.8.7	視覚芸術と舞台芸術のテキスト	376

19.9 公的文書 377
- 19.9.1 含めなければならない項目、それらの順序、および体裁を整える方法　378
- 19.9.2 国会の出版物　379
- 19.9.3 大統領府の出版物　382
- 19.9.4 政府省庁の出版物　382
- 19.9.5 合衆国憲法　383
- 19.9.6 条約　384
- 19.9.7 判例　385
- 19.9.8 州と地方行政府の文書　386
- 19.9.9 カナダ政府の文書　387
- 19.9.10 英国政府の文書　388
- 19.9.11 国際機関の文書　389
- 19.9.12 未公刊の政府文書　390
- 19.9.13 オンラインの公的文書　390

19.10 ほかに引用されている資料 391

第Ⅲ部　文　体　393

第20章　スペル　395

20.1 複数形 396
- 20.1.1 一般的なルール　396
- 20.1.2 特別な場合　397

20.2 所有格 399
- 20.2.1 一般的なルール　399
- 20.2.2 特別な場合　399

20.3 複合語と接頭辞がついた単語 401
- 20.3.1 形容詞として使われる複合語　401
- 20.3.2 名詞としても形容詞としても使われる複合語　403

	20.3.3　接頭辞がついた単語	407
20.4	**改行**	**408**
	20.4.1　単語の途中での改行	408
	20.4.2　スペースと句読法をまたぐ改行	409

第21章　句読法　411

21.1	**ピリオド**	**412**
21.2	**コンマ**	**413**
	21.2.1　独立節	413
	21.2.2　等位語句の連続	414
	21.2.3　非制限節と非制限句	416
	21.2.4　その他の用例	416
21.3	**セミコロン**	**419**
21.4	**コロン**	**420**
21.5	**疑問符**	**421**
21.6	**感嘆符**	**422**
21.7	**ハイフンとダッシュ**	**422**
	21.7.1　ハイフン	422
	21.7.2　ダッシュ	422
	21.7.3　多重ダッシュ	424
21.8	**丸カッコと角カッコ**	**424**
	21.8.1　丸カッコ	424
	21.8.2　角カッコ	425
21.9	**スラッシュ**	**425**
21.10	**引用符**	**425**
21.11	**重なった句読点**	**426**
	21.11.1　句読点の省略	426
	21.11.2　句読点の順序	426

第22章　名前、専門用語、および研究の表題　429

22.1	**名前**	**430**
	22.1.1　人、場所、および組織	430
	22.1.2　歴史的事件、文化的用語、および時間の指定	432
	22.1.3　ほかの種類の名前	432

22.2 専門用語 　434
22.2.1 外国語の用語 　434
22.2.2 専門用語として定義される単語 　435
22.3 作品の表題 　436
22.3.1 大文字表記 　437
22.3.2 書体 　439
22.3.3 句読法 　441

第23章 数　値 　443
23.1 単語か数字か？ 　444
23.1.1 一般的なルール 　445
23.1.2 特別な場合 　446
23.1.3 パーセンテージと小数 　447
23.1.4 お金 　448
23.1.5 時間 　450
23.1.6 数値を伴う名前 　450
23.1.7 アドレスと道路 　451
23.1.8 出版された著作のパート 　452
23.1.9 方程式と公式 　452
23.2 複数形と句読点 　452
23.2.1 複数形 　452
23.2.2 数字の中のコンマ 　452
23.2.3 数字の中のほかの句読点 　453
23.2.4 範囲を示す数値 　453
23.3 日付の書き方 　454
23.3.1 月、日、および年 　455
23.3.2 10年、世紀、および年代 　456
23.4 本文以外で使われる数値 　457
23.4.1 表、図、および出典での数値 　457
23.4.2 一覧表 　457
23.4.3 レポートの構成 　459

第24章 略記法 　460
24.1 一般的な原則 　461
24.1.1 略記法の種類 　461
24.1.2 略記法を使うべきとき 　462

	24.1.3	略語の体裁を整える方法	462
24.2	名前と表題		463
	24.2.1	個人名	463
	24.2.2	職業上の肩書	464
	24.2.3	学位	466
	24.2.4	行政機関、会社、およびその他の組織	467
24.3	地理学の専門用語		468
	24.3.1	地名	468
	24.3.2	アドレス	470
24.4	時間と日付		471
	24.4.1	時間	471
	24.4.2	日と月	471
	24.4.3	時代	471
24.5	計量の単位		472
24.6	聖書、その他の聖典		472
	24.6.1	ユダヤ聖書または旧約聖書	473
	24.6.2	聖書外典	474
	24.6.3	新約聖書	475
	24.6.4	聖書の諸版	476
	24.6.5	その他の聖典	477
24.7	出典とほかの学術的文脈での略記法		477

第25章　引用　481

25.1	正確に引用し、剽窃を避ける	482
25.2	引用をテキストに組み込む	482
	25.2.1　流し込み引用	483
	25.2.2　ブロック引用	485
25.3	引用の部分的な変更	488
	25.3.1　許される変更	488
	25.3.2　省略	491

第26章　表と図　497

26.1	一般的な問題点	498
	26.1.1　テキストの中での場所	498
	26.1.2　大きさ	499

                26.1.3　資料の行　　　　　　　　　　　500
        26.2　表　　　　　　　　　　　　　　　　　　501
                26.2.1　表の構造　　　　　　　　　　　503
                26.2.2　表の番号と表題　　　　　　　　503
                26.2.3　列の罫線　　　　　　　　　　　505
                26.2.4　列の見出し　　　　　　　　　　505
                26.2.5　スタブ　　　　　　　　　　　　506
                26.2.6　表の本体　　　　　　　　　　　507
                26.2.7　脚注　　　　　　　　　　　　　508
        26.3　図　　　　　　　　　　　　　　　　　　509
                26.3.1　チャートとグラフ　　　　　　　510
                26.3.2　図の番号とキャプション　　　　511

付録　レポートの体裁と提出　　　　　　　　　　　　515
        A.1　一般的な体裁の条件　　　　　　　　　　　516
                A.1.1　余白　　　　　　　　　　　　　517
                A.1.2　書体　　　　　　　　　　　　　517
                A.1.3　行間と字下げ　　　　　　　　　517
                A.1.4　ページ数表示　　　　　　　　　518
                A.1.5　表題　　　　　　　　　　　　　519
        A.2　特定の要素のための体裁の条件　　　　　　520
                A.2.1　前づけ　　　　　　　　　　　　521
                A.2.2　テキスト　　　　　　　　　　　536
                A.2.3　後づけ　　　　　　　　　　　　541
        A.3　提出の条件　　　　　　　　　　　　　　　551
                A.3.1　ファイルの準備　　　　　　　　551
                A.3.2　ハードコピーの提出　　　　　　555
                A.3.3　電子ファイルの提出　　　　　　556

参考文献　　　　　　　　　　　　　　　　　　　　　　557
索　引　　　　　　　　　　　　　　　　　　　　　　　585
著訳者紹介　　　　　　　　　　　　　　　　　　　　　590

凡　例

1　本書は、Kate L. Turabian, *A Manual for Writers of Research Papers, Theses, and Dissertations: Chicago Style for Students and Researchers* / Kate L. Turabian; revised by Wayne C. Booth, Gregory G. Colomb, Joseph M. Williams, and University of Chicago Press editorial staff. — 7th ed., the University of Chicago Press, 2007 の邦訳である。
2　訳文中の（　）と［　］は原文の（　）と［　］を示す。また〔　〕は、読者の理解を容易にするために訳者が挿入した補足説明である。
3　原語の読みをカナ書きする場合は、原音にできるかぎり近い表記を心がけた。ただし、慣習的に日本で定着している固有名詞については、そちらを優先することがある。
4　原著に掲載されている例文は、基本的に英文ママとした。ただし、第Ⅰ部にある例文は、必要に応じて訳出した。

第Ⅰ部

研究と論文執筆
―― 立案から完成へ

ウェイン・C・ブース
グレゴリーG・コロンブ
ジョセフ・M・ウィリアムズ

第Ⅰ部の概観

　博士論文であれ、学士または修士の論文であれ、あるいは長い講義レポートにすぎなくても、中身の濃い研究課題に着手するときには、挑戦状を突きつけられたように感じることがある。しかし、どんな研究課題でも、区分けして、1度にワン・ステップずつ取り組めば、処理することができる。このパートでは、その方法を示している。

　我々はまず、研究の目的と、読者がどのようなレポートからも期待するだろうことを検討する。それから、費やす時間や読者の注目に値するだけの解答を持つ研究課題を見つけ出す方法、および、解答を立証する情報を資料から見つけ出し、利用する方法、さらには、解答が理にかなった論法と信頼できる論拠に基づいていると読者に考えてもらえるようなレポートの立案、起草、そして改稿の方法に焦点を当てる。

　いくつかのテーマが、第Ⅰ部では述べられている。

- 誰もやみくもに研究課題に突入することはできない。計画を立てて、1歩1歩進む際にも、全体の手順を心に留めておかなければならない。まずは、大風呂敷を広げよう。しかし、その手順を分解して、1度に1つ達成できる小さなゴールに区分けしなければならない。
- 最善の研究は、「あなた」が解答を出したいと思う問題から始まるだろう。しかし、そのときに、読者は自分たち自身の問題の解答を求めていることを想像しなければならない。つまり「もしあなたがそれに答えないからといって、それがどうだというのだ。なぜ私は関心を持たなければいけないのか」というこ

とだ。

■最初から、毎日執筆するよう努力すべきだ。単に資料についてメモを作るだけでなく、それらについて自分が考えることを明確にするためである。また、自分で発展させた考えを、書き留めておくことが望ましい。それらを頭の中に温めて置かず、冷めた目で見るためである。そうすれば、それらの考えが依然として道理にかなっているかどうかが分かる。あなたはおそらく最終稿で、こうして書いたことの多くは使わないだろう。しかし、それは最終稿のために必要不可欠な準備なのである。

■いかに注意深く研究を行っても、読者は、いかに上手に結果を報告するかによって評価を下す。したがって、彼らが明快に書かれていると尊敬するレポートの中に、何を探し求めるかを理解していなければならない。

　もしあなたがレベルの高い研究者なら、第1章から4章をざっと読んでみよう。そこでは、よく知られたことを多く目にするだろう。しかし、あなたもまた教職にあるのなら、学生たちに自分が知っていることを、以前より効果的に説明するのに役立つかもしれない。（多くの経験のある研究者は、第5章から12章が、研究の方法やレポートの書き方を他の人たちに説明する手助けになっただけでなく、自分たち自身のレポートを以前より速く、効果的に起草し、改稿するのにも役立った、と報告している。）

　もしあなたがちょうど研究で身を立てようとし始めているところなら、第I部のあらゆる章が有益だと分かるだろう。手順を概観するため、全体をざっと読んでみよう。それから、研究課題に取り組みながら、直面する作業に関係する章を再読するとよい。

　あなたは、ここに記述されたステップが多すぎて記憶できない、と感じるかもしれない。しかし、もしそれらのステップを1度に1つ選ぶなら、うまくやり遂げることができる。さらに研究を進めるにつれ、ステップは思考の習慣になるだろう。しかしながら、我々が示す順序通りに、これらのステップに正確に従わなければならない、と考える必要はない。研究者は必ず、初期のステップに取り組みながら、先々のステップを先取りして考え、またあとのステップの処理をしながら、初期のステップに立ち戻る。（これが、我々がとても頻繁に、手順の中のあとのステップを予想させたり、初期のステップを振り返らせたりす

る理由なのである。）そして、最も計画的な研究者でさえ、自分を新しい方向に行かせる予想外の洞察力を持つのだ。1つのプランから取り組もう。しかし、新しいプランのためにそれから離れ、ことによってはそれを放棄する準備しておかなければならない。

　もしあなたが全く若手の研究者なら、我々が取り上げる事柄の中には、自分が直面しているニーズの範囲外のものがあると考えることもあるかもしれない。10ページの講義レポートが博士論文と違うことは承知している。しかし、いずれの場合も、全くの若手の研究者でさえ訓練を始めることができるような思考方法が必要だ。前途に横たわる物を知るだけでなく、技能の訓練を始めることもできる時点で、十分な能力を目指す旅が始まるのだ。その技能とは、経験の豊かな研究者が、あなたが現在(いま)いる立場にいたときに習得し始めたものである。

　研究課題のあらゆる面について準備をさせられる本など存在しない。この本は心理学、経済学、哲学、まして物理学や化学あるいは生物学のような分野での特有の方法論について助けになることはないだろう。そしてまた、学術的な研究について習得することを、ビジネスや職業の環境に当てはめる方法を教えることもない。

　しかし、この本は、どんな分野で行われる研究であっても、すべての基礎となる手順や考え方についての概観と、レポートを組み立て、起草し、改稿するために作らなければならないプランの概要を提供する。その知識と教員の手助けによって、自分の研究課題を、不安にかられずに、上手に扱う感触をつかむようになるだろう。そして最終的には、学問の世界と職業の世界の両方で、最も複雑な課題さえ独力でやり遂げることを習得するだろう。

　堅実な研究をするための技術を習得する最初のステップは、経験豊かな研究者が研究の目的についてどのように考えるかを、理解することである。

第1章 研究とは何か、また研究者はそれについてどう考えるか

1.1　研究者は自身の目的についてどう考えているか
1.2　研究者が問いかける3種類の問題
 1.2.1　概念的な問題:「何を考えるべきか」
 1.2.2　現実的な問題:「何をやるべきか」
 1.2.3　応用的な問題:「やるべきことを知る前に、何を理解しなければならないか」
 1.2.4　適切な種類の問題を選ぶこと
 1.2.5　概念的な問題という特別の難題:「それでどうだというのだ」に答えること

　誰しも疑問を持つたびに研究し、それに答えるために事実を探す。その問題が、配管工とは何かを知るというような単純なものであろうと、生命の起源を発見するというような難解なものであろうと、同じである。自分だけしか解答に関心がないとき、あるいはほかの人々が迅速な報告だけを必要としているときには、解答を文書にしたりはしないだろう。しかし、どのようにしてその結論に到達したかを吟味してからでないと、ほかの人々が自分の主張を受け入れないときには、研究を文書で報告しなければならない。実際に研究レポートは、世界について確実に信じられる事柄のほとんどを教えてくれる。かつて恐竜がいたこと、細菌が病気を起こすこと、地球が丸いことでさえもそうだ。
　自分のレポートがこの世の知に貢献することなどほとんどないと考えるかも

しれない。おそらく、そうだろう。だが、うまくやれば、自分の知識を大いに増やし、次の研究に取り組む能力を格段に向上させるだろう。また、将来は学術的な研究ではなく、ビジネスや専門職に携わりたいと考えているかもしれない。しかし、研究は学問の世界の内外を問わず重要であり、大差はない。したがって、学術的な研究の技術を磨くことで、少なくとも一緒に働く人たちにとって、ひょっとすると我々すべてにとって、いつかは重要になるだろう研究の準備をしているのである。

　自分自身で研究法を習得しながら、ほかの人々の研究を使い、評価することも学ぶ。あらゆる（知的）専門職において、研究者たちは１つの決断をする前に、複数のレポートを読み、価値を見極めなければならない。それをうまくやるには、まず自分の研究をほかの人々がどう評価するかを知らなければならない。この本は、学術的な世界における研究に焦点を当てているが、我々は毎日、生活に影響を与えるかもしれないような研究について、読んだり、聞いたりしている。しかし、我々はこれらのレポートを信じる前に、信頼できる論拠や論法に基づいているかどうか判断するため、それらについて批判的に考えなければならない。

　確かに我々は、論拠や論法によらずとも良い結論に「到達する」ことができる。伝統や権威に頼ることもできれば、直観や直感に頼ることもでき、あるいは本能的な感情に訴えることさえもできる。しかし、なぜ自分の主張を信じるのかだけではなく、なぜほかの人々もまた信じるべきかを「説明する」ことを目指すなら、単に意見を述べたり、気持ちを説明したりするだけでは足りない。

　それが「研究」レポートとほかの説得力ある文書との違いである。研究レポートは、感情や信念から独立した真実として読者が受け入れる共有の事実に立脚していなければならない。読者は、自らが認める論拠を出発点とし、そこから導き出される主張に至るまで、論証をたどらねばならないのだ。したがって、研究者としての成功は、いかに上手にデータを集め、分析しているかだけでなく、いかに明確に論証するかにも左右される。それによって読者は、あなたの結論を、自分たちの知識や理解の一部にする前に、検証し、その正否を判断できるようになるからである。

1.1 研究者は自身の目的についてどう考えているか

　すべての研究者は、事実や情報を集める。我々がデータと呼んでいるものだ。しかし、研究者は、自分たちの目的や経験次第で、それらのデータをいろいろな方法で使う。個人的な興味（あるいは、教師が出した課題）を満足させるためだけに、1つのトピックについてのデータを集める場合もある。

　しかしながら、大部分の研究者は、読者に単なる事実よりも多くのことを知ってほしいと望んでいる。したがって、彼らは、トピックに関するデータを手当たり次第に探すのではなく、トピックに関して自然にわき出た疑問に答えるべく、解答を検証でき、またそれを立証できる論拠となる具体的なデータを探す。疑問とは、たとえば「なぜアラモの物語は国民的伝説になったのか」というようなものだ。

　しかしながら、経験豊かな研究者は、自分たちの解答が信頼できることを読者に納得させるだけでは足りないことを知っている。彼らの疑問に答える価値がどこにあるのか、その解答が何らかのより大きな問題を新しい方法で理解するのにどう役立つのかを示さなければならないのである。たとえば次のようなことだ。「もし我々が、なぜアラモの物語が国民的伝説になったかを探り出すことができれば、そのときにはもっと大きな問題に答えられるかもしれない。すなわち、地方の神話が我々の国民性をどのように形成してきたのか、といった問題である」。

　以下のような論述に則して研究課題を説明してみることで、自分の考え方が経験を積んだ研究者の考え方に沿っているかどうかを判定できる。

①私はXというトピックに取り組んでいる。
　[Xの例「アラモの戦いについての物語」]
　　②理由は、私はYを探り出したいからだ。
　　　[Yの例「なぜその物語は国民的伝説になったのか」]
　　　　③目的は、ほかの人々がZを理解できるようにすることだ。
　　　　　[Zの例「そのような地方の神話が我々の国民性をどのように形成してきたのか」]

　この論述法は綿密に検討する価値がある。研究の進捗状況だけでなく、研究

者としての個人的な成長も示すからである。

①について。研究者はしばしば、「アラモの戦い」のような単純なトピックから始める。課題として出されたからか、不可解に思うことがあるためか、単に興味を触発されたためか、のいずれかである。しかし、未熟な研究者は、ほとんどの場合にそこで止まってしまい、作業を誘導してくれるのがトピックだけという状態に陥る。彼らは無数のメモを積み上げるが、保存すべきデータと、捨てるべきデータを決める方法を知らない。執筆するときが来ると、あらゆるものを1つのレポートに投げ込むので、書かれたものは雑多な事実が詰まった福袋のようになる。もしそれらの事実が、偶然そのトピックに興味を持っている読者にとって新しいものならば、そのレポートを読む可能性もある。しかし、そうした読者さえ、「つまるところ、その事実は何を意味するのか」を知りたくなるだろう。

②について。より経験豊かな研究者は通常、ただそのトピックそのものではなく、「なぜアラモの物語は国民的伝説になったのか」といった研究上の問いから取りかかる。彼らは、事実は解答を立証する論拠として役立つときにのみ、何かを意味すると、読者が考えることを知っているからだ。実際、研究者は、問題を設定した場合にのみ、どの事実を探すべきか、どの事実を保存しておくべきかを知ることができる。それらの事実には、解答を立証するだけでなく、解答を検証するものや、疑わしいものにさえするものも含まれる。解答を立証する論拠が十分にあり、解答と矛盾するようなデータに対応できると思ったら、まずは自分自身の思考を検証するためにレポートを書き、それからほかの人々がそれを検証できるように、彼らに自らの解答を伝えるためのレポートを書く。

③について。しかしながら、最も成功した研究者は、読者が解答に信憑性を求めるだけでなく、その問題がなぜ問うに値するのかも知りたがることを理解している。したがって彼らは、読者もまた疑問を投げかけてくることを予想している。それは「それでどうだというのだ。なぜアラモの物語が伝説になったのかを、なぜ私が気にしなければならないのか」というものだ。この「それでどうだというのだ」は、最も経験豊かな研究者さえも苛立たせる可能性がある。しかし、研究者ならば誰でも、問われる前にそれに答える努力をしなければならない。すなわち「もし我々がそのことを探

り出せたら、そのような物語がいかに自らの国民性を形成するかという、より大きな問題を、より一層理解できるだろう」ということを示すのである。

しかし、鋭敏な研究者はそこで立ち止まらない。彼らは、読者がもう1つのさらに大きな解答を求めて、「それでどうだというのだ」と再び問いかけることを予期している。「何が我々の国民性を形成してきたかが分かれば、我々アメリカ人が自分たちを何者と考えているかを、もっとよく理解できることがある。それが分かれば、いうまでもなく、世界のほかの人々が彼らのやり方で我々を評価する理由が、もっと分かるかもしれないだろう」。最も成功した研究者は、それに対する解答に「それでどうだというのだ」ではなく「それは知っておく価値がある」と思えそうな場合にのみ、読者がその問題に関心を示すことを知っている。

要するに、すべての問題が等しく良いわけではないのだ。アラモで戦闘の前夜に何匹の猫が寝ていたかを問うてもよいが、それが分かったからといって、それでどうだというのだ。これに対する解答が、何であれ理解する価値のある、より大きな問題について考えるのを助けてくれるようにはとても思えない。したがって、それはおそらく問う価値のない問題である（もっとも、あとで見るように、その判断が間違っている可能性もある）。

1.2 研究者が問いかける3種類の問題

経験を積んだ研究者は、いろいろな読者がいて、研究者にさまざまな問いと答えを期待しているのも知っている。学術的な研究で最も一般的なのは「概念的」な問いである。実社会において最も一般的なのは「現実的」な問いである。

1.2.1 概念的な問題：「何を考えるべきか」

「それでどうだというのだ」という読者の疑問に対する答えが、読者に実際に「やる」べきことを伝えるものではないものの、彼らが何かの問題点を「理解する」のに役立つ場合、その問題は概念的である。

①私はXというトピックに取り組んでいる。

②理由は、Yについて、なぜ、どのように、そうであるのかどうか、を探り出したいからだ。[やるとどうなるのか]
　　③目的は、ほかの人々がZについて、なぜ、どのように、そうであるのか、を理解する手助けをするためだ。

　自身の研究について説明するケースなら、会話は以下のように進むかもしれない。

「私はリスク評価というトピックに取り組んでいる」
「なぜだ」
「普通の人たちが、テロによって損害を受けるリスクをどのように評価するかを解明したいからだ」
「やったとして、それでどうだというのだ」
「やったならば、我々はより大きな問題をもっとよく理解できるかもしれない。つまり、感情的要因と理性的要因が相互に作用して、普通の人のリスクについての考え方にどう影響するかという問題だ」

　人文科学や社会科学、自然科学の研究者は、ほとんどの場合に概念的な問題に取り組んでいる。「シェイクスピアの政治的環境は彼の戯曲にどのような影響を与えたか」「何が北アメリカの巨大な哺乳動物の大部分を絶滅させる原因になったのか」「彗星は何からできているのか」といったようなものだ。これらの問題は世界を変える方法を教えてはくれないが、世界をよりよく理解するのに役立つ。
　確かに、概念的な問題に対する解答は、しばしば現実的な難問を解決することに思いがけない関係があることが分かる。そして、重要で現実的ないかなる問題を解決するのにも、たいていはまず概念的な研究をして、その問題をもっとよく理解しなければならない。しかし、学術的な世界の大部分で、ほとんどの研究者の主な目的は、我々の理解を改善することだけである。

1.2.2 現実的な問題:「何をやるべきか」

「それでどうだというのだ」に対する解答が、読者の厄介な状況や少なくとも改善可能な状況を変えたり解決したりするために「やる」べきことを伝えるケースであれば、別の種類、つまり「現実的」な問題を問うことになる。

①私はＸというトピックに取り組んでいる。
　　②理由は、Ｙを探り出したいからだ。［やるとどうなるのか］
　　　　③目的は、Ｚを解決するか、あるいは改善するのに何をするべきかを、読者に伝えることだ。

次のようにして現実的な問題についての研究を説明できるだろう。

「私は、リスクを効果的に知らせるというトピックに、取り組んでいる」
「なぜだ」
「どのような心理的な要因によって、普通のアメリカ人が、テロリストによる攻撃からの個人的リスクを誇張するのか、を探り出したいからだ」
「やったとして、それでどうだというのだ」
「そうすると、テロの現実のリスクを一般の人々に知らせるとき、そうした心理的要因を和らげる方法を、政府に伝えることができる」

現実的な問題は、学術的な世界の外、特にビジネスの世界では最も一般的である。ヘルスケアや工学のような学問分野では、研究者が現実的な問題を投げかけるときもある。しかし、これらの分野の研究者はしばしば、純粋に現実的でもなければ、純粋に概念的でもない3番目の問題、すなわち「応用研究」といった種類の問題を投げかける。

1.2.3 応用的な問題:「やるべきことを知る前に、何を理解しなければならないか」

現実的な問題を解決するために「何かある行為」を行わなければならないことを、我々はよく知っている。しかし、それが何かを知る前に、問題をもっとよく理解するための研究をしなければならない。その種のものを「応用的な」研究と呼ぶことができる。この第3のレヴェルは、現実的な問題とそれに対す

る解答との間に横たわる、中間的な問題である。これに対する解答は、現実的な問題への解答ではなく、それに向かっての1つのステップにすぎない。

「アメリカ人は9月11日のテロリストの攻撃に反応して、日常生活をどのように変えたかを、私は探り出したい」
「やったとして、それでどうだというのだ」
「そうすれば、テロリストの攻撃からの個人的リスクを、普通のアメリカ人が誇張する心理的な要因を、我々は理解することができる」
「やったとして、それでどうだというのだ」
「そうすれば、そうした心理的な要因の影響を減らす方法が分かる」
「やったとして、それでどうだというのだ」
「そうすればおそらく、政府がその情報を使って、テロの本当のリスクをもっと効果的に知らせることができる」

　応用的な問いは、ビジネス、工学、医学のような学問的な分野では一般的である。また、1つの問題を解決する前に、知っておくべき事柄を理解するための研究を行う企業や政府機関でも同様である。

1.2.4　適切な種類の問題を選ぶこと

　若手の研究者の中には、純粋に概念的な研究問題は好まない人もいる。あまりにも「理論的」だとか、「現実の」世界と関連がないと考えるからだ。だから彼らは、概念的な解答の上に信じがたい現実的な機能を継ぎはぎしようと試みる。すなわち「人種がどのようにアラモの物語の政治的影響を方向づけたかが分かれば、いかにして人種差別主義が愛国心を養うために利用されたかを理解できるし、それによって中東問題に関して人種差別主義者が愛国心に訴えかけるのを排除することができる」といった具合だ。

　その衝動は理解できる。しかし、応用問題、あるいは現実的な問題を課されているのでなかったら我慢しよう。講義レポートでは、いかなる現実的な問題も解決はできないだろう。いずれにせよ、学術的な世界の大部分の人々は、自分たちの使命を、世界の難問を直接解決することではなく、よりよく理解することだとみなすのである（それが、問題の解決に役立つことも役立たないこともある）。

1.2.5 概念的な問題という特別の難題：「それでどうだというのだ」に答えること

　大部分の現実的な問題について、「それでどうだというのだ」に答える必要はない。その利益は普通、明白だからだ。大部分の応用問題でさえ、それらの解答の現実的な利益を暗示している。すなわち、なぜ研究者がアルツハイマー症の原因を解明する努力をしているか質問する読者はまずいない。しかしながら、概念的な問題については、「それでどうだというのだ」に対する解答は、しばしば明白ではないことがある。経験のある研究者にとってさえそうである。たとえば「シェイクスピアがマクベス夫人を舞台上ではなく舞台裏で死なせているからといって、それでどうだというのだ」「一部の文化が宗教的な儀式で仮面を使い、ほかの文化では使わないとして、それでどうだというのだ」「それを知ることが、なぜ重要なのだ」といった具合である。

　入門課程での研究レポートについては、「それでどうだというのだ」に対するもっともらしい解答さえあれば、指導者はおそらく満足するだろう。したがって、研究生活の初期にそのような問題で苦闘していたとしても、失敗の徴候と見てはいけない。まして、自分にはその作業をする準備ができていない証拠だなどと思ってはいけない。実際に、レポートの草稿を書いてしまうまで「それでどうだというのだ」に対する解答が見つからないこともある。レポートを書き終わるまでダメかもしれない。その段階にまで至っても、その解答は自分にしか重要ではない可能性もある。

　しかし、学位論文や博士論文に取り組んでいるのなら、満足させなければならないのは指導教員だけではない。解答は（指導教員によって代表される）同じ学術分野の人々もまた満足させなければならない。彼らは、解答の質によってだけでなく、問題の重大性によっても研究を評価するだろう。経験を積んだ研究者は、一部の読者、場合によっては多数の読者が、自分たちのレポートを読み、「私は賛成しない」と考えるだろうことを知っている。彼らはそれを、重要な問題点に関する研究を伝える上で不可避な部分として受け入れている。彼らが受け入れることができないのは、「私は関心がない」という態度である。

　いつになっても厄介なことだろうが、他者が「それでどうだというのだ」と尋ねる場面を頻繁に想像し、たとえ自己満足にしかならないとしても、その疑問に答える努力をすれば、あらゆる経験を積んだ研究者にとってさえ最も骨の折れる仕事――読む時間を割くに値するレポートだと読者たちに納得させるこ

と——に成功することを、いつかは習得できると確信するようになる。（第10章で、読者たちに少なくともレポートを読み始める気を起こさせる導入部の書き方を論じる。）

第2章 トピックから問題、問題から作業仮説へ

2.1 自分のトピックの中に問題を見つけよう
 2.1.1 関心をそそるトピックを探そう
 2.1.2 トピックを処理しやすくしよう
 2.1.3 トピックに疑問を持とう
 2.1.4 問題を評価しよう

2.2 いくつかの役に立つ解答を提示しよう
 2.2.1 作業仮説について決定しよう
 2.2.2 作業仮説におけるリスクに気をつけよう
 2.2.3 解答を見つけられないなら、自分の問題に賛成の意見を述べてみよう

2.3 作業のプランを立て、管理するため、ストーリーボードを作ろう
 2.3.1 問題と作業仮説を明確に提示しよう
 2.3.2 理由を明確に提示しよう
 2.3.3 探すべき論拠の「種類」の概略を述べてみよう
 2.3.4 全体を見よう

2.4 作業支援グループを組織しよう

研究課題は、データを集めるだけではすまない。課題は、インターネットに接続する前、あるいは図書館に向かう前に始まる。そして、必要だと思うデータをすべて手に入れたあともずっと続く。そうした手順の中で、無数の具体的な仕事に直面する。しかし、それらの仕事はすべて、たった5つの大雑把な目標を目指している。すべきことは次のとおりだ。

- ■答える価値のある問題を提起しよう。
- ■満足できる理由で立証できる解答を見つけよう。
- ■自分の理由を立証する、信頼できる論拠を見つけよう。
- ■解答のための良い証拠を示すレポートを起草しよう。
- ■以上の4つの目標を達成したと読者が考えそうな程度まで、その草案を改稿しよう。

これら5つの目標を、仕事場に貼り出してもよい。

　もしこれらのステップを真っすぐ進んでいくことができれば、研究課題は簡単だろう。しかし、知ってのとおり（あるいは、すぐに知ることになるように）、研究とその報告は、簡単にはいかない。1つの仕事をしながら、前方のほかの仕事に目を向けなければならないだろうし、あるいは初期の仕事を振り返らなければならない。文献を読めばトピックが変わるだろうし、起草しながらデータをさらに探し求めるだろう。草稿を改稿しながらも、新しい問題を発見することにさえなることもある。研究とは、堂々巡りをするような、厄介で、予想できないものである。しかし、プランがあれば、そこから外れそうだと分かったときにも対処できる。

2.1　自分のトピックの中に問題を見つけよう

　研究者はいろいろな方法で研究課題に着手する。さまざまな経験を積んだ研究者は、同じ分野のほかの人々が解答を求める問題から始める。「何が北アメリカの巨大な哺乳動物の多くを絶滅させる原因になったのか」といったことだ。手を出さずにはいられない漠然とした知的欲求にすぎないことから始める人たちもいる。彼らは、ジャイアント・スロウス〔ナマケモノ〕やマストドン〔象に似た古生物〕について、何に引っかかりを感じるのかがたぶん分かっていない

だろう。しかし、彼らは自分たちの欲求を、答える価値のある問題に変えられるかどうかを探り出すのに、時間をかけることをいとわない。

　その上、研究者たちは、最善の研究課題とは、人々がその解答だけを知りたがるものではないことを知っている。何かさらに大きな問題点（再び「それでどうだというのだ」）を理解するのに役立つ研究課題である。たとえば、もし我々が、なぜ北アメリカ・スロウスが絶滅したかを知っていれば、多くの歴史人類学者をてこずらせている、もっと大きな問題に答えることができた可能性もある。「初期のアメリカ先住民たちは、一部の人が信じているように、自然と調和して暮らしていたのか、あるいは、その最大の動物を絶滅するまで狩猟したのか（それが分かると、我々はまた……も理解できるかもしれない）」ということだ。

　研究者の頭にふと浮かぶ、行き着く先も全く分からないような問題もある。時には、一見したところとてもつまらなくて、研究者だけが答える価値があると考えている事柄である。「コーヒーがこぼれたあとは、なぜリング状に乾くのか」といったことだ。そのような問題は何の価値もないかもしれないが、その解答を知るまで、そんなことは分からない。事実、コーヒー・リングのことを不思議に思った科学者は、同じ分野のほかの人々が重要だと考えた（そして、塗料製造業者たちは価値があると気がついた）液体の習性についての発見をした。だから「アラモで戦闘の前夜に何匹の猫が寝ていたか」といった問題でさえ、どこに行き着くのかは誰にも分からない。やってみるまで分からないのだ。

　実のところ、研究者の最も価値のある能力は、何でもないような物事を不思議に思う特性である。何でもないような物事とは、コーヒー・リングの形とか、なぜシェイクスピアがマクベス夫人を舞台上ではなく舞台裏で死なせたのかとか、なぜ眉毛が髪の毛と同じようには伸びないのか、といったようなことだ。平凡なことの中で何が奇妙なことかを見きわめる能力を磨こう。そうすれば、学生であれ、専門家であれ、決して研究課題には不足しないだろう。

　すでにトピックがあるなら2.1.3へ跳び、そこで問題を見つけよう。すでに1つか2つの問題があるのなら2.1.4へ跳び、そこに並べられている基準によって問題を検証しよう。まだトピックを探しているなら、それを探る手助けをするプランがここにある。

2.1.1 関心をそそるトピックを探そう

もし何か自分の分野にふさわしいトピックを選ぶことができたら、次のような問題を問いかけてみよう。

- どのようなトピックについて、すでに何かを知っているか。知っているなら、さらに学ぶことができる。
- 何についてもっと知りたいのか。場所か、人物か、時間か、目的か、物体か、思想か、手順か。
- 興味がある問題点について、ウェブ上で討論のリストを発見できるか。
- 自分の分野のどんな問題点について、ほかの人々と討論し、そのあとに自分の見解を満足のゆく理由や論拠で立証できないことに気づいたか。
- 専門外の人々が、どのような問題点を誤解しているか。
- 指導教員は、どのようなトピックに取り組んでいるか。その指導教員は、そのトピックの一部を探究してもらうことを望んでいるか。遠慮しないで尋ねてみるとよい。
- 図書館には、何かの分野で豊富な資料があるか。指導者か図書館員に尋ねてみよう。
- 専門分野、あるいはそれ以外の分野で、どのようなほかのコースを取るつもりか。テキストを探し、研究課題を求めてざっと読んでみよう。
- もし就職したいと思っている職があるなら、どのような種類の研究レポートがその職を得るのに役立つだろうか。雇い主たちはしばしば、応募者の研究のサンプルを求める。

アイデアを求めて印刷資料を調べることもできる。

- 『哲学者の索引 *Philosopher's Index*』『地理学論文抄録 *Geographical Abstracts*』『女性の研究抄録 *Women's Studies Abstracts*』などといった専門分野の索引〔Index〕中にあるトピックに、ざっと目を通してみよう（巻末の参考文献目録カテゴリー2参照）。
- 専門分野での年間の研究を回顧している学術雑誌にざっと目を通してみよう（巻末の参考文献目録カテゴリー2参照）。

学術的研究はほかの人々に伝えられるものだ。しかし、研究がもたらす理解力は、研究者当人にだけ価値があるものでもある。だから、先のことを考えよう。1年後に役に立ちそうな研究課題を探すことだ。けれども、そのトピックと長い付き合いになるかもしれないことを肝に銘じておこう。そうなった場合には、避けて通れない岩だらけのコースを切り抜けてゆけるだけの興味をしっかりと持っておくことだ。

2.1.2 トピックを処理しやすくしよう

百科事典の見出し項目──「橋」「鳥」「仮面」──のようなトピックを選ぶと、読むのに一生かかるほど多くの資料を発見するだろう。トピックから、処理しやすい部分を切り分けなければならない。特別の興味をトピックの中に反映させるために、自分のトピックを限定することによって、図書館に向かう前にスタートできる。たとえばそのトピックが「仮面」だとして、何がそれを選ばせたのだろうか。仮面のどのような側面が興味を持たせ、あるいは不可解と思わせるのか。トピックを、何か知っている文脈で考えてみよう。それから、そうした知識を反映するために言葉や文句を加えてみよう。

宗教的な儀式における仮面
ホピ族〔アリゾナ州の北米インディアンの部族〕の宗教的な儀式におけるシンボルとしての仮面
ホピ族の多産儀式における天の霊のシンボルとしてのテネシー州人の仮面

トピックについて読み始めるまでは、おそらくトピックの焦点を絞れないだろう。それには時間がかかるから、早めに始めよう（この準備作業の多くはオンラインでできる）。

■一般的な百科事典でトピックを概観することから始めよう（巻末の参考文献目録カテゴリー2参照）。それから、専門の百科事典でトピックについて研究しよう（専門分野のカテゴリー2を参照）。
■トピックについての概況をざっと読もう（百科事典の見出し項目は通常、いくつ

か例証している）。
- 専門分野の年次参考文献目録で、トピックの項目の副題をざっと見よう（巻末の参考文献目録カテゴリー4参照）。これによって、読書リスト作りも始められる。
- そのトピックをインターネットで検索しよう（しかし、見つけたものには用心しよう。3.4.3を参照）。

　討論の引き金になるトピックは、特に有益である。「ハロウィンの仮面は子どもたちの典型的な恐怖感を明らかにすると、フィッシャーは主張する。しかし、そうだろうか」。たとえ論点を解決できなくても、そのような討論がどのように行われるかを学ぶことができる（これについて、さらには、3.1.2を参照）。

2.1.3　トピックに疑問を持とう

　この作業は早い段階に1度行うだけでなく、研究課題を通してずっと問いかけてみよう。読みながらも問題意識を持ち、特に「なぜ」「どのように」と問いかけてみよう（4.1.1-4.1.2も参照）。次のような種類の質問を試してみよう（カテゴリーは不明確で重複しているから、それらを明確にしようとする必要はない）。

① トピックがさらに大きな（歴史的、社会的、文化的、地理学的、機能的、経済的などの）文脈に、どのように当てはまるか問うてみよう。
- トピックは、さらに大きな物語にどのように当てはまるか。「仮面の前に何が存在していたか」「仮面はどのように出現したか」「仮面はなぜ出現したか」「仮面は、社会的または地理的な環境のほかの面に、どんな変化を引き起こしたか」「それはなぜどのように、起きたか」「仮面はなぜハロウィーンの一部になったか」「仮面はなぜどのように、ハロウィーンをクリスマスに次ぐアメリカの最大の祝日にするのに役立ったか」
- トピックはどのように、さらに大きな組織の役割を担う部分になっているか。「仮面はどのように特定の社会や文化の価値を反映しているか」「仮面はホピ族のダンスで、どのような役割を演じているのか」「恐怖映画ではどうか」「仮面舞踏会ではどうか」「仮面は変装以外に、どのような目的に使われるのか」「カチーナダンサー〔ホピ族の宗教儀式で、仮面を着けて、ホピ族の祖霊を擬人化し

て踊る〕の仮面の爆発的な人気は、伝統的なデザインにどのような影響を与えてきたか」
- ■トピックは、類似のトピックに対して、どのように比較・対照されるか。「アメリカ先住民の儀式の仮面は、アフリカの仮面とどのように違うのか」「ハロウィーンの仮面は告解火曜日〔謝肉祭の最終日〕の仮面とどんな関係があるのか」「仮面と美容整形はどのように似ているか」

②独立した実体としての、モノそのものの性質について問うてみよう。
- ■トピックは、時間の経過とともに、どのように変化したか。なぜか。その将来は。「ハロウィーンの仮面はどのように変化したか」「なぜか」「アメリカ先住民の仮面はどのように変化したか」「なぜか」
- ■トピックの各部分は、どのようにして１つの組織を成しているか。「ホピ族の儀式で仮面のどの部分が最も重要か」「なぜか」「なぜ一部の仮面は目だけ覆うのか」「なぜ顔の下半分だけ覆う仮面はほとんどないのか」
- ■トピックには、いくつの異なるカテゴリーがあるのか。「ハロウィーンの仮面にはほかにどんなものがあるのか」「異なる質の仮面は何か」「ハロウィーンの仮面の異なる機能は何か」

③肯定的な質問を、否定的な質問に転換してみよう。「なぜ仮面はクリスマスの一部にならなかったのか」「アメリカ先住民の仮面はアフリカの仮面と、どのように違わないのか」「仮面のどの部分が、宗教的な儀式で一般的に重要ではないのか」

④推論的な質問をしてみよう。「なぜ仮面は、アフリカの宗教では一般的で、西欧の宗教ではそうではないのか」「なぜ子どもたちは、大部分の大人たちよりも、違和感なくハロウィーンの仮面をかぶっていられるのか」「なぜカモフラージュをした狩猟家たちは、仮面をかぶらないのか」

⑤「もし、……したらどうか」と問うてみよう。トピックが存在しなかったら、消滅したら、あるいは新しい文脈に組み込まれたら、物事はどのように違うのだろうか。「もし誰も安全という以外の目的で仮面をかぶらないとしたら、

どうか」「もしあらゆる人が人前で仮面をかぶったとしたら、どうか」「もし映画やテレビがギリシャ劇のようであり、すべての俳優が仮面をかぶっていたら、どうか」「もしブラインド・デート〔第三者の紹介による面識のない男女のデート〕で仮面をかぶる習慣なら、どうか」「結婚式ではどうか」「葬式ではどうか」

⑥資料との見解の相違を反映する質問をしてみよう。もし資料が、しっかり立証されていない、あるいは間違ってさえいると考えられる主張をしているのなら、その意見の不一致を問いにしてみよう（4.1.2 も参照）。「カーニバルの仮面は、その特有の性質として、かぶっている人たちが社会的規範を免れることを許している、とマルチネスは主張する。しかし、宗教的仮面もまた、かぶっている人たちに物質的な領域から精神的な領域に逃れることを許している、と私は考える。社会的ないし精神的な生活の代替となるもの、という感覚を生み出すすべての仮面に、もっと広範囲に及ぶ原型があるのだろうか」

⑦同意に基づいた質問をしてみよう。もし資料が、説得力のある主張をしているなら、その有効性の範囲を拡大する質問をしてみよう（4.1.1 も参照）。「仮面舞踏会は、18世紀のロンドンで、社会的流動性への不安に応じて人気になったことを、エリアスは明らかにしている。同じ不安は、他のヨーロッパの首都における同じような展開の原因だろうか」。追加する論拠で同じ主張を立証する質問をすることもできる。「エリアスは、出版された資料によって、仮面舞踏会についての彼の主張を全面的に立証している。それは手紙や日記のような出版されていない資料でも立証されるのか」

⑧ほかの人たちが同様のトピックに対して行った質問と類似した質問をしてみよう。「スミスは経済的観点からゲティスバーグの戦いを分析した。アラモの戦いの経済的分析からは何が明らかになるだろうか」

⑨ほかの研究者たちが問う質問を探してみよう。ただし、答えてはいけない。多くの学術雑誌の記事は、未解決の問題やさらなる研究のためのアイデアな

どについての 1 つか 2 つのパラグラフで終わっている。彼らが示唆するすべての研究はできないかもしれないが、その一部を切り取ってもよい。

⑩ トピックについてウェブでの討論のリストを見つけよう。それから、リストにある人たちが論じている種類の問題を理解するため、やり取りを正確に読み取るよう"待ち伏せ"しよう。もし検索エンジンを使ってもリストを発見できなければ、教師に尋ねるか、またはその分野の専門機関のウェブ・サイトにアクセスしてみよう。興味を誘発する問題を探そう。非常に具体的で焦点が絞られているなら、リストで質問してみることさえできる。ただし、学生からの質問が歓迎されるかどうか分かるまで待った方がよい。

2.1.4　問題を評価しよう

すべての解答が等しく役に立つわけではない。問題の価値を見極め、興味深い解答を生み出しそうもない問題は捨てよう。次の項目が当てはまる場合には、再考しよう。

①その質問にあまりにも簡単に答えられる。
- ■調べることができる。「どのような仮面がナバホ・ダンスで使われるか」
- ■資料を要約できる。「フィッシャーは仮面と恐怖感について何と言っているか」

②解答を立証する良い論拠を発見できない。
- ■問題にされる事実は全く存在しない。「マヤ族の仮面は宇宙人をモデルにしているか」
- ■問題は好みとか趣味に基づいている。「バリ島住民またはマヤ族の仮面はもっときれいか」
- ■非常に多くの資料を読まなければならない。「どのようにして仮面は作られるか」。最善の論拠を発見するために、無数のレポートを苦労して読むことは望ましくない（これは通常、あまりにも漠然とした質問の結果である）。
- ■読者が決定的と考える資料を手に入れることができない。あまり高度ではない研究課題でも、利用できる最良の資料を使って取り組むことを期待されるだろう。学位論文や博士論文にとっては、それらの資料は不可欠である。もしそう

した資料を手に入れられなければ、ほかの問題を探そう。

③その解答をもっともらしく論駁できない。
- 解答は、論拠が圧倒的に裏づけているから、自明のように思われる。「イヌイット文化では、仮面はどのくらい重要であるか」。その解答は明白だ。「非常に」である。もしある主張を論駁することが想像できなければ、それを証明することは無意味である。(他方で、世界クラスの名声は、自明の真実だと思われていた主張に疑問を抱いた人々によって勝ち取られてきた。たとえば、太陽は地球を回っているという主張がそれである。それを、あえて論駁したのである。)

　誰かがすでに解答を求めたに違いないと思ったからといって、その問題を拒絶してはいけない。あたかも初めて問うたかのように、よく分かるまで解答を追求しよう。たとえ誰かがそれに答えていても、より良い解答、または少なくとも新しい観点を持った解答を、思いつくこともある。実際に、人文科学や社会科学では、最良の問題は通常、複数の良い解答を持っている。また、競合する解答を比較したり、対比させたりし、最良の解答を立証することに基礎をおいて、研究課題をまとめることもできる（6.2.5を参照）。

　要は、解答を出したいと思う問題を見つけることである。大学院生も学部生も、あまりに多くの学生が、教育の目的は、誰かほかの人の問題に対する決着済みの解答を記憶することだと考えている。そうではないのだ。教育の目的とは、自分自身の問題に対して自分自身の解答を発見することを習得することである。そうするためには、物事について疑い、不可解だと思われることを学ばなければならない。最も平凡と思われる事柄については特にそうである。

2.2　いくつかの役に立つ解答を提示しよう

　研究課題に深入りする前に、もう1つステップを試してみよう。初心者の中には抵抗する者もいるが、経験を積んだ研究者たちは通常それを試みる。いったん問題を決めたら、いかに大雑把なものでも、思いつき程度でも、いくつかのもっともらしい解答を想像してみよう。この段階で、解答が正しいかどうかを気にすることはない。それはいずれ分かることだ。

たとえば、もし「なぜ儀式で仮面を使う宗教もあれば、使わない宗教もあるのか」と尋ねるとしたら、おそらく次のように推測しているだろう。

おそらく多くの霊を持つ文化は、それらを区別するために仮面が必要なのだ。
おそらく宗教と医術が混ざっている文化では、仮面は普通なのだ。
おそらく中東に起源のある宗教は、ユダヤ人の偶像崇拝禁止の影響を受けたのだ。

一般的な解答でも、研究する価値のあることを示唆する場合もある。

おそらく１つの文化の非宗教的な領域における仮面の役割と関係があるのだ。

　いかに試験的または思いつき程度であっても、少なくとも１つ、もっともらしい解答を想像してみることだ。もし、たくさん研究したあとでそれを確認できなくても、解答を想像してみたときには合理的と思われたのに、結局は間違っていることが分かった理由を基に、レポートをまとめることができる。そうすれば、ほかの研究者たちは時間を無駄にしないですむ。それ自体、そのトピックについてのやりとりに価値ある貢献になりうる。（良さそうに見えるのだが、結局は間違っていることが分かるアイデアを利用する方法については10.1.1-10.1.2を参照。）
　実際に２つか３つのもっともらしい解答を探してみよう。１つの解答が良さそうに思えても、ほかの解答と対比して検証してみることによって、選んだ答えを改善することができる。いずれにしても、なぜほかの解答が間違っているかも示すことができなければ、その解答が正しいことを証明することはできない。研究課題の早い段階でも、解答をできるだけ明確かつ十分に書いてみよう。明確なアイデアなど持っていなくても、持っていると考えてしまうものだ。ぼんやりしたアイデアを言葉に直すことは、それを明確にする最善の方法である。裏を返せば、それを明確にできないことを発見する最善の方法である。

2.2.1 作業仮説について決定しよう

　もし１つの解答が有望だと思われたら、それを「作業仮説（working hypothesis）」と呼び、研究を導くために使おう。もちろん、誘導してくれる問題だけでもっ

て論拠を探すことはできる。どのような問題にも、もっともらしい解答の数には限りがあるからだ。しかし、最も試験的な作業仮説でも、前もって考える助けになる。とりわけ立証に必要となりそうな論拠の「種類」についてはそうだ。必要なのは、数字か、引用か、観察結果か、図像か、歴史的事実か。さらに重要なのは、どのような種類の論拠がその仮説を「論駁する」かだ。以上のような問題に答えてみよう。そうすれば、どんな種類のデータを待ち構え、保存しておくべきかが分かる。実際には、仮説を立てるまで、集めるどんなデータが、答える価値のあるような問題と関連があるのかを知ることはできない。

　もしどんな作業仮説も想像できないなら、問題を再考しよう。答えられる問題を見つけるため、予備の問題のリストを見直そう。このステップを跳ばしてきたのなら、2.1.3 へ戻ろう。新しいトピックで初めからやり直すことに決めてもよい。それは短期的には時間がかかるが、欠陥のある研究課題から救ってくれることもある。学位論文や博士論文に取り組んでいるのなら、読んだり熟考したりしながら、作業仮説を固めるのをもっと長く待ってもよい。しかし、少なくとも可能な解答のかすかな光も感じないで、研究課題に深入りしてはいけない。

　仮説について考えることを、決してレポートを起草するまで延期してはいけない。レポートをほとんど完成するまでになると、なお悪い。最終ページを書くまで、問題に対する最善の解答を決定できないこともあるだろう。執筆も、改稿さえも、それ自体、発見の行為である。「何らか」の解答について考え始めることを、とにかく最後のページまで待っていてはいけない。

2.2.2　作業仮説におけるリスクに気をつけよう

　あまりに早く最終的な解答を決めるのは望ましくない。しかし、多くの若手の研究者や一部の経験を積んだ研究者は、彼らの研究課題の初期に「どんな」作業仮説も、彼らが軽く考えている作業仮説さえも、考える気になれない。それが自分たちの思考を偏らせる可能性があると恐れているからだ。そのリスクはいくらかある。しかし、1つの作業仮説から、もっと良い作業仮説に乗り換えられないわけではない。最も客観的な科学者でさえ、ほんのわずかな予想された結果のために実験を工夫する。それはしばしば、たった1つの結果のためである。実際には、仮説を口にしない研究者たちも通常、頭では1つ仮説を持

っている。しかし、それが間違っているといけないので、その仮説にこだわっていると公には思われたくないのだ。

　作業仮説は、もっと良い作業仮説を見えなくしたり、論拠から見て放棄すべき作業仮説を放棄できなかったりする場合に限り、リスクである。従って、あらゆる関係でそうであるように、最初の仮説にあまりに巻き込まれすぎてはいけない。それを好めば好むほど、その欠点を知ることが容易ではなくなるだろう。しかしそうしたリスクはあっても、何もないよりは欠点のある仮説からスタートする方がよい。

2.2.3　解答を見つけられないなら、自分の問題に賛成の意見を述べてみよう

　これまでは取り上げる問題に専ら焦点を合わせてきたので、自分の問題に答えられなければ研究課題は失敗であると思うかもしれない。ところが実際には、多くの非常に重要な研究が、なぜ誰も問いかけたことがない問題が問われるべきかを説明している。たとえその研究者が答えられなくても、である。たとえば「カメは夢を見るか」「なぜあくびは伝染するのに眠気は伝染しないのか。それとも、するのか」。そのようなレポートは、なぜその問題が重要か、そして良い解答はどのようなものでありそうかに、焦点を合わせている。また、自分の問題に誰かが不完全に、それどころか、運が良ければ間違って答えていることが分かることもある。正しい解答を発見できなくても、広く受け入れられている解答が誤りであることを示せば読者の役に立つ（レポートの導入部でこの計画を利用する方法については10.1.2を参照）。

　問題を次々に問いかけることによってのみ、どんな職業に就いても必要不可欠となる批判的な想像力を身につけることができる。実際、経験を積んだ研究者は知っているように、大部分の問題には、最終的な解答といえるものはほとんどない。問いに終わりなどないからだ。新しい問題を問いかけることは、古い問題に答えることと同様に重要であることを、彼らは知っているのだ。いつか彼らの新しい問題は古くなり、若手の研究者のさらに新しい問題に屈するだろうことを。

　読者諸氏の務めは、そうした新規参入の研究者になることである。

2.3 作業のプランを立て、管理するため、ストーリーボードを作ろう

　短いレポートのために細かいプランは必要ないかもしれない。概略だけでも間に合うこともある。しかし、長文となる研究課題のためには通常、もっと細かいプランが必要だろう。特に学位論文や博士論文のような長いものにはそうだろう。頭に浮かぶ最初のプランは普通、Ⅰ、ⅡやA、Bなどを使ったアウトラインである（23.4.2を参照）。もしアウトラインを好むなら、特に研究課題が比較的短ければ、それを使ってみよう。厄介なのは、アウトラインがあると、最善の思索をし終わる前に、あまりにも多くのことを、あまりにも早期に具体的に記さざるを得なくなり、最終的な形が固定されてしまうことである。

　そうしたリスクを避けるために、多くの研究者たちは、学術分野以外の人も含めて、「ストーリーボード」の上で長いレポートのプランを立てる。ストーリーボードは、数ページにわたって広げられたアウトラインのようなもので、作業を進めながらデータやアイデアをつけ加えるスペースがたくさんある。アウトラインよりも柔軟性があり、論拠を探したり、議論を組み立てたり、最初の草稿を書いたり、最終的な草稿を検証するプランを立てるのに役に立つ。アウトラインでの項目立てとは対照的に、ストーリーボードのページは物理的に移動して回ることができるので、新しい構成を試してみるたびに、新しいプランを印刷する必要はない。研究課題の"イメージ"を創作するために、壁一面にページを貼り出して、関連のページをグループにまとめ、マイナーな節をメジャーな節の下位に置いてもよい。一目見ただけで、全体のデザインと、進捗状況が分かるものである。

2.3.1 問題と作業仮説を明確に提示しよう

　ストーリーボードをスタートするために、最初のページの上端にトピックと作業仮説を、できるだけ正確に提示しよう。それから、そのトピックの限界と利点をもっと明確に知るために、もっともらしい代案をつけ加えよう。仮説について考えながら、新しい仮説をつけ加え、間違っていると立証したものには横線を引いておこう。ただし、それらのうちの1つは導入部で利用できることもあるので、保存しておこう（10.1.1を参照）。

2.3.2 理由を明確に提示しよう

別々のページの上端に、最善の仮説を立証するかもしれない理由を、それぞれ書いておこう。たとえ1つか2つだけでもかまわない（理由についてさらに詳しいことは5.4.2を参照）。研究課題を友人に説明する場面を想像してみよう。「私はアラモの物語が、テキサス人に独特の性質を育てるのに役立ったことを示したい」と言うと、友人は「なぜそう考えるのか」と尋ねる。理由は、回答の裏付けになるような普通の言葉でよい。つまり「そうだな。第1に、何がテキサス人の独自性の中心になったかを強調するために、物語は事実をゆがめた。第2に、物語は最初、テキサス（および無法な西部地方）が新しい種類のフロンティアであることを示すために利用された。第3に、……」などだ。

もし1つか2つの理由しか思いつかないなら（普通はもっと必要になるだろう）、プレースホルダー〔正式なデータが入るまで、臨時に確保しておくスペースのこと〕をページの上端に書いておこう。すなわち「理由3：アラモの物語がテキサス人に、彼らは特別なのだと感じさせていることについて」。もし自分の解答を立証するために、単に「どのような」形で理由があって欲しいとしか分かっていないなら、次のように述べよう。「理由4：アラモの物語が単なる神話以上のものであることを示すことについて」。それぞれの理由には、もちろん確証が必要である。だから、それぞれの理由について「どうしてそう考えるのか」「証明するには、どんな論拠が必要になるか」を問うてみよう。そのことは、論拠探しの焦点を絞るのに役立つだろう（2.3.3と5.4.2を参照）。

もし自分のトピックに着手したばかりか、または研究課題の初期段階にあるなら、理由として挙げるものは、経験に基づいた推測にすぎず、変更することもあるだろう。変更しないのなら、自己批判が足らないのかもしれない。しかし、理由のリストは、いかに推論にすぎなくても、研究を誘導し、思考の焦点を絞るのに最善の枠組みであり、全く理由がないよりはずっとよい。

2.3.3 探すべき論拠の「種類」の概略を述べてみよう

あらゆる分野において、その分野独自の論拠が優先される。数値、引用、観察結果、歴史的事実、イメージなどだ。だから、それぞれの理由について、それを立証するために必要と考えられる論拠の種類の概略を書いておこう。最も説得力のある論拠がどんなものになりそうか想像もしておこう。もし必要にな

りそうな論拠の種類を想像できなければ、ページのその部分を空白にしておいて、専門分野の研究者たちが好む種類の論拠を見つけ出すために2次資料を読むとよい（3.1.2を参照）。

2.3.4　全体を見よう

ストーリーボードのページをテーブルの上に広げるか、または壁にテープで貼ろう。それから一歩下がって、それらの順序を見てみよう。最初の草稿のプランを立てるとき、各部分をある順序に並べなければならない。あらかじめ、1つの順序を考えておいてもよい。その順序は論理的になっているだろうか。原因と結果、論述の流れ、重要度の相関関係、複雑さ、長さなどはどうなっているだろうか（順序のさらなる原則については6.2.5を参照。）異なる順序を試してみよう。このストーリーボードは最終的なプランではない。思考を導き、発見したものを組み立てる道具にすぎないのだ。

1ページを満たしたら、その節を起草してみよう。アイデアを書き出すことは、研究課題のあらゆる段階で、思考を改善する可能性があるからだ。

資料にゆっくり目を通し、興味が持てるものだけを読む暇ができることもあるだろう。そのような手当たりしだいの拾い読みは、研究の重要な輪郭を広げてきた。しかし、もしレポートの期限が1カ月後ぐらいなら、思いがけない幸運を待つことはできない。プランが必要なのだ。ストーリーボードは、プランを創造するのに役立つ、単純で信頼できる装置である。

2.4　作業支援グループを組織しよう

学術的研究の悪い面は孤立である。グループ研究計画以外では、ほとんど1人で読み、考え、書くだろう。しかし、そうである必要はないし、少なくとも全部がそうである必要はない。指導者や指導教員以外の誰かを探そう。進捗状況について話を聞き、草稿に目を通し、どれだけ書いたかについて口うるさく悩ませさえする人である。それは寛大な友人かもしれない。だが、まずはほかの執筆者を探してみるとよい。お互いのアイデアや草稿について、批評することができるからである。

より一層よいのは、各自が自分自身の研究課題に取り組み、お互いの作業について討論するために定期的に顔を合わせる4人か5人の執筆グループだ。早

期に、各自の研究課題の要約を持ち寄る会合をスタートしよう。研究課題の要約は例の3文による論述法、すなわち「私はXというトピックに取り組んでいる。Yを見つけ出したいからだ。そうすればZをよりよく理解できるようになる」というものである。研究課題が進展したら、"エレベーター・ストーリー"を始めよう。会合に向かう途中、エレベーターの中で誰かに話せるような研究の短い要約だ。それは例の3文による論述法と作業仮説、およびそれを立証する主要な理由を含んでいなければならない（13.4を参照）。

その後の段階で、グループはアウトラインと草稿を伝え合う。最終的に読者がどのように反応しそうかを予想するため、彼らが代理の読者として役立つようにするのが目的だ。もしグループが自分の草稿に疑問を持つならば、最終的な読者も同様だろう。身動きが取れなくなったときに、彼らにブレーンストーミングを手伝ってもらうこともできる。しかし、ほとんどの執筆者にとってこの執筆グループは、統制を強いられるという点に最も価値がある。他人に進捗状況を報告しなければならないと分かっていれば、予定どおりに進めることが容易になるからだ。

執筆グループは、学位論文や博士論文には標準的な慣習だ。しかし、講義レポートについては原則が異なるかもしれない。執筆グループや執筆仲間が必要以上に手助けしたがるだろうと考える指導教員もいる。だから、執筆グループで何を行うつもりなのか指導教員にはっきり伝えておこう。そうしないと、執筆グループから受けた助力は不適切だと彼らに決めつけられることもある（7.10を参照）。

第3章 有用な資料を見つけること

- **3.1** 読者が使うことを期待する種類の資料を理解しよう
  - 3.1.1 論拠を求めて1次資料を調べよう
  - 3.1.2 ほかの研究者から学ぶため、2次資料を読もう
  - 3.1.3 入門的概観を求めて3次資料を読もう
- **3.2** 資料を十分に、正確に、かつ適切に記録しよう
  - 3.2.1 引用方式を決めよう
  - 3.2.2 参考文献目録用のデータを記録しよう
- **3.3** 組織的に資料を探そう
  - 3.3.1 そのトピックについて何か知っている人を探そう
  - 3.3.2 インターネットをざっと検索しよう
  - 3.3.3 図書館司書に相談しよう
  - 3.3.4 関連分野を拾い読みしよう
  - 3.3.5 いくつかの専門の参考書籍にざっと目を通そう
  - 3.3.6 図書館のカタログを検索しよう
  - 3.3.7 定期刊行文献の手引書を検索しよう
  - 3.3.8 書棚を拾い読みしよう
  - 3.3.9 高度な研究課題のために、参考文献目録を追跡しよう
- **3.4** 資料の関連性と信頼性を評価しよう
  - 3.4.1 資料の関連性を評価しよう
  - 3.4.2 出版されている文献資料の信頼性を評価しよう
  - 3.4.3 オンライン資料の信頼性を評価しよう
- **3.5** 一般的な参考資料以外にも広く目を向けよう

少なくとも1つの問題と、それを立証するためのわずかな仮の理由が揃ったら、自分が信じる理由を立証し、作業仮説を検証するのに必要になりそうなデータを探し始めよう。この章ではそれらのデータの見つけ方を、また次の章ではそれらの処理の仕方を説明する。しかし、資料を探索することと、それらを読むことを、別々のステップと考えてはいけない。有望な資料を手に入れたら、ほかの資料を探すためにそれを読もう。ストーリーボードをメモで埋めてゆくと、さらに多くの資料によってしか補足できない意見の不一致や新しい問題を発見するだろう。ここでは資料探索とその利用を2つのステップとして検討するが、実際には同じステップを繰り返したり、2つのステップを同時に行ったりすることの方が多い。

3.1　読者が使うことを期待する種類の資料を理解しよう

　執筆者の経験に応じて、読者たちは、いわゆる「1次」、「2次」、「3次」という異なったレベルの資料を使うことを期待するだろう。これらは厳格に定義されたカテゴリーではないが、研究者たちが大部分の資料についてどのように考えているかを大まかに特徴づけている。

3.1.1　論拠を求めて1次資料を調べよう

　文学、芸術学、歴史学のような分野では、1次資料はオリジナルの作品である。すなわち、作家、演奏家、作曲家などによって創作された日記、手紙、手稿、図像、映画、映画の脚本、録音、楽譜である。それらの資料は、理由を立証する論拠として使う言葉や図像、音といったデータを提供する。データはまた、物である場合もある。研究対象としている時代のコイン、衣料、道具やそのほかの工芸品や、研究対象となる人物の持ち物である。

　経済学、心理学、化学などの分野では、研究者たちは一般的に、観察や実験を通してデータを収集する。ほかの分野では、インタビューによって論拠を集める場合もある。（効果的なインタビューを行うため、収集する情報を引き出し記録するのに、信頼できる方法を使わなければならない。）そのような分野では、論拠は研究者たちが集めたデータから成り立つ。それらの収集されたデータの1次資料は、それらを最初に発表した出版物で、政府・商業データベースから学術雑誌にまで及んでいる。

経験を積んだ研究者は、最初に1次資料でデータを探す。たとえば、もしアラモの物語について書いているなら、その時代に書かれた資料を見つける努力をするだろう。手紙、日記、目撃者の報告書などだ。

3.1.2 ほかの研究者から学ぶため、2次資料を読もう

2次資料は、1次資料を分析している本や記事で、通常は別の研究者によって、ほかの研究者のために書かれている。アラモの物語を分析している学術雑誌の中のレポートは、この物語に取り組んでいる研究者にとっては2次資料だろう。2次資料にはまた、ある分野の学者たちによって書かれたエッセイを提供する専門的な百科事典や辞書も含まれる。2次資料の用途は3つある。

①最新の研究についてゆくこと。研究者たちが2次資料を読むのは、ほかの研究者たちの研究についてゆき、彼らの考え方に生命を吹き込み、磨き上げるためであり、さらに公表された研究の情報を付け加えることによって、自分たち自身の研究に刺激を与えるためである。

②ほかの観点を発見すること。研究レポートは、研究者がほかの人たちの見解や読者からの当然の疑問および意見の相違を認め、それらに答えるまでは完全ではない（5.4.3を参照）。そうしたほかの観点の大部分を、2次資料の中に見出すことができる。それらは自分のアイデアに対してどのような代案を提供しているか。同意せざるを得ないどんな論拠を、それらは引用しているか。若手の研究者たちの中には、自分自身の見解に反する見解に言及すると、自分たちの主張を弱めると考える人たちもいる。真実は正反対だ。競合する見解を受け入れると、それらの見解を知っていることだけでなく、自信を持ってそれらに答えられることも読者に示すことになる（この点について、さらには5.4.3を参照）。

さらに重要なのは、それらの競合する見解を、自分自身の見解を改善するために使うことである。理性のある人が違った考え方をする可能性があることが分かるまでは、自分が考えていることを理解できていないのだ。だから、資料を探すとき、自分の見解を立証する資料だけを探してはいけない。見解を否定する資料にも敏感になろう。

③研究と分析のためのモデルを発見すること。同じトピックについてほかの

人が「何」を書いたかだけでなく、「どのように」書いたかを知るために2次資料を使うことができる。それが自分のレポートの表現形式や文体のためのモデルとなるのだ。2次資料を、自分のトピックについて相談にのってくれている同僚としてイメージしよう。応対するには、その分野に精通している人のように思われたいだろうから、その同僚の論じ方、言葉遣い、提示する論拠の種類、そしてめったに使わない、あるいは決して使わない論拠の種類を知ろうとするだろう。"会話"は書いたもので行われるのだから、文体の詳細を真似ることさえするだろう。すなわち、その人が長いパラグラフで書いているか、見出し語や箇条書きで分割しているかどうか（社会科学では普通だが、人文科学ではまれ）、といったことについてである。

2次資料を概念の分析のためのモデルとして使うこともできる。たとえば、もしアラモの物語を分析しているなら、ある資料がカスター将軍の最後の抵抗をどのように扱っているかを吟味してもよい。その研究方法は、心理学的か、社会学的か、歴史学的か、政治学的か。その特定の理由、または論拠は、おそらく自分の研究課題とは無関係だろう。しかし、同じ種類のデータと論法を使い、ことによると同じ構成を真似さえして、自分の解答を立証してもよい。

だから、正確に自分のトピックに関連するものではなくても、似たようなものを扱っている資料に出くわしたら、ざっと目を通して、その研究者が自分の資料についてどう考え、発表しているかを見てみよう（その一般的な論理だけを利用するなら、その資料の出典を明らかにする必要はない。しかし、自分の研究方法にもっと権威を与えるために明示してもよい）。

研究者は、1次資料の中で発見できないときだけ、2次資料で報告されているデータを使う。そのとき、彼らはそれらの2次資料を使うことについて用心深くなる。データの2次使用は、誤りの比率が高いからである。もし非常にレベルの高い研究をしているのなら、2次資料からの重要な引用、事実、または数字の正確さについてチェックしておこう。定評のある場所で発表する人々は、故意に誤報することはめったにないが、専門家でない人が考えるより、または専門家が認めるよりも不用意な誤りを犯すことがある。

もちろん、もしアラモの物語がどのように分析されてきたかを研究している

なら、分析を提供している2次資料が1次資料となるだろう。

ある分野で新参者なら、読むのが難しい2次資料もあるだろう。それらはたくさんの予備知識を想定しているし、多くは明確には書かれていない（11.2参照）。初めてのトピックに取り組んでいるのなら、専門の百科事典または信頼できる3次資料の中の概観から始めるのがよい。

3.1.3　入門的概観を求めて3次資料を読もう

3次資料は2次資料を基礎にして、通常は専門家でない人たちのために書かれている。それらには、一般的な百科事典や辞書、新聞や『タイム *Time*』『アトランティック・マンスリー *Atlantic Monthly*』のような雑誌、それに一般の読者のために書かれた営利的な書籍が含まれる。優れた編集の一般的な百科事典では、多くのトピックを素早く概観できる。しかしながら、『ウィキペディア *Wikipedia*』のようなオンラインの百科事典には気をつけよう。それは、認められた研究者によって書かれて、注意深く編集された記載事項よりも、むしろ匿名の寄稿に依存している。『ウィキペディア』は科学の面では比較的正確であることが判明しているが、全体としては一様ではなく、間違っていることもある。それを権威ある原典として決して引用してはいけない。

雑誌や新聞の記事を使うことにも、同様に注意すること。2次資料の研究を確実な筋から説明しているものもあるが、大部分は簡略化しすぎており、さらに悪い場合には誤報している。もちろん、『ブリタニカ国際大百科事典 *Encyclopedia Britannica*』で性的偏見、『ウィキペディア』で性的悪ふざけのようなトピックを、どのように扱っているかを研究しているなら、それらを1次資料として使うだろう。

資料の種類を理解したら、それらを探し始めよう。

3.2　資料を十分に、正確に、かつ適切に記録しよう

資料を探す前に、発見した資料をどのように引用するかを知るべきだ。読者たちは、論拠を信用する場合にのみレポートを信用するが、情報源が分からなければ論拠を信用しないだろう。研究者としての最初の義務は、読者たちが情報源を発見できるように、出典を正確かつ完全に明示することである。

3.2.1 引用方式を決めよう

大部分の分野で、特定の引用方式が要求される。2つの最も一般的な方式は、本書の第Ⅱ部で詳細に説明している。

- **注記式参考文献目録方式** notes-bibliography style（または、単に**参考文献目録方式** bibliography style）は、人文科学では広範に使われ、一部の社会科学でも使われている（第16章と第17章を参照）。
- **カッコ入り出典―参照リスト方式** parenthetical citations-reference list style（または、単に**参照リスト方式** reference list style）は、社会科学と自然科学のほとんどで使われている（第18章と第19章を参照）。

もし、どちらの方式を使うべきかに確信がなければ、指導教員と相談しよう。資料のリストを編集し始める前に、第15章にある引用方法の一般的な序論を読もう。それから、使うことを要求される引用方式に応じて、参考文献目録方式（第16章）または参照リスト方式（第18章）の序論を読もう。

3.2.2 参考文献目録用のデータを記録しよう

時間を節約し、誤りを避けるため、最初に資料を発見したときに、必要になりそうなすべての引用情報を記録しよう。この情報の大部分は、書籍の表題ページか学術雑誌の記事の見出しに載っている。必要となる具体的な情報は、文献のタイプ次第だが、それぞれの文献について、少なくとも次のことを記録しておこう。すなわち、

- その文献は誰が書いたか、または編纂したか。
    - 著者
    - 編集者
    - 翻訳者
- どんなデータでその文献を特定できるか。
    - 表題と副題
    - その文献を包含する（コレクション、学術雑誌、あるいは新聞のような）何かより大きな文献の表題と副題
    - もしその文献が、より大きな文献に出ているなら、ページ番号

- ■巻数
- ■号数
- ■版次
- ■オンラインの資料について、URLと資料にアクセスした日時

■誰が、いつ、その文献を出版したか。
- ■出版社の名前
- ■出版の場所
- ■出版の日付

　自分自身の便宜のために、国会図書館の図書整理番号を記録してもよい。参考文献目録の出典には入れないが、その文献を再び調べなければならなくなったときに、役に立つことを悟るだろう。

　どこかの時点で、この文献情報の体裁を、要求されている引用方式に従って整えることが必要になるだろう。だから今のうちに、そのような方式で文献を記録しておくべきである。図16.1と第17章で、参考文献目録方式のためのテンプレートと例を見ることができる。参照リスト方式については、図18.1と第19章を参照してほしい。

　これらのデータを記録しているときには、近道をしたくなるだろう。それは退屈な仕事だし、ピリオドやコンマ、カッコについてのルールは、重箱の隅を楊枝でほじくるようなものに感じられるからだ。しかし、不適切な引用、悪くすれば不完全ないし不正確な引用をすれば、たちまち初心者のレッテルを貼られてしまう。だから、文献データを扱うときには、十分に、正確に、かつ適切に記録する習慣を身につけよう。引用の体裁を自動的に整えるコンピュータ・プログラムもある。それらは役に立つが、適切な引用の形式や方法に関する知識の代わりにはなり得ないし、すべてのソフトウェアが完全に機能するわけでもない。

3.3　組織的に資料を探そう

　資料を探しているときは、頭の中で秩序立てておかなければならない。もし重要な資料を見逃したら、信用を失うだろう。

3.3.1 そのトピックについて何か知っている人を探そう

トピックや、それについての標準的な参考文献について何か知っている人を見つけるため、あちこち尋ねて回ることから始めてもよい。上級生たちや、教授陣、学問社会の外にいる人たちさえも対象になる。そのトピックについてイエローページで調べてもよい。必ずしも誰かを見つけられるとは限らないが、幸運をつかむかもしれない。

3.3.2 インターネットをざっと検索しよう

大学に入る前は、多くの学生たちがウェブ上だけで研究をする。高校の図書館は小さいし、わずかな資料を見つければすむからだ。大学でもなお、グーグル・スカラーのような学問的検索エンジンでいくらかの予備作業はできる。それは利用できる資料の種類について、大まかなアイデアを与えてくれるだろう。もし図書館のカタログがオンラインなら、そこからスタートすることもできる（3.3.6 を参照）。しかし、もしインターネットの検索だけで済ませるなら、図書館の中を歩き回るだけで発見できる重要な資料を見逃すだろう。あらためて言うが、しっかりとしたプランがあれば、最も効率的に作業ができるのである。

3.3.3 図書館司書に相談しよう

必要なものを発見する方法を知らないなら、図書館員に尋ねよう。多くの大学図書館では、図書館員が資料室と特別コレクションを案内し、カタログやデータベース、その他の情報源を検索する方法についての短いセミナーを開いている。もし若手の研究者なら、あらゆる機会をつかんで、自分の分野のオンライン検索テクニックを身につけよう。

また、自分の分野を専門にしている図書館の司書にも相談できる。彼らは資料を見つけてはくれないだろうが、探すのを助けてくれるだろう。もし研究上の質問があるなら、それを話してみよう。「私は X についてのデータを探しています。……を探し出したいからです」と。もし作業仮説と理由があるなら、それらも話してみよう。「私は Y（自分の理由）を示すためのデータを探しています。Z（自分の仮説）を主張したいからです」と。自分と図書館司書の時間の浪費を避けるため、質問の予行演習をしておこう。

3.3.4 関連分野を拾い読みしよう

あらゆる分野の研究者は、思索について価値観と習慣を共有している。しかし、あらゆる分野には、物事を行う独自の方法もある。自分の分野の方法を習得するため、図書館の参考図書室の棚を拾い読みしよう。そこには、特定分野に特有の研究方法、データベース、および特別な情報源への手引書が所蔵されている（巻末の参考文献目録カテゴリー3を参照）。少なくとも、次の情報源には精通しておこう（巻末の参考文献目録カテゴリー4を参照。多くはオンラインにもある）。

- 『哲学者の索引 *Philosopher's Index*』または『教育索引 *Education Index*』のような、自分の分野で出版された文献の年毎の参考文献目録
- 数年間にわたって集められた特定のトピックについての文献の総括一覧表（『参考文献目録用の索引 *Bibliographic Index*』は、参考文献目録の参考文献目録である）
- 新聞や専門雑誌の記事を要約している抄録のコレクション
- その年の業績の批評〔review〕。「……の批評〔reviews in...〕」で始まる自分の分野の表題を探すこと
- 新しい分野について、個人または学問的な協会によって運営されているウェブ・サイト

もし自分のトピックに関する2次文献について少しでも知っていれば、もっと本質的な資料を探し始めることができる（3.3.7-3.3.8 へ跳ぼう）。もしそうでないなら、何か特別の参考書籍からスタートしてもよい。

3.3.5 いくつかの専門の参考書籍にざっと目を通そう

『哲学百科事典 *Encyclopedia of Philosophy*』とか『簡易版オックスフォード文学用語辞典 *Concise Oxford Dictionary of Literary Terms*』のような関連の専門百科事典または辞典で、トピックについて調べることから始めよう。それらの辞典や事典で、トピックの概観や、しばしば標準的な1次資料、2次資料のリストを発見できるだろう（巻末の参考文献目録カテゴリー1と2の項目を参照）。

3.3.6 図書館のカタログを検索しよう

書籍の主題項目　トピックに関係のある最近の書籍を見つけたら、すぐに図書館のオンライン・カタログでそれについて調べて、国会図書館の主題項目を見てみよう。項目は、その記載事項の一番下にあるだろう。たとえば、本書のオンラインの書誌データには、次の2つのトピックが入っている。

① Dissertations, Academic.（博士論文、学術的な）　② Academic writing.（論文執筆）

項目をクリックして、同じトピックについてのほかの書籍を見つけることもできる。それらの資料の多くには、さらに多くの項目があるだろう。それらの項目は、さらに多くの資料へと導いてくれるし、終わりのない道が開けてくることもある。

キーワード　自分の問題または作業仮説にあるキーワード——たとえば「アラモ」、「テキサス独立」、「ジェームズ・ボウイ」——を使ってオンライン・カタログを検索してみることもできる。もし、あまりに多くの書籍があるようなら、著名な大学出版局によって最近10年間に出版されたものから始めよう。さらに幅広い選択のために、もし図書館がワールドキャットに加入しているなら、検索してみよう。それができないときは、http://www.loc.gov で国会図書館のカタログを検索してみよう。それは大きな大学のカタログにリンクしている。図書館相互貸借制度で本を手に入れるつもりなら、早く始めよう。

記事　もしトピックについての大部分の資料が新聞や雑誌の記事なら、図書館のデータベースで最近のものを探し出そう。そのデータベースの記載項目には、キーワードのリストが含まれているはずだ。それらを探して、トピックについてもっと多くの記事を発見しよう。たいていの場合、それらをクリックするだけでよい。データベースの中には、学術雑誌の記事の抄録を提供するものもある。これらのキーワードを図書館のカタログを検索するのにも使おう。

3.3.7　定期刊行文献の手引書を検索しよう

すでに研究したことがあるのなら、おそらく『定期刊行文献の読者のための手引書 Readers' Guide to Periodical Literature』のような年次手引書に精通しているだろう。その手引書は雑誌や新聞のような資料を引用している。大部分の専門分野にはまた『美術抄録 Art Abstracts』『歴史抄録 Historical Abstracts』『文化人類学抄録 Abstracts in Anthropology』のような2次資料への年次手引書もある（巻末の参考文献目録カテゴリー4参照）。大部分はオンラインまたはCDで利用できる。

これらすべての情報源は、もっと多くの資料へと導いてくれるだろう。しかし、それらのどれも、思いがけなく役に立つ資料を発見する図書館内検索のようなものの代わりにはなりえない。

3.3.8　書棚を拾い読みしよう

オンラインでの研究は、図書館を歩き回るよりも早いと考えるかもしれない。しかし、逆に遅いこともありうる。それに、もしオンラインだけで作業をすると、図書館だけでしか発見できない必要不可欠な資料を見逃す可能性がある。さらに重大なのは、掘り出し物を見つける能力によって得られる利益——自分で探索してみなければ発見できない資料との幸運な遭遇——を見逃すことだ。

もし主要書庫（持ち出しができるすべての書籍が所蔵されている場所）に入室が許されるなら、自分のトピックに関する書籍の棚を見つけよう。それから、その棚と、その上下・左右の棚にある書籍の表題にざっと目を通そう。そのあと、振り返って背後にある表題にもざっと目を通そう。何が見つかるかは、やってみなければ分からない。特に新しい装丁の大学出版局の書籍で有望な表題を見つけたときには、目次にざっと目を通し、さらには索引に自分の問題や解答に関係のあるキーワードがないか見てみよう。それから、研究課題に関連がありそうな表題がないか、参考文献目録にざっと目を通そう。これらすべては、オンラインでやるよりも、棚の上の書籍でやった方が速い。

もしその書籍が有望そうなら、その序文と序論にざっと目を通してみよう。それでもなお有望そうなら、もっと綿密に見るために、脇に置いておこう。たとえ関連があるように見えなくても、国会図書館の図書整理番号と書籍データ（著者、表題、出版社、発行日など。詳細については、本書第Ⅱ部を参照）を記録し

ておこう。そして、何についての書籍と思われるかを、数語で要約しておこう。1カ月後に、考えていたよりもそれが役に立つことを悟ることになることもある。

多くの学術雑誌については、目次をオンラインで調べることもできるが、図書館の学術雑誌の区域で拾い読みする方がより生産的な場合もある。有望な記事が載っている学術雑誌を発見しよう。最近10年間の目次にざっと目を通してみよう。大部分の雑誌には、目次の年次要約一覧表がある。それから、近くの棚にある学術雑誌を少しだけ見てみよう。それらの最も新しい目次に、ざっと目を通そう。いかに頻々と関連の記事を発見するかに驚くだろう。それは、オンラインだけで作業をしていたら見逃したであろうものだ。

たとえ初めての分野でも、外見で学術雑誌の学術的な質についての大まかな印象が得られる。たくさんのイラストと、広告さえも載せた光沢のある紙でできていたら、学術的であるよりもおそらくジャーナリスティックだろう。それは学術的に信頼できないものだという絶対確実なサインではないが、よく考える価値はある。

3.3.9 高度な研究課題のために、**参考文献目録を追跡しよう**

高度な研究に進むなら、文献の中の参考文献目録を使い、新しい資料を見つけよう。そして、今度はそれらの参考文献目録を使って、さらに多くの資料を見つけよう。すなわち、次のことをやってみるということだ。

- トピックに関する最近の書籍の参考文献目録に、ざっと目を通すこと。それらの全部または大部分で言及されているどんな研究も、その著者のほかの出版物と一緒に見ること。
- もし1つの資料が役に立つと分かったなら、4ページかそれ以上で言及されている著者がいないか索引にざっと目を通すこと。
- 学術雑誌の記事の最初の数パラグラフの中に研究の概観がないか探すこと。
- トピックにわずかばかりでも触れている博士論文を探すこと。ほとんどの学術論文は、最初か2番目の章で研究分野を概観している。

新しい文献がベストだが、長い間無視されているデータを持った古い文献を見

つけることができるかもしれない。

3.4 資料の関連性と信頼性を評価しよう

これらの作業から、おそらく実際に使うよりも多くの資料を発見するだろう。だから、2つの基準、すなわち関連性と信頼性を見きわめるために素早く目を通し、資料の有用性を評価しなければならない。

3.4.1 資料の関連性を評価しよう

ある書籍に関連性があると判断したら、系統立てて目を通そう。

- 索引に自分の問題や解答に関連したキーワードがあったら、それらのキーワードが出てくるページに目を通す。
- 序論、特にその最後のページに目を通す。そこでは著者たちがしばしば彼らのテキストのアウトラインを述べている。
- 最後の章、特に最初と最後の6、7ページに目を通す。
- 時間があるなら、関連があるように見える章について同じことをする。特に索引が自分にとってのキーワードの多くを列挙している章について。
- その文献が論文のコレクションなら、編者の序論に目を通す。

（必ず最新版を見ること。時がたてば、研究者たちは自分の見解を変え、推敲し、初めのころの見解を退けさえする。）もし高度な研究をしているなら、有望な文献の書評を読んでおこう（巻末の参考文献目録のカテゴリー4参照）。

もし文献が学術雑誌の記事なら、次のことをしよう。

- 要旨があるなら、それを読む。
- 序論の最後の2〜3パラグラフ（あるいはほかの導入部）と"結論"とされているセクションも全部、目を通す。
- 記事に独立した序論や結論がないなら、最初と最後の数パラグラフに目を通す。
- もし副題があるのなら、それぞれ副題のあとの最初の1〜2パラグラフに目を通す。

第 3 章　有用な資料を見つけること

もし資料がオンラインにあるなら、次のことをしよう。

■それが出版された記事のようだったら、学術雑誌の記事についてのステップに従う。
■"序論" "概観" "要約" のように名づけられているどのセクションにも目を通す。もしなければ、"サイトについて" とか何か類似の名前のついたリンクを探す。
■そのサイトに "サイト・マップ" とか "作品" という名前がついたリンクがあれば、それを開いてリストを調べ、自分の問題または解答に関係のあるキーワードを探す。見つかったらクリックして、それらのページに目を通す。
■そのサイトに "検索" 機能があれば、トピックの中のキーワードを打ち込む。

3.4.2　出版されている文献資料の信頼性を評価しよう

文献は、読むまで評価できないが、その信頼性についてのサインはある。

①著者は信頼できる学者か。大部分の出版物は著者の学術的業績を明示している。検索エンジンでさらに多くのことが調べられる。定評ある学者のほとんどは信頼できる。しかし、もしトピックが銃規制とか妊娠中絶のような論争になっている社会的問題なら、注意しよう。信頼できる学者たちでさえ、特にもし彼らの研究が利害関係グループに支持されていれば、心中に一物ある場合もある。

②その文献は最近のものか。多くの信頼できる学者たちが、ほかの人たちの研究を社会に広める書籍や記事を書いている。しかし、こうした 3 次資料は、読んだときには時代遅れになっている可能性がある。文献がいかに早く時代遅れになるかは、主題によって異なる。だから、該当分野に通じた人と一緒にチェックしよう。社会科学における学術雑誌の記事については、10 年以上前となると広げすぎである。書籍については 15 年ぐらいだろう。人文科学における出版物は、もっと長い寿命を持っている。

③その文献は信頼できる出版社によって出版されているか。ほとんどの大学出版局、特に有名校のものは信用できる。彼らは出版する前に、専門家に原稿の論評を依頼する（「査読 peer review」と呼ばれる手順）。また、分野に

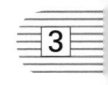

47

よっては商業出版社であっても信頼できるものもある。文学でのノートン社、科学でのアブレックス社、法学でのウエスト社のようなところだ。センセーショナルな主張をする営利的書籍には、たとえ筆者の名前の後に博士号がついていても、疑いを持とう。

④その記事は、査読を受けているか。大部分の学術雑誌は、冊子体もオンライン版も、査読を受けたものだけを発表している。査読システムを適用している営利雑誌はほとんどないし、著者が用いる事実をチェックしている例はなお一層少ない。もしレポートが査読を受けていなければ、利用の際には注意しよう。

⑤その文献は、優れた批評を受けたか。もしその文献が1年以上前に出版された書籍なら、その分野の学術雑誌で批評された可能性がある。多くの分野には、出版された批評の索引がある。それは、ほかの人々がその文献をどのように評価しているかを教えてくれる。(巻末の参考文献目録参照。)

⑥その文献は、ほかの人々によってたびたび引用されてきたか。文献がどれほど影響力を持つかは、ほかの人々がどれくらい引用しているかによって大まかに判断できる(巻末の参考文献目録カテゴリー4参照)。

以上のようなサインは、文献が信頼できることを保証はしないが、それに対する理にかなった信頼感を持たせてくれるはずだ。もし信頼できる文献を発見できなければ、持っている資料には限界があることを認めよう。もちろん、信頼できると考えていた文献がそうではないことを発見して、わくわくする研究問題を見つけるかもしれない。

3.4.3　オンライン資料の信頼性を評価しよう

出版物の場合と同様に、オンライン資料の評価をしよう。ただし、さらに注意深くやること。信頼できるウェブ資料の数は、毎日増えている。しかし、それらは依然として、誤報の沼地の中の島々のようなものにすぎない。もしウェブ上だけで利用できるデータを発見したら、信頼性を示す次のようなサインを持ったサイトまたはオンライン出版物を探そう。

①そのサイトが信頼できる組織によって主催されている。個人によって支え

られているサイトの中には信頼できるものもあるが、ほとんどは信頼できない。
②信頼できる専門雑誌と関係している。
③信頼できる出版物の文献を補足している。著者と読者の間の討論を主催したり、新しすぎて図書館にはないデータを提供したり、記事にはないデータを保存したり、あるいは印刷するには費用がかかりすぎるイラストを紹介するために、ウェブを利用する学術雑誌もある。政府のデータベースや学門的データベースの多くは、オンラインだけである。
④論争になっている社会問題に対し、激しい調子で賛成または反対を表明していない。
⑤乱暴な主張はしない、ほかの研究者たちを攻撃しない、口汚い言葉遣いはしない、あるいは綴りや句読法、文法に誤りがない。
⑥そのサイトがいつ更新されたかを示している。日付がなければ要注意だ。

注意深い読者たちがサイトを運営している人たちを信用する場合にのみ、それを信用しよう。もし誰がそのサイトを運営しているのか分からなければ、疑ってみよう。

　オンライン・サービスは現在、多くの古いテキストの、信頼できるエディションを提供している。多くの大学のサイトでも、よく編集されたテキストが見つかるだろう。それは"ワンストップ・ショッピング〔1ヵ所で何でもそろう買い物〕"だ。イスから離れる必要は全くない。しかしながら、オンライン・サービスは大部分の大学図書館よりはるかに不完全だ。そして、オンライン・サービスを使っても、本物の図書館で研究をすることについては何も分からないだろう。いつか、あらゆる印刷物がオンラインで利用できるようになるだろう（一部の研究者たちには複雑な感情を起こさせる未来だ）。しかし、そのときまで、ウェブを渡り歩くことは、図書館の主要書庫を見て回ることに取って代わることはないだろう。

3.5　一般的な参考資料以外にも広く目を向けよう

　もし講義レポートを書いているなら、普通はその分野で典型的に使われている資料の種類に焦点を絞らなければならないだろう。しかし、修士論文や博士

論文のような高度の研究課題に取り組んでいるなら、それらの範囲を超えた検索をする機会を見つけよう。たとえば、1600年のロンドン穀物市場における農業の変化の経済的影響についての研究課題に取り組んでいるなら、エリザベスⅠ世時代の戯曲を読んだり、労働者階級の生活の絵を見たり、あるいは社会的行動についての宗教家の論評を探したりすることもあるだろう。逆に、ロンドンにおける日常生活の視覚的表現に取り組んでいるなら、その時代と場所の経済的歴史を徹底的に勉強するかもしれない。短いレポートのための制限された持ち時間では、こうしたことはできない。しかし、大きな研究課題に取り組むために何カ月もの時間があるときには、問題に関連のある標準的な種類の参考書の範囲外にも目を向ける努力をしよう。そうすれば、独自の分析が充実したものになるだけでなく、関連知識の幅も広がり、多様な種類のデータを総合する能力、つまり探究的精神という必要不可欠な能力が高まるのである。

第4章 資料を検討する

- **4.1** 理解するために偏見なく読もう。そのあとで内容を検討したり、評価したりするために批判的に読もう
  - 4.1.1 有意義な意見の一致を探そう
  - 4.1.2 有意義な意見の相違を探そう
- **4.2** 組織的にメモを取ろう
  - 4.2.1 メモのためのテンプレートを創ろう
  - 4.2.2 要約すべきか、言い換えるべきか、引用すべきかを知ろう
  - 4.2.3 不注意な剽窃（盗用）には用心しよう
- **4.3** 役に立つメモを取ろう
  - 4.3.1 思考を進めるためにメモ取りを利用しよう
  - 4.3.2 問題と作業仮説に関連づけてメモを取ろう
  - 4.3.3 関連のある文脈を記録しよう
  - 4.3.4 整理できるようにメモを分類しておこう
- **4.4** 読みながら書き進めよう
- **4.5** 進行度合いを再検討しよう
  - 4.5.1 解答のためにメモを検索しよう
  - 4.5.2 問題を創り出そう
  - 4.5.3 メモを再整理しよう
- **4.6** 混乱の時期を切り抜けよう

綿密に調べる価値のある資料を発見したら、右から左に読まず、ともかく記録すべきデータを探そう。メモを取ることは事務的な仕事ではない。1つの資料についてよく考えながらメモを取れば、その言葉やアイデアだけでなく、その言外の意味、影響、欠点、および新しい可能性について検討することになる。その筆者が一緒に座っていて熱心に会話をしたがっているというつもりで、資料を検討してゆこう（自分の書いたものを読者がどのように検討するかも同じように想像してみるとよいだろう）。

4.1 理解するために偏見なく読もう。そのあとで内容を検討したり、評価したりするために批判的に読もう

高度な研究課題のためには、最も有望な資料を2度読む時間を取ろう。最初は素早く、偏見なしに読み、そのまま理解すること。あまりにもすぐに異論を唱えると、誤解したり、弱点を大げさに考えすぎたりしてしまう。

それから、好意的に、だが鋭く友人に質問するように、ゆっくりと批判的に読もう。友人の答えを想像し、それから質問してみよう。もし意見が一致しなくても、資料を拒絶するだけではいけない。自分自身の独創的な思考を刺激しそうな方法で読もう。

ある程度の読書をし、自分自身のいくつかのアイデアを発展させてからでないと、資料を存分に検討してゆくことはできないだろう。しかし最初から、消費者のように受身的でなく、婚約中のパートナーのように積極的かつ建設的に読むように注意しよう。いずれ資料と意見が一致するときでさえも、それらを「乗り越えて」行く方法を探さなければならないが、早めにやっておいた方がよいだろう。

4.1.1 有意義な意見の一致を探そう

ある資料が見解を確証するのは、幸福な瞬間である。しかし、受身的にしか同意しないのなら、自分自身のアイデアを発展させることはないだろう。だから、資料が主張していることを拡張するよう努力しよう。それはどのような新しい事例に及ぶ可能性があるのか。それはどのような新しい見識を提供できるのか。その資料が想定していなかった裏づけとなる論拠はないか。以下は、有意義に意見を一致させるための、いくつかの方法である。

追加の確証を提示すること　資料の主張を立証する新しい論拠がある。

スミスは、アラモの物語がテキサスの外でも神話的に位置づけられていたことを示すために、逸話に論拠を求めている。しかし、大都市の新聞の調査は、もっとよい論拠を提示している。

①資料は、古い論拠で主張を立証しているが、新しい論拠を提示できるかもしれない。
②資料は、弱い論拠で主張を立証しているが、もっと強い論拠を提示できるかもしれない。

立証されていない主張に裏づけを与えること　1つの資料が想定ないし推測したにすぎないことを立証できる。

スミスは、スポーツにおける実践能力を向上させるために視覚化を推奨している。しかし、運動選手の精神活動の研究は、なぜそれが良いアドバイスなのかを示している。

①資料は、Xが真実である可能性を推測しているだけだが、それが明確に真実であることを示す論拠を提示することができるかもしれない。
②資料は、Xが真実であることを想定しているが、それを立証できるかもしれない。

1つの主張をもっと広く適用させよう　1つの見方を新しい領域に拡張できる。

スミスは、医学生たちが生理学的処置を習得するに際し、たった1つの比喩ではなく、多くの比喩を使って説明した方がよいことを示した。同じことは、技術者たちが物理学の工程を学ぶことについても、真実であるようだ。

①資料は、その主張を1つの状況に適用しているが、新しい状況にも適用できるかもしれない。
②資料は、ある特定の状況でXは真実であると主張しているが、一般的に真

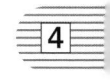

実であるかもしれない。

4.1.2　有意義な意見の相違を探そう

より一層重要なのは、資料と意見が一致しないときにメモを取ることである。レポート全体についての作業仮説を示唆する可能性があるからだ。だから、資料が示す見解と意見が一致しないことをメモするだけではなく、その意見の相違を、自分自身の生産的な思考を促進するために利用しよう。以下にいくつかの種類の意見の相違がある（これらは明確に定義されたカテゴリーではない。多くは重複している）。

種類に関わる齟齬　1つの資料は、ある物がある特定の種類であることを示しているが、別の種類かもしれない。

スミスは、特定の宗教グループ群はその奇妙な信仰ゆえに「カルト」とみなされていると言う。しかし、それらの信仰は標準的な宗教と本質的に少しも違わない。

①資料は、XはY一種のY（ないしそれに類するもの）であると断定しているが、違うかもしれない。
②資料は、Xはその特徴または性質の1つとして常にYをみんな持つと主張しているが、違うかもしれない。
③資料は、Xは正常／良質／重要／有用／道徳的／面白い／……と主張しているが、違うかもしれない。

（こうした主張と、それに続く反対を表明するための主張を、逆転させることができる。資料は、Xは一種のYでは「ない」と言っているけれど、そうであることを示すことができる。）

部分と全体の齟齬　1つの資料が、何かある物の各部分の関連のしかたについて誤解していることを、示すことができる。

スミスは、スポーツは教育を受けた人間に必要不可欠であると論じている。しかし実際には、

大学に体育実技にふさわしい場所はない。

①資料は、XはYの一部だと主張するが、違うかもしれない。
②資料は、Xの一部はほかの部分とある点で関連していると主張するが、違うかもしれない。
③資料は、どんなXもその一部としてYを持っていると主張するが、違うかもしれない。

発展に関する齟齬、または歴史的な齟齬　資料がトピックの由来と発展を誤解していることを示すことができる。

スミスは、世界の人口が増え続けると論じているが、そうはならないだろう。

①資料は、Xは変わりつつあると主張するが、違うかもしれない。
②資料は、XがYに由来すると主張しているが、違うかもしれない。
③資料は、Xはある点で発展していると主張しているが、違うかもしれない。

表面的な因果関係の齟齬　ある資料が因果関係を誤解していることを示すことができる。

スミスは、"新兵訓練キャンプ"によって、青少年が犯罪者になるのを止められると主張する。しかし、それは彼らをもっと犯罪者になりやすくすることを証拠が示している。

①資料は、XがYを引き起こしていると主張するが、違うかもしれない。
②資料は、XがYを引き起こしていると主張するが、それらは両方ともZによって引き起こされているのかもしれない。
③資料は、XはYを引き起こすのに十分であると主張するが、違うかもしれない。
④資料は、XはYだけを引き起こすと断定するが、Zもまた引き起こしているかもしれない。

観点の齟齬　ほとんどの齟齬は、概念的な枠組みを変えない。しかし、標準的な物の見方に齟齬が生じるとき、ほかの人たちに新しい方法で考えるように強く促すことになる。

スミスは、広告を出すことは純粋に経済的な機能であると想定する。しかし、それはまた、新しい美術形式の実験の場として役立つ。

①資料は、Yの文脈で、またはYという視点から、Xについて論じる。しかし、新しい文脈や視点が、新しい真実を明らかにするかもしれない（新しい文脈または古い文脈は、社会的、政治的、哲学的、歴史的、経済的、倫理的、性限定的、などであり得る）。

②資料は、理論／価値体系Yを使ってXを分析している。しかし、新しい視点からXを分析して、新しい方法でそれを理解できるかもしれない。

　すでに述べたように、おそらく自分自身の見解をいくつかまとめ上げられるほどの読書をしたあとでなければ、これらの方法で資料を検討することはできないだろう。しかし、もし読書を始めるときに、こうした思考方法を覚えておけば、より早く、より生産的に資料を検討することができるだろう。
　もちろん、資料に対して生産的な意味で同意したり、異論を唱えたりできることが分かったら、「それでどうだというのだ」と問いかけてみるべきだ。もしスミスが東部地方の人々がアラモの物語を熱烈に受け入れなかったと主張しているのに、実際には多くの人々が受け入れたのだと示したとして、それでどうだというのだ。

4.2　組織的にメモを取ろう

　研究課題におけるほかのステップのように、メモを取ることはプランを立てて行う方がうまく進む。

```
Sharman, Swearing, p. 133.        HISTORY/ECONOMICS [GENDER?]
CLAIM: Swearing became economic issue in 18th c.

DATA: Cites Gentleman's Magazine, July 1751 [no page reference] woman sentenced to ten
days' hard labor because couldn't pay one shilling fine for profanity.

 "…one rigid economist entertained the notion of adding to the national resources by preaching a
crusade against the opulent class of swearers."

My Qs: Were men fined as often as women? Swearing today as economic issue?
Comedians popular if they use obscenity? Movies more realistic?
```

図4.1. メモ・カードの例

4.2.1 メモのためのテンプレートを創ろう

　資料の内容を分析して役に立つカテゴリーへと体系づけることで、資料の単なる内容以上のことを考えさせられるシステムを構築すれば、より信頼度の高いメモが取れるだろう。一部の指導教員はいまでも、図4.1のような3×5インチのカードの上に手書きでメモを取ることを勧める。このようなカードは時代遅れと思われるかもしれない。しかし、その方法は、たとえノートパソコンでメモを作成するとしても、効率的なメモ取りのためのテンプレートを提供する。(資料から一般的なアイデアまたは主張を記録するなら、その都度新しいページを使おう。) 以下は、そのようなテンプレートのためのプランである。

- ■それぞれの新しいカードの上端に、文献データ（著者、短い表題、ページ番号）を記そう。
- ■上端にキーワードを記そう（図4.1の右上）。これは、あとでメモを分類、再分類する時に有効だ。(キーワードについて、さらには4.3.4を参照)。
- ■新しいカードには、いろいろな種類のメモができるように、場所を作っておくとよい（図4.1のCLAIM（主張）、DATA（データ）、およびMy Qs（自分の疑問）を参照）。

- 特に「自分自身の」反応、同意、異論、推測などに、そのためだけの専用のセクションを作ろう。それによって、読んだものの内容を単に記録する以上のことができるだろう。
- 資料の文言を引用するとき、一目で引用文を識別できるように、明確に区別できる色またはフォントのサイズや字体で記録しよう。「その上で」、そのファイルのフォーマットが失われた場合に備えて、大きな引用符でそれらを囲んでおこう。
- ある1節を言い換えるとき（4.2.2を参照）には、自分自身のアイデアだと勘違いすることが決してないように、明確に区別できる色またはフォントで記録しよう。そして（ファイルのフォーマットが失われた場合に備えて）それを中カッコで囲んでおこう。

もしコンピュータで直接メモが取れないならテンプレートの紙のコピーを作ろう。

4.2.2　要約すべきか、言い換えるべきか、引用すべきかを知ろう

いずれ使うかもしれない、あらゆる資料の言葉を正確に書き写せば、とんでもない時間がかかるだろう。だから、引用するだけでなく、要約したり、言い換えたりすべき場合があることを、知らなければならない。1節、1項目、あるいは記事全体または書籍全体でさえも、その大雑把な要点だけしか必要がないときには要約しよう。要約は、全体的な文脈、あるいは具体的な関連はないが関係のあるデータまたは見解の記録に役に立つ。資料の要約は決して、良い論拠としては役には立たない（論拠について、さらには5.4.2を参照）。

資料が述べていることを、より明白に、または要領よく表現できるときには、意訳しよう。言い換えは、1語か2語を変えるだけ、ということではない。その1節の言葉と言い回しのほとんどを、「自分自身の」言葉と「自分自身の」言い回しを使って置き換えなければならない（7.9.2を参照）。言い換えは決して、直接の引用ほどの良い論拠ではない。

以下の目的に役立つときには、正確な引用文を記録しておこう。

- 引用する言葉は、理由を立証する論拠を構成している。たとえば、いろいろな地域でアラモの戦いに違った反応を示したことを主張したいなら、いろいろな

新聞から正確な言葉を引用するだろう。もしその裏にある一般的な心情だけが必要なら、それらの言葉を言い換えるだろう。
- 引用する言葉は、見解を立証してくれる確かな筋からのものである。
- 引用する言葉は、まぎれもなく独創的である。
- 引用する言葉は、論述の残りの部分に骨格を与えるほど、大きな説得力をもってアイデアを表現している。
- 引用する言葉は、異なる見解を表明しており、公正を期するために、その見解を正確に提示しておきたい。

　重要な言葉をいま記録しなければ、あとでそれを引用することはできない。だから、実際に必要になるだろうと考える箇所だけでなく、もっと多くの文章をコピーしたり、写真に撮ったりしよう（コピーについて、さらには4.3.1を参照）。引用句をあとで正確に復元できると考えて、省略しては「決していけない」。それは不可能だ。もし、間違って引用したら、自分の信用を致命的に傷つける。だから、引用句を原文に照らして二重にチェックしよう。その後、もう一度チェックしよう。

4.2.3　不注意な剽窃（盗用）には用心しよう

　ずさんなメモは、学生にも専門家にも同じように災いの元で、災いはつまらない誤りに対する嘲笑から、不注意な剽窃（盗用）による職業上の追放にまで及ぶ。そのような危険を避けるために、情報をメモに記録するにあたっては次の2つの鉄則を肝に銘じよう。

- 「常に」資料からの言葉やアイデアであることを一目瞭然にすること。数週間、数カ月後に、自分自身のものと間違えることなどありえないようにするためだ。先に推奨したとおり、自分のアイデアと明確に区分できるフォントにし、さらに引用符付きで引用句や言い換えを記録しておこう。
- 言い換えが逐語的には「決してならない」ようにすること。言葉の言い回しや意味を、読者が元の資料と合致させることができるようであってはならない（7.9.2を参照）。

数行以上の引用文の場合には、コンピュータでタイプし直すよりも、ダウンロードするかコピーしておこう。ダウンロードまたはコピーしたページの上端に、資料の名前と分類のためのキーワードを付け加えよう。

　重要なことだが、たとえ無料で公然と利用できるものであっても、オンラインで発見したことを典拠を明らかにせずに使用できると想定することが「決してない」ようにしよう。自分で個人的に創作したものでない「どんなもの」でも、その使用を認める義務を免除するものは「何もない」（剽窃については、さらに 7.9 を参照）。

4.3　役に立つメモを取ろう

　読者は、資料の質や、それらをいかに正確に伝えているかによってだけでなく、それらをいかに深く相互に関連づけているかによってもレポートを評価する。資料を関連づけるためには、研究課題における理解の進展を反映するだけでなく、促進する方法でメモを取らなければならない。

4.3.1　思考を進めるためにメモ取りを利用しよう

　多くの未熟な研究者たちは、メモを取ることはデータを記録するだけのことだと考えている。彼らは資料を発見するや否や、そのページをダウンロードしたり、コピーしたり、そこに書いてあることをそのまま手で書き留めたりする。コンピュータに保存したり、コピーしたりすることは、正確に引用、または言い換えるのに役立つ。しかし、もしそれだけしかせず、資料を積極的に「検討する」ことをしないなら、説得力のないデータをたくさん積み上げるだけになるだろう。それらのデータはレポートの中でも、おそらく同様に説得力のないものになるだろう。

　もしたくさんのテキストをコピーするなら、批判的な思考を呼び起こすように注釈をつけておこう。1 つの章または記事の中の必要不可欠な要素（その主張、主要な理由など）を表すセンテンスを拾い上げることから始めるとよい。余白でそれらに蛍光ペンで色を付けるか、またはラベルを付けよう。それから、レポートに入れるつもりのアイデアやデータにマークをつけておこう（もし蛍光ペンを使うなら、いろいろな要素を示すために違った色を使おう）。

　それから、コピーしたページの裏に、蛍光ペンで色づけしたことを要約する

か、それに対する意見の概略を書いておこう。余白に色づけした部分を解釈するのに役立つメモをつけるのでもよい。いま資料「について」なるべくたくさん書いておけば、あとでよりよく理解し、思い出すことができるだろう。

4.3.2 問題と作業仮説に関連づけてメモを取ろう

メモを最も役に立つようにするためには、論拠として使えると思う事実だけでなく、そうした事実およびそれと自分の主張との関係を説明するのに役立つデータを記録しておこう。メモのテンプレートを作って、いくつかの異なる種類の情報を探すということを忘れないようにしてもよい（4.2.1 を参照）。

最初の 3 項目は作業仮説と直接関係がある。

- 仮説を立証する、または新しい仮説を示唆する理由
- 理由を立証する論拠
- 仮説を揺るがせる、または否定さえする見解

メモするものを立証に役立つデータに限定してはいけない。データを使って立証するには、仮説に制限を加えたり、それを否定したりさえするデータにも対応できなければならない（5.4.3 を参照）。

以下の項目は、仮説を立証しなかったり、それに異議を申し立てたりすることになるかもしれない。しかし、文脈を説明するのに役立つこともあるし、少なくともレポートをもっと読んでいて面白いものにするだろう。

- 問題の歴史的背景、権威筋がそれについて述べたこと、特に初期の研究
- 問題の重要性を説明する歴史的または現代的文脈
- 分析についての重要な定義と原則
- 類推、比較、および逸話などで、仮説を直接には立証しないが、複雑な問題点を説明ないし図解する可能性のあるもの、あるいは少なくともその分析をもっと面白くするもの
- トピックと関連のある、際立って独創的な言葉遣い

4.3.3 関連のある文脈を記録しよう

　資料を故意に誤って報告する人々は不誠実だ。しかし、誠実な研究者であっても、単に言葉を記録するだけで、その役割または必要条件を無視するなら、うっかり読者に誤解を与える可能性がある。読者に誤解させることを避けるために、次のガイドラインに従うとよい。

①資料が筆者の論証の筋道を要約している場合に、資料と筆者の意見が一致していると想定してはいけない。資料を通じて示される確信だけを引用しよう。資料が第三者の判断をどう評価しているのかについては、その評価が関連しているのでない限り、引用してはいけない。

②資料が同意している理由を記録しよう。資料が同意していない理由と同様に重要である可能性があるからだ。2人の心理学者は、10代の飲酒が社会的影響によって生ずることに合意するかもしれないが、一方は家庭的背景を挙げ、他方は仲間内のプレッシャーを挙げることもある。

③引用文の文脈を記録しよう。重要な結論を書き留めるなら、筆者の論証の筋道を記録しよう。

悪い例：バルトリ［p.123］：「戦争は……Zによって引き起こされた。」
良い例：バルトリ：戦争はYとZによって引き起こされた［p.123］、しかし、最も重要なのは、2つの理由でZであった［p.123］。すなわち、第1は……［pp.124-26］、第2は……［p.126］

たとえ結論だけに注意を払っていても、もし筆者がどのように結論に到達したかを記録すれば、もっと正確にそれを利用できるだろう。

④それぞれの所説の範囲と確実性を記録しよう。資料を実体よりも確かであるとか発展性があると思わせてならない。下の2番目のセンテンスは、1番目のセンテンスを公正、または正確に伝えていない。

リスクの認識についての一考察［ウイルソン1988］は、一か八かのギャンブルと片親家庭との間の相関関係を示唆している。

ウイルソン［1988］は、片親家庭は一か八かのギャンブルを引き起こしていると述べている。

⑤資料が所説をどのように使っているかを記録しよう。それは重要な主張か、比較的重要でない論点か、必要条件か、あるいは譲歩かどうか、などを書き留めよう。そのような区別は、次のような過ちを避けるのに役立つだろう。

ジョーンズの原典：1 つの出来事がもう 1 つの出来事に続いて起こるからといって、我々は、1 番目の出来事が 2 番目を引き起こしたという結論を下すことはできない。そしてまた、統計上の相関関係も因果関係を証明できない。しかし、データを研究した人は誰も、喫煙が肺がんの要因であることを疑わない。

誤解を招く報告：ジョーンズは「1 つの出来事がもう 1 つの出来事に続いて起こるからといって、我々は、1 番目の出来事が 2 番目を引き起こしたという結論を下すことはできない。そしてまた、統計上の相関関係も因果関係を証明できない」と主張する。したがって、統計上の証拠は、喫煙が肺がんを引き起こすという信頼できる指標ではない。

4.3.4　整理できるようにメモを分類しておこう

最後に、概念に関する骨の折れる仕事、すなわち、メモを取りながら、それぞれの内容を 2 つかそれ以上の異なったキーワードの下に分類することである（図4.1 のメモ・カードの右上を参照）。メモだけから機械的に言葉を使わないようにしよう。メモを、それが暗に意味すること、つまりメモの特定の内容よりも広範な一般的アイデアによって分類しよう。使うキーワードのリストを用意しておいて、関係のあるメモに同じキーワードを使うようにしよう。新しいメモのたびに新しいキーワードを作らないようにしよう。

このステップは、メモの内容を 1 語か 2 語に濃縮することを強制するので、非常に重要だ。そして、もしコンピュータでメモを取るなら、それらのキーワードによって、「検索」機能を使うだけで、関連したメモを直ちにグループにまとめることができる。複数のキーワードを使えば、新しい関係を発見するため、いろいろな方法でメモの組み合わせを修正することができる（無駄骨を折っていると感じるときには、特に重要。4.5.3 を参照）。

4.4 読みながら書き進めよう

　先述のとおり（そして、また繰り返すことになるが）、いざ執筆を開始すれば懸命に考えざるを得なくなるのだから、あるアイデアがすっかり頭に焼きついてしまうまで待っていないで、それについて書き出してみるとよい。経験を積んだ研究者は、多く書けば書くほど、より速く、またよりよく研究課題が理解できることを知っている。そのよい証拠は、最も成功している研究者が、毎日15分から1時間以上一定の時間を執筆の時間として設けていることだ。それは、資料についてのパラグラフや、論証の筋道を要約するパラグラフ、あるいは新しい主張について推論するパラグラフを起草するだけかもしれない。しかし、彼らは「何か」を書く。彼らのレポートの最初の草稿をスタートするためでなく、彼らのアイデアを整理するため、ことによっては新しいアイデアを発見できるように書くのだ。もし目標を見失ってしまったら、コンピュータでスケジュールを表示しておこう。

　有望と思われる何かが書けたら、ストーリーボードにそれをつけ加えよう。最終的な草稿のためには、ほとんど確実に改稿するだろうし、全く割愛してしまうことさえある。しかし、たとえそれをほとんど再利用しなくても、いかに大雑把であっても、いま多く書けば書くほど、あとでそれだけ容易に草稿を書けるようになる。準備段階での執筆と、草稿を書くことは、全く異なるわけではない。しかし、それらを別個のステップとして考えるのはよいアイデアである。

　もし初めてのトピックなら、こうした初期の執筆の多くは、要約と言い換えにすぎないかもしれない。読み直してみたら、自分自身のアイデアはほとんど見当たらないこともあるだろうし、独創的な思考に欠けていることに落胆する可能性もある。しかし、落胆することはない。要約することと言い換えることは、新しいデータ、新しくて複雑なアイデア、新しい考え方さえもコントロールできるようになるための、誰もが通る道である。我々が理解しようと努力していることを詳細に書き出すことは、どんな人にとってもその習熟プロセスにおける、典型的な、おそらく必要でさえあるステップである。

4.5 進行度合いを再検討しよう

　執筆の過程で、現在どこにいて、どこに行かなければならないかを知るため

に、メモとストーリーボードを定期的に再検討しよう。埋まったページは裏づけのある理由を表し、空白のページは行うべき作業を示す。作業仮説は依然として妥当だと考えられるかどうかをチェックしよう。それを立証する良い理由はあるだろうか。それらの理由を立証する良い論拠は。新しい理由や論拠を加えることはできるだろうか。

4.5.1 解答のためにメモを検索しよう

これまで、研究を導くため、作業仮説または少なくとも問題を発見することを強く推奨してきた。しかし執筆者の中には、追求しているうちに霧消してしまうほど、あいまいな問題からスタートする人もいる。もしそういうことが起きたなら、作業仮説の候補になる可能性がある一般概念を求めてメモを検索してみよう。それから、その一般概念が解答となる問題を発見するため、さかのぼって作業をしよう。

資料の中や、それらに対する自分の反応の中から、まず問題、意見の相違、または難問を探そう（2.1.3 と 4.1 を参照）。自分を驚かすものは、他人をも驚かすことがある。その驚きの 1 つを述べてみよう。

私はアラモについての最初の神話はテキサスに起源を持つと思っていたが、そうではなかった。それらの神話は……に由来していた。

この試験的な作業仮説は、アラモの神話は地域的でなく、国民的な現象として始まったことを示唆している。控えめだが、有望なスタートである。

メモの中に仮説が見つからなければ、仮説に導く可能性のあるアイデアのパターンを探そう。あいまいな問題に関するデータを集めたのなら、目新しさのないキーワードの下に分類してあることだろう。仮面についてのカテゴリーならば、起源（「アフリカの」、「インドの」、「日本の」……）、用途（「劇」、「宗教」、「カーニバル」……）、材質（「金」、「羽根」、「木材」……）などかもしれない。たとえば、

エジプト人たち——高貴な人々のためには金の、その他の人々には木製のミイラの仮面
アステカ族の人々——金およびヒスイ製の仮面は貴族の墓だけに埋葬されている

ニューギニアの種族——死者の仮面は珍鳥の羽根製

これらの事実は、「仮面を創り出す文化は、手に入る最も貴重な材料で宗教的な仮面を作る。特に死者のために」といったような、一般的な所説を立証することができるだろう。

いったんそのような所説を2つか3つ生み出すことができれば、それらすべてを包含する可能性があるさらに広範な一般概念を組み立ててみるとよい。

多くの文明は、それぞれの最も深遠な価値を象徴する仮面を創り出すことに、多量の材料と人的資源を投入する。（一般概念）エジプト人たち、アステカ族の人々、およびオセアニアの文化はすべて、最も珍しく、貴重な材料から宗教的な仮面を創り出した。オセアニアの文化圏では大部分の男たちが仮面作りに参加するが、エジプト人たちとアステカ族の人々は、最も才能のある芸術家と熟練工のうちから仮面作りのために必要な人数を確保する。

読者の中にその一般概念に同意しない人もいそうだと考えるなら、彼らの誤解を正す主張として、それを提示することができるかもしれない。

4.5.2　問題を創り出そう

さて、ここは慎重になるべきパートである。それはリバース・エンジニアリング〔コンピュータ用のマイクロチップなどを分析して、基本設計を模倣する技法〕に似ている。すなわち、まだ問いかけたことのない問題への解答を発見したのだ。そうなると、新しい一般概念が解答となる問題を創り出すため、さかのぼって推論しなければならない。この場合に、問題は「どのような徴候が、仮面を作り、利用する人々の社会で、仮面の意義を示しているか」であるかもしれない。逆説的に思われるだろうが、経験のある研究者は、解答を得たあとに自身の問題を発見する。つまり問題を解決したのちに、提起していたはずの問題それ自体を見つけるのである。

4.5.3　メモを再整理しよう

もし上記のことが何も役に立たないなら、メモの再整理をしてみよう。最初にメモのためのキーワードを選んだとき、論拠だけでなく思考も組み立てるこ

とができる一般的な概念を確認したはずだ。それらの概念を象徴するキーワードを注意深く選んでいたなら、資料について新しい観点を得るために、いろいろな方法でメモを再整理できる。もしキーワードがもはや関連がないように思われるなら、新しいキーワードを作るためにメモを再検討し、もう一度組み換え直してみよう。

4.6 混乱の時期を切り抜けよう

　このあたりで、経験のある研究者さえも悩ませ、いずれ読者諸氏をも悩ませることになる問題に取り組んでおこう。たくさんのメモと、かなりの数の思索の筋道を、あちこちと置き換えて整理していると、無駄骨を折っているだけでなく、混乱のブラックホールにどんどん落ち込んでいるのだと感じ始める。徐々に複雑さを増し、最終的にはもう手に負えない作業のように思えて、頭の働きが麻痺してしまうのだ。

　問題は、そのような時期を避ける確かな方法はないということである。しかし、一方で、我々のほとんどがそのような時期を持ち、たいていはそれを切り抜けている。読者諸氏も、研究課題全体の複雑さと向き合う代わりに、プランに従って作業を続け、小規模で扱いやすい作業をし続ければ、混乱の時期を切り抜けられるだろう。このために、早期に着手したり、大規模な研究課題を最小のステップへと細分化したり、毎日の執筆ノルマのような達成可能な締め切りを設けたりするのだ。

　多くの筆者は、日記をつけることによって、自分の研究経験から学ぼうとする。彼らが行い、発見したこと、彼らが追求した思考の筋道、なぜそれを追い求めたのか、なぜ見切りをつけたのか、などについての日記である。書くことは、自分の読書法についてより明確に考えるためのよい方法であるが、思考法そのものについてより明確に考える最適な方法でもあるのだ。

第5章 議論の筋道をつけること

5.1 研究の議論とは何であり、何でないのか
5.2 読者の疑問に対する解答を中心に議論を組み立てよう
5.3 作業仮説を「主張」に転換しよう
5.4 議論の要素をまとめよう
  5.4.1 主張を提示し、評価しよう
  5.4.2 理由と論拠で、主張を立証しよう
  5.4.3 読者の視点を受け入れ、それに答えよう
  5.4.4 理由の関連性を証明しよう
5.5 論拠に基づいた議論と、根拠に基づいた議論を区別しよう
5.6 議論をまとめよう

 大多数の人々は、書くよりむしろ読むだろう。いつだって、ほかにも読むべき記事があり、徹底的に調べるべき資料がさらにあり、もう少し集めるべきデータがある。しかし、行いたい研究のすべてをやり遂げるはるか前に、レポートの最初の草稿について考え始めなければならないときが来る。ストーリーボードがいっぱいになり始め、その状況に満足するとき、すでに準備はできている可能性がある。作業仮説を立証するために、道理にかなった立証法の概略を描くことができると思ったら、準備はできているということである（2.3を参照）。もしストーリーボードがいっぱいになっても、まだ草稿を計画するのに

足りるしっかりとした立証法をまとめることができなければ、仮説、ことによっては問題設定さえも、再検討しなければならないことがある。しかし、最初の草案を立案しようとするまで、自分がその手順のどこにいるのかは確信できない。

　経験を積んだ筆者でないなら、最初の草稿を次の2つのステップで計画してみるとよいだろう。

■ メモを研究上の議論の要素に分類しよう。
■ それらの要素を首尾一貫した形に体系づけよう。

この章では、議論をまとめる方法を説明する。次章で、それを体系づける方法を説明する。経験するにつれて、それらの2つのステップを1つに結合することを習得するだろう。

5.1　研究の議論とは何であり、何でないのか

　「議論」という言葉は今日、不毛なものを連想させる。1つには、ラジオやテレビがやたらに不愉快な議論を展開するからだ。しかし、研究レポートの中の議論は、相手を脅して黙らせたり、屈服させたりしようとはしない。実際は、"相手"はいないに等しい。どんなに良い議論でもそうだが、研究上の議論は好意的な会話に似ている。その中で、筆者と想像上の読者は、彼らが解答をまだ受け入れていない問題を解くため、一緒に論証するのだ。それは、読者が筆者に反対することを意味しているわけではない（反対するかもしれないが）。ただ、読者が信頼できる論拠に基づいた良い理由を認め、また筆者が彼らの道理にかなった質問と疑いに答えるまで、読者たちは筆者の主張を受け入れないということを意味しているだけだ。

　面と向かっての会話で、協力的な議論をしてみる（「する」のではない）ことは、簡単である。すなわち、講師が沈黙している聴衆に対してするようにではなく、一緒にテーブルを囲んでいる話し好きな友人たちを熱中させるように、理由と論拠を述べてみればよいのだ。1つの主張とそれを信じるべきいくつかの理由を提示する。友人たちは詳細を追究し、異議を唱え、あるいは彼らの視点を示す。それに応じ、場合によっては自分自身の疑問を投げかける。彼らは

さらに質問を投げかけてくる。うまくいけば、自分と彼らが「一緒に」つくり出すことができる最善の立証法を、発展させ、確かめることのできる、好意的だが思慮深い討論になる。

執筆では、その種の協力はもっと難しい。普通は独りで執筆する（執筆グループに入っていれば別である。2.4 を参照）ので、想像上の読者の質問に答えるだけでなく、現実の読者がやりそうなほど頻々と鋭く「彼らに代わって質問する」ことも、自らが行わなければならないからだ。しかし、主張の良し悪しに関係なく、ただそれを読者が受け入れるように説得できそうな、巧妙な修辞的手法を編み出すことが目的なのではない。読者にレポートを提出するとき、自分ができる最善の立証法を示すために、主張と、特にその裏づけとを、検証することである。良い研究レポートでは、読者には想像上の会話の進行ぶりが聞こえる。

さて、先述したように、論拠に基づいた立論法は、信用できる結論に到達する唯一の方法ではないし、最良の方法でさえない場合もある。我々はしばしば、直観力、感覚、あるいは直感に頼って良い決定を下す。しかし、なぜ自分たちの主張が正しいと信じるのか、またなぜほかの人々もその主張を信じるべきか「説明」しようとするとき、直観力とか感覚を評価するための論拠として読者に示すわけにはゆかないので、どのようにその主張に到達したかを「論証する」方法はない。ただ直観や感覚が働いたのだと述べて、主張を信用して受け入れてくれるよう頼むことしかできない。この方法は思慮深い読者ならば、めったに容認しない要求である。

しかしながら、研究上の議論を展開するときには、読者が熟慮できるように、理由と論拠を整えなければならない。それから、彼らの質問と自分の答えの両方を想像しなければならない。それは実際よりも難しそうに思える。

5.2　読者の疑問に対する解答を中心に議論を組み立てよう

読者と交わすに違いない会話の類いを想像するのは、簡単なことである。毎日おこなっているからだ。

A：前学期は大変だったんだってね。今学期はどうなりそう？［A は質問の形で問題を出す］
B：マシなんじゃないかな。［B は質問に答える］

A：なぜ？［AはBの答えを信じる理由を尋ねる］
B：専攻科目の講座を取っているからだよ。［Bは理由を示す］
A：どんなやつ？［AはBの理由を立証する論拠を尋ねる］
B：美術史、デザイン入門。［Bは彼の理由を立証する論拠を示す］
A：なぜ専攻科目の講座を取ると違ってきそうなの？［Aは、Bの理由と、彼がもっとうまくやっていけそうだという主張の関係が分からない］
B：興味がある講座を取れば、もっと勉強するからだよ。［Bは、彼の理由と彼がもっとうまくやっていけそうだという主張を関係づける一般的な原則を示す］
A：履修しなきゃいけない数学の講座はどうなの？［AはBの理由に異議を唱える］
B：前回選択したときは落としちゃったけど、良い家庭教師を見つけたんだ。［BはAの異議を認め、それに答える］

自分がAまたはBだと思えば、研究レポートの議論には何も新しいことがないのは分かるだろう。次のような同じ5つの質問に対する解答から、議論を組み立てるからだ。

■ 主張は何か。
■ どんな理由がそれを立証するのか。
■ どんな論拠がそれらの理由を立証するのか。
■ 異議や別の見解に、どう答えるか。
■ 理由と主張はどう関係しているのか。

これらの5つの質問を出し、解答しても、読者が自分の主張を受け入れるとは確信できない。しかし、彼らがその主張を、そしてその書き手を、本気で受け入れる可能性をもっと高めることにはなるだろう。

5.3 作業仮説を「主張」に転換しよう

　先に、研究の早期の段階について、問題を発見し試験的な解答を想像する段階として説明した。そしてその解答を「作業仮説」と名づけた。いまやその仮説を立証するために、いかに議論を組み立てるのかを論じる。したがって、最後に用語の変更をしておこう。つまり仮説をよい理由や論拠で立証するレポー

トを書けると思ったら、その仮説を議論の「主張」とするのだ。主張は議論の中心、すなわちレポート（教員の中には、それを「論文」と呼ぶ人もいる）の核心である。

5.4 議論の要素をまとめよう

議論の核心には、3つの要素がある。主張、それを受け入れるための理由、および、それらの理由を立証する論拠だ。この核心に、もう1つ、ことによるともう2つの要素を付け加えることができるだろう。1つは疑問、異議、および別の視点に答えるもの。もう1つは、理由が主張とどのように「関連がある」のか理解できない人たちに答えるものである。

5.4.1 主張を提示し、評価しよう

ストーリーボード（あるいはアウトライン）の新しい最初のページをスタートさせよう。1番下に、1つか2つのセンテンスで主張を書いてみよう。この主張の中の言葉は、草稿を立案し、仕上げるのに役立つだろうから、できるだけ具体的なものにした方がよい。「重要な」「面白い」「意義のある」といったようなあいまいな価値観の言葉は使わないようにしよう。次の2つのセンテンスを比較してみよう。

仮面は多くの宗教的儀式で意義のある役割を演じる。
コロンブス以前のアメリカからアフリカやアジアに至る文化では、崇拝者たちが神々を直接体験するために、仮面は、宗教的な儀式の主宰者が神々の代わりになれるようにしていた。

ここで、主張の「意義」を判断してみよう（再び「それでどうだというのだ」）。意義のある主張は、読者に「私はそれを知っている」ではなく、むしろ「本当だろうか」「何と面白いのだろう」「どうしてそう考えたのだろうか」と考えさせる（2.1.4を復習）。次の2つの主張はあまりにもつまらなくて、それらを論証するレポートを書くのはおろか、読むにも値しない。

このレポートは、アラモの戦いのような人気のある伝説を小学校の生徒に教えることを論じる。[そうするとどうだというのだ]

アラモの戦いのような人気のある伝説を通して、我が国の歴史を教えることは、小学校の教育では一般的である。［それでどうだというのだ］

　もちろん、読者が面白いと思うことは、彼らが何を知っているかによるだろう。もし研究を始めたばかりなら、それは予測できないことだ。ほとんど最初のレポートを書いているところなら、最も重要な読者は自分だと思おう。「自分だけ」が自分の解答に意義があると考えられれば、つまり自分の解答によって「そうだ、私がスタートしたときには、それを知らなかった」と思えるなら、それで十分だ。しかしながら、もし自分自身の主張があいまいだとか、つまらないとか考えるなら、それを立証するための議論をまとめる準備ができていないのだ。議論を構成するための理由がないからである。

5.4.2　理由と論拠で、主張を立証しよう

　1つの主張を理由と論拠で立証しなければならないことは明白と思えるかもしれない。しかし、これら2つの言葉は、あたかも同じことを意味するように用いられるので、容易に両者を混同してしまう。

主張は、どのような理由に基づいているのか。
主張は、どのような論拠に基づいているのか。

しかし、それらは異なったことを意味する。

- 我々は論理的な理由を考え出し、信頼できる論拠を集める。信頼できる理由を集めたり、論理的な論拠を考え出したりはしない。そして、論拠を理由の基礎にする。理由を論拠の基礎にはしない。
- 理由は抽象的であり、（それが思いつきであれば）出典を明示する必要はない。論拠は普通、考えとは関係のないところに由来する。だから、たとえ自分自身の観察または実験を通して発見したとしても、常にその出典を明示しなければならない。それから、それを発見するために行ったことを示さなければならない。
- 理由には、論拠という確証が必要だ。論拠には、信頼できる出典を参照する以

外に、確証は必要ないはずだ。

　問題は、執筆者が真実だからこそ信頼できる論拠であると考えたことであっても、読者はそうは考えないかもしれないということである。たとえば、ある研究者が次のような主張と理由を提示するとしよう。

初期のアラモの物語は、すでにアメリカ人の性格の中にあった価値観を反映していた。（主張）その物語はほとんど即時に、アメリカ人の英雄的な犠牲の伝説になった。（理由）

この理由を立証するために、著者は次の"信頼できる"論拠を示す。

その戦いのあと、直ちに多くの新聞は、その物語を我々の英雄的な国民性を称えるために使った。（論拠）

もし読者が、その所説を事実として受け入れるなら、おそらくそれを論拠として受け入れるだろう。しかし、予想（期待さえ）しておくべき類の疑い深い読者は、「"直ちに"とは、どのくらい直ちにか」「"多くの"とは、どのくらい多くか」「どの新聞か」「ニュース記事か、社説か」「正確にはどう書いてあるのか」「どのくらい多くの新聞が、それを載せなかったのか」と質問してくるかもしれない。
　確かに、その理由が自明の真実と思われたり、信頼できる権威筋から出たものだったりすれば、読者は理由だけに基づいた主張を受け入れる可能性がある。

我々は全く平等に創られている（理由）、だから誰も我々を統治する自然権は持たない。（主張）

実際には、入門コースの指導教員はしばしば、権威のある資料が述べたことによってだけ立証された理由を受け入れる。「ウィルソンは宗教的な仮面についてXと言い、ヤングはYと言い、シュミットはZと言う」といった具合だ。しかし、より高度な研究においては、読者はそれ以上のことを期待する。彼らは2次資料からではなく、1次資料、あるいは筆者自身の観察から引き出され

た論拠を求める。

　ストーリーボードを再検討しよう。正しい種類、量、および質の論拠であり、その分野にふさわしいものだ、と読者が考えそうなものによって、それぞれの理由を立証できるだろうか。読者は、論拠として提示したものが、さらなる確証を必要とすると考えはしないだろうか。あるいは、もっと良い資料が必要と考えるだろうか。もしそうなら、もっとデータを探すか、あるいは持っているものの限界を認めなければならない。

　主張、理由、および論拠は、議論の核心を形成する。しかし、それには少なくとも、もう1つ、場合によっては2つの要素が必要である。

5.4.3　読者の視点を受け入れ、それに答えよう

　そうでないことを願うかもしれないが、最良の読者は最も批判的だろう。彼らは公正に読むだろうが、書いてあることのすべてを文字どおりには受け入れないだろう。彼らは質問を考えつき、異議を申し立て、さらに代案を思い浮かべるだろう。会話では、ほかの人々が質問するときに答えることができる。しかし、著述では、それらの質問に答えるだけでなく、質問もしなければならない。もしそうしなければ、読者の見解を知らない、もっと悪ければ、気にかけないと思われるだろう。

　読者は2種類の質問を出す。両方を想像し、答えてみよう。

①最初の種類の質問は、議論に「内在する」問題、普通はその論拠を指摘する。読者が次の批判のどれかをすると想像し、それから解答で小さな議論を組み立てよう。
　　■論拠は、信頼できないか、または時代遅れの資料からのものだ。
　　■それは不正確だ。
　　■それは不十分だ。
　　■それは利用できるすべての論拠を公正に代表していない。
　　■それはその分野にはふさわしくない種類の論拠だ。
　　■それは論拠と「みなされる」ことはないから、関連がない。

　それから、理由に対する読者からの次のような種類の異議と、それらにどの

ように答えるべきかを想像してみよう。

- 理由は一貫性がなく、矛盾している。
- それらは弱すぎて、少なすぎるので、主張を立証できない。
- それらの主張には関連がない（このことは 5.4.4 で論じる）。

②2番目の種類の質問は、議論の「外部」から問題を提起する。ものの見方が異なる人々は、違ったやり方で専門用語を定義し、違ったやり方で理由づけし、関連はないと考えられる論拠を提示しさえする可能性がある。もし読者と物の見方が異なるようであれば、これらの問題点を受け入れ、答えることもしなければならない。これらの意見を異にする視点を、単純に異議として取り扱ってはならない。自分の見解は正しく、読者の見解は間違っていると主張すれば、読者を失うだろう。そうではなく、相違を受け入れ、違いを比較して、読者が議論をそれに沿った形で理解できるようにしよう。それでもまだ彼らは同意しないかもしれないが、彼らの見解を理解し、尊重していることを示すことができる。そうすれば、彼らがこちらの見解を理解し、尊重しようとする可能性は高まるだろう。

　若手の研究者は、読者からの質問を想像するのを難しく感じるだろう。彼らの見解が自分とどのように違うか、分からないかもしれないからだ。たとえそうでも、いくつかのもっともらしい質問と異議を考え出してみよう。「私の主張に対して、どんな疑念が生じうるだろうか」と自分自身に問いかける習慣を身につけることは重要である。しかし、もし学位論文または博士論文を執筆中なら、その分野のほかの人々が提起しそうな問題点を知らなければならない。だから、どんなに経験があろうとも、意見の相違を想像し、答える練習をしよう。ただその練習をしてみるだけでも、読者が尊敬してくれるような考え方の習慣を身につけることができるし、そうやって疑問の余地のある結論に飛びつかずにすむようになることもある。

　そしてストーリーボードの上の読者が質問を提示しそうな場所に、こうした認識や回答を書き加えておこう。

5.4.4 理由の関連性を証明しよう

　経験を積んだ研究者にとってさえ、議論の上でのこの最後の要素を理解することは難しく、利用することはもっと難しく、説明することはなお一層難しい。それは「根拠」と呼ばれるものだ。主張を立証している理由が事実として間違っているとか、不十分な論拠に基づいているからとかではなく、それが「関連がない」からそもそも理由とはみなされないという理屈で、読者が主張を拒絶する可能性があると思ったら、議論に根拠をつけ加えよう。

　たとえば、ある研究者が次のようなことを書くと想像してみよう。

アラモの物語が急速に広まった（主張）のは、1836年には、この国がまだ世界の舞台で自信に満ちた役割を演じていたわけではなかったからだ。（理由）

　この研究者は、読者が「アラモの物語が急速に広まったこと、そして1836年にはこの国がまだ、世界を舞台に自信に満ちた役割を演じていなかったことは事実である。しかし、自信がないことと、この物語が急速に広まることと、どのような関連があるのか私には分からない」と異議を唱えそうだと疑っている、と想像してみよう。筆者は、この国が世界の舞台で自信に満ちた様相を呈していなかったこと、あるいは、その物語が実際に急速に広まったことに、さらなる論拠を単に提示することだけでは対応できない。読者は、すでに両方とも真実として受け入れているからである。その代わりに、この研究者は、その理由の「関連性」を説明しなければならない――「なぜ」それが本当であることが、主張が本当であることを立証するのか。

　それを説明するためには、根拠が必要だ。根拠は、理解するのが大変難しいが、研究上の議論を書く人は誰でも、根拠がどのように機能するかを理解しなければならない。なぜなら、読者は、研究者の示す理由が真実だということや、論拠が正確だということには同意するかもしれないが、「理由がその主張に関連がないからとか、論拠がその理由に関連がないから」といって、研究者の主張に同意せず、異議を唱えることが大変多いからである。

通常の会話で、根拠はどのように機能するか　もし遠くの土地からやってきた新しい友人に、次のようなちょっとした助言をしたとしよう。

零下20度だよ。(理由) 帽子をかぶった方がいいよ。(主張)

大多数の人々には、明らかに理由が主張を立証しているように思えるので、理由の関連性を説明する必要はない。しかし、友人が次のような奇妙な質問をしたとしよう。

もし零下20度だとしたら、どうだというのだ。なぜそれで私が帽子をかぶった方がいいということになるのだ。

その疑問は、理由の「真実性」(零下20度であること)にではなく、その主張(帽子をかぶった方がいい)との「関連性」に向けられているのだ。そんな質問をする人がいるなんて奇妙なことだと思うかもしれないが、この質問には一般原則で答えることができるだろう。

そうだな、寒いときはみんな暖かい恰好をした方がいいな。

　このセンテンスが根拠である。それは、この世界での我々の経験に基づいた一般原則を述べている。ある一般的な条件が存在する(「寒い」)とき、ある一般的な結論(「みんな暖かい恰好をした方がいい」)が必ずあとに続くというのは、筋が通っている。その一般的な根拠は、零下20度という具体的な理由に基づいて、友人が帽子をかぶった方がいいという具体的な主張を正当化する、と考えられる。なぜなら、次のような論理の原則に従って、我々は論証しているからだ。すなわち、もし一般的な条件とその結論が真実なら、具体的な実例もまた真実に違いない、ということである。
　さらに詳細には、根拠は次のように機能する。

■その根拠において、一般的な条件は「寒い」である。そこから「みんな暖かい恰好をするべきだ」という一般的な結論が必ず導き出される。それは真実の一般的な原則として「寒いときには、みんな暖かい恰好をするべきだ」と述べられる。

- 具体的な理由「零下20度」は、一般的な条件「寒い」の妥当な実例である。
- 具体的な主張「帽子をかぶった方がいい」は、一般的な結論「みんな暖かい恰好をした方がいい」の妥当な実例である。
- 根拠の中で提示されている一般的な原則は真実であり、理由と主張はその妥当な実例であるから、「帽子をかぶれ」という主張を真実で妥当であると断言することは"根拠づけられて"いる。

　しかしここで、もし6ヵ月後に友人を訪ね、彼が次のように言ったらどうだろう。

今夜は27度を超えている。（理由）だから長袖のシャツを着た方がいいよ。（主張）

この言葉にはまごつくかもしれない。その理由（「27度を超えている」）は、その主張（「長袖のシャツを着た方がいいよ」）と、どのように関連がありうるだろうか。次のような一般的原則を、根拠として想像するかもしれない。

暖かい夜は、みんな暖かい恰好をするべきだ。

しかし、それは真実ではない。そして、その根拠が真実ではないと考えるなら、その理由が主張を立証することを否定するだろう。その理由は主張と関連がないからだ。
　しかし、友人が次のように付け加えたらどうだろう。

このあたりは、暖かい夜には、虫に刺されないように腕を保護した方がいい。

ここで、この議論は道理にかなうだろう。ただし、次のすべてを信じれば、の話である。

- 根拠は真実である（「暖かい夜には、虫に刺されないように腕を保護した方がいい」）。
- 理由は真実である（「今夜は27度を超えている」）。
- 理由は一般的な条件の妥当な実例である（「27度は暖かいことの妥当な実例である」）。

- 主張は一般的な結果の妥当な実例である（「長袖シャツを着ることは、腕を虫に刺されないよう保護する妥当な実例である」）。
- 提示されていない限度や例外は、何ら当てはまらない（「前夜の急な寒さはすべての虫は殺さなかった、その人は代わりに防虫剤を使うことはできない、など」）。

すべて信じられるなら、夜に27度あれば、少なくともそのときその場所で、長袖シャツを着ることは良い考えだという議論を受け入れるべきだろう。

　我々はみな、そのような原則を数えきれないほど知っており、さらに毎日習得している。そうでなければ、日常生活を切り抜けてはゆけない。実際に、民衆の知恵は根拠の形で表現される、それは諺と呼ばれる。すなわち「鬼の居ぬ間に洗濯」「去る者日々に疎し」「手は冷やかに情は温かなれ」といったようなものだ。

根拠は学術的な議論で、どのように機能するか　もっと学術的な例がここにある。しかし、機能は同じである。

百科事典は、19世紀初期のアメリカでは広く所有されていなかったに違いない。（主張）なぜかと言えば、遺言状にはめったにそのことが書かれていなかったからだ。（理由）

この理由が真実だとしよう。実際に19世紀初期の遺言状には、めったに百科事典について書かれていなかったことを示す論拠はたくさんある。たとえそうでも、読者はなぜその理由が主張と「関連がある」のか不思議に思うだろう。「そのような遺言状の大部分が百科事典のことを書かなかったことは確かかもしれない。しかし、それでどうだというのだ。百科事典を所有している人はほとんどいなかったという主張と、それはどのような関連があるのか」と。筆者がもしそのような疑問を予期しているなら、根拠を示してその先手を打たなければならない。その根拠とは、彼の理由と主張がどのように関連があるかを示す一般的原則である。

　その根拠を次のように提示してもよいだろう。

19世紀初期の遺言状で貴重品のことが書かれていなければ、それは普通、財産の一部ではな

かったのだ。(根拠)その当時の遺言状には、めったに百科事典のことは書かれていなかった。(理由)だからそれを持っていた人は、ほとんどいなかったに違いない。(主張)

我々はその主張を、次のことを「もし」信じ、信じる「場合だけ」、理にかなっているとして受け入れるだろう。

■ その根拠は真実である。
■ その理由は真実であり、またその根拠の一般的な条件の妥当な実例でもある（百科事典は貴重品の実例だった）。
■ その主張はその根拠の一般的な結果の妥当な実例である（百科事典を所有していないことは、何か貴重なものが財産の一部ではなかったことの妥当な実例である）。

もし研究者が、読者はこれらの条件のどれかに疑いを持つ可能性があると恐れるなら、それを立証する議論を展開しなければならないだろう。

しかし、それは問題の終わりではない。根拠は「常に、例外なしに」真実だろうか。読者は、国内の一部では遺言状には土地と建物のことだけが書かれていたのではないか、あるいは、そもそも遺言状を作った人などほとんどいなかったのではないか、と興味を抱くかもしれない。もし筆者が、読者はそのような必要条件について疑うこともあると考えるなら、それらの例外は当てはまらないことを示す、さらにもう1つの議論を展開しなければならないだろう。

複雑な問題点についての議論に、なぜ非常に希にしか決着がつかないのかは、もうお分かりだろう。論拠に同意するときでさえ、それについて理由をつける方法をめぐり、依然として意見が合わない場合もあるからなのだ。

主張と理由の関連性を検証すること　主張と理由の関連性を検証するため、それらを橋渡しする根拠を組み立てよう。最初に、理由と主張を、その順で提示しよう。この節の初めにあった最初の理由と主張がここにある。

1836年には、この国は世界の舞台で自信に満ちた役割を演じていたわけではなかった。(理由)だから、アラモの物語は急速に広まった。(主張)

ここで、この理由と主張を含む一般原則を組み立てよう。根拠はあらゆる種類の形で現れる。しかし最も便利なのは「いつ—それから」型である。この根拠は理由と主張を"包含する"。

ある国が自信を十分持っていないとき、英雄的な軍にまつわる事件の物語を、すぐに歓迎する。

この一般的な条件が存在すれば、		この一般的な結論があとに続く。（根拠）
ある国が自信を十分持っていないとき、（一般的な条件）		英雄的な軍にまつわる事件の物語を、すぐに歓迎する。（一般的な結果）
1836年には、この国はまだ世界の舞台で自信に満ちた役割を演じていたわけではなかった（具体的な理由）	だから	アラモの物語は急速に広まった。（具体的な主張）
この具体的な条件が存在する、（理由）	だから	この具体的な結論があとに続く。（主張）

図5.1. 議論の構成

我々は図5.1におけるように、それらの関係を形式的に表すことができる。その主張を受け入れるため、読者たちは次のことを受け入れなければならない。

- その根拠は真実である。
- その具体的な理由は真実である。
- その具体的な理由は、根拠の一般的な条件面での妥当な実例である。
- その具体的な主張は、根拠の一般的な結果面での妥当な実例である。
- どんな限定的な条件も、根拠が当てはまるのを妨げることはない。

筆者が、読者はその根拠、または理由の真実性を否定するかもしれないと考えたなら、それを立証する議論を展開しなければならないだろう。理由または主張がその根拠の妥当な実例ではない、と読者が考えるかもしれないと思うなら、さらにもう1つの妥当性を示す議論をしなければならないだろう。

こうして経験を重ねるにつれ、自分の頭で議論をチェックすることを習得するだろう。だがそれまでは、最も議論の余地のある理由について、根拠の概略を書く努力をしよう。根拠を検証したら、それをストーリーボードの、読者がそれを必要とするだろうと考えられる場所に付け加えよう。もし議論の中で根拠を立証することが必要なら、そこにそのアウトラインを書いておこう。

なぜ根拠は、ある分野の新参の研究者にとって、特に難しいのか　ある分野での新参者なら、以下のような理由で根拠が難しいと思うかもしれない。

- ベテランの研究者は、自分たちの立証法の原則をめったに詳しく説明しない。同僚が当然のことだと思うことを知っているからだ。若手の研究者は、それらの原則を自分自身で明らかにしなければならない。（"今夜は27度を超えているから長袖シャツを着た方がいいよ" と、誰かが言っているのを聞くようなものだ）
- 根拠には一般的に、専門家も当然のことだと思っていて、だからこそめったに言及もしない例外がある。新参の研究者は、これもまた同様に明らかにしなければならない。
- 専門家はまた、いつ明白な根拠、あるいはその限界を示すべきで「ない」かが分かっている。新参の研究者が自分自身で習得しなければならない、もう1つのことである。たとえば、ある専門家が「6月初めなので、我々は間もなくガソリン代をもっと払うことになるだろうと予想できる」と書いたとしても、彼は「夏が近づくと、ガソリン価格が上がる」という明白な根拠は述べないだろう。

よく知られているが明言されることがめったにない根拠を提示してしまうと、もったいぶっているとか、単純だとか思われるだろう。しかし、もし読者が必要とする根拠を示さなければ、非理論的と思われるだろう。秘訣は、読者が根拠を必要とするときと、必要としないときを習得することだ。それには時間がかかる。

　だから、もし根拠が紛らわしく思われても、うろたえてはいけない。根拠は経験のある筆者にさえも難しいのだ。しかし、根拠について知ることは、次のような必要不可欠な質問をするよう仕向けるはずだ。理由と論拠の「真実性」に加えて、主張とそれらの「関連性」を、読者は理解するだろうか。もし理解

しない可能性があるなら、それを論証する議論を展開しなければならない。

5.5 論拠に基づいた議論と、根拠に基づいた議論を区別しよう

　最後に、読者がさまざまな判断を下す2種類の議論の存在に注意することが重要だ。

- 1つは、理由と根拠から主張を推論するものだ。その種の議論における主張は、「確かに」真実であると信じられる。
- もう1つは、論拠に基づいた理由に主張の基礎を置くものだ。その種の議論における主張は、「たぶん」真実であると考えられる。

逆説的に思われるかもしれないが、研究者は1番目よりも2番目の種類の議論、つまり論拠に基づいた方に信頼を置く。
　この議論は、論拠に基づいた理由に基礎を置く主張を示す。

注射針交換プログラムは、麻薬使用の増加の一因となっている。(主張)　プログラムの参加者たちは、汚染された注射針から病気に感染する危険を避けられると分かったら、もっとたくさん麻薬を使ってもよいように感じる。(理由)　**そうしたプログラムの1つに参加した人々についての研究は、参加者の34%が麻薬の使用量を1週間に1.7倍から2.5倍に増やしたと報告している。彼らによれば、注射針経由の病気から保護されていると感じたからだ。**(論拠)

　その論拠が理にかなっていて、適当だと考えるなら(考えられないかもしれない)、その主張は、筋が通っていると思われる。ただし、それは決して確かではない。なぜなら、ここに示された論拠を否定する、新しくてもっと良い論拠を、誰かが発見するかもしれないからだ。
　次の議論は、同じ理由に基づいた同じ主張をする。しかし、その主張は論拠ではなく論理によって立証されている。その主張は、もし根拠と理由が真実なら、そして、もし理由と主張がその根拠の妥当な実例なら、真実であるに違いない。

注射針交換プログラムは、麻薬使用の増加の一因となっている。(主張)プログラムの参加者たちは、汚染された注射針から病気に感染する危険を避けられると分かったら、もっとたくさん麻薬を使ってもよいように感じる。(理由)**危険な行為の結果が軽くなるときはいつでも、人々は以前よりももっとそれに熱中する。**(根拠)。

根拠は、至る所であらゆる場合において常に真実であると信じられなければならないのだが、ここにあるのは、我々の大部分が否定するだろう、あるいは否定すべき主張である。車がシート・ベルトと衝撃吸収ハンドルを持っているからといって、無謀運転をする人間はほとんどいない。

　すべての議論は根拠に拠っている。しかし、「研究上の」議論の読者は、原則から推論されたのではなく、むしろ論拠に基づいているときに、主張を一層信頼するだろう。一般原則がいかにもっともらしく思われても、例外、必要条件、および限界があまりに多いからだ。議論の余地がないと考えられる原則に基づいた主張をする人々は、そうした複雑さを決まって見落とす。彼らはその原則が、それと反対の論拠があろうとなかろうと正しいに違いないと確信していて、原則が正しければ推論もまた正しいに違いないと考えているからである。そのような議論は、事実に基づくというよりは、イデオロギー的である。だから、論理性では優位にあると思ったときでも、自分の主張をできるだけ多くの論拠で立証しよう。推論を確実にするために、根拠を付け加えよう。しかし同様に、論拠に基づいた推論にしよう。

5.6　議論をまとめよう

　ここに5つの部分に同時に当てはまる小さな議論がある。

子供向けのテレビは、彼らの知的発育を助けることができるが、そうした貢献は彼らの情緒的な発育を阻害する可能性のある要因——すなわち過剰な暴力によって相殺されてきた。(主張)親たちは、その例が子供の発育に重大な影響力を持つものであることに同意する。それが、親が子供たちに英雄についての物語を語る理由である。だとすれば、子供たちが品位を下げるような行動を見るとき、それにもまた影響を受けるだろうということは、もっともらしく思われる。(根拠)たった1日で、子供たちは無数の暴力の例を見る。(理由)毎日、平均的な子供はほぼ4時間テレビを視て、約12の暴力行為を目にする［スミス、1992］。

(論拠) ターノフは子供たちが漫画の暴力と実生活を混同しないことを明らかにした［2003］。(代わりの視点の認定) しかし、それは子供たちを、ほかの番組の暴力にもっと影響されやすくする可能性がある。もし子供たちが漫画と実際の人々を区別するだけなら、彼らは生き生きとした暴力場面に出てくる本物の俳優たちが、実生活を見せていると思うかもしれない。(反応) テレビの暴力場面が暴力的な大人がはびこるのを促している可能性を無視することはできない。(再提示された議論)

これらの要素の大部分が、多くのパラグラフへと拡大されるだろう。
　異なる分野における議論は異なって見える。しかし、それらはすべて、次のたった5つの質問に対する答えから成り立っている。

■ 何を主張しているのか。
■ 理由は何か。
■ 理由を立証する論拠は何か。
■ しかし、ほかの視点についてはどうなのか。
■ 理由は主張とどう関連しているのか。

ストーリーボードは、これらの質問に何回も答えることになる。もしそうでないなら、レポートは不完全で、説得力がないと思われるだろう。

第6章 最初の草稿の計画を立てること

6.1 役に立たないプランは避けよう
6.2 読者のニーズに応えるプランを作ろう
 6.2.1 ストーリーボードをアウトラインに転換しよう
 6.2.2 作業用の導入部の概略を書こう
 6.2.3 キーワードを割り出し、レポートを一体化し、各パートを特徴づける概念をはっきりさせよう
 6.2.4 それぞれの節を独自に特徴づける副題を作るため、キーワードを使おう
 6.2.5 理由を順序よく配置しよう
 6.2.6 移り変わりを示す言葉で順序を明確にしよう
 6.2.7 それぞれの節や副節の短い導入部の概略を示そう
 6.2.8 それぞれの節について論拠、読者の見解の承認、根拠、および要約に関する概略を示そう
 6.2.9 作業用の結論の概略を書こう
6.3 残った資料はファイルにして、保存しておこう

 いったん議論をまとめたら、それを起草する準備ができている可能性がある。しかし、経験豊かな筆者は、草稿を立案するために投じた時間が、執筆するときに十二分に報われることを知っている。とはいえ、効率的に起草するためには、信頼できる議論の要素だけでなく、それ以上のものが必要だ。それらの要素を首尾一貫した議論にまとめるプランが必要なのである。しかしながら、プ

ランには良し悪しがある。

6.1 役に立たないプランは避けよう

ある種のやり方を避けるようにしよう。

① レポートを、研究課題の物語としてまとめないようにしよう。特に、最後に主張を明らかにする形で、推理小説のようにしないようにしよう。最初に何を発見したか、次にどんな問題を克服したか、その次にどんな手がかりを追ったか、それから先へ先へと最後まで、などということを気にする読者はまずいない。そうしたことは、「最初の問題点は……であった」「それから私は……を比較した」「最後に結論を出した」といった言葉の中で分かる。

② 一連の引用文、資料の要約、ウェブからのダウンロードを継ぎはぎにしないようにしよう。指導教員は、ほかの人間の思考ではなく、「あなたの」思考を知りたがっているのだ。彼らは特に、ウェブ・ページを継ぎ合わせたようなレポートを好まない。そんなレポートを書けば、素人と思われるだけでなく、悪くすれば、剽窃者と思われるだろう（7.9 を参照）。

③ 割り当てられた課題やトピックの専門用語を基礎に、レポートを機械的にまとめ上げないようにしよう。たとえ割り当てられた課題が、言及すべき問題点を列挙していても、与えられた順序でそれらに取り組まなければならないとは考えないようにしよう。想像に関するフロイトとユングの分析を比較・対照するように要求されても、あるいはそうすると自分で決めても、第 1 はフロイトについて、第 2 はユングについて、という具合にレポートを 2 つの部分にまとめ上げる必要はないだろう。これらの 2 つの大きなトピックをバラバラにしてから、それらを基礎にレポートをまとめ上げる方がもっと生産的だろう（これについてさらには、6.2.5-6.2.6 を参照）。

6.2 読者のニーズに応えるプランを作ろう

いくつかの分野では、レポートのプランを規定する。たとえば、実験科学の読者たちは、レポートがおよそ次の形に沿っていることを期待する。

導入部——方法論と材料——結果——論述——結論

もし既定のプランに従わなければならないなら、指導教員に尋ねるか、あるいは手本になる 2 次資料を見つけよう。しかし、独自のものを作らなければならないなら、自分だけでなく、読者もまた「手に取るように」分かるものでなければならない。そのような明快な表現形式を作るため、ストーリーボードかアウトラインに立ち戻ろう。

6.2.1 ストーリーボードをアウトラインに転換しよう

アウトラインから作業する方が好きなら、次のようにストーリーボードをアウトラインに変えることができる。

- 主張を述べる I 番を付けたセンテンスから始めよう。
- その下に、II、III……の番号をつけて、完全なセンテンスを付け加えよう。それぞれのセンテンスは、主張を立証する理由を述べる。
- それぞれの理由の下に、論拠を要約したセンテンスを列挙するために、大文字を使おう。それから、論拠そのものを番号で並べよう。たとえば以下のとおりだ（ここでの図解のため、データは創作されている）。

I．導入：教室に設置するコンピュータの効用は不確定である。
II．使用法の違いが、異なった効果を生み出す。
　　A．どんな使用法も、書かれる単語の数を増やす。
　　　1．研究 1：950 対 780
　　　2．研究 2：1,103 対 922
　　B．コンピュータ室は生徒間の交流を促す。
III．研究に拠れば、改稿の際の有用性は限定される。
　　A．研究 A：コンピュータ上の執筆者はより語数が多い。
　　　1．1 センテンスにつき平均 2.3 語多い
　　　2．1 つのエッセイにつき平均 20％単語が多い
　　B．研究 B：書き手は、効率的に改稿するのにプリントアウトを必要とする。
　　　1．プリントアウトでは、コンピュータの画面上で行った場合に比して、誤植が 22％少ない

2. スペル間違いが 2.26%少ない
　Ⅳ. 結論：コンピュータがどのくらい学習を促進するかを結論づけるのは時期尚早である。
　　　A. 信頼できる観察実験がほとんどない。
　　　B. 多くのコンピュータ・プログラムは変遷しているので、歴史がほとんどたどれない。

最も略式化したアウトラインは、Ⅰ、A、1 などの形式で積み重ねず、語句を並べただけのものだ。

導入：効用は不確定
異なる使用法／異なる効果
　　単語数の増加
　　交流の増加
改稿の研究
　　研究A. 長いセンテンス
　　研究B. 長いエッセイ
結論：効果の判定は時期尚早

　研究課題をスタートするときには、略式のものが精一杯だろうし、短い研究課題ならば、それぞれの項目の要点が分かってさえいれば、それで十分かもしれない。しかし、完全なセンテンスのアウトラインは普通もっと役に立つ。ストーリーボードは、特に長い研究課題には、なお一層役に立つ。

6.2.2　作業用の導入部の概略を書こう

　導入部を2度書く心構えでいよう。最初は自分自身のための大雑把なもの。それから、草稿を改稿し、自分が何を書いたかが分かってから、読者たちのために書く最終的なものだ。最終的な導入部は普通、4つの部分を持つことになる。だから、そうなることを前提に、作業用の導入部を作ってもよい（第9章を参照）。

①トピックと「明確に」関連があると読み取った研究の概略を「短く」書こう。
　5.4.1で、ストーリーボードの新しい最初のページの一番下に、主張を書く

ことを提案しておいた。ここでは上端に、拡大、修正、あるいは訂正するつもりである先行研究の「概略」を書いておこう。トピックとわずかに関連のある研究をすべて列挙してはいけない。いくぶん経験のある研究者の多くは、自分たちの勤勉さを読者に印象づけるだろうと考えて、たくさんのレポートを列挙する。しかし、関連のない参考資料の際限のないリストは、感銘を与えるどころか、うっとうしいものだ。たとえば、アラモの物語に取り組んでいるのなら、その戦闘のあらゆる歴史的分析に言及せず、拡大、修正、あるいは訂正したい特定の研究だけを引用するだろう。

読者に役に立つ順序で、資料を列挙しよう。歴史的な順番が重要なら、年代順に列挙しよう。もしそうでなければ、質、意義、視点といった、何かほかの原則でグループ分けしよう。それから、それらのグループを、読者たちが理解するのに最も役に立つように配列しよう（順序の原則については、6.2.5を参照）。たまたま読んだ順とか、あるいは覚えている順に列挙しては、絶対にいけない。

②疑問を、知識の欠如や理解の相違として言い変えてみよう。その研究の概略を書いたあと、どの部分を拡大、修正、あるいは訂正するつもりかを読者に伝えよう。その研究が間違えたり、不十分な説明をしたり、考慮に入れるのを怠った事柄として、疑問を言い直してみることによって、それを伝えよう。

なぜアラモの物語は、我が国の神話の中で非常に重要なのか。
→なぜアラモの物語は、我が国の神話の中で非常に重要なのか、を説明しようとした歴史家はほとんどいなかった。

筆者たちは、ほとんど常に、また多くの方法で、このように言い直す。だから、読みながら、資料がそれをどのようにやっているかに注意しよう。

③できれば「もし我々が見つけ出さなければ、それでどうだというのだ」という読者の疑問に対する答えの概略を書いておこう。もし自分が研究上の問題に解答を出せないなら、読者はどのようなより大きな問題を理解できなくなるだろうか。

そのような物語がどのようにして国民的な伝説になったかを理解できれば、我々の国民的価値観、ことによると我々を特徴づけるものさえも、よりよく理解できるだろう。

この時点で、想像もできないような何かもっと大きな意義を見つけるかもしれない。見つけられれば、それを付け加えよう。ただし、それに多くの時間をかけてはいけない。この点には、あとでもう一度触れる（10.1.3を参照）。

④主張を改稿し、置く位置を決めよう。主張は、ストーリーボードの最初のページに書いた。ここでは、それをそこに残したいかどうかを決めよう。レポートでそれを提示する場所には2つの選択肢がある。
■導入部の最後、および結論部分の最初にもう一度。
■結論部分のみに、論証のクライマックスのようなものとして。

高度な研究課題に取り組んだことがほとんどなければ、導入部の最後、および結論部分の最初で再度、主張を提示することを強く勧める。読者は、導入部の最後に早々と主張を見れば、どこに連れて行かれようとしているかが分かる。その方が続きを速く読むことができ、よく理解でき、長く覚えておくことができる。主張を最初に置くと、自分も軌道から外れないようにできる。

若手の研究者の中には、導入部で主張を明らかにしてしまうと、読者は退屈して読むのをやめるだろうと心配する人もいれば、何度も同じことを繰り返すのを気にする人もいる。どちらの不安も根拠がない。興味深い問題を示せば、読者は、それに対する解答がいかに首尾よく立証されるかを知りたがるだろう。

主張を導入部のページの一番下に残しておくなら、ストーリーボードの最後にある新しい結論のページの上端で、主張を形を変えて言い直そう。できれば、この結論を下す主張を、導入部の主張よりもっと具体的にしよう。

いくつかの分野では、筆者たちは伝統的に、「討論」あるいは「結論」と題された最後の節でのみ主張を提示する。これらのケースでは、多くの読者は導入部をざっと読むだけで、それから結論に跳ぶ。だから、その種の読者のために、レポート本体だけでなく、結論もまた紹介する方法で、導入部を書くよう

にしよう。

　結論部分でだけ主張を示すと決めたなら、それを新しい結論のページの上端に移そう。しかし、この方法を採るなら、導入部の最後で、主張に代わる別のセンテンスが必要になる。読者をレポートの本体に引き込んでゆくものだ。そのセンテンスは、レポートを通して使うキーワードを含んでいなくてはならない（6.2.3 を参照）。

　そうした引き込みとなるセンテンスは、最終的な導入部を起草するときに書いた方がよい（10.1.4 を参照）。だから今のところ、ストーリーボードの導入部のページの一番下にそのための場所を作り、大雑把な概略を書いておくか、あとでそれを付け加えるためのメモを作っておくかしよう。

　筆者の中には、導入部に"ロード・マップ"を付け加えて、レポートの構成を示す人もいる。

パート1で私は……を論じる。パート2では……という問題点を扱う。パート3では……を調査する。

読者は、これについて意見を異にする。ロード・マップは、社会科学では普通であるが、人文科学の人々の多くは、不格好なものだと思っている。たとえ読者が異議を唱える可能性があっても、起草を先導するためにロード・マップをストーリーボードに付け加え、最終的な草稿で削除してもよい。最後まで残しておくのなら、短いものにしよう。

6.2.3　キーワードを割り出し、レポートを一体化し、各パートを特徴づける概念をはっきりさせよう

　読者が、レポートは首尾一貫していると感じるためには、レポートのすべての部分を貫いている、いくつかの中心的な概念を理解できなければならない。しかし、繰り返されるそれらの概念が、多くの異なる言葉で述べられてしまうと、読者は識別できないだろう。読者は、そうした概念に繰り返して関連づけられる用語を、そうした概念に言及されるたびにではなくても、見逃すことはありえないぐらいの頻度で目にしていなければならない。全体を貫くこれらの用語には、メモを分類するために使った言葉が入っていてもよいが、疑問と主

張からの重要な言葉は必ず含まれていなければならない。読者はまた、各パートで、そのパートとほかのすべてのパートを区別する、より具体的な概念を理解できなければならない。

したがって、起草を始める前に、レポート全体に貫かせたい基本概念を確認し、それぞれの概念に言及するために最も頻繁に使うことになる用語を選ぼう。それから、それぞれの節と節とを区別する概念について、同じことをしよう。起草しながら、新しい概念を発見し、古い概念のいくつかを捨ててもよい。しかし、最も重要な用語と概念を肝に銘じておけば、より首尾一貫して書けるだろう。

ここに、レポート全体を結びつける包括的な概念を認識するための、具体的な方法がある。

① ストーリーボードの導入部と結論部分のページの上で、最も重要な概念を表している4つか5つの言葉に丸をつけよう。それらは、自分の主張の最も明確な言明に入っていなければならない。
　■ トピックに明白に関係する言葉は無視しよう。たとえば「アラモ」「戦闘」「敗北」などだ。
　■ 議論に持ち込み、発展させるつもりの概念に焦点を当てよう。たとえば「敗北の余波」「敗北の中の勝利」「英雄の理想像」「犠牲」「国民精神」などだ。

② それぞれの概念について、レポートの本体を通じて繰り返すことができるキーワードを選ぼう。それは、丸をつけた言葉のうちの1つか、新しい言葉でよい。それらのキーワードを別のページに列挙しよう。もしキーワードとして役に立ちそうな言葉がほとんど見つからなければ、主張があまりにも漠然としているのかもしれない（5.4.1を復習）。

それぞれの節を一体化するキーワード発見するためにも、同じ手順に従うことができる。それぞれの理由のページの上端に示した理由を見て、重要な言葉に丸をつけよう。それらの言葉の中のいくつかは、導入部と結論部分で丸をつけた言葉と関係があるはずだ。あとの言葉は、その節とほかの節とを区別する概念となるはずだ。それぞれの基本概念について1つのキーワードを選ぼう。

ここで、起草しながら、レポート全体を貫くはずの全般的な用語と、それぞれの節と節とを区別する具体的な用語の両方を、目の前に掲げておこう。それらの用語は、筆者自身を、したがって読者も、軌道から外れないようにしておくのに役立つだろう。たとえ、あとでこれらの用語が欠けたものを書いていると気づいても、それらの用語の方へ無理に戻るだけではいけない。起草するという行為の中で、何か新しいものを発見しつつあるのかもしれないのだ。

6.2.4 それぞれの節を独自に特徴づける副題を作るため、キーワードを使おう

たとえ自分の分野のレポートで副題を使っていなくても（補遺のA.2.2を参照）、草稿で副題を使うことを勧めたい。6.2.3で確認したキーワードから副題を作ってみよう。もし節を区別するキーワードが発見できなければ、その節が全体にどのように寄与しているのかを、よく考えてみよう。読者は、その節は繰り返しが多いか、あるいは関連がないと考えることもあるだろう。

その分野で副題を使わないなら、自分が軌道から外れないようにするために副題を使い、最後の草稿で削除しよう。

6.2.5 理由を順序よく配置しよう

レポートの節を並べるよい順序を見つけるのは、計画を立てる上で最も難しい部分でもあるだろう。議論をまとめたとき、理由を何か特別な順序で並べなかったかもしれない（ストーリーボードの利点の1つである）。しかし、草稿を立案するとき、読者のニーズに一番よく合うように、何らかの順序で理由を並べなければならない。しかし、それは容易ではない。特に、新しい分野で新しいトピックについて書いているときには難しい。

理由を順序よく並べる最善の方法に確信が持てないとき、以下のような選択肢をよく考えてみよう。

■ **比較と対照**。これは、2つかそれ以上の存在、概念、あるいは対象を比べようとしているときに選ぶ形だ。

しかし、比較・対照する方法は2つあり、たいていは一方が、他方よりもよい。たとえば、ホピ族〔アリゾナ州の北米インディアンの部族〕の仮面が、イヌイ

ット〔カナダ・エスキモー人〕の仮面よりも宗教上の象徴的意味を多く持っているかどうかを比較しようとするなら、レポートの前半をイヌイットの仮面に費やし、後半をホピ族の仮面に当てると決めてもよいかもしれない。しかしながら、この構成は1組の無関係な要約という結果になる場合が非常に多い。2つのトピックをそれぞれの概念的な部分別に分解してみよう。仮面の場合には、象徴的な表現、デザインの特徴、進化の段階などになるだろう。

アイデアを順序よく配列するには、ほかにもいくつか標準的な方法がある。そのうち2つは内容に焦点を置く。

- ■年代順。初期から後期へ、原因から結果へということで、これは最も簡単だ。
- ■パートごとに。もしトピックを、それを構成しているパートへと分解できれば、それぞれのパートを順番に論じることができる。しかし、それでもやはり、それらのパートを読者たちの理解に役立つ方法で順序よく並べなければならない。

それぞれのパートは、読者たちの理解力の観点から並べることもできる。

- ■短いものから長いものへ、簡単なものから複雑なものへ。大部分の読者たちは、複雑なものに取り組む前に、あまり複雑でない問題点を扱うのを好む。
- ■よく知っているものからあまり知らないものへ。大部分の読者は知らないことを読む前に、知っていることを読むのを好む。
- ■異論を唱えにくいものから唱えやすいものへ。大部分の読者にとって、同意するものから同意しないものへと移動する方が簡単だ。
- ■あまり重要でないものから重要性の高いものへ（あるいは逆）。読者は、初めに重要性の高い理由を読むのを好む。しかし、それらの理由は最後に来た方がより印象に残るかもしれない。
- ■早い段階での理解を、あとの段階での理解の基礎に。読者は、いくつかの出来事、原則、定義などを、別のことを理解する前に理解しておかなければならない場合もあるだろう。

しばしば、これらの原則は重なり合う。つまり、読者が同意し、しかも最も簡単に理解することはまた、最も短くて、最もよく知られていることかもしれ

ない。しかし、原則はまた、矛盾することもある。読者が最も簡単に理解する理由は、彼らが最も早く拒絶する理由かもしれない。筆者が最も決定的な理由だと考えることが、読者には最も知られていないことである可能性もあるだろう。ここには何のルールもなく、選択の原則があるだけだ。

どのような順序を選んでも、それは読者のニーズを反映すべきだ。（あからさまな比較・対照をした構成のように）題材自体からして押しつけがましいような順ではないし、アイデアが浮かんだ順というのが一番よくない。

6.2.6 移り変わりを示す言葉で順序を明確にしよう

選んだ順序が、読者に必ず認識できるようにしよう。ストーリーボードの理由のページを、それぞれ順序の「原則」を明確にする言葉で始めよう。「最初に」「2番目に」「あとで」「最後に」「もっと重要なのは」「もっと複雑な問題点は」「結果として」などだ。これらの言葉がぎこちないほどに明白すぎると感じても心配することはない。この時点では、読者のためというよりは自分のためである。ぎこちない言葉は、最終的な草稿で修正できるし、削除だってできるのだ。

6.2.7 それぞれの節や副節の短い導入部の概略を示そう

レポート全体が、本論に何が書かれているかの大枠を示す導入部を必要とするように、それぞれの節にも導入部が必要である。もし1つの節がたった1ページか2ページなら、ほんの短いパラグラフでよい。数ページに及ぶ節については、2つ以上のパラグラフで概略を示さなければならない場合もあるだろう。この導入的な部分では、その節に特有のキーワードが導入されなければならない。理想的には、その節の論点を説明している最後のセンテンスでやるのがよい。その論点は、理由とか、違った視点に対する答え、あるいは説明しなければならない根拠であるかもしれない。5ページかそれ以上になりそうな節では、その論点を導入部の最後、および結論で再び示してもよい。

6.2.8 それぞれの節について論拠、読者の見解の承認、根拠、および要約に関する概略を示そう

関連のある各節で、議論の各部分について概略を書き出そう。それらの部分

の多くは、それら自体がもっと小さな議論によって立証されなければならない論点となってゆくことを念頭に置いておこう。

論拠 大部分の節は、主として理由を立証する論拠で成り立っている。論拠の概要を、それが立証する理由のあとに書こう。もし同じ理由を立証する違う種類の論拠があるなら、それらを一緒にし、読者に分かるような方法で順序よく並べよう。

論拠の説明 論拠について、出所はどこか、なぜ信頼できるのか、それが厳密にはどのように理由を立証するのか、を説明しなければならないこともあるだろう。普通はそのような説明は論拠のあとに来るが、より説得力があると思われるなら、その前に概略を書いてもよい。

読者の見解の承認と回答 読者が何に対して、どこで異議を唱えるのかを想像し、それから回答の概略を書こう。回答は一般的に、少なくとも主張と理由を伴う補足的な議論である。それにはしばしば、論拠と、回答に対して予想される異議への、もう1つの回答さえも含まれる。

根拠 もし理由の関連性を正当化する根拠が必要と考えるなら、理由を示す前に根拠を展開しよう（強調するためだけに根拠を使っているなら、それを理由のあとに置こう）。読者たちが根拠の真実性を疑問視しそうだと思うなら、それを立証する小さい議論の概略を書こう。読者たちが理由とか主張が根拠の妥当な実例ではないと考えるかもしれないなら、妥当性を示す議論の概略を書こう。

要約 もしレポートが20ページ以上になるなら、それぞれの主要な節の最後に、議論の展開を短く要約してもよい。とりわけレポートに日時、名前、出来事、数字などの事実が多い場合にはそうだ。次々に出てくる事実は、議論の筋道をあいまいにする可能性がある。その節で何を立証したのか。これまでのところ、議論はどのように進んできているか。もし最終的な草稿で、これらの要約があまりにも分かり切ったことのように思われるなら削除しよう。

　異なる分野の筆者たちは、これらの要素を少しずつ違った方法で配列するか

もしれない。しかし、要素それ自体と構成の原則は、どの分野や職業であっても同じである。あらゆるレポートでカギになることは、分野には関係なく、議論の各部分を、自分自身の思考を反映するためだけでなく、読者の理解を助けるためにも、順序よく並べなければならないということである。

6.2.9　作業用の結論の概略を書こう

結論になる主張は、ストーリーボードの結論ページの上端に書いてあるはずだ。もしその主張の意義を付け加えることができるなら（「それでどうだというのだ」に対するもう1つの答え）、主張のあとにその概略を書こう（結論についてさらには10.3を参照）。

6.3　残った資料はファイルにして、保存しておこう

最初の計画を立てたあと、それに合わない資料がたくさん残っていることに気づくことがある。「見つかった資料なのだから、読者もそれを読むべきだろう」と、その残った資料をレポートに詰め込んでしまいたくなるのを我慢しよう。実際には、使った資料より残った資料の方が多くなければ、十分な研究がなされなかった可能性もあるのだ。残った資料は将来使うときのために、保存しておこう。それらの中には、また別の研究課題の種が入っているかもしれない。

第7章 レポートを起草すること

- **7.1** 最も気楽に感じる方法で起草しよう
- **7.2** 生産的な起草習慣を養おう
- **7.3** 自分自身を軌道に乗せておくために、キーワードを使おう
- **7.4** 適切に引用し、言い換え、要約しよう
- **7.5** 引用文をテキストに合体させよう
- **7.6** 脚注と後注を賢く使おう
- **7.7** 複雑または詳細な論拠は、事前に解釈しておこう
- **7.8** 意外なことに心を広く持とう
- **7.9** 軽率な剽窃（盗用）には用心しよう
    - 7.9.1 典拠を明示するときでさえも、あらゆる引用に印をつけよう
    - 7.9.2 逐語的な言い換えをしないようにしよう
    - 7.9.3 自分自身のものでないアイデアについては、通常は典拠を明示しよう
    - 7.9.4 不案内であること、誤解したこと、悪意のないことを言い訳にしないようにしよう
- **7.10** 不適切な援助には用心しよう
- **7.11** 慢性的な遅れやスランプを切り抜けて作業を続けよう

筆者の中には、アウトラインまたはストーリーボードができたら、センテンスを機械的に作り出すだけで起草できると考える人もいる。もし自分のアイデアを探究するために、すでに多くのことを書いたなら、その準備段階の文書を草稿に組み入れることができるとさえ考えるかもしれない。経験のある筆者たちは、もっと分別がある。彼らは2つのことを知っている。1つは、探究のための文書は必要不可欠だが、しばしば草稿にはふさわしくない、ということだ。もう1つは、思慮深く起草することは、発見する行為にもなりうるもので、立案とストーリーボード作りは、その準備にはなっても、決して代わりにはならないということである。実際に、大部分の筆者は、目の前に言葉となって現れるまで、何を考えることが「できる」のかを知らない。実は、研究で最も興奮する瞬間の1つを経験するのは、その瞬間まで自分が持っていたことを知らなかったアイデアを表現していることに気づいたときだ。

だから、起草することを、単にストーリーボードやアウトラインを言葉に移し替えることだと見てはならない。もし広い心で起草するなら、執筆を始める前には想像できなかった思考の筋道を発見できる。しかし、手順の中のほかのステップのように、意外なことさえ、プランがあった方が良い効果をもたらす。

7.1 最も気楽に感じる方法で起草しよう

筆者はいろいろな方法で起草する。ゆっくりと注意深く筆を進める人もいる。彼らはあらゆるパラグラフを、次のパラグラフを始める前に、間違いないものにしなければ気がすまない。そうするためには、細心なプランが必要だ。だから、もしゆっくり起草するなら、注意深く計画を立てよう。ほかに、行き詰まったら飛ばして先へ進み、引用や統計などあとで挿入できるものは除外して、言葉が流れるに任せる人もある。もし彼らが、数値を言葉と数字のどちらで表すのかといった文体上の問題点で筆を止められたら、[?]を挿入しておいて、くたくたになるまで執筆し続け、それから元に戻って手直しする。しかし、書くのが早い人々は、改稿のために多くの時間を必要とする。だから、もし急いで書くタイプなら、早めに取りかかろう。どんな方法でも、自分に合ったやり方で起草してみるとよい。しかし、経験のある筆者たちは普通、手早く起草し、じっくりと改稿する。

7.2 生産的な起草習慣を養おう

我々の大部分は、最も能率の悪い方法で執筆することを身につけている——すなわち、プレッシャーのもとで、締め切り時間に間に合うように急いで、前夜にすばやく起草し、するにしても翌朝に数分間で校正する。これは、短いレポートにもめったに役に立たないし、長いレポートにはまず役に立たない。それには時間が必要で、つつましくて達成可能な目標を設けながら、全体を注意深く見詰めるプランが必要である。

最も重要なことは、規則正しく頻繁に起草して、思考を鈍らせ、興味を殺ぐマラソン大会のようにならないことだ。1回ごとのつつましい目標と合理的な語数のノルマを設け、それを貫こう。起草作業を再開するとき、前回に止めたところからスタートする必要はない。ストーリーボードを見直して、今日起草できそうなことを決めよう。それが、その節と全体にどう収まるかを再検討しよう。すなわち「この節は、どんな理由を立証するのか」「それは全体の論理のどこに適合するのか」「どのキーワードが、この節を特徴づける概念を示しているのか」を検証し直すのである。もし行き詰まったら、ほかの節に跳んでしまおう。何はさておき、さらに読書をすることで、執筆の代わりにしてはならない。慢性的な遅延者たちは普通、自分たちの研究課題の規模の大きさに怯えすぎて竦んでしまっているのだ。彼らは、ただスタートを延期し続けるだけだ。こんな有害な習慣は、研究課題をつつましくて達成可能な目標に分割することによって克服できる（7.11を参照）。

7.3 自分自身を軌道に乗せておくために、キーワードを使おう

起草しながら、レポート全体を貫くべき全般的な概念に関するキーワードの一覧表を、目の前に掲げておこう。ときどき、レポート全体を貫くキーワードと、それぞれの節を特徴づけるキーワードの両方を、どの程度の頻度で使ったかをチェックしよう。しかし、これらのキーワードで斬新な思考が妨げられてはならない。もし自分自身がさまよっていると分かったなら、しばらくはそのまま先へ進んでみよう。面白いアイデアを引き出そうとしているのかもしれない。その到達点が分かるまで、成り行きに従ってみるとよい。

7.4 適切に引用し、言い換え、要約しよう

　この問題点については、メモを取ることを論じたときに言及した（4.2.2 を参照）。レポートの大部分は、自分自身の思考を反映する自分自身の言葉で組み立てるべきだ。そうした思考の裏づけとなるものは、ほとんどが引用文や言い換え、要約の中にあるだろう。しかしながら、分野によって、それらをいろいろな割合で使う。概して人文科学の研究者は、最も頻繁に引用をする。社会科学者と自然科学者は一般的に、言い換えや要約をする。しかし、議論の中で情報をどのように使うかによって、ケース・バイ・ケースで決めなければならない。ここにいくつかの原則がある。

- 詳細は関連がないか、資料がより多くのスペースを割くほどには重要でないときには、要約をしよう。
- 資料が述べていることを、それよりもっと明確に、または簡潔に述べることができるとき、あるいは議論が資料の具体的な言葉ではなくその詳細な記述に依存しているときには、言い換えてみよう（しかしながら、言い換えをする前に、7.9 を読もう）。
- 以下の目的のために引用しよう。
  - 文言が理由を立証する論拠を成している。
  - 引用する1節は、自分とは食い違う見解を示しており、公正を期すために、それを正確に提示したい。
  - 引用する文言が、自分の見解を立証する権威筋からのものである。
  - それらが、際立って独創的である。
  - それらが、自分にとってカギになる概念を大変に説得力がある形で表現しているので、引用が考察のほかの部分の流れを形づくる可能性がある。

　引用、言い換え、要約と、自分自身の新たなアイデアとのバランスをとらなければならない。他人の文言とアイデアをただ繰り返したり、悪くするとダウンロードしたりして、自分のセンテンスと継ぎ合わせたりしてはならない。すべての教師が、そのようなレポートに歯ぎしりし、独創的な思考の欠如に落胆してきたのだ。学位論文とか博士論文のような高度な研究課題では、読者たちは借り物の寄せ集めを即座に拒絶する。

読者は、資料が信頼できる限りにおいてのみ、研究を評価する。だから、あらゆる要約、言い換え、引用文に、適切な引用方式で文献のデータに明示しよう（第Ⅱ部を参照）。

7.5 引用文をテキストに合体させよう

引用文は2つの方法でテキストに挿入できる。

- 4行かそれ以下の引用は、地のテキストに流し込もう。
- 5行かそれ以上の引用は、字下げ〔インデント〕したブロックとして区別しよう。

流し込み引用文、ブロック引用文ともに、2つの方法でテキストに合体させることができる。

①数語の説明的な言葉で導入しておいて、引用を独立のセンテンスまたは1節として入れよう。ただし、すべての引用を「言う」「述べる」「主張する」などの言葉だけで導入しないようにしよう。

Diamond says, "The histories of the Fertile Crescent and China...hold a salutary lesson for the modern world: circumstances change, and past primacy is no guarantee of future primacy" (417).
(ダイヤモンドは「肥沃な三日月地帯と中国の歴史は……現代世界にとって有益な教訓であることに変わりはない。環境は変化するので、過去の栄光は、未来の栄光を保証するものではないということだ」と言っている (417))

このようにする代わりに、何らかの解釈を示そう。

Diamond suggests that one lesson we can learn from the past is not to expect history to repeat itself. "The histories of the Fertile Crescent and China...hold a salutary lesson for the modern world...."
(ダイヤモンドは我々が過去から学ぶことができる1つの教訓は、歴史が繰り返すことを期

待すべきではないことだと示唆した。「肥沃な三日月地帯と中国の歴史は……現代世界にとって有益な教訓であることに変わりはない。……」

②引用の語法を自分のセンテンスの語法に流し込んでみよう。

Political leaders should learn from history, but Diamond points out that the "lesson for the modern world" in the history of the Fertile Crescent and China is that "circumstances change, and past primacy is no guarantee of future primacy" (417). So one lesson from history is that you can't count on it to repeat itself.
(政治的な指導者は、歴史から学ぶべきだ。しかし、ダイヤモンドは、肥沃な三日月地帯と中国の歴史における「現代世界にとっての教訓」は、「環境は変化するので、過去の栄光は、未来の栄光を保証するものではないということだ」(417)と、指摘している。だから、歴史からの1つの教訓は、歴史が繰り返すことは期待できない、ということである)

引用したセンテンスを自分のセンテンスにぴったり合わせるために、引用文を修正することができる。ただし、引用文の意味を変えないようにし、つけ加えたり変えたりした言葉は角カッコ [　] で、省略した箇所は3点リーダー … (「省略符号」と呼ばれる) で、明確に表示しなければならない。次のセンテンスは、原典に忠実な引用である。

Posner focuses on religion not for its spirituality, but for its social functions: "A notable feature of American society is religious pluralism, and we should consider how this relates to the efficacy of governance by social norms in view of the historical importance of religion as both a source and enforcer of such norms" (299).
(ポウズナーは、宗教の精神性にではなく、社会的機能に着目している。「アメリカ社会の注目すべき特徴は、宗教の多元的共存だ。これが社会的規範による統治の有効性にどのように関係しているのか、宗教がそのような規範の源およびそれを強制するものとして、歴史的な重要性を持っているという視点から考えるべきだ」(299))

次のやり方は、引用文を筆者の語法に合うように修正している。

In his discussion of religious pluralism, Posner says of American society that "a notable feature…is [its] religious pluralism." We should consider how its social norms affect "the efficacy of governance…in view of the historical importance of religion as both a source and enforcer of such norms" (299).
(ポウズナーは宗教の多元的共存についての考察の中で、アメリカの社会について「注目すべき特徴は……宗教の多元的共存だ」と言っている。我々はその社会的規範が「統治の有効性に」どのように影響するか「そのような規範の源および執行者の両方としての宗教の歴史的重要性の視点から考えるべきだ」(299))

(引用文をテキストの中に合体させることについては、さらに第25章を参照。)
　初めて資料に言及するときには、著者のフルネームを使おう。その前に「ミスター」「ミシーズ」「ミズ」「プロフェッサー」などをつけないようにしよう（「ドクター」「牧師」「上院議員」などの使用については24.2.2を参照）。そのあとにその資料に言及するときには、姓だけを使おう。

According to Steven Pinker, "claims about a language instinct…have virtually nothing to do with possible genetic differences between people." Pinker goes on to claim that…
(スティーブン・ピンカーによれば、「言語的才能についての主張は……人々のいかなる遺伝的な相違とも実質的には無関係である」。ピンカーは……とその主張を続ける)

　王、女王や教皇に言及するとき以外は、名〔ファースト・ネーム〕によって引用してはいけない。次のような使い方は絶対に避けよう。

According to Steven Pinker, "claims about a language instinct…" Steven goes on to claim that…
(スティーブン・ピンカーによれば、「言語才能についての主張は……」。スティーブンは……とその主張を続ける)

7.6　脚注と後注を賢く使おう

　参考文献目録方式の引用（3.2.1を参照）を使っているなら、起草するときに脚注と後注をどのように使うかを決めなければならないだろう（形式上の必要

条件については第16章を参照)。もちろん、あらゆる資料は注で明示しなければならない。しかし、テキストの本体に含めたくはないが、省略したくもない内容のある資料に、脚注と後注を使うことにしてもよい。(参照リスト方式でのカッコ入り引用と組み合わせて、そのような内容のある注を使ってもよい。18.3.3 を参照。)

- もし資料を後注で明示するなら、内容のある資料は脚注に入れよう。そうしないと、読者は、内容のある資料の注か、文献的な注かを知ろうとして、あらゆる後注をチェックするために、絶えずレポートの巻末へとページを繰らなければならなくなる。
- 内容のある脚注は、控えめに使おう。多く作りすぎると、ページはぎこちなく、まとまりがないように見える危険がある。

どんな場合でも、多くの読者たちは内容のある脚注を無視することを、心に留めておこう。著者にとってテキストに入れるほど重要でない情報は、読者たちにとっても脚注で読むに足りるほど重要ではないというのが原則だ。

7.7 複雑または詳細な論拠は、事前に解釈しておこう

　この時点で、自分の論拠が理由を立証していることを大いに確信していて、読者がその関連性を見逃すはずはないと思っているかもしれない。しかし、論拠が自明の理であることは決してない。特に長い引用、イメージ、表、図などはそうだ。読者たちに論拠から何を見出してほしいのかを述べたセンテンスを添えて資料を紹介することによって、論拠の代弁をしなければならない。

　たとえば、次の1節の中で引用された数行が、導入的なセンテンスをどのように立証しているかを理解するのは難しい。

ハムレットが礼拝中に継父のクローディアスの背後に近づいたとき、彼は冷静かつ論理的に、直ちに彼を殺すべきかどうかについて考える。(主張)

　　造作なくかたづける[彼を殺す]ことができる。やつは祈りの最中だ。
　　よし、今だ。やつは昇天、

みごと仇は打てる。
[しかし、この] 悪党に父は殺された。そして、そのために、
忘れ形見のおれが、その悪党を天国へ送りこむ。
ふむ、雇われ仕事ではないか、復讐にはならぬ。（論拠）

これらの行数の中では、冷静な合理的行動にはっきり言及しているものは何もない。次のものと比較してみよう。

ハムレットが礼拝中に継父のクローディアスの背後に近づいたとき、彼は冷静かつ論理的に、即座に彼を殺すべきかどうかについて考える。（主張）彼は最初、直ちにクローディアスを殺そうと思う。しかし、そこでためらって思案する。もし礼拝中のクローディアスを殺したら、彼の魂を天国に送ることになる。しかし、彼はクローディアスには呪われて地獄に落ちてほしい。だから、彼は冷静に、あとで殺すことに決める。（理由）

造作なくかたづける [彼を殺す] ことができる。やつは祈りの最中だ。
よし、今だ。やつは昇天、
みごと仇は打てる。
[しかし、この] 悪党に父は殺された。そして、そのために、
忘れ形見のおれが、その悪党を天国へ送りこむ。
ふむ、雇われ仕事ではないか、復讐にはならぬ。（論拠）

〔訳　福田恆存『ハムレット』（新潮文庫、1967年）より「3幕3場」(111頁)〕

こうした種類の説明的な導入は、表または図で量に関する論拠を示すとき、なお一層重要である（8.3.1を参照）。

7.8 意外なことに心を広く持とう

　起草する前に、最善の立証法に向かって立案しながら執筆しているなら、草稿がどのように展開するかについて仰天することはなさそうだ。たとえそうでも、初めから終わりまで、新しい方向性に対して心を広く持とう。

■起草が急に脱線し始めたら、計画したものよりよいものへと向かっているかど

うかを知るために、少しの間その方向に進んでみよう。
■論拠を書くことで、理由に疑いを持つようになったら、その感覚を無視しないようにし、それを追求してみよう。
■理由の順序がぎこちないと感じられ始めたら、たとえ仕事をほとんど成し遂げたと考えていたとしても、新しい順序を試してみよう。
■最終的な結論に到達しているときでさえ、主張をもっと明確、かつ的確に記述し直す方法が分かるかもしれない。

もし締め切りに十分間に合う段階で、より良いアイデアが得られたら、手直しをするために時間をかけよう。大幅な改善には替えがたいものである。

7.9 軽率な剽窃（盗用）には用心しよう

　研究者にとって最悪の誤りの1つを冒す危険にさらされるのは、起草をしているときだろう。ほかの筆者の研究を自分自身のものと偽ろうとしていると、読者たちに思わせてしまうことだ。そうすれば、剽窃として訴えられる危険を冒すことになる。裏付けがとられてしまえば、不可と評価されるか、追放さえもされかねない罪だ。

　多くの指導者は剽窃に対する警告はするが、その説明はしない。彼らはそれが、常に説明の必要のない故意の不正行為だと考えているからだ。確かに、学生たちは、インターネット上で購入されたレポート、あるいは男子学生社交クラブか女子学生社交クラブのファイルからコピーされたレポートに自分たちの名前を書くとき、いかさまをしていることを自覚している。大部分の学生はまた、資料からコピーされた、あるいはウェブからダウンロードされたページを次々に自分自身のものと偽るとき、いんちきをしていることを知っている。こうした場合には、「そういうことはやるな」以外に言うべきことは何もない。

　しかし、多くの学生たちは、たとえ彼らが意識的に不誠実でなく、単に不案内であるか不注意だけであっても、剽窃として非難される危険を冒していることを理解していない。以下の中の1つかそれ以上を行ったと考える理由を読者たちに与えたら、そういう危険を冒している。

■資料を明示したが、引用符に入れたり、あるいはブロック引用にしたりせずに、

元の言葉をそのまま使った。
- 資料を言い換えて、それを明示したが、引用文とほとんど同じくらい資料に類似した言葉を使っていた。つまり、言い換えをしながら逐語的に資料に従っていたことは、誰が見ても分かる。
- 資料からのアイデアまたは方法論を使ったが、それを明示するのを怠った。

7.9.1 典拠を明示するときでさえも、あらゆる引用に印をつけよう

　たとえ資料を明示しても、読者はどの言葉が著者のもので、どれが引用かを知らなければならない。「たった1行でも」引用符またはブロック引用を使ってコピーしたことを表示するのを怠ったら、剽窃の罪を問われる危険を冒すことになる。

　しかしながら、わずか数語をコピーするときには、複雑になる。次を読んでみよう。

テクノロジーはさらなるテクノロジーを生むので、発明の普及の重要性は、最初の発明の重要性より、潜在的に優る。テクノロジーの歴史は、自触媒作用の過程と呼ばれるものを例証する。すなわち、その過程はそれ自体に触媒作用を及ぼすので、時間に比例してスピードアップするものである（ダイヤモンド、1998、301）。

　もしジャレッド・ダイヤモンドのアイデアについて書いているなら、たぶん「発明の重要性」のような彼の言葉のいくつかを使わなければならないだろう。しかし、そのような語句を引用符の中には入れないだろう。思考や表現の独創性を何も示していないからだ。しかしながら、彼の語句の中の2つ「テクノロジーはさらなるテクノロジーを生む technology begets more technology」と「自触媒作用の過程 autocatalytic process」は大変に印象的なので、引用符を必要とする。たとえば、

The power of technology goes beyond individual inventions because technology "begets more technology." It is, as Diamond puts it, an "autocatalytic process" (301).
（テクノロジーの力は個々の発明に優る。テクノロジーは「さらなるテクノロジーを生む」からだ。ダイヤモンドが述べているように、それは「自触媒作用の過程」である（301））

110

いったんこれらの言葉を引用したら、引用符や注なしに再び使用することができる。

As one invention begets another one and that one still another, the process becomes a self-sustaining catalysis that spreads exponentially across all national boundaries.
（1つの発明がもう1つの発明を生み、それがさらにもう1つの発明を生むように、その過程は、すべての国境を越えて急激に広がる自動継続的な触媒作用になる）

　グレーゾーンになるのは、一部の読者に対して印象的と思われる言葉が、ほかの人々にとっては平凡だということもあるということだ。あまりにも多くのありふれた語句に引用符を使えば、読者たちは、愚直だとか自信がないのだろうとか考えるだろう。しかし、読者たちが使うべきだと考えるときに引用符を使うことを怠れば、自分自身のものでない言葉遣いやアイデアを自分の功績にしようとしていると疑う可能性もある。不正直よりも愚直と思われる方がよいから、特に研究歴が浅いときには、引用符を自由に使うようにしよう（しかしながら、自分の分野の標準的な慣例に従わなければならない。たとえば、法律家はしばしば、法令あるいは裁判に関する元のままの言葉遣いを引用符なしで使う）。

7.9.2　逐語的な言い換えをしないようにしよう
　資料よりも明確または的確に、アイデアを自分自身の言葉で説明していれば、言い換えは適切である。しかし、もし読者が言い換えられた言葉と言葉遣いを資料のものと合致させることができたら、公正な言い換えから剽窃へと境界線を越えたとみなされるだろう。たとえば、次のセンテンスは、いま読んだばかりの2つのセンテンスを剽窃している。

　ブース、コロンブ、およびウィリアムズは、適切な言い換えとは、資料から引用する1節をもっと明確または的確にするために、アイデアを自分自身の言葉を使って説明することだ、と主張している。しかしながら、もし学生の言い換えが資料に非常に類似していて、誰かがそのセンテンスの中の言葉や語句を、資料のものと合致させることができるほど似ていれば、読者たちは彼を剽窃で訴えることができる。

次の言い換えは剽窃とのボーダーラインにある。

適切な言い換えは、資料から引用する1節をもっと明確または的確にするために、自分自身の言葉で書き直すことだ。資料が非常に逐語的に言い換えられていて、言葉や語句の間で類似点が分かるときに、読者たちは剽窃が起きていると考える。(ブース、コロンブ、ウィリアムズ、2007)。

次の言い換えは剽窃ではない。

ブース、コロンブ、ウィリアムズ(2007)によれば、言い換えは、他人のアイデアをもっと明確に説明するために自分自身の言葉を使うことである。読者たちが言い換えと資料との間に逐語的な類似性を認めるとき、それは剽窃になる。

　言い換えによって剽窃していると思われるのを避けるために、言い換えながら資料を読まないようにしよう。引用する1節を読み、目をそらし、それについてちょっと考えよう。「それから目をそらしたまま」自分自身の言葉で言い換えてみよう。その後、自分のセンテンスに沿って指を走らせ、原典と同じ順序で同じアイデアを発見できるかどうかをチェックしよう。もし発見できたら、読者も発見できる。もう一度、やり直そう。

7.9.3　自分自身のものでないアイデアについては、通常は典拠を明示しよう

　このルールは、見た目よりも複雑である。我々自身のアイデアの大部分は、歴史上のどこかに結びつけられる資料を基礎にしているか、それに由来しているからだ。読者たちは、あらゆるよく知られたアイデアについて、はるかに遡った典拠を見つけ出してくることを期待しているわけではない。しかし、彼らは(1)そのアイデアが特定の人物を連想させるとき「および」(2)それがある分野の共通の知識の一部ではないほど新しいとき、そのアイデアの典拠を明示することを期待している。

　たとえば、心理学者たちが、我々は頭脳のいろいろな部分で考え、また感じると主張しているとする。しかし、このアイデアの典拠を明らかにすることを期待する読者はいない。それはもはや特定の典拠を連想させないし、非常によ

く知られていて、著者が自分のものだとほのめかすなどとは誰も考えないからだ。他方、心理学者たちの中には、感情は合理的な意思決定に不可欠のものだと論じる人もいる。こうしたアイデアは非常に新しく、特定の研究者たちに密接に結びついているので、彼らを明示しなければならない。

　原則は次のとおりである。すなわち、知識のある読者なら、筆者がそのアイデアを自分自身のものだとほのめかそうとしていると考える可能性があるときは、いつでも自分のものではないアイデアの典拠を明らかにしよう。それは白か黒かと思われるけれども、真ん中には大きなグレーゾーンがある。疑わしいときは、指導者と一緒にチェックしよう。

7.9.4　不案内であること、誤解したこと、悪意のないことを言い訳にしないようにしよう

　確かに、剽窃のように見えるものは、しばしば資料の使い方や引用方法を本当に知らないだけなのだ。学生たちの中には、ウェブからダウンロードした資料は、もしそれが無料で公に利用できるものなら、資料に言及する必要はないと本気で信じている者もいる。しかし、彼らは間違っている。それが公開されているとか、無料であるとかという事実は関係がない。誰かほかの人によって創り出されたものを利用するのであれば「何でも」典拠を明らかにしなければならない。

　多くの学生たちは、誤解させる「つもり」ではなかったと主張することによって自己弁護をする。問題は、我々は言葉を読むのであって、心を読むのではないということだ。だから、剽窃については「意図される」行為としてではなく、「認識される」行為として考えよう。読者から剽窃の疑いがかかる可能性がある徴候は、どんなものでも避けるようにしよう。自分の名前を書いたレポートを提出するときは、いつでも暗黙のうちに、誰かほかの人のものであると明確に特定できるような言葉は一言も書いていない、と誓っているのだ。

　このことについて考える最善の方法がある。すなわち、自分が利用した作品の著者がそのレポートを読んだとき、言い換えや要約、あるいは一般的なアイデアまたは方法論までも含めて、その人のものだと分かるものはないだろうか、ということだ。もし分かってしまうのなら、典拠を明示し、元のままの言葉の連続はどれも、引用符で囲むか、またはブロック引用にして区別しなければならない。

7.10 不適切な援助には用心しよう

　経験のある筆者は定期的に、批評や提案をしてもらおうと、ほかの人たちに草稿を見せる。読者諸氏もそうするべきだ。しかし、指導者は、どの程度の援助が適切か、また学生はどんな援助に謝意を示すべきかについて、意見を異にする。援助してもらうときには、2つの質問をしよう。

①どの程度の援助が適切か。
- ■講義レポートについて、大部分の指導者たちは学生たちに、一般的な批評とちょっとした校正を受けることは勧めるが、細かい書き直しとか内容のある提案を受けることは勧めない。
- ■学位論文、博士論文、あるいは出版のために提出された作品については、筆者は教師、批評家やその他の人々から、彼らが実質的なゴースト・ライターにならない限り、得られるすべての援助を受ける。

　これら2つの極端な例の間は、グレーゾーンだ。指導者に、境界線をどこに引くのか尋ねよう。それから、正しく得られるすべての援助を受けよう。

②どんな援助にレポートで謝意を示さなければならないか。
- ■講義レポートでは、普通は一般的な批評、ちょっとした校正、あるいは学校の作文講師からの援助に感謝することは要求されない。しかし、特別の、あるいは広範にわたる援助には感謝しなければならない。指導者はルールを設けているので、尋ねてみよう。
- ■学位論文、博士論文、あるいは出版される作品については、ありふれた援助に感謝することは要求されない。もっとも、序文の中で感謝することは、礼儀正しく、しばしば適切である（A.2.1を参照）。しかし、特別な、または広範な校正には感謝しなければならないし、ほかの人々から与えられた主要なアイデアや語句は、注の中で明示しなければならない。

7.11 慢性的な遅れやスランプを切り抜けて作業を続けよう

　もし最初の草稿をスタートすることができそうにないなら、あるいは数語以上を起草するのに苦労しているなら、スランプに陥っている疑いがある。それは、授業についての真面目な心配やそのプレッシャーから起きていることもある。そうした可能性があるなら、カウンセラーに相談しよう。しかし、大部分の事例には、対処可能な原因がある。

■目標を持っていないか、目標が高すぎるために、行き詰まっているのかもしれない。もしそうなら、日課を作り、つつましくて達成可能な目標を設けよう。進行グラフとか執筆仲間との定期的会合など、自分自身をやる気にさせ続ける方策を利用することを嫌がってはいけない。

■どこから始めたらよいか分からないほど、仕事の大きさにひどく脅えているのかもしれない。もしそうなら、その手順をつつましくて達成可能な仕事に分割することについての、本書の提案に従ってみよう。それから、1度に1つの小さなステップを処理することに集中しよう。いくつかの小さな部分を完成するまで、全体の仕事にこだわってはいけない。

■あらゆるセンテンスとかパラグラフを、次へ進む前に完全なものにしなければならないと感じるかもしれない。もしそうなら、草稿を書いているのではなく、いくつかのアイデアの概略を書き出しているだけだと、自分自身に言い聞かせよう。歯を食いしばり、それからスタートするために、素早く書きなぐってみよう。最初の草稿を書いているのではないと思って、こうしたやり方で書いてみれば、完全さへの強迫観念の一部を避けることができる。そして、どんな場合でも我々はみんな、仕事を終わらせるために完全さについては妥協しなければならない。

　執筆課題の大部分について、このような難問を抱えているなら、学生学習センターへ行こう。そこには、あらゆる種類の遅延者やスランプに陥った筆者の相手をしてきた経験を持ち、自分の問題に合わせたアドバイスを提供できる人たちがいる。

　他方、筆者が陥るスランプのいくつかの事例は、実際はアイデアを潜在意識の中で煮詰める機会かもしれず、それらのアイデアが結合したり、再結合した

りして、何か新しいものや意外なものになっていっていることもある。もし困っているが時間があるなら（早めにスタートするもう1つの理由）、1日か2日、ほかのことをやってみよう。それから、元の軌道に戻れるかどうか仕事を再開してみよう。

第8章 表と図を使って論拠を示すこと

8.1 言葉による表現か視覚に訴える表現かを選ぼう
8.2 最も効果的な図表を選ぼう
8.3 表と図をデザインしよう
    8.3.1 読者が理解しやすいように、それぞれの図表を組み立てよう
    8.3.2 内容が許す限りイメージを単純にしよう
    8.3.3 表、棒グラフ、および折れ線グラフのためのガイドラインに従おう
8.4 データを倫理的見地から伝えよう

　データが数値ならば、図表で示した方が、大部分の読者は理解しやすい。しかし、図表の種類には多くの選択肢があり、データとメッセージに適したものもあれば、そうでないものもあるだろう。この章では、データが何であるか、またそれが議論をどう立証するかを、読者が両方とも理解できるように、正しい図表の種類の選び方と、そのデザインの方法を示す（図表を作ったり、使ったりするためのガイドについては参考文献目録のpp.562-563を参照。図表の構成法についての詳細は第26章を参照）[1]。

8.1 言葉による表現か視覚に訴える表現かを選ぼう

　わずかな数値だけしか含まないときには、通常は言葉で示すようにしよう

表 8.1. 男女の年収格差（ドル）、1996 年

Men	32,144
Women	23,710
Difference	8,434

（テキストの中での数値の示し方については第 23 章を参照）。論拠の大部分が量に関するものであるとき、あるいはたくさんのデータを示さなければならないときには、図表で示す方がよい。しかし、読者は、データがほとんどなく単純な場合には、表 8.1 と同様のことを、1 つのセンテンスでも容易に理解できる。

しかし、1 節に 4～5 以上の数値を示すなら、読者はそれらを頭の中で整理するのに苦労するだろう。特に比較しなければならない場合には。たとえば次のようなものだ。

1970 年と 2000 年の間に、家族構成は 2 つの方向へ変化した。1970 年には家族の 85％に両親が揃っていたが、1980 年にその数は 77％に減り、その後 1990 年に 73％、2000 年には 68％になった。片親の家庭、特に母子家庭の数が増えた。1970 年には、11％の家庭がシングル・マザーだった。その数は、1980 年に 18％、1990 年に 22％、2000 年には 23％へと上昇した。シングル・ファーザーは、1970 年には 1％だったが、1980 年に 2％、1990 年に 3％、2000 年には 4％になった。家庭に成人がいない家族は、3～4％で安定していた。

これらのデータは、表 8.2 のように、図表の形でもっと効果的に示すことができる。

1　専門用語について：図表に関する用語にはいろいろある。従って、ここでの用語を規定しておこう。この章では、「図表 graphics」という用語は論拠のうちの、すべての視覚に訴える表現を指すために使う。そのような表現のために使われるもう 1 つの用語は「図解 illustration」である。伝統的に、図表は「表 tables」と「図 figures」に分けられる。表は行と列による格子状のもので、カテゴリーによって体系化された数または言葉でデータを示す。図は表以外のすべての図表の種類で、グラフ、チャート、写真、図面、および図式を含む。量的なデータを示す図は、一般的に棒、円、点、その他の形から成り立つ「チャート charts」と、一般に連続した線で成り立つ「折れ線グラフ graphs」とに分けられる。普通の図の選択肢については、表 8.7 を参照しよう。

表 8.2. 家族構成の変遷、1970〜2000 年

Family type	Percentage of total families			
	1970	1980	1990	2000
2 Parents	85	77	73	68
Mother	11	18	22	23
Father	1	2	3	4
No adult	3	4	3	4

8.2　最も効果的な図表を選ぼう

　上のパラグラフのような複雑なデータを図表で示すときには、多くの選択肢がある。最も単純で一般的なのは表、棒グラフや折れ線グラフで、それぞれに独特の説得力がある。

■具体的な数値を強調するためには、表 8.2 のような表を使おう。
■一見して理解できる比較を強調するためには、図 8.1（p.120）のような棒グラフを使おう。
■傾向を強調するためには、図 8.2（p.120）のような折れ線グラフを使おう。

　これらの形式は、それぞれに同じデータを伝えているが、読者は異なった反応を示す。

■表は正確で、客観的に思える。個々の数値を強調し、（導入的なセンテンスで示してしまわない限り）読者に関係または傾向を推測させる。

■棒グラフと折れ線グラフは両方とも視覚的なイメージを強調する。表の正確な数値よりも正確さでは劣るが、より速く量について伝えることができる。しかし、両者にもまた違いがある。
　　　■棒グラフは、別個の項目どうしの比較を強調する。
　　　■折れ線グラフは、傾向を、普通は時間の経過に沿って、強調する。

　最初に頭に浮かぶものではなく、意図する効果を一番よく達成する図表の形

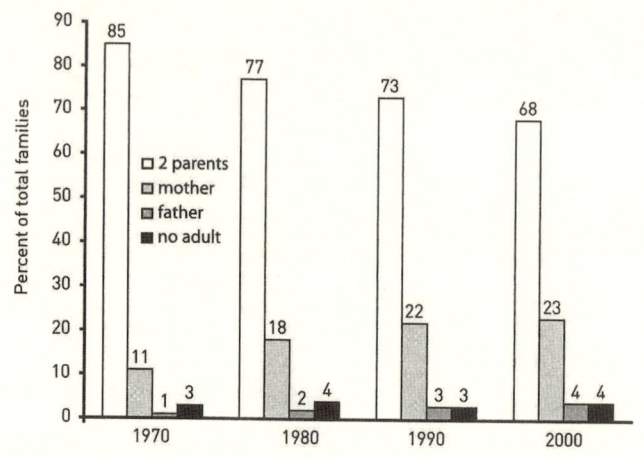

図 8.1. 家族構成の変遷、1970〜2000 年

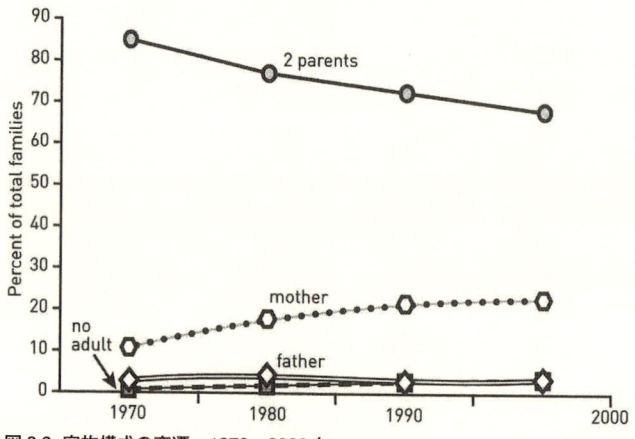

図 8.2. 家族構成の変遷、1970〜2000 年

式を選ぼう。

　どれだけ多くの選択肢を考慮すべきかについては経験次第だ。もし量的研究が初めてなら、選択肢は基礎的な表、棒グラフ、および折れ線グラフにとどめよう。コンピュータ・ソフトは、もっと多くの選択肢を提供するだろうが、親しみのないものは無視しよう。

　もし高度な研究を行っているなら、読者は、データの要点と質に最も適する図表の形式を使い、広範な選択肢から選び出すことを期待するだろう。その場

合には、表8.7（p.135-136）を参考にしてみよう。それは、ほかの一般的な形式の説得力のある用途を説明している。しかし、もし大きなデータの集合における複雑な関係を日常的に提示する分野で、博士論文や雑誌記事を書いているなら、データを示すもっと創造的な方法を考えなければならないこともあるだろう。

8.3　表と図をデザインしよう

コンピュータのプログラムを使えば、いまや過剰なほどに立派な図表を作れるので、ソフトウエアにデザインの決定をさせようと思うかもしれない。しかし、図表がややこしく、誤解を招きやすく、あるいは論点と関連がないなら、読者は図表がどれほど洗練されたものであるかには関心を払わない。図表を明確で、眼目がしっかりしており、関連のあるものにする方法を決めなければならない。そして、そうした判断が反映されるソフトウエアを設定しよう（レポートに表や図を作って挿入することについては、A.3.1を参照）。

8.3.1　読者が理解しやすいように、それぞれの図表を組み立てよう

複雑な数値を示す図表が一目瞭然であることはまずない。読者が図表の中に何を見て、議論との関連をどのように理解すればよいかが分かるように、図表を組み立てなければならない。

①テキストの中のセンテンスで、そのデータが論点をどのように裏づけているかを示して、表と図を紹介しよう。読者に注目してもらいたいと思う具体的な数字があれば、そのセンテンスの中に入れよう（その数字は表または図の中にもなければならない）。

②データと、もし可能なら、それらのデータの関連性の重要さを表す方法で、あらゆる表と図にラベルをつけよう。表のラベルは「表題 title」と呼ばれ、左端上に置かれる。図のラベルは「キャプション caption」（または「legend」）と呼ばれ、左端下に置かれる（表題と説明文の形式については、第26章を参照）。データと説明文は短く、しかし、データの具体的な性質を示し、あらゆる図表をほかのものと識別するのに十分な説明がされているようにしよう。

　　■表題やキャプションを漠然としたトピックにするのは避けよう。

悪い例：世帯主
良い例：片親と両親のいる世帯との割合の変化、1970～2000

■名詞句を使おう。分詞を使い、関係詞節は避けよう。

悪い例： Number of families that subscribe to weekly news magazines
良い例： Number of families subscribing to weekly news magazines
（ウイークリー・ニューズ・マガジン購読世帯数）

■データの背景の情報を与えたり、言外の意味を説明したりしないようにしよう。

悪い例：スタッフがプロになる前に、うつ病の子供たちにカウンセリングする効果の薄さ
良い例：うつ病の子供たちにカウンセリングする効果、1995～2004

■類似のデータを示す図表を必ずラベルで区別しよう。

イリノイ州メイウッドの男性たちの高血圧に関する危険要素
ジャマイカ・キングストンの男性たちの高血圧に関する危険要素

③データが論点をどのように立証するのかが、読者にとって分かりやすくなるような情報を、表か図に入れよう。たとえば、表の中の数値が傾向を示しているなら、また変化の規模が重大であるなら、最後の縦欄にそれを加えよう。あるいは、もしグラフ上の折れ線が、その中では言及されていない影響に反応して変化しているなら、図8.3のように、それを説明する文句を図に加えよう。

読解力と数学の点数は、学区の再区画のあとで最初は100ポイント近く低下したが、数学と読解の補習計画の導入で、その傾向は実質的に逆転された。

④表や図で読者に注目してほしい部分、特に表とか図を紹介するセンテンスの

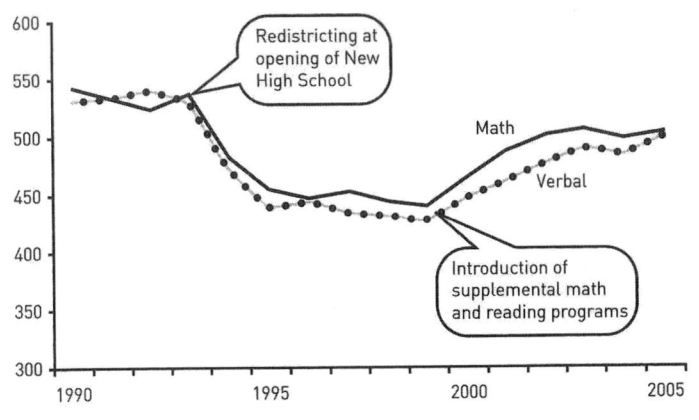

図8.3. ミッドシティの高校におけるSATの点数の推移、1990〜2005年

中で言及された数値や関係性を、強調しよう。たとえば表8.3（p.124）については、それを紹介する次のセンテンスをどのように立証しているかを知るために、綿密に研究しなければならない。

ガソリン消費についての大部分の予想は間違っていた。

それらの数値が主張とどのような関係があるのかを説明するもう1つのセンテンスと、もっと情報を提供する表題、および見るべきものに注目させる視覚的な助けになるものが必要だ（表8.4、p.124）。

ガソリン消費は多くの人が予想したようには増えなかった。アメリカ人たちは2000年に、1970年に比べて23％以上多くの距離を運転したにもかかわらず、使った燃料は32％減だった。

付加されたセンテンスは、表8.4の主なデータをどう解釈したらよいのかを教えてくれるし、強調部分は目をつけるべき場所を示している。

表 8.3. ガソリン消費

	1970	1980	1990	2000
Annual miles (000)	9.5	10.3	10.5	11.7
Annual consumption (gal.)	760	760	520	533

表 8.4. 一人あたりの走行距離とガソリン消費、1970〜2000 年

	1970	1980	1990	2000
Annual miles (000)	9.5	10.3	10.5	11.7
(% change vs. 1970)		8.4%	10.5%	23.1%
Annual consumption (gal.)	760	760	520	533
(% change vs. 1970)			(31.5%)	(31.6%)

8.3.2 内容が許す限りイメージを単純にしよう

手引書の中には、あらゆる図表にできるだけ多くのデータを入れるよう勧めるものもある。しかし、読者が見たいのは、論点に関係があり、気を散らすことのないイメージで示されたデータだけだ。

①関係のあるデータだけを入れよう。もし記録するためだけにデータを入れたいと思うなら、それにふさわしいラベルをつけ、付録に入れよう（A.2.3 を参照）。

②縦横の罫線の格子を簡単にしよう。

■図表
- 2つ以上の図を一緒にする場合だけ、図表を箱型に囲もう。
- 背景には色とか陰影をつけない。
- 2次元の図表のために3次元の背景を作らない。付け加えられた奥行きは何の助けにもならないし、読者の数値の判断をゆがめる可能性がある。
- データをほかの方法では示すことができず、また読者がそうしたグラフに慣れている場合だけ、3次元でデータの表を作ろう。

■表
- 行と列を分けるために、決して水平の線と垂直の線の両方を使っていけない。もしデータを比較するために読者の目を1つの方向に向けさせたいなら、あるいは表が非常に複雑なら、薄い灰色の線を使おう。マイクロフィルム化されそうなものは、

どんなものにも灰色の線や背景を使うのは避けよう。写真にされたイメージが、ぼやけてしまう可能性があるからだ。
- 多くの列のある表については、5列目ごとに薄く影をつけよう。
- マイクロフィルム化される文書については、9ポイントより小さい文字を使わないようにしよう。それ以上小さいと読みにくくなる。

■ チャートと折れ線グラフ
- 図表が複雑である場合や、読者が正確な数値を見る必要がある場合だけ、縦横の罫線の線を使おう。テキストがマイクロフィルム化されるのでない限り、すべての縦横の罫線の線を薄い灰色にしよう。
- 線や棒に色や陰影をつけたりするのは、対照を示すときだけにしよう。テキストがカラー印刷され、白黒コピーをされない場合だけ、色を使おう（白黒のコピーは多くの色を同じように見えるようにしてしまう）。
- もし同じデータを2次元で示すことができるなら、決して3次元のチャートとか折れ線グラフを作ってはいけない。つけ加えられた奥行きは何の助けにもならないし、読者の数値の判断をゆがめる可能性がある。
- アイコンを使った棒グラフを決して使ってはならない（たとえば、自動車の生産を示すための自動車のイメージ）。それらは何の意味も付け加えないし、読者の数値の判断をゆがめる可能性があり、素人臭く見える。

③はっきりしたラベルを使おう。
- ■ 表の列と行、およびチャートと折れ線グラフの両方の軸線にラベルをつけよう（ラベルの句読法とスペリングについては、第26章を参照）。
- ■ グラフの垂直軸線の間隔を示すために、目盛りの記号とラベルをつけよう（図8.4を参照）。
- ■ もし可能なら、脇につけるキャプションの中ではなく、イメージ上で線、棒の区分といったものにラベルをつけよう。ラベルがそのイメージを複雑すぎて読めないようにする場合にのみ、キャプションを使おう。
- ■ 具体的な数値が重要なときには、棒、区分、または線上の点に、それらの数値を付け加えよう。

8.3.3　表、棒グラフ、および折れ線グラフのためのガイドラインに従おう

表　たくさんのデータをのせた表は、特に密集したように思われる可能性がある。だから、イメージと内容をできるだけ単純にしておくようにしよう。

- 読者に見てほしいものを素早く発見させるという原則によって、列と行を配列しよう。アルファベット順を無意識的に選ばないように。
- 概数にまとめよう。もし1,000未満の差が重要でなければ、そのときは2,123,499や2,124,886とするのはあまりに正確にすぎる。
- 総数を行の一番下、または列の最後に集計しよう。一番上や左にしてはいけない。表8.5と8.6を比較してみよう。表8.5は雑然と見えるし、その項目は役に立つように体系化されていない。対照的に表8.6は、タイトルがもっと説明的で、表は気を散らすような視覚的な雑然さが少なく、さらにパターンを容易

表8.5. 主要先進国における失業者数、1990～2000年

	1990	2001	Change
Australia	6.7	6.5	(0.2)
Canada	7.7	5.9	(1.8)
France	9.1	8.8	(0.3)
Germany	5.0	8.1	3.1
Italy	7.0	9.9	2.9
Japan	2.1	4.8	2.7
Sweden	1.8	5.1	3.3
UK	6.9	5.1	(1.8)
USA	5.6	4.2	(1.6)

表8.6. 先進国における失業者数の変化、1990～2000年

英語圏と非英語圏での対比

	1990	2001	Change
Australia	6.7	6.5	(0.2)
USA	5.6	4.2	(1.6)
Canada	7.7	5.9	(1.8)
UK	6.9	5.1	(1.8)
France	9.1	8.8	(0.3)
Japan	2.1	4.8	2.7
Italy	7.0	9.9	2.9
Germany	5.0	8.1	3.1
Sweden	1.8	5.1	3.3

に理解させるように体系化されているので、より明確である。

棒グラフ　棒グラフは具体的な数値と同じぐらい多くのことをイメージで伝える。パターンなしに配列されたような棒は、何の論点も意味しない。だから、可能ならば、論点に合致する順序のイメージを読者たちに提供するように、棒をまとめて配列しよう。

たとえば図 8.4（p.128）を、その前の説明的センテンスの文脈の中で見てみよう。読者に論点を理解させるのに役立たない順序のアルファベット順に、項目が表にされている。対照的に図 8.5（p.128）は、首尾一貫したイメージで主張を立証している。

標準的な棒グラフでは、それぞれの棒が総体である 100% を表している。しかし、全体の中の各部分について具体的な数値を見ることができた方が、読者の役に立つときもある。それは、2 つの方法で行うことができる。

■ "積み重ね式棒" グラフは、図 8.6（p.129）の左側の図形のように、棒を比率に基づいた部分に再分割する。
■ "グループ化された棒" グラフは、図 8.6 の右側の図形のように、全体の各部分について別々の棒を使っているが、それらの棒をグループ化してある。

積み重ね式棒グラフは、各区分を比較するためよりも、全体の数値を比較する方が重要なときだけ使うようにしよう。しかしながら、読者は目だけで比率を正確に測ることは、簡単にはできない。だから、もし積み重ね式棒グラフを使うなら、次のようにしよう。

■ 論理的な順序で各区分を配列しよう。可能なら、最大の区分を一番暗い陰影をつけて、一番下に置こう。
■ 各区分に具体的な数字でラベルづけし、各比率を明らかにするのに役立つように、対応する区分を灰色の線で結ぼう。

図 8.7（p.129）は、無関係な区分が除かれ、残された区分が論理的に並べられて全部にラベルがつけられたとき、どんなに読みやすくなるかを示している。

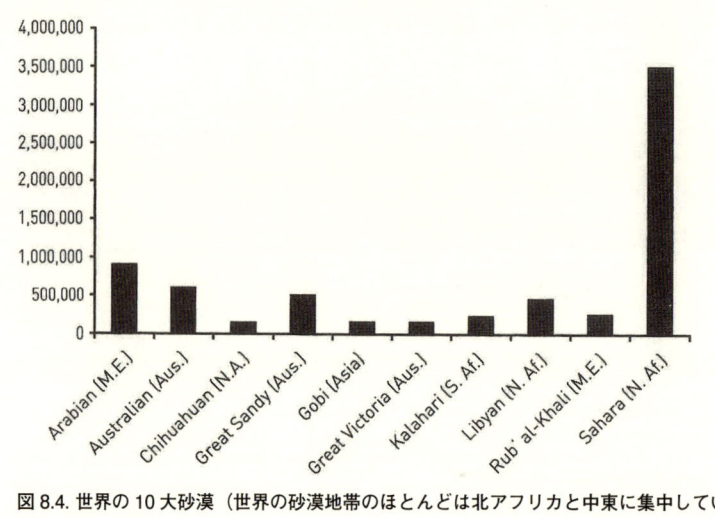

図 8.4. 世界の 10 大砂漠（世界の砂漠地帯のほとんどは北アフリカと中東に集中している）

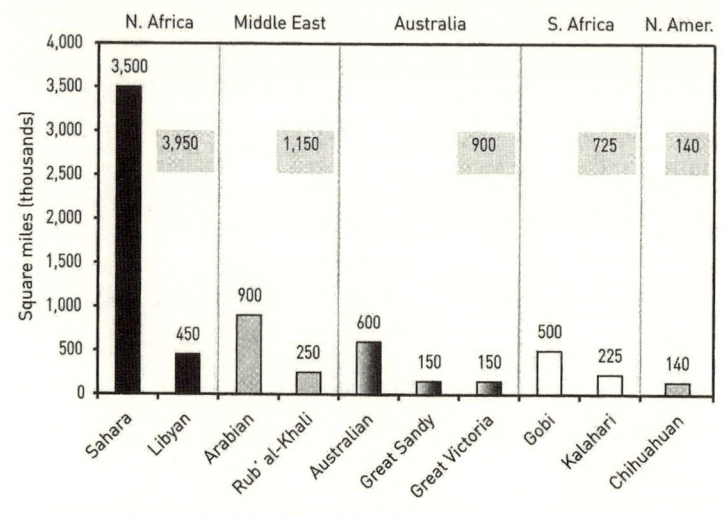

図 8.5. 世界における大砂漠の分布（世界の砂漠地帯のほとんどは北アフリカと中東に集中している）

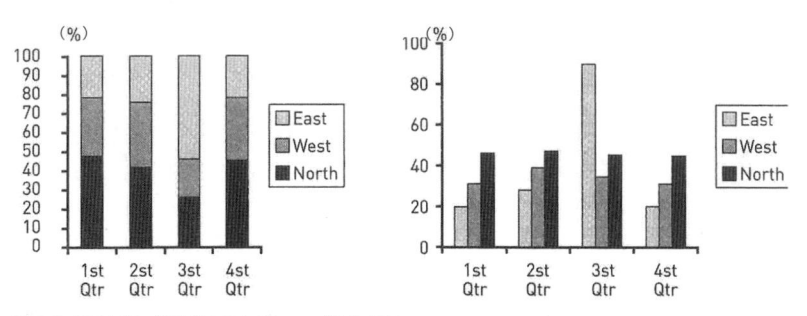

図 8.6. 積み重ね式棒グラフとグループ化棒グラフ

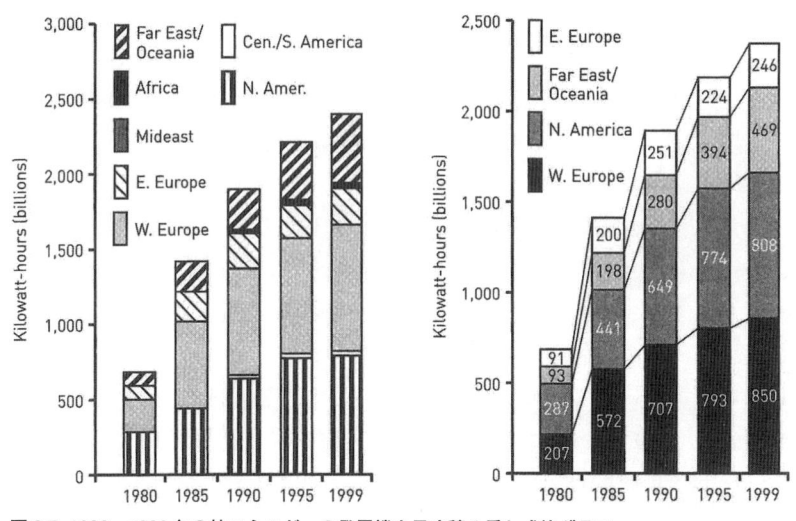

図 8.7. 1980〜1999 年の核エネルギーの発電機を示す積み重ね式棒グラフ

　グループ化棒グラフは、読者が総体の中の各部分を比較するのを容易にする。しかし、いろいろな総体を比較するのは、彼らが頭の中で計算しなければならないので難しい。各区分が各総体よりも重要だということで、もし棒をグループ化するなら、次のようにしよう。

■論理的な順序で棒のグループを配列しよう。可能なら、類似の大きさの棒を隣合わせに置こう（グループごとに同じやり方で棒を並べよう）。
■それぞれのグループの上か、一番下のラベルの下かに、グループ全体の番号でラベルをつけよう。

棒グラフに適する大部分のデータは、円グラフで表すこともできる。雑誌やタブロイド紙、年報で人気のあるやり方だ。しかし、棒グラフより読むのが難しい。また読者は、そもそも大きさを判断するのが難しい各区分の比率を、頭の中で比較しなければならないから、誤解を生む。大部分の研究者は、円グラフは素人臭いとみなす。代わりに棒グラフを使おう。

折れ線グラフ　折れ線グラフは傾向を強調するから、読者はそれを正確に理解するために、はっきりしたイメージを見なければならない。はっきりしたイメージを作るため、次のことをしよう。

■論点を立証する方向へと、上向きまたは下向きに、線が進むような可変項目を選ぼう。もし良いニュースが高校中退者の減少（下向き）なら、同じデータを学業継続者の増加（上向き）として示せば、もっと効果的に表すことができる。
■1つのグラフに6本以上の線を記入するのは、ほかの方法では論点を立証できない場合だけにしよう。
■図8.8のように、線を区別するために灰色のいろいろな陰影を使いすぎないようにしよう。
■わずかな数値だけから折れ線グラフを作るときは、線は正確さに欠けるだろう。だから、もし10個より少ない数値（「データ・ポイント」と呼ばれる）を記入するなら、図8.9のように、それぞれのデータ・ポイントに点を加えることによって、それを示そう。もしそれらの数値が密接に関連するなら、それぞれの点の上に数字を加えてもよい。10個以上のデータ・ポイントから記入される線に、点を加えてはならない。

　図8.8と図8.9を比較してみよう。全体的な重なり以上に、図8.8は読みづらい。灰色の陰影が線をうまく区別していないし、線を可変項目と数字に結びつけるため、目が行ったり来たりしなければならないからだ。図8.9はそれらの結びつきを、もっと明確にしている。
　同じデータを示すのに、こうしていろいろな方法があることで、混乱することもあるだろう。最初に同じデータをいろいろな方法で示して（コンピュータのプログラムは普通、それを素早くやってくれる）、そのデータに馴染みのない誰

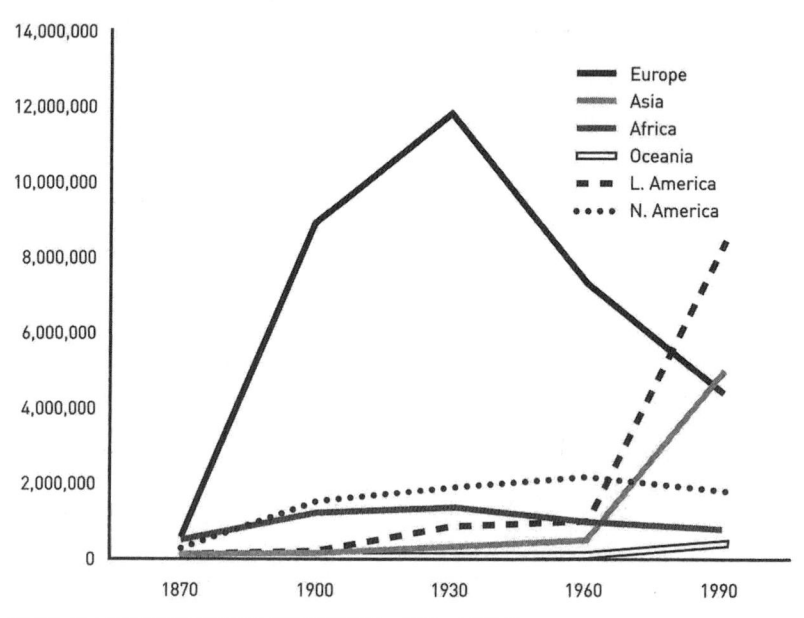

図 8.8. アメリカにおける外国生まれの居住者、1870〜1990 年

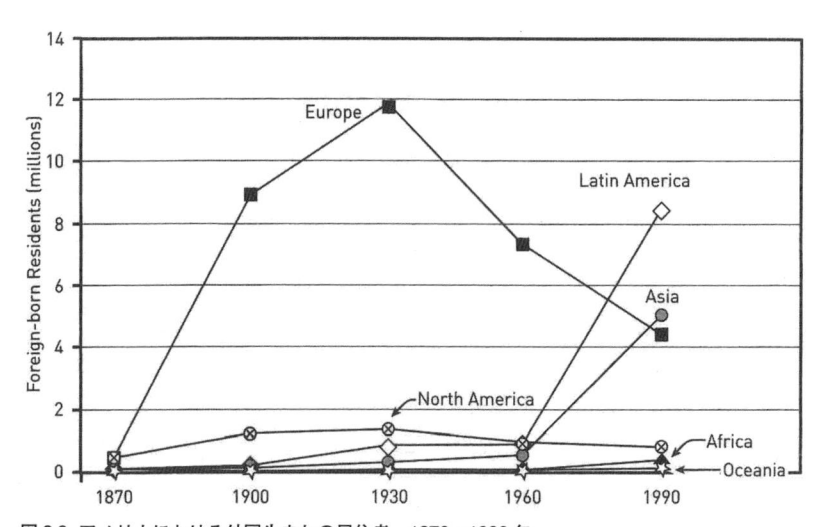

図 8.9. アメリカにおける外国生まれの居住者、1870〜1990 年

かに提示方法の印象や明解さについて判断してもらえば、そのような混乱は切り抜けることができる。表や図で立証したい主張を述べるセンテンスで、必ずその提示方法を紹介しよう。

8.4 データを倫理的見地から伝えよう

図表は明解で、正確で、適切でなければならないだけでなく、また誠実でなければならない。強調するために、データとか、それらの関係をゆがめるべきではない。たとえば、図8.10の2つの棒グラフは、同一のデータを示しているが、違うメッセージを送っているように思える。左の図の全目盛りは、平らに近い傾斜を作っている。そして、それは汚染の減少を小さく思わせる。しかしながら、右側の図の垂直の目盛りは、0ではなく80から始まっている。目盛りがそのように切り詰められているとき、引き延ばされた傾斜は小さなコントラストを誇張する。

グラフはまた、誤った相互関係を暗示することによって、誤解を招く可能性もある。組合の会員数が減るときには、失業率は下がると主張し、論拠として図8.11を示す人がいるかもしれない。確かに組合の会員数と失業率は、非常にぴったりと一緒に動いているように思われるので、両者には因果関係があると推測する読者もいるだろう。しかし、左の縦軸の目盛り（組合の会員数）は、右の縦軸の目盛り（失業率）とは異なる。2つの目盛りは、2つの下落が並行しているように思わせるために、故意にゆがめられたのだ。2つは関係があるかもしれないが、そのようなゆがめられたイメージはそれを証明してはいない。

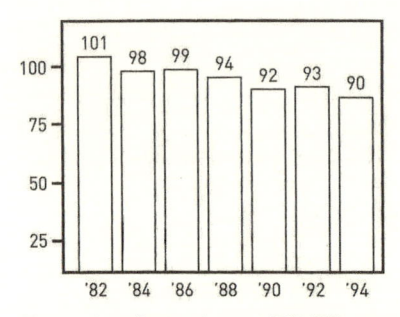

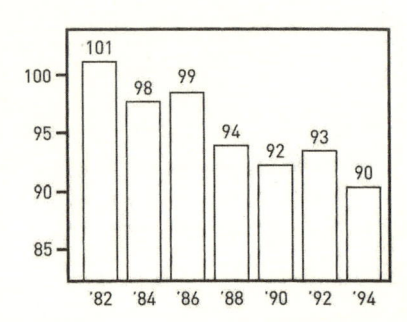

図8.10. キャピトル・シティの汚染指数、1982～1994年

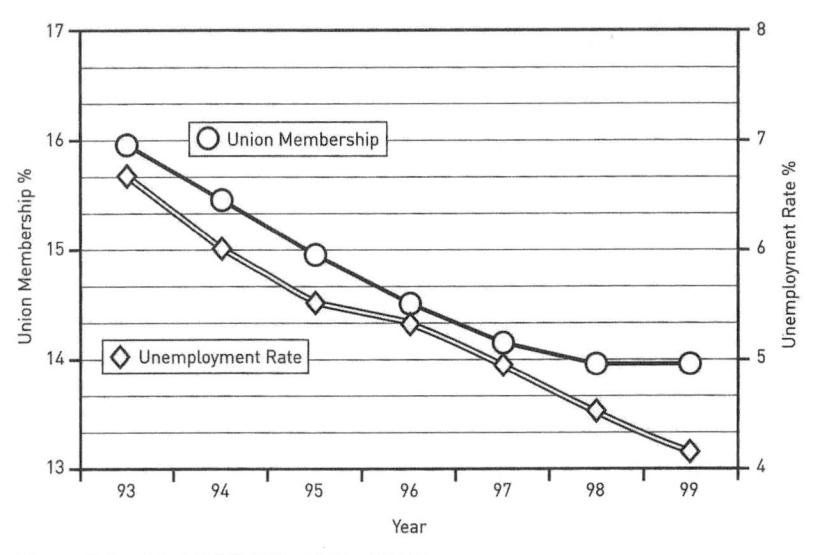

図8.11. 組合への加入率と失業率、1993〜1999年

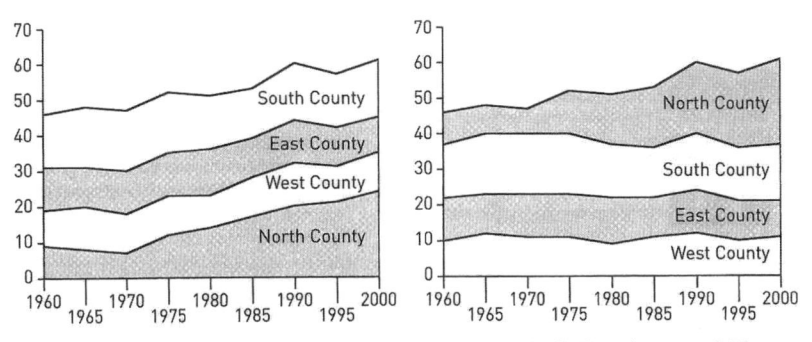

図8.12. 州立大学の学部生においてカラー郡出身者が占める割合（総数のパーセント表示）

　グラフはまた、イメージが読者に数値を誤って判断するように仕向けるとき、誤解を招く可能性もある。図8.12の2つの図形は、たとえ全く同じデータを示していても、違ったメッセージを伝えているように思われる。図8.12の図形は"積み重ね領域式"グラフである。それらの視覚的違いにもかかわらず、2つとも同じデータを示している。これらの積み重ね領域式グラフは、各線の「角度」によってではなく、線の「間」の領域によって、数値の違いを表現し

ている。両方の図形とも、南、東、西についての帯は、初めから終わりまで、おおよそ同じ幅であり、それらが示す数値の変化はほとんど示していない。しかしながら、北についての帯は、はっきりと広がっており、それが示す数値の大きな増加を表している。左の図形では、読者は上の3つの帯を誤って判断しそうだ。それらは上昇する北の帯の上にあり、3つの帯もまた上昇していると思わせるからである。他方、右の図形では、それらの3つの帯は底にあるので、上昇しない。ここでは、北の帯だけ上昇する。

　ここに視覚的な誤ったイメージを避けるための4つのガイドラインがある。

■コントラストを強めたり、弱めたりするために、目盛りを操作しない。
■イメージが数値をゆがめる図を使わない。
■表または図を不必要に複雑にしたり、誤解させるように単純にしたりしない。
■もし表または図が論点を立証するなら、それを提示する。

第8章 表と図を使って論拠を示すこと

表 8.7　一般的な図表の種類と用途

	データ	効果的な用途
棒グラフ	1つの可変項目の数値を、「事例 case」と呼ばれる一連の項目で横並びに比較する。（たとえば、サービス業の労働者の平均賃金（可変項目）、6社で（事例）。）	比較を強調して、個々の事例の間に強い視覚的なコントラストを作る。具体的な数値については、棒に数字を付け加えよう。順位や傾向を示すことができる。垂直な棒（柱 column と呼ばれる）は最も一般的だが、もし事例が多数あるか、または複雑なラベルがついているときには、棒は水平でもよい。8.3.3 を参照。
グループ化された、または分割された棒グラフ	部分集合に分割された1つの可変項目の数値を、一連の事例で横並びに比較する。（たとえば、平均給与（可変項目）、サービス業の男女について〔部分集合〕、6社で（事例）。）	部分集合を、個々の事例の内部で、また横並びで対比する。事例ごとの総量を比較するのには向かない。具体的な数値については、棒に数字を付け加えよう。グループ化された棒グラフは、順位または傾向を表すには不適で、傾向が重要でない場合だけ、時系列を示すのには有用。8.3.3 を参照。
積み重ね式棒グラフ	2つ以上の部分集合に分割された1つの可変項目の数値を、一連の事例で横並びに比較する。（たとえば、嫌がらせの告訴（可変項目）、地域による区分（部分集合）、6つの産業で（事例）。）	事例を横並びにした総計の比較と、事例の「内部 within」での部分集合を比較するには最適。部分集合について事例を横並びにして比較するのは困難（グループ化された棒を使おう）。具体的な数値については、棒と区分に数字を付け加えよう。時系列を示すのには有用。総計の数値についてだけ、順位や傾向を示すことができる。8.3.3 を参照。
柱状図	2つの可変項目について、1つは棒グラフで事例を示すように横軸に区分し比較する。（たとえば、サービス業の労働者（連続的な可変項目）、彼らの給与は0～5,000ドル、5～10,000ドル、10～15,000ドル（区分された可変項目）。）	連続したデータの集合の中での区分の比較には最適。傾向を示すが、区分を強調する（例えば、パートタイム労働者を示す5～10,000ドルは突出していることなど）。具体的な数値については、棒に数字を付け加えよう。
イメージ・チャート	地図、図式、またはほかのイメージで表された事例について、1つないし複数の可変項目の数値を示す。（たとえば、州（事例）、投票のパターンを示すための赤または青の色分け（可変項目）。）	既存のカテゴリーとの関係で、データの分布を示す。具体的な数値は強調しない。地図または手順の図式の場合のように、イメージがよく知られているときに最適。
円グラフ	一連の事例について単独の可変項目の割合を示す。（たとえば、予算配分（可変項目）、米国連邦政府部門別の（事例）。）	1つの区分を全体と比較するには最適。わずかしかない区分、または大きさが非常に違う区分にだけ有用。そうでなければ、区分の間の比較は難しい。具体的な数値については、区分に数字を付け加えよう。一般的にはありふれたものだが、専門家には好まれない。8.3.3 を参照。

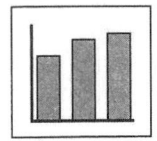

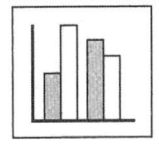

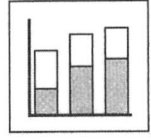

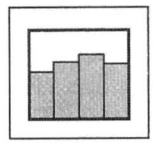

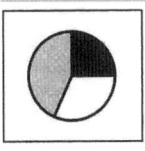

	データ	効果的な用途
折れ線グラフ	1つないし複数の事例について、連続した可変項目を比較する。(たとえば、温度(可変項目)、粘着性(可変項目)、2つの流体で(事例))。	傾向を示すには最適。具体的な数値は強調しない。時系列を示すには有用。具体的な数値を示すためには、データ・ポイントに数字を付け加えよう。傾向の意味を示すために、碁盤の目に分割しよう(たとえば、平均的な成績の下、または上で)。8.3.3を参照。
領域式チャート	1つないし複数の事例について、連続した可変項目を比較する。(たとえば、読解力テストの得点(可変項目)、時間の経過(可変項目)、1つの学区で(事例))。	傾向を示すのに最適。具体的な数値は強調しない。時系列を示すには有用。具体的な数値を示すためには、データ・ポイントに数字を付け加えよう。線の下の領域は何の情報も付け加えないが、一部の読者たちに数値を誤って判断させるだろう。多様な線と領域、またはその両方だと混乱を招く。
積み重ね領域式チャート	複数の事例について、2つの連続的な可変項目を比較する。(たとえば、利益(可変項目)、時間の経過(可変項目)、いくつかの製品(事例))。	すべての事例の総計について傾向を示す。さらに、それぞれの事例が総計にどれほど貢献しているかを示す。8.4で説明されているように、どのような個々の事例についても、その数値または傾向を読者に誤解させる可能性がある。
散布図	単独の事例について、2つの可変項目を多様なデータ・ポイントで比較する。(たとえば、住宅販売(可変項目)、町の中心部からの距離(可変項目)、1つの市で(事例)、または多様な事例について1つのデータ・ポイントで(たとえば、ブランド志向(可変項目)、修理の頻度(可変項目)、10の製造業者について(事例))。	データの分布を示すのに最適。特に、明らかな傾向が見られないとき、または焦点が中心から離れたデータ・ポイントにあるとき。もしわずかなデータ・ポイントが座標に示されているだけなら、個々の数値に焦点を当てられる。
バブル・チャート	単独の事例について、3つの可変項目を多様なデータ・ポイントで比較する。(たとえば、住宅販売(可変項目)、町の中心部からの距離(可変項目)、値段(可変項目)、1つの市で(事例))、または多様な事例について1つのデータ・ポイントで(たとえば、イメージ広告(可変項目)、修理の頻度(可変項目)、ブランド志向(可変項目)、10の製造業者について(事例))。	3番目の可変項目(バブル)と最初の2つの間の関係を強調する。3番目の可変項目が他の可変項目の産物であるかどうかが問題であるとき、最も有用。読者はバブルで示される相対的な数値を簡単に誤って判断する。数字を加えると、その問題は軽減する。

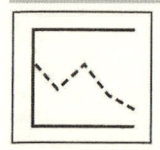

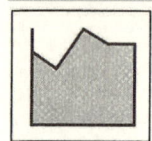

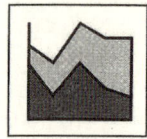

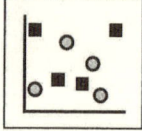

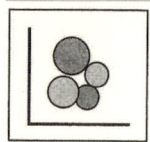

第9章 草稿を改稿すること

9.1 導入部、結論、および主張をチェックしよう
9.2 レポートの本文が首尾一貫しているか確認しよう
9.3 パラグラフをチェックしよう
9.4 草稿を寝かせておき、それから言い換えてみよう

　若手の研究者の中には、いったん草稿を作ったら、それで終わりと考える人もいるだろう。思慮深い筆者たちは、それほど愚かではない。彼らは最初の草稿を、読者のためではなく、自分自身のために書く。自分の立証（あるいはもっとよい立証）を、望みどおりにできるかどうかを知るためだ。それから、自分の草稿が読者のニーズや期待を満たすと考えるまで改稿する。それは難しい作業だ。なぜなら、我々は皆、自分自身の作品をよく知りすぎていて、ほかの人々が読むようには読めないからだ。効果的に改稿するために、筆者は読者が何を探しているのか、草稿は読者がそれを発見するのに役立つかどうか知らなければならない。その目的のために、ここでのアドバイスは機械的にも思われるだろう。しかし、自分の草稿を客観的に分析できてはじめて、読者に汲み取ってほしいと思うものを、書いてあると思い込んでしまわないようにすることができる。

　改稿は順序よくやることを勧める。まず"外側の枠組み"（導入部と結論）、

それから全体の体系、続いて節、パラグラフ、センテンス、最後にスペリングや句読点のような文体の問題点（それらの問題点のガイダンスについては、第III部を参照）。もちろん、そんなに手際よく改稿する人はいない。我々は皆、パラグラフを移し換えながら言葉を吟味し、センテンスを改稿しながら再編成する。しかし、全体から部分へと改稿すれば、最良の改稿となる可能性が高い。改稿しているときには、たとえ全体といっても、それ自体がまだ部分でしかないとしても、である。

多くの経験のある研究者たちは、コンピュータの画面上より、プリントアウトしたものの方が確実に編集できると感じている。初期の草稿は画面上で編集していても、少なくともあとの稿のどれかを、読者がするのと同じように、紙の上に打ち出したもので読めば、もっと多くの誤りを見つけ、レポート全体の構成についての感覚が摑みやすくなる可能性がある。

9.1 導入部、結論、および主張をチェックしよう

読者は3つのことを素早く、明白に認識できなければならない。

- 導入部が終わる場所
- 結論が始まる場所
- 1つまたは両方で、主張を述べているセンテンス

最初の2つをはっきり見て分かるようにするため、副題を挿入するか、あるいは導入部と本文の間、さらには本文と結論の間にも、特別の空白を挿入してもよい（第10章は最後の草稿の導入部と結論を細かく、特に主張を特徴づける方法や場所について、論じている）。

9.2 レポートの本文が首尾一貫しているか確認しよう

レポートを明確に組み立てたら、本文をチェックしよう。読者は次のことが分かるとき、レポートが首尾一貫していると考えるだろう。

- どんなキーワードがレポートのすべての節を貫いているか。
- それぞれの節と副節がどこで終わり、次がどこで始まっているか。

■それぞれの節が、その前の節とどのように関係しているか。
■それぞれの節は、全体の中でどのような役割を果たしているか。
■それぞれの節と副節の中のどのセンテンスが、その論点を示しているか。
■どのような明確に区別できるキーワードが、それぞれの節を貫いているか。

　これらの特徴を読者が確実に理解できるようにするために、次のことについてチェックしよう。

①キーワードがレポート全体を貫いているか。
　　■導入部と結論に書かれている主張の中のキーワードに丸をつけよう（7.3を復習）。
　　■レポート本文の中の同じキーワードに丸をつけよう。
　　■それらの丸をつけられたキーワードで示される概念に関係のあるほかの言葉に、アンダーラインをつけよう。

　もし大部分のパラグラフにキーワードが見当たらなければ、読者はレポートが支離滅裂だと考えることもあるだろう。キーワードを、それが欠けている部分に挿入して、改稿しよう。もし丸をつけたものよりずっと多くの言葉にアンダーラインを引いたなら、アンダーラインを引いた言葉と丸をつけたキーワードで示された概念とは、どのように関係するのかを、必ず読者が理解できるようにしよう。もし読者がその関係を見逃すかもしれないなら、それらの関係する言葉の一部をキーワードに換えよう。もし論証の筋道から本当に脱線していたなら、何らかの重大な改稿をしなければならない。

②それぞれの節と副節の始まりは、はっきり示されているか。

　1つの主要な節から次の節への移行を示すために、副題を使ってもよい（6.2.4を復習）。長いレポートでは、大きな接続箇所で特別の空白を設けてもよい。もし、副題にどんな言葉を使うべきか、あるいはそれらの言葉をどこに置くべきかを決めづらいとしたら、読者はより大きな問題にぶつかるだろう。なぜなら、彼らはたぶん、レポートの構成が分からないからだ。（見出しのいろい

ろなレベルの方式については、A.2.2 を参照。）

③それぞれの主要な節は、その前の節とどのような関係があるかを示す言葉で始まっているか。

　読者は、各節の初めと終わりの場所を識別しなければならないだけでなく、なぜそのような順序で並べられているのかも理解しなければならない（6.2.5─6.2.6 を参照）。「最初に」「2 番目に」「もっと重要なのは」「次の問題点は」「反対意見としては」などといった言葉で、順序の筋道を示そう。

④それぞれの節は全体とどのような関連があるのか、はっきりしているだろうか。

　それぞれの節について「この節はどんな質問に答えているのか」と問いかけよう。もしそれが、5 つの質問の中の 1 つに答える役割を果たしていないなら、つまりそれに対する答えが議論を構成する質問（5.2 を参照）に答える助けにならないなら、全体との関連性についてよく考えよう。それは文脈を生み出しているだろうか、背景の概念とか問題点を説明しているだろうか、あるいはほかの方法で読者に役立っているだろうか。もし、ある節が主張にどのように関係しているか説明できないなら、それを削除することを考えよう。

⑤それぞれの節の論点は、その節の短い導入部の終わりのセンテンスで（あるいは、その節の最後で）述べられているか。

　選択の余地があるなら、節の論点はその導入部の終わりで述べよう。決して、節の論点を真ん中に埋没させてはいけない。もし 1 つの節が 4〜5 ページより長かったら、その論点をその最後に再び述べればよい。

⑥節を特色づける具体的な言葉が、その節を貫いているか。

　レポート全体を一体化させるキーワードが、ほかのレポートとの差異を識別

させるのとちょうど同じように、それぞれの節と副節を特色づけるキーワードは、その節を貫き、一体化させているべきだ。ステップ①をそれぞれの節について繰り返そう。すなわち、論点を表しているセンテンスを見つけ、その節とほかの節を区別しているキーワードを確認しよう。それから、それらのキーワードがその節を貫いているかどうかを、チェックしよう。もし、どんなキーワードも発見できないなら、読者たちは、その節がどんな明確なアイデアを全体に与えているか、分からないこともある。

9.3 パラグラフをチェックしよう

それぞれのパラグラフは、その節の論点と関連があるべきだ。そして節のように、それぞれのパラグラフには、導入となる1つか2つのセンテンスがあるとよい。そこでは通常、パラグラフの要点が示され、そのパラグラフの残りの部分が展開する主要な概念が含まれる。もしパラグラフの初めのセンテンスが論点を示していないなら、最後のセンテンスが示さなければならない。何らかの原則によってセンテンスを並べ、そのパラグラフの論点と関連づけよう(順序の原則については、6.2.5を参照)。

短いパラグラフ(5行未満)の連続、あるいは非常に長いパラグラフ(大部分の分野については、半ページを超えるもの)は避けよう。2〜3のセンテンスからなるパラグラフの使用は、リスト、話題の転換、節の導入部と結論、および強調したいと思う表現のために取っておこう(本書では、読者が楽に目を通せるように短いパラグラフを使っている。レポートの執筆では、めったに考慮する必要のないことだ)。

9.4 草稿を寝かせておき、それから言い換えてみよう

もし研究課題を早めにスタートしたら、改稿済みの草稿を寝かせておく時間を持てるだろう。ある日、良いと思われるものも、次の日にはしばしば違って見える。草稿に立ち返ったとき、それを一気に読んではいけない。最重要な部分、つまり導入部、それぞれの主要な節の最初のパラグラフ、および結論を、ざっと読んでみよう。それから、読んだものに基づいて、それを読んだことのない人のために言い換えてみよう。その言い換えは首尾一貫しているだろうか。それは議論を公正に要約しているだろうか。もっとよいのは、誰かほかの人に

頼んで、導入部と主要な節の導入部だけを読んでもらい、レポートを大づかみに理解してもらうことだ。その人がいかに上手にレポートを要約するかは、読者がいかによくそれを理解するかの前触れになるだろう。

　最後に、常に教師、または助言者のアドバイスを考慮して改稿しよう。せっかく時間をかけて草稿を読み、助言をしても、提案が無視されるだけだったら誰だって不快だろう。それだけではなく、自分のレポートを改善する機会を見逃すことにもなるだろう。それは、あらゆる提案に従わなければならないということではない。しかし、そのひとつひとつを注意深く考えるべきである。

第10章 最終的な導入部と結論を書くこと

10.1 最終的な導入部を起草しよう
 10.1.1 先行研究の簡潔な文脈を確認しよう
 10.1.2 自分の問題を、知られていないか、完全には理解されていないものとして述べなおしてみよう
 10.1.3 問題の意義を述べよう
 10.1.4 主張を述べよう
 10.1.5 新しい最初のセンテンスを起草しよう

10.2 最終的な結論を起草しよう
 10.2.1 主張を述べなおしてみよう
 10.2.2 新しい意義、実用的な応用、または新しい研究（あるいは3つすべて）を指摘しよう

10.3 最後に表題をつけよう

 最終的な草案を作り、実際に書いたものを見渡せるようになったら、最終的な導入部と結論を書いてもよい。レポートのこれら2つの骨組みの部分は、読者が残りの部分をどのように読み、記憶するかに、決定的に影響を与える。したがって、それらの部分をできるだけ明確で、説得力があるようにするために、時間をかける価値がある。
 導入部には3つの目的がある。そこでは次のことをするとよい。

■研究をほかの研究の文脈の中に入れる。
■読者に、なぜ自分のレポートを読むべきかを理解させる。
■彼らにそれを理解するための骨組みを与える。

　大部分の導入部は、全体の約10％に及ぶ（自然科学では導入部はもっと短いことが多い）。
　結論もまた3つの目的を持つ。そこでは次のことを行うとよい。

■読者に、主張の明確な意味をゆだねよう。
■その重要性を読者に理解させよう
■さらなる研究を提案しよう。

　結論は通常、導入部よりも短くあるべきだ（学位論文や博士論文では、導入部と結論は通常、独立した章だ）。

10.1 最終的な導入部を起草しよう

　異なる分野では、異なる方法でレポートを導入するように思われるが、それらの大部分の背後には、6.2.2で説明された4つの部分を持つパターンがある。

①最初の文脈、または背景。関連する研究を要約するときには、「レビューliterature review」と呼ばれる。自分の研究課題をほかの研究の文脈に位置づけ、次のステップを準備するものだ。これは短く押さえよう。
②研究課題についての見解。これは一般的に、知られていないかまたは理解されていないことについての、あるいはステップ①で引用した研究の欠点になっていることについての見解である。それは多くの場合、「しかし」「しかしながら」、または制限を加えることを示すほかの言葉で始まる。
③問題の意義。これは「それでどうだというのだ」に答える。読者に興味を与えるカギである。
④主張。ここでステップ②で表明した研究課題に答える。以下は要約された例である（それぞれのセンテンスは、1パラグラフまたはそれ以上に拡大することができるだろう）。

第 10 章　最終的な導入部と結論を書くこと

「数世紀の間、リスク・アナリストたちは、リスクを統計上の問題、および確率論の合理的な利用の問題として研究してきた。（文脈）しかし、リスクコミュニケーターたちは、普通の人たちが、統計的に根拠のある確率には無関係と思われる方法で、リスクについて考えていることを発見した。（問題）我々が専門家でない人たちがリスクについてどのように考えるかを理解するまで、人間の認識の重要な側面は謎のままだろう。（意義）専門家でない人たちは最悪のケースのシナリオを心に描き、そのイメージがいかに恐ろしいかを評価することによって、リスクを判断するらしい。（主張）」

10.1.1　先行研究の簡潔な文脈を確認しよう

　あらゆるレポートが、研究の概観で始まっているわけではない。中には知られていないかまたは理解されていないものとして示された研究課題から直接始まり、関連文献のレビューに続くものもある。これは知識とか理解の食い違いがよく知られているときの、一般的な方策である。

間接喫煙と心臓病との関連性は、依然として争われている。

　しかし、そうした食い違いがよく知られていなければ、そのような始め方は唐突な感じを与える可能性がある。次のような場合がそうだ。

研究者たちは、普通の人たちがリスクについてどのように考えているかを理解しない。

　原則として筆者たちは、自分たちの研究が拡大し、修正し、または訂正することになる先行研究を説明することによって、読者に準備をさせる。もしレポートが一般の読者向けなら、文脈の説明は短くてよい。

　我々は皆、毎日リスクを冒している。街路を横断するとき、高脂肪食品を食べるとき、風呂に入るときでさえもそうだ。リスクの研究は賭博から始まった。したがって長い間、数学的に扱われてきた。20世紀までに研究者たちは、投資対象、商品、戦争さえも含めた多くの領域で、リスクを研究するために数学的な手段を用いていた。その結果、大部分の研究者たちは、リスクは統計的に量で測れる問題であって、それについての決定は合理的な根拠に基づ

いて行われるべきだ、と考えている。

　ほかの研究者たちに向けたレポートでは、こうした最初の文脈は、一般的にそのレポートが拡張、または修正することになる具体的な研究を説明する。こうした先行研究を公正に記述することは重要である。したがって、それらの研究者たちがするのと同じように、それを説明しよう。

　ジェロラモ・カルダーノが16世紀に量的な用語で賭博について考えて以来［カルダーノ 1545］ずっと、リスクは純然たる数学的問題として扱われてきた。リスクの分析は、パスカルやライプニッツをはじめとする人々が微積分学を発展させた17世紀に著しく進歩した［ベルシュタイン 1996］。20世紀に、研究者たちはリスク研究の焦点を生活のすべての領域、すなわち投資対象、消費者向け製品、環境、戦争にさえ広げた［スティムソン　1990、1998］。これらの問題もまた、もっぱら数学的観点から取り組まれてきた。［同時代の研究の詳細な論議については以下で触れる。］

　一部のレポート、特に学位論文と博士論文は、通常その研究者がいかに広く読んだかを示すために、そのトピックにわずかにしか関連がない本や記事をたくさん列挙しながら、数ページにわたって、上の例文のように進む。その種の調査は、ほかの研究者、特に新参の研究者に役に立つ参考文献目録となる可能性がある。しかし、忙しい読者は、その研究者が拡張し、修正し、または訂正するつもりの「具体的な」研究だけについて知りたいと思っている。
　こうした先行研究を公正に、完全に記述することは重要である。すなわち、言及している研究者がするのと同じように、それを説明しよう。たとえ引用するにしても、選択的または文脈を無視してではなく、その研究者が自分自身の研究を記述するのと同じようにやろう。
　研究歴が浅いときには、こうした先行研究についてのレビューを、あまり自信を持っては書けないだろう。それについて多くを知っていそうもないからだ。もしそうなら、研究をスタートする「前」の自分自身のような人として、読者を想定してみよう。何を知らなかっただろうか。何を誤解していて、研究を通じて訂正されたのか。研究は自分自身の誤った理解を、どのように改善したか。ここが拒絶した作業仮説を利用できる場面だ。つまり「Xはそうだと思われる

かもしれない。しかし、……」と（4.1.2 も参照）。

10.1.2 自分の問題を、知られていないか、完全には理解されていないものとして述べなおしてみよう

最初の文脈のあと、その先行研究が何をしなかったか、どのように不完全か、間違ってさえもいるか、について述べよう。その制限か否定を、「しかし」「しかしながら」で導入しよう。または別の用語を用いて、調べたばかりの定説となった知識や理解を修正しようとしていることを示してもよい。

ジェロラモ・カルダーノが 16 世紀に……もっぱら数学的観点から取り組まれてきた。（文脈）しかし、リスクコミュニケーターたちは、普通の人たちは、非合理的で、統計的に根拠のある確率には無関係と思われる方法で、リスクについて考えていることを発見した。理解されていないことは、そのような専門家でない人のリスク評価は無原則な推測に基づいているのかどうか、あるいは体系的な特性を持っているのかどうか、である。（再び述べられた問題）

10.1.3 問題の意義を述べよう

ここで、自分の研究課題に答える「意義」を、読者たちに示さなければならない。ある読者が最もいらだたしい問題「それでどうだというのだ」を問いただすことを想像し、それに答えよう。その研究課題に対する答えを知らないことの大きな代償があるように、答えを組み立てよう。

ジェロラモ・カルダーノが 16 世紀に……もっぱら数学的観点から取り組まれてきた。（文脈）しかし、リスクコミュニケーターたちは、……発見した。理解されていないことは、そのような専門家でない人のリスク評価は無原則な推測に基づいているのかどうか、あるいは体系的な特性を持っているのかどうか、である。（再び述べられた問題）（それでどうだというのだ）専門家でない人たちがリスクについてどのように考えるのかを理解できるまで、人間の推論の重要な側面は、謎のままだろう。すなわち、体系的に思われるが、いわゆる "理性的な思考" の領域外にある類の認知処理である。（意義）

代わりに、代償を利益と表現することができる。

ジェロラモ・カルダーノが 16 世紀に……もっぱら数学的観点から取り組まれてきた。(文脈)しかし、リスクコミュニケーターたちは……発見した。理解されていないことは、そのような専門家でない人のリスク評価は無原則な推測に基づいているのかどうか、あるいは体系的な特性を持っているのかどうか、である。(再び述べられた問題)(それでどうだというのだ)もし我々が、普通の人たちは日常生活でリスクについてどのように決定を下すかを理解することができれば、体系的には思われるが、いわゆる"理性的な思考"の領域外にあるような認知処理を、もっとよく理解できるだろう。(意義)

「それでどうだというのだ」に答えるのに苦労するかもしれない。それは経験だけが解決できる問題である。しかし事実として、経験のある研究者たちでさえ、それによって悩まされる場合もある。

10.1.4　主張を述べよう

　何かある事柄が知られていないかまたは理解されていないこと、そしてなぜそれが知られていたり理解されていたりするべきなのか、述べるや否や、読者は筆者の主張、つまり研究課題に対する答えを知りたがる（以下の例では、かなり要約する）。

ジェロラモ・カルダーノが 16 世紀に……もっぱら数学的観点から取り組まれてきた。(文脈)しかし、リスクコミュニケーターたちは、普通の人たちは、非合理的で、統計的に根拠のある確率には無関係と思われる方法で、リスクについて考えていることを発見した（問題）(それでどうだというのだ)。専門家ではない人々がリスクをどう考えるかを理解することができるまで、重要な種類の人間の合理的判断は謎のままだろう。すなわち、体系的に思われるが、いわゆる"理性的な思考"の領域外にある、認知処理の一種である。(意義)専門家でない人たちは、起きるかもしれない出来事に対して量的な確率を割り当てるのではなく、最悪のケースのシナリオを心に描き、そのイメージがいかに鮮明で恐ろしいかによってリスクの程度を決めて、リスクを評価するらしい。(主張)

　もしレポートの最後まで主張を保留する理由があるなら、その主張からのキーワードを使い、その後の筋書きを示すようにして、導入部を締めくくるセンテンスを書こう。

専門家でない人たちは、量的な確率を割り当てるのではなく、視覚的な想像力の特性を体系的に使って、リスクを評価するらしい。(主張の裏付け)

これら4つのステップは機械的に思われるかもしれない。しかし、それらは学術的世界の内でも外でも、あらゆる分野での大部分の研究レポートの導入部を構成する。資料、特に学術雑誌の記事を読みながら、4部の枠組みに注目してみよう。自分自身の導入部を書くためのいろいろな方策を習得するだけでなく、読んでいるものをよりよく理解するだろう。

10.1.5 新しい最初のセンテンスを起草しよう

筆者の中には、レポートの最初のセンテンスを書くのが大変難しくて、陳腐極まりない文句から始める人もいる。ここでは以下のことに注意しよう。

- 研究課題の言葉を繰り返さない。
- 辞書の定義を引用しない。例「ウェブスターは……のように定義している」
- 大袈裟に言わない。例「数世紀にわたって、哲学者たちは……という焦眉の問題を論議してきた」(良い問題はそれ自体の重要性を物語っている。)

もし先行研究より生き生きとしたもので始めたいなら、次のような出だしの1つか2つを試してみよう（ただし、あとに書いてある警告に気をつけること）。

①印象的な引用文
　かつて誰かが言ったように、リスクを推測することは、美しさを判断することに似ている。つまり、すべては合理的ではない観察者の見方次第だ。

②印象的な事実
　多くの人たちは飛行機よりも車を利用する。空から墜落するよりも、ハイウェイをドライブしていて死ぬ可能性の方が何倍も高いにもかかわらず、飛行機の墜落の生々しいイメージが恐怖心を抱かせるからだ。

③関連する逸話

　ジョージ・ミラーは、飛行機の墜落のリスクはあまりに大きいと信じていたので、いつも顧客に会うために長距離をドライブした。自動車事故で背中を骨折したときでさえ、彼は依然として正しい推測をしたと考えた。"少なくとも生き残った。飛行機の墜落で生き残る可能性はゼロだ！"

3つすべてを組み合わせることもできる。

かつて誰かが言ったように、リスクを推測することは、美しさを判断することに似ている。つまり、すべては合理的ではない観察者の見方次第だ。たとえば、多くの人たちは飛行機よりも車を利用する。空から墜落するよりも、ハイウェイをドライブしていて死ぬ可能性の方が何倍も高いにもかかわらず、飛行機の墜落の生々しいイメージが恐怖心を抱かせるからだ。ジョージ・ミラーがその例だ。彼は飛行機の墜落のリスクはあまりに大きいと信じていたので、いつも顧客に会うために長距離をドライブした。自動車事故で背中を骨折したときでさえ、彼は依然として正しい推測をしたと考えた。"少なくとも生き残った。飛行機の墜落で生き残る可能性はゼロだ！"

　導入部の残り（それにレポートの残りの部分）を書くときに使う主要な概念に言及する用語を、これらの出だしに必ず入れよう。この場合には「推測」「リスク」「生々しいイメージ」「合理的ではない」「可能性が高い」が含まれる。
　ここで警告である。気の利いた書き出しを書く前に、自分の分野のほかの人たちが同じものを使っているかどうかを確認しよう。一部の分野では、それらは真面目な学問としてはジャーナリスティックすぎると思われている。

10.2 最終的な結論を起草しよう

　もし、より良いプランが浮かばないなら、逆の順序で、導入部の要素を基礎にして結論を組み立てよう。

10.2.1 主張を述べなおしてみよう

結論の中で早めに、導入部よりもっと完全に、主張を述べなおしてみよう。

普通の人たちが、リスクについて決定を下すのは、合理的な、または量的な基礎に基づいているのではなく、少なくとも6つの心理的要因を基礎にしている。それらの心理的要因は、感情を巻き込むだけでなく、体系的に視覚の想像力に頼っている。

この時点で筆者は、自分の主張が何であるかをたぶん確信している。しかし、たとえそうでも、言い換えるラスト・チャンスを利用して、主張をできるだけ具体的に、また完全にしよう。

10.2.2 新しい意義、実用的な応用、または新しい研究（あるいは3つすべて）を指摘しよう

主張を述べたあと、読者にその意義を思い起こさせよう。もっとよいのは、主張についての新しい意義、実用的な応用を述べることだ。

これらの調査結果は、人間の認識についての今まで疑われていなかった側面、つまり統計的な確率からは独立していて、視覚化の中での正確さまたはリアリズムをある程度含む量的な論理を示唆している。我々がいったん、その想像的だが体系的なリスク評価法を理解したら、リスクコミュニケーターは、日常生活におけるリスクをよりよく説明することができるようになるはずだ。

最後に、さらなる研究を提案しよう。この意思表示は、研究者のコミュニティがどのように会話を続けていけるかを示唆する。それは、最初の文脈を反映している。

これらの要因は、リスクについての我々の理解を改善したが、リスクの判断における"人間的な"要因を究明し尽くしてはいない。我々はまた、年齢、性別、教育、そして知能についての関連を調査しなければならない。たとえば、……

10.3 最後に表題をつけよう

　表題は読者が読む最初のものだ。しかし、筆者にとっては最後に書くものであるはずだ。それはレポートのトピックを伝えるだけでなく、その概念的な骨組みも知らせるべきだ。したがって、初めの方で丸をつけたり、アンダーラインを引いたりしたキーワードの中から、それを作ろう（9.2を復習）。ここで次の3つのタイトルを比較してみよう。

「リスク」
「リスクに関する考察」
「非合理的かつ体系的なリスク評価：相対的リスクの推測における視覚的な想像力の役割」

　最初のタイトルは正確だが、あまりにも一般的で、何が書いてあるかについては、ほとんど手がかりにならない。2番目はもっと具体的だ。しかし、3番目はタイトルとサブタイトルの両方を使い、あとで出てくるキーワードについて、予め教えてくれる。読者は、タイトルのキーワードが導入部で再び現れ、さらにレポートを通して再び現れるのを見れば、各部分が首尾一貫していると感じるだろ。2つの部分からなるタイトルは、最も役に立つ。こうすれば、主要な概念を知らせるキーワードを使う機会がたくさん生まれる。
　この時点になると、自分のレポートに心底うんざりしていて、とにかくドアから蹴り出してしまいたいと思うかもしれない。しかし、その衝動は抑えよう。もう1つ重要な仕事があるからだ。

第11章 センテンスの改稿

11.1 1つのセンテンスの最初の7語か8語に集中しよう
- 11.1.1 長い前置きのフレーズやクローズ〔節〕は避けよう
- 11.1.2 主語を短く、具体的にしよう
- 11.1.3 主語と動詞が、1〜2語以上で分断されないようにしよう
- 11.1.4 重要な行為は、名詞ではなく、動詞にしよう
- 11.1.5 読者によく知られた情報はセンテンスの初めに、新しい情報は最後に入れよう
- 11.1.6 以上の原則を反映するために、能動態動詞か受動態動詞かを選ぼう
- 11.1.7 第1人称代名詞を適切に使おう

11.2 読むものを分析しよう

11.3 正しい言葉を選ぼう

11.4 推敲しよう

11.5 書くのをやめてプリントアウトしよう

最後の大きな仕事は、センテンスをアイデアが許す限り明確にすることだ。時々、自分の文書はぎこちないと自覚するかもしれない。特に、あなたが読者を威圧するために、得体の知れない複雑なトピックについて書いているとすればそうだろう。実際に、自分は明確に書く方法を全く忘れてしまったとさえ感じるかもしれない。改善が必要なセンテンスを改稿するプランは必要だ。しか

しそれ以上に、自分では素晴らしいと思っていても、読者はそう思わないかもしれないセンテンスを確認することがまず必要だ。

　我々はあらゆるセンテンスにおける、あらゆる問題に対する解決策を示すことはできない。しかし、"まじめな学者"と思われたいと苦労している筆者を最も頻々と苦しめる問題には対処する方法を伝えることができる。"まじめな学者"ぶることは、経験のある読者たちのほとんどが、はったりにすぎないと考えるスタイルである。ここに短い例がある。

1a. An understanding of terrorist thinking could achieve improvements in the protection of the public.
（テロリストの考え方を理解することは、一般の人たちの保護において、改善を実現することを可能にするだろう）

　この表現がどのように印象的に思われても、これを書いた学生は、次のことを言いたかったにすぎない。

1b. If we understood how terrorists think, we could protect the public better.
（もしテロリストたちがどのように考えているか理解したなら、我々は一般の人たちを、もっとよく保護することができるだろう）

　しかしながら1aを分析して、1bに改稿するためには、「名詞」「動詞」「能動態動詞」「受動態動詞」「複数語主語」「単独主語」「主節」「従属節」といった、いくつかの文法用語を知らなければならない。記憶がおぼろげなら、先へ進む前に文法の手引書にざっと目を通しておこう。

11.1　1つのセンテンスの最初の7語か8語に集中しよう

　明確に書かれたレポート、節、またはパラグラフのカギが、その最初のわずかなセンテンスの中にあるように、明確に書かれたセンテンスのカギもまた、最初のわずかな単語の中にある。読者は、最初の7語か8語を容易に理解すれば、その続きをより速く読み進め、よりよく理解し、より長く覚えていられる。次の2つのセンテンスは、その違いを示している。

2a. The Federalists' argument in regard to the destabilization of government by popular democracy arose from their belief in the tendency of factions to further their self-interest at the expense of the common good.
（大衆的な民主主義による政府の不安定化に関する連邦党員たちの主張は、党派には公共の利益を犠牲にして私利私欲を増進する傾向があるという彼らの信念から生じた）

2b. The Federalists argued that popular democracy destabilized government, because they believed that factions tended to further their self-interest at the expense of the common good.
（連邦党員たちは、大衆的な民主主義が政府を不安定にしたと主張した。なぜなら、彼らは党派が公共の利益を犠牲にして私利私欲を増進する傾向にあると信じていたからだ）

　2bのようなセンテンスを書くため、あるいは2aのようなものを2bに改稿するために、次の7つの原則に従おう。

■2～3以上のセンテンスに、長いフレーズやクローズ〔節〕の前置きをしないようにし、早く主語を書くようにする。
■主語を短く具体的にする。理想的には、次に来る動詞によって表現される行為を行う登場人物を名指しする。
■主語と動詞は、1～2語よりも多くの単語で分断しない。
■重要な行為は、名詞ではなく、動詞にする。
■読者によく知られた情報はセンテンスの初めに、新しい情報は最後に入れる。
■以上の原則を反映するために、能動態動詞かまたは受動態動詞を選ぶ。
■第1人称代名詞を適切に使う。

　これらの原則は結局、次のことを意味する。読者は、短くて具体的で、よく知っている主語はさっと通りすぎ、具体的な行為を表現する動詞に、素早く容易に到達したいと思っている、ということだ。そうすれば、センテンスの残りは通常、自然に収まりがつく。自分自身の文章を分析するために、上記の原則の特徴を探してみよう。あらゆるセンテンスの最初の7語か8語にざっと目を通し、それらの基準に合致しないセンテンスを念入りに調べ、次のように改稿

しよう。

11.1.1 長い前置きのフレーズやクローズ〔節〕は避けよう

次の2つのセンテンスを比較してみよう（前置きのフレーズは太文字で、複数語主語は下線で示されている）。

3a. **In view of claims by researchers on higher education indicating at least one change by most undergraduate students of their major field of study,** first-year students seem not well informed about choosing a major field of study.
（大部分の学部学生たちは主要な研究分野を少なくとも1回変えるという、高等教育についての研究者たちの主張から考えて、1年生たちは主要な研究分野を選ぶことについて、詳しく知らされていないように思われる）

3b. Researchers on higher education claim that most students change their major field of study at least once during their undergraduate careers. **If that is so**, then first- year students seem not well informed when they choose a major.
（高等教育についての研究者たちは、大部分の学生たちが学部生活の間に少なくとも1回は主要な研究分野を変更すると主張する。**もしそのとおりなら**、1年生たちは主要な研究分野を選ぶとき、詳しく知らされていないと思われる）

大部分の読者は3bよりも3aの方が、読むのが難しいと分かる。なぜなら、主語のfirst-year studentsに到達する前に、24語のフレーズを苦労して読み進まされるからだ。3bの2つのセンテンスで、読者はすぐに主語Researchersでスタートし、あるいは大変短いクローズIf that is soのあとで主語に到達する。

原則は次のとおりだ。センテンスの大部分は、直接に主語からスタートさせよう。10前後の単語より長い前置きのフレーズかクローズ〔節〕で始めるのは、いくつかのセンテンスだけにしよう。通常、長い前置きのフレーズや従属節は、3bのように独立したセンテンスに改稿できる。

11.1.2　主語を短く、具体的にしよう

　読者がセンテンスの主語を容易に理解するようにしなければならないが、主語が長く、複雑で、抽象的なときにはそれは不可能だ。次の2つのセンテンスを比較してみよう（それぞれの複数語主語は下線で、1語の単独主語は**太字**で示す）。

4a. <u>A school system's successful **adoption** of a new reading curriculum for its elementary schools</u> depends on the demonstration in each school of the commitment of its principal and the cooperation of teachers in setting reasonable goals.
（<u>学校組織による小学校のための新しい読書カリキュラムの首尾よい**採用**</u>は、学校の校長が責任を負い、教師たちが妥当な目標を設けることに協力することを、それぞれの学校で表明することによって決まる）

4b. A school **system** will successfully adopt a new reading curriculum for elementary schools only when each **principal** demonstrates that **she** is committed to it and **teachers** cooperate to set reasonable goals.
（<u>学校**組織**</u>は小学校のために新しい読書カリキュラムを、それぞれの**校長**が責任を負い、<u>**教師たち**</u>が妥当な目標を設けることに協力することを、**校長**が表明するときだけ、首尾よく採用するだろう）

　4a では複数語主語は14語の長さであり、単独主語「採用 adoption」は抽象概念である。より明確な 4b の方ではあらゆる動詞の複数語主語は短く、またそれぞれの単独主語「学校組織 school system」、「それぞれの校長 each principal」、「校長 she」、「教師たち teachers」は比較的、具体的である。さらに、それらは動詞で行為を表現している。「組織は採用するだろう **system** will adopt」、「校長は表明する **principal** demonstrates」、「校長が責任を負う **she** is committed」、「教師たちが協力する **teachers** cooperate」。
　原則はこうだ。読者が読みやすいと思うセンテンスは、その動詞の主語がいくつかの具体的な単語で、主な登場人物であることをはっきり示している場合である。その主語が動詞が表現する行為の"行為者"であれば理想的である。
　しかし、厄介な問題がある。それは次のように、抽象的な登場人物について、しばしば明確な物語を語ることができることだ。

5. No skill is more valued in the professional world than problem solving. The ability to solve problems quickly requires us to frame situations in different ways and to find more than one solution. In fact, effective problem solving may define general intelligence.
(どんな能力よりも、問題を解決することが、プロの世界では評価される。素早く問題を解決する能力は、いろいろな方法で事態を作り、複数の解答を見つけることを、我々に要求する。実際、効果的な問題解決は、全般的な知能を定義するかもしれない)

　上のような抽象的な主語に困る読者はほとんどいない。「どんな能力 no skill」、「素早く問題を解決する能力 the ability to solve problems quickly」、および「効果的な問題解決 effective problem solving」は、短いし、馴染みのあるものだからだ。読者を困らせるのは、長くて、馴染みの薄い抽象的な主語である。
　長くて抽象的な主語を持つセンテンスを正すために、3つのステップで改稿しよう。

■ センテンスの中の主要な登場人物を確認。
■ その主な活動を見つける。そして、それが抽象名詞の中に埋没しているなら、それを動詞にする。
■ 主要な登場人物を、その新しい動詞の主語にする。

　たとえば、6a と 6b を比較してみよう（行為を示す名詞は**太字**、行為を示す動詞は下線）。

6a. Without a means for **analyzing interactions** between social class and education in regard to the **creation** of more job opportunities, success in **understanding** economic mobility will remain limited.
(もっと多くの就職機会を**創出すること**について、社会階級と学校教育との間の**相互作用の分析**をする方法がなければ、経済的な流動性の**理解**は、限られたままになるだろう。)

6b. Economists do not entirely understand economic mobility, because they cannot analyze how social class and education interact to create more job opportunities.

（エコノミストたちは経済的な流動性を完全には理解していない。なぜなら、彼らは社会階級と学校教育がもっと多くの就職機会を創るために、どのように相互作用しているかを分析することができないからだ）

それぞれのセンテンスで、主要な登場人物は economists である。しかし、6a では、その登場人物はどの動詞の主語でもない。事実、それはセンテンスの中に全く存在していない。「分析 analyzing」と「理解 understanding」（エコノミストたちが行うこと）という名詞に埋没している行為から、主要な登場人物を推察しなければならないのだ。主要な登場人物である「エコノミスト economists」、「社会階級 social class」、「学校教育 education」を、「理解する understand」、「分析する analyze」、「相互作用する interact」、「創る create」という明白な動詞の主語にすることによって、6a を 6b に改稿できる。

読者は、主語がストーリーの主要な登場人物、理想的には生身の人間を示し、彼らの主な活動を具体的な動詞が示すようにして欲しいのだ。

11.1.3　主語と動詞が、1～2 語以上で分断されないようにしよう

読者は、短い主語を通過したら、すぐ動詞に到達したいと思う。だから、長いフレーズやクローズ〔節〕で主語から動詞を切り離さないようにしよう。

7a. Some economists, because they write in a style that is impersonal and objective, do not communicate with lay people easily.
（一部のエコノミストたちは、個人的な感情を含まない客観的なスタイルで執筆するので、素人には伝わりにくい）

7a で、「～ので because」のクローズ〔節〕は、主語の「一部のエコノミスト some economists」を動詞の「伝えない do not…communicate」から引き離し、我々に頭脳の働きを中断させる。改稿するには、分断しているクローズ〔節〕を、前と後のどちらのセンテンスにより密接に関係しているかによって、センテンスの最初か最後に移動させよう。自信がないときには、最後に置いてみよう（これについてさらには 11.1.5 を参照）。

7b. Because some economists write in a style that is impersonal and objective, they do not communicate with lay people easily. This inability to communicate...
（一部のエコノミストたちは、個人的な感情を含まない客観的なスタイルで執筆するので、素人には伝わりにくい。この情報を伝えられないことは……）

7c. Some economists do not communicate with lay people easily because they write in a style that is impersonal and objective. They use passive verbs and...
（一部のエコノミストたちは、素人には伝わりにくい。個人的な感情を含まない客観的なスタイルで執筆するからである。彼らは受動態動詞を使い……）

　　読者は、短い中断ならもっと楽に対処できる。

8. Few economists deliberately write in a style that is impersonal and objective.
（エコノミストの中に、個人的な感情を含まない客観的なスタイルで、意識的に執筆する人などほとんどいない）

11.1.4　重要な行為は、名詞ではなく、動詞にしよう

　読者は素早く動詞に到達したいと思う。しかし、彼らはまた、その動詞が重要な活動を表すことを望む。だから、抽象名詞の中に埋没してしまっている行為を導き出すために、have、do、make、または be のような中身のない動詞を使わないようにし、その名詞を動詞に変えよう。
　次の2つのセンテンスを比較してみよう（行為を示す名詞は**太字**で、行為を示す動詞は下線で、重要性の低い行為を表している動詞は波線で示されている）。

9a. During the early years of the Civil War, the South's **attempt** at **enlisting** Great Britain on its side was met with **failure**.
9a.　南北戦争の初期の数年間に、英国に味方として**協力を求めること**への南部の**企て**は**失敗**に直面させられた。

9b. During the early years of the Civil War, the South attempted to enlist Great Britain on its side, but failed.

（南北戦争の初期の数年間に、南部は英国に味方として協力を求めようと企てたが、失敗した）

9aでは、3つの重要な行為は動詞ではなく、「企て attempt」、「協力を求めること enlisting」、「失敗 failure」という名詞だ。センテンス 9b は、これらの行為を「企てた attempted」、「協力を求める enlist」、「失敗した failed」という動詞で表現しているので、もっと直接的に思われる。

11.1.5 読者によく知られた情報はセンテンスの初めに、新しい情報は最後に入れよう

読者は、主語をすぐに見つけられれば、センテンスを最も容易に理解できる。そして、理解するのに最も楽な主語は、短くて具体的なだけではなく、「よく知られた」ものである。次の1節を見てみよう。2つめのセンテンスについてどちらの方が"流れ"がよいか比較してみよう。

10a. New questions about the nature of the universe have been raised by scientists studying black holes in space. The collapse of a dead star into a point perhaps no larger than a marble creates a black hole. So much matter squeezed into so little volume changes the fabric of space around it in odd ways.
（宇宙の現象についての新しい問題が、宇宙空間のブラックホールを研究している科学者たちから提起された。死んだ星がおそらくは大きくてもビー玉程度しかない点へと崩壊することが、ブラックホールを生み出す。それほど小さなボリュームへと圧縮された大量の物質が、その周りの宇宙空間の構造を奇妙な方法で変えるのだ。

10b. New questions about the nature of the universe have been raised by scientists studying black holes in space. A black hole is created by collapse of a dead star into a point no larger than a marble. So much matter squeezed into so little volume changes the fabric of space around it in odd ways.
10b. 宇宙の現象についての新しい問題が、宇宙空間のブラックホールを研究している科学者たちから提起された。ブラックホールは、死んだ星が大きくてもビー玉程度しかない点へと崩壊することによって生み出される。それほど小さなボリュームへと圧縮された大量の物質が、その周りの宇宙空間の構造を奇妙な方法で変えるのだ）

大部分の読者は、10b の主語「ブラックホール A black hole」が 10a の主語「死んだ星がおそらくは大きくてもビー玉程度しかない点へと崩壊すること The collapse of a dead star into a point perhaps no larger than a marble」より短くて、より具体的なこともあって、10a よりも 10b の方が流れが良いと感じる。しかし、10b の流れが良いのは、アイデアの順序が違っているからでもある。
　10a で、2 つ目のセンテンスの最初の言葉は、新しい情報を表している。

10a ... black holes in space. The collapse of a dead star into a point perhaps no larger than a marble creates...
(……宇宙空間のブラックホール。死んだ星のおそらくは大きくてもビー玉程度しかない点が、……を生み出す)

　崩壊する星についての言葉は、どこからともなく現れるように思われる。しかし、10b では、最初の言葉は、その前のセンテンスの最後を、オウム返しに繰り返している。

10b ... black holes in space. A black hole is created when...
(……宇宙空間のブラックホール。ブラックホールは、……のときに生み出される)

　さらに、このように変化を加えてみると、その 2 つ目のセンテンスの最後が、3 つ目のセンテンスを、より密接な繋がりを持って導いてくれる。

10b ...the collapses of a dead star into a point no larger than a marble. So much matter compressed into so little volume changes...
(……死んだ星が大きくてもビー玉程度しかない点へと崩壊すること。それほど小さなボリュームに圧縮された大量の物質が、……変える)

　10a と対比させてみよう。2 つ目のセンテンスの最後は、3 つ目のセンテンスの冒頭に、同じようにスムーズには流れ込んでいない。

10a. The collapse of a dead star into a point perhaps no larger than a marble creates a

black hole. So much matter squeezed into so little volume changes the fabric of space around it in odd ways.
(死んだ星がおそらく大きくてもビー玉程度しかない点へと崩壊することが、ブラックホールを生み出す。それほど小さなボリュームへと圧縮された大量の物質が、その周りの宇宙空間の構造を奇妙な方法で変えるのだ)

　このようなわけで、読者は 10a の 1 節は 10b よりムラがあると感じる。1 つのセンテンスの最後が、次のセンテンスの冒頭にスムーズに流れ込んでいないのだ。
　古い情報を先におけば新しい情報、特に新しい専門用語を最後におくことになるのは当然のことである。したがって、新しい情報を紹介するときは、それをセンテンスの最後に置こう。次の 2 つを比較してみよう。

11a. Calcium blockers can control muscle spasms. Sarcomeres are the small units of muscle fibers in which these drugs work. Two filaments, one thick and one thin, are in each sarcomere. The proteins actin and myosin are contained in the thin filament. When actin and myosin interact, your heart contracts.
(カルシウム拮抗剤は、筋肉のけいれんをコントロールすることができる。筋節は筋肉繊維の小さな単位で、その中でこうした薬が効果を発揮する。1 つは太く、1 つは細い、2 つの単繊維がそれぞれの筋節の中にある。たんぱく質アクチンとミヨシンは細い単繊維に含まれている。アクチンとミヨシンが相互作用するとき、心臓は収縮する)

11b. Muscle spasms can be controlled with drugs known as *calcium blockers*. They work in small units of muscle fibers called *sarcomeres*. Each sarcomeres has *two filaments, one thick and one thin*. The thin filament contains *two proteins*, actin and myosin. When actin and myosin interact, your heart contracts.
(筋肉のけいれんは、*カルシウム拮抗剤*として知られる薬でコントロールされうる。それらの薬は、*筋節*と呼ばれる筋肉繊維の小さな単位の中で効果を発揮する。それぞれの筋節は、*1 つは太く、1 つは細い、2 つの単繊維*を持っている。細い単繊維はアクチンとミヨシンという *2 つのたんぱく質*を含んでいる。アクチンとミヨシンが相互作用するとき、心臓は収縮する)

11aで、新しい専門用語は「カルシウム拮抗剤 calcium blockers」、「筋節 sarcomeres」、「単繊維 filaments」、「たんぱく質アクチンとミヨシン the proteins actin and myosin」だが、それらはセンテンスの早い段階でまず現れる。対照的に（11b）では、それらの新しい用語はそれぞれのセンテンスの終わりの方で初めて現れる。その後、それらは古い情報となるので、次のセンテンスの冒頭に置くこともできる。

　これより重要な執筆の原則はない。すなわち、古い情報は新しいの前に置き、よく知られた情報は、よく知られていない情報を先導する。

11.1.6　以上の原則を反映するために、能動態動詞か受動態動詞かを選ぼう

　受動態動詞によって、これまでに論じてきた原則に反するセンテンスを書かざるを得なくなったとき、受動態動詞を使わないようにというアドバイスを思い出すかもしれない。これは良いアドバイスである。次の1節の2つ目のセンテンスを見てみよう。

12a. Global warming may have many catastrophic effects. Tropical diseases and destructive insect life even north of the Canadian border could be increased passive verb by this climatic change.
（地球温暖化は、多くの悲劇的な影響を及ぼすかもしれない。熱帯特有の病気や害虫の活動〔destructive insect life〕は、カナダとの国境の北でさえ、気候変動によって増大される（受動態動詞）可能性がある）

　2番目のセンテンスは、「熱帯特有の病気……カナダとの国境〔の北でさえ〕Tropical disease...Canadian border」という新しい情報を伝える11語の主語で始まっている。それは受動態動詞「増大される be increased」の主語で、その動詞に、前のセンテンスからの短くて、よく知られたわずかな情報「気候変動によって by this climatic change」が続く。動詞が能動態ならば、このセンテンスはもっと明快になるだろう。

12b. Global warming may have many catastrophic effects. This climatic change could increase active verb tropical diseases and destructive insect life even north of the

第 11 章　センテンスの改稿

Canadian border.
12b.　地球温暖化は、多くの悲劇的な影響を及ぼすかもしれない。この気候変動は、カナダとの国境の北でさえ、熱帯特有の病気や害虫の活動を増大させる（能動態動詞）可能性がある）

　これなら、主語はよく知られており、長いフレーズの中に含まれた新しい情報は最後にある。この場合、能動態動詞は正しい選択である。
　しかし、もし決して動詞を受動態にしないなら、旧情報から新情報への原則に反するセンテンスを書くことになるだろう。その例は先（前掲）10a にあった。

10a. New questions about the nature of the universe have been raised by scientists studying black holes in space. The collapse of a dead star into a point perhaps no larger than a marble creates active verb a black hole. So much matter squeezed into so little volume changes the fabric of space around it in odd ways.
（宇宙の現象についての新しい問題が、宇宙空間のブラックホールを研究している科学者たちから提起された。死んだ星がおそらくは大きくてもビー玉程度しかない点へと崩壊することが、ブラックホールを生み出す（能動態動詞）。それほど小さなボリュームへと圧縮された大量の物質が、その周りの宇宙空間の構造を奇妙な方法で変えるのだ）

　2番目のセンテンスの動詞は能動態だが、この1節は受動態の方が流れが良い。

10b. New questions about the nature of the universe have been raised by scientists studying black holes in space. A black hole is created (passive verb) by the collapse of a dead star into a point no larger than a marble. So much matter squeezed into so little volume changes the fabric of space around it in odd ways.
（宇宙の現象についての新しい問題が、宇宙空間のブラックホールを研究している科学者たちから提起された。ブラックホールは、死んだ星が大きくてもビー玉程度しかない点へと崩壊することによって生み出される（受動態動詞）。それほど小さなボリュームへと圧縮された大量の物質が、その周りの宇宙空間の構造を奇妙な方法で変えるのだ）

読者は、短く具体的でよく知られている主語を、それに続く動詞には関係なく好む。したがって、能動態にするか受動態にするかは、どちらが短く具体的でよく知られている適切な種類の主語をもたらすかによって選べばよい。誰かに声を出して読んでもらえれば、読者が自分の書いたものにどのように反応するかを、一番よく判断できる。もしその人がまごついたり、だらだらと読んでいるように思えたりするなら、書いた本人よりも読者の方が無味乾燥な文章を好まないだろう思って間違いない。

11.1.7 第1人称代名詞を適切に使おう

ほとんど誰でも、学術的な文書では「私 I」や「私たち we」を使わない方がよいというアドバイスを聞いたことがあるだろう。実際には、この点についての意見は一律ではない。教師の中には、文書を"主観的"にしてしまうからといって、決して「私 I」を使ってはいけないと教える人もいる。他方で、文書をより生き生きと個性的にする方法として、「私 I」を使うことを勧める人もいる。

大部分の指導者や編集者は、「私 I」の次の2つの使用法を回避すべきだということに同意している。

- 自信のない筆者は、非常に多くのセンテンスを I think〔私が考えるには〕または I believe〔私の信じるところでは〕（あるいは相当語句の In my opinion〔私の意見では〕）で始める。読者は、自分の書くことを考えて信じるのは当然のことだとみなすので、そうだということを言う必要はない。
- 経験のない筆者たちは、First, I consulted…then I examined…,〔最初に私が参照したのは……、次に私が検討したのは……〕などと、研究を物語のように説明することが非常に多い。読者は、研究の結果に比べて、研究の一部始終については関心が薄い。

しかし、第1人称は2つの場合に適切であることを、我々は信じているし、大部分の学術雑誌も同意している〔But we believe, and most scholarly journals agree that the first person is appropriate on two occasions〕。
このセンテンスは、2つの場合のうちの1つを説明している。

■時々出てくる前置きのI（or we）believe〔私（ないし我々）が信ずるところでは〕は、意見表明の独断的な激しさを和らげることができる。次のもっと素っ気なく、あまり手を加えられていないものと比較しよう。

13. But ~~we believe, and most scholarly journals agree, that~~ the first person is appropriate on two occasions.
（しかし、第1人称は2つの場合に適切であること~~を、我々は信じているし、大部分の学術雑誌も同意している~~）

　秘訣は、確信していないように思われることに予防線を張りすぎたり、自己満足しているように思われることに予防線を張らなすぎたりしないことである。

■第1人称の「私I」や「我々we」は、議論の筆者として自分だけに特有の行為を指す動詞の主語であるときにも適切である。そのような動詞は、導入部に典型的に現れる次のような行為に言及する。すなわち、「私は、Xを示す／論じる／証明する／主張する I will show/argue/prove/claim that X」、そして結論では「私は、Yを論証した／結論づけた I have demonstrated/concluded that Y」である。自分だけが議論の中にあることを、示し、証明し、主張できるのだから、自分だけが「私I」を使って言うことができる。

14. In this report, I will show that social distinctions at this university are...
（このレポートで、私はこの大学における社会的特徴は……であることを示すつもりだ）

　他方で、研究者は、報告する研究を再現するためにほかの人たちが繰り返さなくてはならない行為については、第1人称はめったに使わない。それらの単語には「分割する divide」、「測定する measure」、「計量する weigh」、「検証する examine」などが含まれる。研究者たちは、以下のような能動態動詞を使ったセンテンスはまず書かない。

15a. I *calculated* the coefficient of X.
（私はXの係数を計算した）

代わりに、彼らは受動態で書くだろう。そのような計算は、誰でもできるからだ。

15b. The coefficient of X was *calculated*.
（Xの係数は*計算された*）

同じ原則は、2人以上からなる筆者の1人であるなら、「私たちwe」にも当てはまる。しかし、多くの指導者や編集者は、weのほかの2つの使用法に反対している。

■ 筆者が自分自身のことを指して使う君主のweと同形のもの
■ 一般の人たちを意味する多目的の「私たちwe」

次の例は、その限りではない。

16. We must be careful to cite sources when we use data from them. When we read writers who fail to do that, we tend to distrust them.
（我々は、データを引用して使うとき、典拠を明示するよう注意しなければならない。それを怠る執筆者たちのものを読むとき、我々は彼らを信用しない傾向がある）

しかしながら、最終的には指導者が決める。彼がきっぱりと「私I」または「私たちwe」を禁じたら、それに従うようにしよう。

11.2 読むものを分析しよう

読者がどう読むかが理解できれば、明確な散文の書き方が分かるし、読まなければならない多くの文章が、なぜ非常に難解なのかもまた分かるだろう。内容が難しいために、何かしらの文章と苦闘するかもしれない。しかし、筆者が明確に書かなかったから苦労することもあるだろう。たとえば次の1節は、これまで書かれたものの中で最もひどいものというわけでは決してない。

15a. Recognition of the fact that grammars differ from one language to another can serve as the basis for serious consideration of the problems confronting translators of the great works of world literature originally written in a language other than English.
(言語によって文法が違うという事実を認識することは、もともと英語以外の言語で書かれていた世界文学の偉大な作品の翻訳者たちが直面している問題を、真剣に考えるための基礎として役に立つ可能性がある)

しかし、半分の言葉で言えば、次のような意味でしかないのだ。

15b. Once we know that languages have different grammars, we can consider the problems of those who translate great works of literature into English.
(言語によって違った文法があることを知れば、文学の偉大な作品を英語に翻訳する人たちの抱える問題を理解することができる)

したがって、ある学術的な文章を理解しようと苦闘しているなら（必ずやそうなるだろう）、少なくとも最初は、自分自身のせいにしてはいけない。まずそれらのセンテンスを分析してみよう。もしそれらのセンテンスに、新しい情報を表す抽象的な名詞で詰まった長い主語があるなら、問題はおそらく、読み手に楽に読む能力がないのではなく、書き手に明確に書く能力がないことにある。この場合、残念なことに、学術的な散文について経験が増えるほど、それを真似てしまうリスクも大きくなる。実際は、学術的であろうとなかろうと、あらゆる分野でプロが書く文章の共通の問題である。

11.3 正しい言葉を選ぼう

もう1つのちょっとした基本的なアドバイスは「正しい言葉を選ぶ」ということだ。

①正しい意味を持った言葉を選ぼう。「影響を及ぼす affect」は「効果をもたらす effect」を意味しないし、「導き出す elicit」は「違法な illicit」と同じ意味ではない。多くの手引書が、一般に間違った用例の多い言葉をリストアップしている。もし経験のない筆者なら、1冊購入しよう。

②適正なレベルの用法を持った言葉を選ぼう。素早く起草するとなると、選ぶ

単語は、意味するだろうと考えたことを大雑把には表すかもしれないが、研究レポートにはいい加減すぎるものになるリスクがある。誰かがほかの筆者を「批判する criticize」ことも「けなす knock」こともできる。リスクは「恐ろしい frightening」ようにも「おっかない scary」ようにも思われるかもしれない。これらの一対ずつの言葉は、よく似た意味を持っているが、大部分の読者は、2番目の言葉は少しぞんざいだと判断する。

他方で、本当に"学究的"と思われたいと非常に熱心に努力しているなら、形式的すぎる言葉を使うリスクを冒す。「考える think」ことも「熟考する cogitate」こともでき、「飲む drink」ことも「吸引する imbibe」こともできる。これらの一対ずつの言葉は意味が近いが、それぞれの2番目の言葉は、普通の英語で書かれたレポートには凝りすぎている。特に素敵だと思う言葉を使う誘惑にかられたら、必ずもっとよく知られた言葉を探すようにしよう。

ここではっきりアドバイスすべきは、確信の持てない言葉は必ず調べるようにするということだ。しかし、問題なのは、それらの言葉ではなく、確信している言葉なのだ。さらに悪いことに、「容貌 visage」や「踏査する perambulate」といった単語が、ほとんどどんな文脈にも凝りすぎであることを教える辞書はない。短期的な解決策は、レポートの提出前に誰かにそれを読んでもらうよう頼むことだ（しかし、あまりにも多くの提案を受け入れないように注意しよう。7.10を参照）。長期的な解決策は、たくさん読み、たくさん書き、たくさんの批評に耐え、それから学び取ることだ。

11.4 推敲しよう

レポートを印刷する前に、文法、スペリング、句読法での誤りを修正するため、最後にもう1度読むようにしよう。多くの経験ある研究者たちは、最後のセンテンスから最初のセンテンスへと逆戻りして読む。アイデアの流れの中にはまってしまうとか、言葉を見落とすことがないようにするためだ。スペル・チェッカーだけに頼ってはいけない。それは正しいスペルで間違って使われた言葉は検知しない。たとえば、their/there/they're, it's/its, too/to, accept/except, affect/effect, already/all ready, complement/compliment, principal/principle, discrete/discreet などだ。この種の問題を経験したことがあるなら、両方の言葉をチェ

ックするため、全文検索をしよう。スペリングについては、さらに第20章を参照のこと。

もし外国の言葉、数字、略語などをたくさん使ったなら、この手引書の第Ⅲ部の関連する章をチェックしよう。

最後に、レポートに章や節の表題や数字を列挙する目次があるなら、レポートの本文における対応する言葉遣いや数字と「正確に」符合しているかどうか確認しよう。もしテキストの中で、前や後ろへとほかの節または章を参照するなら、参照が正確であることを確認しよう。

学生の中には、英語のコースでのみ自分たちの文書の質について心配すればよいと考える人がいる。英語以外のコースの指導者は、レポートのスタイルよりも内容に焦点を合わせることもあるのは事実だ。しかし、明快さや首尾一貫性が無視されると考えてはいけない。もし歴史や美術の指導者が、書き方が悪いと言ってレポートを批判したら、「しかし、これは英語コースではない」と抗弁してはいけない。どのようなコースでも、何か書かなければならないのであれば、明快に、首尾一貫して、説得力を持って書く練習をする機会である。今後の生活にとって大変役に立つ技能にもなる。

11.5 書くのをやめてプリントアウトしよう

書き始めるよりも難しいことがあるとすれば、書くのをやめることだ。我々は皆、構成を正しくするためにもう1日欲しいと思うし、書き出しのパラグラフを微調整するためにもう1時間欲しいと思うし、○○するためにあと1分欲しいと思う。言いたいことはお分かりいただけるだろう。もし経験ある研究者が、研究とそれをレポートにすることについて、もう1つの重大なことを知っているとすれば、それは書く物は決して完璧にはならないということである。最後の1%、あるいは5%でさえ、正しくすることによって得る利益は、めったに労力を費やすに値しない。特に博士論文を執筆する学生たちは、主として彼ら自身の心の中に存在する完全さの基準に到達しようとして必死の努力をする。「どの学位論文も博士論文も、真に完璧である必要はない。必要なのは、完成していることだ」。ある時点で、もうやめにし、思いきって印刷してしまおう（しかし、提出前に、望んだ出来栄えになっているかを確認するため、最後にもう1度ざっとページをめくってみよう。改ページ、余白の取り方、表と図の位置な

どを見よう)。

　いまやするべき仕事は終わったと思うかもしれない。しかし実際は、最後の仕事が残っている。返却されたレポートにあるコメントから教訓を得ることである。

第12章 戻されたレポートから学ぶこと

12.1 具体的なコメントの中に、一般的な原則を見出そう
12.2 指導教員と話し合ってみよう

　学生がレポートの点数だけに目を向け、本質的なコメントを無視するか、もっと悪ければ、レポートを受け取りにも来ないとき、教師たちは当惑し、いら立つ。学究生活と職業生活の中でたくさんのレポートを書くことになるだろうから、読者がそれらのレポートをどのように判断するか、また次回にもっとよい反応を得るために何ができるかを理解しておくのが賢明である。そのために、もう1つのプランが必要となる。

12.1 具体的なコメントの中に、一般的な原則を見出そう

　教師のコメントを読むとき、次の研究課題に応用できる指摘に注目しよう。

■ スペリング、句読法、文法での誤りのパターンを探そう。もし見つけたら、取り組むべきことが分かる。
■ 教師が事実に誤りがあったと指摘したなら、メモをチェックしよう。不完全なメモを取ったのか、それとも正しく伝え損なったのか。信用できない情報によってミスリードされたのか。何を発見するにせよ、次の研究課題で何をなすべ

きかが分かる。
- 教師が文書についての判定だけを伝えたのなら、その判定の理由を探そう。文書にムラがあるとか、理解しにくいとか、ぎこちないとか言われたのなら、第11章のステップを使ってセンテンスをチェックしよう。支離滅裂とかとりとめがないと言われたのなら、第9章と対照してチェックしよう。必ずしも批判の原因は見つからないだろうが、見つかったときには、次回は何に取り組むべきか分かるだろう。

12.2 指導教員と話し合ってみよう

　もし教師のコメントに「支離滅裂」「非論理的」または「立証されていない」といった言葉が入っていて、何がそのような言葉の原因なのかが分からなければ、教師に尋ねる約束を取りつけよう。研究課題のほかのあらゆるステップについてと同様に、計画を立て、予行演習をすれば、その訪問は一層うまくいくだろう。

- もし教師がスペリング、句読法、文法に印をつけていたなら、彼のコメントを真面目に受け取ったことを示すため、教師と話す「前に」誤りを太文字で訂正しておこう。いやむしろ、彼のコメントを綿密に読んだことを示すために、そのあとに返答を書き留めておくとよい。
- 点数について不平を言ってはならない。次回にはもっと向上できるように、コメントを理解することだけを望んでいることを明確にしよう。
- わずかなコメントだけに焦点を絞ろう。質問が好意的であると思われるように予行演習をしておくとよい。すなわち「先生はこれが支離滅裂とおっしゃるが、どうしてでしょうか」ではなくて、「次回はもっと上手に書けるように、私の構成のどこが悪いのか教えていただけませんか」という具合だ。
- 指導者に、彼の判定をはっきり示す部分を指摘するように頼み、そこがどのようであるべきだったかを尋ねてみよう。「先生は何がお気に召さなかったのですか」などとは訊かず、「私は正確にはどこで間違え、それを解決するため何をすることができたのでしょうか」と訊いてみよう。

　もし教師が彼の判定を明確に説明できなければ、彼はレポートを逐一評点し

たというより、むしろ印象に基づいて評点したのかもしれない。もしそうなら、残念なことだ。訪問から学べるものは、ほとんどない可能性もある。

　たとえAをもらっても、教師を訪問してもよい。どのようにしてAを得たかを知ることは重要だ。なぜなら、次の研究課題はもっと骨が折れることになるだろうし、またもや初心者であるように感じてしまうかもしれないからだ。実際のところ、あらゆる新しい研究課題についてそういうことが起こっても驚いてはいけない。それは我々の大部分に起きることだ。しかし、プランがあれば、たいてい克服できるはずだ。

第13章 型にはまらない公開討論会で研究を発表すること

13.1 口頭発表を計画しよう
    13.1.1 焦点を絞ろう
    13.1.2 聴き手と読者の違いを理解しよう

13.2 傾聴してもらえるように発表の構想を立てよう
    13.2.1 導入部の概略を述べよう
    13.2.2 話の本体についてのメモを、一目で理解できるようにデザインしよう
    13.2.3 導入部を基にして結論を作ろう
    13.2.4 質問への準備をしよう
    13.2.5 配布資料を作ろう

13.3 ポスターを使った発表を計画しよう

13.4 学会発表に申し込む準備をしよう

  自分の研究を出版することを考えるのは、まだ早すぎる人もあるかもしれない。しかし、クラスへの「口頭発表」として、たぶんその一部を話すことになるだろう。口頭発表の準備をすることは、文書レポートを準備するより簡単だ。しかし、それをうまく実行するにもなお、プランといくらかの練習が必要だ。実際に、立ち上がって研究について明確に力強く話す能力は、どんな職業に従事するにしても必要不可欠な技能である。もし博士論文に取り組んでいるのなら、たぶん最終的には出版することを期待して、研究結果を提出するだろう。

しかし、それを専門雑誌に投稿する前に、口頭で発表する機会を探すべきだ。

この章では、文書テキストのためのプランを、口頭発表を準備するために利用する方法を示す。また、「ポスター」と呼ばれる混合タイプの発表形式を取り上げる。これは執筆とスピーチの要素を組み合わせたものである。最後に、口頭発表への招待状を得るために、学会発表に申し込む準備をする方法を検討する。

13.1 口頭発表を計画しよう

口頭発表は執筆よりいくつかの有利な点がある。それは口頭発表のあの質疑応答の間に、即座のフィードバックが得られることだ。その反応は、文書化された研究に対するものほど厳しくはないかもしれない。新しいアイデアを聴いてもらうだけ、または新しいデータを検証するだけのものとして発表を組み立てるなら、なおさらだ。しかし、それらの反応から教訓を得るためには、文書レポートを計画するときと同じように、注意深く口頭発表を計画しなければならない。

13.1.1 焦点を絞ろう

口頭発表のための時間は、おそらく20分程度しかないだろう。(単に読み上げるのがよいアイデアであることはめったにないが、もしそうするのなら、ダブルスペースで〔行間に完全な1行分の空白を入れること。1行おきに書くこと〕せいぜい7〜10ページである。)〔ここでは、口頭発表の話をしているので、大まかな原稿の分量を示すとともに、読み上げ原稿は行間の空いた読みやすいものを用意すべきであるというニュアンスを含んでいると考えられる〕したがって、研究をエッセンスに圧縮するか、その一部だけに焦点を合わせなければならない。ここに3つの一般的な選択肢がある。

■ 議論の概略を伴った問題の陳述。問題が新しければ、その斬新さに焦点を合わせ、短い導入部でスタートしよう。すなわち、「先行研究の短い概観＋問題＋解答を知らないことの影響＋主張」(9.1を復習)。それから理由を説明し、それぞれについての論拠を要約しよう。

■ 補足的な議論の要約。論点が大きすぎるのなら、主要な補足的議論に焦点を合わせよう。導入部と結論で大きな問題に言及しよう。しかし、その一部だけに

取り組んでいることを明確にしよう。
- ■方法論またはデータ報告。もし新しい方法論またはデータの情報源を示すなら、なぜそれらが重要かを説明しよう。短い問題の陳述で始めて、それから新しい方法またはデータが、それをどのように解決するかに焦点を絞ろう。

13.1.2 聴き手と読者の違いを理解しよう

話し手が聴き手を苦しめる方法にはきりがない。記憶したセンテンスをロボットのように暗唱する人もいれば、ページの上に身をかがめて、すべての言葉を読み、めったに聴衆とは目を合わせない人もいる。データのスライドについて、「そして今度は、このスライドは……を示している」という以外の話の組み立てもせずに、とりとめもなく話す人もいる。こうした発表者は、聴き手は、積極的な読者や、会話に参加している話上手な人と同様だと思っている。しかし、彼らはそうではない。

- ■我々は何かを読むとき、難しい1節についてよく考え、頭を絞るため、一休みすることができる。構成を踏みはずさないため、小見出しや、パラグラフの字下げさえも、見ることができる。もししっくり来なければ、もう1度読む。
- ■我々が会話をするときは、考えついたときに質問できるし、論証の筋道を明らかにするよう、あるいはただそれを繰り返すよう、相手に頼むこともできる。

しかし、聴き手としては、このようなことは何もできない。注意して聴くには興味をそそられなければならないし、複雑な思考の筋道を理解するには助けが必要だ。もしその脈絡を見失ったら、自分自身の考えへと流されてしまうかもしれない。したがって、発表をしているときには、目的と構成を明示していなければならないし、原稿を読み上げるなら、センテンスの構造を文書レポートよりもはるかに簡単にしなければならない。したがって、一貫した主語を持った短めのセンテンスを積極的に選ぶようにしよう（11.1.2参照）。"私 I"、"私たち we" と "皆さん you" をたくさん使おう。読者には不器用な繰り返しが多いと思われることも、普通は聴き手には歓迎される。

13.2 傾聴してもらえるように発表の構想を立てよう

聴き手の注意を引きつけておくためには、彼ら「に」講義をしているのではなく、むしろ友好的に彼ら「と」会話をしていると思われなければならない。それは、簡単に身につく技能ではない。なぜなら、話すように書ける人はほとんどいないし、大部分の人は横道にそれないようにするためにメモが必要だからである。もし読み上げなければならないなら、1ページを約2分以上かけて読むようにしよう（1ページ約300語の換算）。普通に話すよりも遅く読むように時間をとろう。あなたの頭のてっぺんは、たぶんチャームポイントではないだろう。だから、特に重要なことを言っているときには、聴衆を意識的に真っすぐ見る瞬間を組み込んでおこう。1ページに少なくとも1度か2度はそうしよう。

メモから離れて話す方がはるかによいが、それをうまくやるには十分な準備が必要だ。

13.2.1 導入部の概略を述べよう

20分間の口頭発表では、聴衆が気を散らす前に、彼らの興味をそそるチャンスは1度しかない。だから、導入部を口頭発表のほかのどの部分よりも注意深く準備しよう。10.1で説明した4部分からなる問題の陳述とロード・マップを、導入部の基礎にしよう。（下記のカッコの中の時間は、およその目安である。）

メモを、逐語的な原稿としてではなく、4つの部分を思い出すためだけに使おう。もし内容を思い出すことができなければ、まだ口頭発表をする準備ができていないのだ。次のことを「思い出す」ために、メモの中に十分な概略を書いておこう。

①拡張し、修正し、あるいは訂正する研究（1分未満）
②研究課題についての陳述——問題として取り上げる、知識または理解の食い違い（30秒以下）
③「それでどうだというのだ」に対する答え（30秒）

これら3つのステップは、聴き手の興味をかき立てる点で必要不可欠である。問題が新しいか、論議の余地のあるものなら、もっと時間を当てよう。もし聴

き手がその意義を知っているなら、それにすばやく言及して、先へ進もう。

④主張、つまり研究課題への解答（30秒以下）

　聴き手は、読者よりもなお一層、前もって解答を知る必要がある。したがって、もしそれを最後に回す説得力のある理由がなければ、少なくとも要旨を示すべきだ。もし後回しにするなら、少なくとも解答の見通しを示そう。

⑤発表の構造についての見通し（10秒から20秒）

　最も役に立つ見通しの示し方は、言葉を使った目次である。すなわち、「最初に私は……を論じる」。印刷物ではぎこちなく思われるかもしれないが、聴き手は読者よりも多くの助けが必要だ。口頭発表の本論を進めながら、その構造を繰り返すようにしよう。

　導入部を予行演習しよう。それを整えるためだけでなく、導入部を語りながら聴衆を正視できるようにするためである。メモには、あとで目を落とすことができる。

　全体として、導入部に3分程度以上は使わないようにしよう。

13.2.2　話の本体についてのメモを、一目で理解できるようにデザインしよう

　メモは、読み上げるための完全なセンテンス（ましてやパラグラフ）として書いてはいけない。口頭発表の構造だけを一目で見るのに役立つものであり、決定的なポイントで言うべきことのきっかけを与えるものであるべきだ。したがって、書かれたテキストからセンテンスを切り貼りしてはいけない。走り書きからメモを作ろう。

　それぞれの主な論点について、別々のページを使おう。それぞれのページに、主な論点をトピックとしてではなく主張として、短縮された形または（必要な場合に限り）完全なセンテンスで書き出そう。さらに、明白な論点の変わり目を、小見出しに相当する語句として「最初の問題点は……」という具合に付け加えてもよい。

　それらの主な論点を即座に認識できるように、視覚的に目立たせておこう。それらの論点の下に、それらを立証する論拠を「トピックス」として列挙して

おこう。もし論拠が数字または引用文から成り立っているなら、たぶんそれらを書き出さなければならないだろう。そうでなければ、聴衆に対して直接話しかけられるように、論拠を十分に理解しておこう。

　論点の最も重要なものに最初に言及するように、論点を体系づけておこう。もし長くなったら（我々のほとんどはそうなる）、そのときは次のセクションに跳んでもよいし、議論に必要不可欠なものを失うことなく結論へジャンプすることだってできる。到達できないかもしれないクライマックスまで、決して盛り上げてはいけない。もし何かを飛ばさなければならないなら、質疑応答のときに、それに戻るようにしよう。

13.2.3　導入部を基にして結論を作ろう

　結論は覚えやすいものにしよう。なぜなら、聴き手たちは「ジョーンズは何と言ったのですか」と訊かれたら、それを繰り返すことになるからだ。メモを読まず、聴衆を見ながら発表できるように、よく頭に入れておこう。それは3つの部分からなるべきだ。

■導入部よりも詳しい主張
　聴き手が理由やデータにもっと興味を持っているならそれらも要約しておこう。
■「それでどうだというのだ」に対する解答
　導入部での解答を再び述べてもよい。しかし、たとえ推論にすぎなくても、新しい解答をつけ足すよう試みてみよう。
■さらなる研究についての提案、つまり引き続き行われるべきこと

　正確にどれぐらい時間がかかるか（せいぜい1〜2分）を知るために、結論を予行演習しよう。そして、残り時間が結論に必要なだけになったら、たとえ最後の（比較的重要でない）論点が終わっていなくても、そこで締めくくろう。もし1つか2つの論点を飛ばさなければならなかったら、質疑応答の時間に、それらの論点を答えに組み込んでしまおう。口頭発表が短くなっても、アドリブをしてはいけない。次に話す人があるなら、使い残した時間を譲ろう。

13.2.4 質問への準備をしよう

　もし運がよければ、口頭発表のあと、質問を受けるだろう。だから、予想される質問への答えを準備しよう。データや資料についての質問に対しては、特に口頭発表の中でそれらに言及しなかったなら、それらに答えられるようにしておこう。もし有名な研究者たちや学派に関連のある事柄に取り組んでいるなら、自分の研究がそれらとどのように関係するかをさらに詳しく述べる準備をしておこう。彼らの成果や研究方法を否定するか、あるいは複雑にする場合は特にそうだ。聞いたこともない資料についての質問にも答えられるようにしておこう。最善の手段は、それを見たことはないが、調べるつもりであると認めることだ。もし質問が好意的であると思われたら、その資料がなぜ関連しているのか尋ねてみよう。防御的な答えだけを準備してはいけない。主な論点を再び強調するためか、または省いたかもしれない事柄を論じるために、質問を利用しよう。

　あらゆる質問に注意深く耳を傾けてから、自分がそれを理解したかどうかを必ず確認しよう。「応答する前に一息入れ、ちょっと考えよう」。もし質問が理解できなければ、質問者に言い換えるように頼んでみよう。答えを反射的に、また防御的に切り返してはいけない。よい質問は、たとえ敵意があると思えるときでさえ、非常に貴重である。思考を洗練するためにも、それらを利用しよう。

13.2.5 配布資料を作ろう

　短い引用文または重要なデータは、読み上げてもよいが、もしそうしたものがたくさんあるなら、配布資料を作ろう。スライドを使うなら、印刷物のコピーを配布しよう。メモのためのスペースのある、主要論点のアウトラインを渡してもよい。

13.3 ポスターを使った発表を計画しよう

　ポスターは大きなボードであり、その上に研究の要約を、最も関連のある論拠を添えてレイアウトする。ポスター発表は普通、ほかの発表者であふれる玄関広場か大きな部屋で開催される。人々はポスターからポスターへ、発表者に質問しながら移動する。ポスターは文書と口頭の両方の利点を併せ持つ。ポス

ターを読む人たちは、聴き手よりも冷静だし、彼らは資料をまとめるために使われた視覚的に目立つシグナルに頼ることができる。シグナルにするのは、箱、線、色、それに大見出し、小見出しである。

　入手可能なもので十分な仕上がりになるソフトウエアやウェブ・サイトがあるので、それらを使ってポスターをデザインできる。しかしながら、テキストそれ自体については、読み上げ原稿のガイドラインに従い、さらに2つの点を考慮しよう。

①議論をいくつかの層に分けよう。議論を詳しさに応じた3つのレベルで視覚的に示そう。
　　■抜粋または問題の陳述と要約を、ポスターのトップで（箱で囲むとか、大きめの字体を使うなどして）強調しよう。
　　■その下に、議論を要約するセクションでの小見出しとして理由を列挙しよう。
　　■その下で、理由を再び述べ、さらにその下で論拠をグループ分けしよう。
②すべてのグラフと表を説明しよう。それぞれの図表についての説明文に加えて、データの中で重要なことを説明する1つか2つのセンテンスと、それらが理由と主張をどのように立証するかをつけ加えよう（7.7と8.3.1を復習）。

13.4　学会発表に申し込む準備をしよう

　学会発表は、研究を伝える良い機会だ。しかし、口頭発表に招かれるためには、普通は申し込みをしなければならない。それを、研究についてのパラグラフごとの要約としてではなく、30秒間の"エレベーター内の話"として書こう。つまり、口頭発表に行く途中で乗ったエレベーターに乗り合わせた誰かに「今日はどんな話をするのですか」と質問されたら話すだろうようなことだ。（実際のところ、注意深く準備され、予行演習されたエレベーター内の話は、研究についてのどのような会話にも、特にインタビューに、とりわけ役に立つ。）

　エレベーター内の話は3つの部分からなる。

■「それでどうだというのだ」に対する解答を目立たせる問題の陳述
■主張と主な理由の概略
■最も重要な論拠の要約

学会発表の批評者たちは、正確な言葉よりも、なぜそれらの言葉に耳を傾けたくなるのかに興味がある。目的とすべきは、研究課題を提示し、批評者たちの「それでどうだというのだ」に答えることだ。したがって、その主張が研究分野にどのように貢献するか、特に主張の何が斬新か、何に議論の余地があるかに焦点を合わせよう。先行研究によって証明された問題に取り組んでいるなら、それに言及してから、どちらが独創性に優っているかに応じて、新しいデータまたは新しい主張に焦点を合わせよう。

　批評者たちはしばしば、トピックについて発表者ほどは知らないだろうこと、問題の意義を理解するのに助けが必要かもしれないことを心得ておこう。したがって、最初の「それでどうだというのだ」に答えたあとでも、再び質疑応答をやり、さらに、もし可能ならもう１度やってみよう。学会発表での自分の役割が、話すことか、または聴くだけになるかは、研究の質だけでなく、問題の意義によっても決まる。

第14章 研究の精神について

　すでに述べたとおり、研究以外の多くの方法でも、よい結論に到達できる。直感、感情、精神的洞察力にも頼ることができる。しかし、それらの方法で到達する真実は、あくまで個人的なものである。ほかの人たちに、考えを受け入れ、それらに従って行動するよう求めるとき、彼らが同意すべき論拠として、我々の感情を提示することはできない。我々の内的な経験および主張についてのレポートを信用してくれるように頼むことしかできないのだ。

　しかしながら、研究の真実と、それに到達した方法は、一般の研究のために利用できるものでなければならない。我々が研究の主張の根幹に据えるのは、誰にでも利用できる論拠と、望むらくは読者が有効なものとして受け入れてくれる論法の原則である。そのあとで、読者は自分たちやほかの人たちが想像できる限りの方法で、論拠や論法の原則のすべてを検証する。それは高度に難しいことかもしれない。しかし、自分以外の他者に対して、我々が到達した結論を信じ、彼らの理解や行動の基盤とし、ときには生命を投げ打つことさえ辞さないよう望むなら、我々は、それだけ高いレベルへと挑んでいかなくてはならないのだ。

　一般的で論拠に基礎を置いた信念を形成する原則を受け入れるなら、則るのが難しい原則を、あなたはさらに2つ受け入れることになる。1つは権威との関係に関することである。わずか5世紀前には、「論拠」に基づいた理解の改善にかかわる研究は、しばしば脅威とみなされた。権力者たちの間では多くの

人たちが、重要な真実は知られており、学者の仕事はそれらを大事にし、伝えることであって、それらに挑戦するのはとんでもないことだと信じていた。もし新しい事実が古い信念に疑いを投げかけても、信念は普通、事実に勝っていた。あくまでも自らの論拠にしたがって権威に異議を唱えるような結論に達した人々の多くは、追放され、投獄され、ときには殺された。

今でも、論拠から論証する人たちは、大切な信念を持ち続けている人々の怒りを買う可能性がある。たとえば、歴史家の中には、一連の論拠に基づいて、トーマス・ジェファーソンはおそらく奴隷のサリー・ヘミングスとの間に少なくとも1人の子をもうけた、と主張する人がいる。他方では、有利な反証を持っているわけではなく、熱烈に持ち続けた信念から、異論を唱える人たちもいる。「ジェファーソンのような徳のある人格者が、そんなことをしたはずはないだろう」と（5.5を参照）。しかし、学術的にも専門的にも、研究の世界では、良い論拠と信用できる論証はいつも信念に勝つ、あるいは少なくともそうであるべきだ。

世界の一部の地域では、確固たる信念を守ることは、それらを検証することよりも重要だと、依然として考えられている。しかし、研究の価値を知っている地域では、違う考え方をする。我々は確固たる信念に疑義を差し挟むことを「してもよい」だけでなく、権威がいかにそれに愛着を持っていようとも、信頼できる論拠に基づいた確かな理由に解答の基礎を置いている限り、我々はそう「しなければならない」と信じている。

しかし、その原則はもう1つの原則を必要とする。我々は、ある主張をするとき、主張そのものだけではなく、どのようにしてそれに到達したかについても、ほかの人たちが質問することを、すなわち「なぜそれを信じるのですか」と問いただすことを予期していなければならないし、質問するように仕向けさえしなければならない。そのような質問を歓迎することは、難しい場合が多い。しかし、総体的に「私は少なくともまだそれに同意しない」ことをほのめかす異議や留保、制限に、善意を持って耳を傾けざるを得ない。古いアイデアに挑戦すればするほど、ますますそれらの質問を受け入れて、答える用意をしておかなければならない。なぜなら、ほかの人たちが堅固に持ち続けてきた信念を放棄するように求めているかもしれないからだ。

こうした価値観に直面すると、学生の中には、それに則るのは難しいとか、

苦痛でさえあると思う人々もいる。中には、彼らが信じていることへの異議申し立ては、真実への生き生きとした探求ではなくて、彼らの最も深遠な価値観への個人的な攻撃であると感じる人々もいる。他方では、あらゆることを疑い、何も信じない、冷笑的な懐疑主義へと引きこもる人もいる。さらには、見境のない相対主義に陥る人もいる。「我々は皆、自分自身の信念を持つ権利を与えられている。だから、すべての信念は、それを持っている人たちにとっては正しい」と。多くの人は、彼らの確固たる信念をかき乱す解答だけでなく、それらの解答のきっかけとなった質問さえもまた拒絶して、積極的な精神生活から顔をそむけてしまう。

しかし、仕事、学問、市民活動、さらに政治の世界でさえ、検証された知識と苦労して手に入れた理解を、個人的な意見や相対論的な真実の見方や"権威筋"の思い込みと容易に取り替えることはできない。

それは、長期間保持され、時の検証を受けた信念を、軽々しく拒絶するという意味ではない。最善の論拠に基づく信じるに足りる理由で保証された、信頼できる議論によって説得されてはじめて、また、それらの議論をできるだけ厳しく検証し、好意的ではあっても徹底した意見交換を経ることによって、やっとそれらの信念を取り替えることができるのである。つまり、ほかの人たちの論理を検証し評価するための、理にかなった論理を考え出すことができれば、我々は「理非をわきまえた」精神を有する研究者となる。

講義レポートでこれらすべてが整っていることは、まずないだろう。しかし、論文とは、印刷された文字ではあるが、それが誰のために書かれたものであれ、1つの想像上の会話であり、そして、我々が信じるべきもの、あるいは信じるべきでないものを協力的だがしかし厳しく探究するものなのである。

第II部

原典の明示

第15章 引用の慣行についての概論

15.1	出典を挙げる理由
15.2	引用の必要条件
	15.2.1　引用を必要とする状況
	15.2.2　引用で必要な情報
15.3	2つの引用方式
	15.3.1　参考文献目録方式
	15.3.2　参照リスト方式
15.4	電子情報の引用
	15.4.1　オンライン情報
	15.4.2　その他の電子メディア
15.5	引用の準備
15.6	引用のソフトウエアについて

　研究者の第1の義務は、事実を正確に把握することである。しかし、第2の義務は、それらの事実の出所を読者に伝えることである。その目的のために、研究者は、自分のレポートで使う事実、アイデア、あるいは言葉の出典を明示しなければならない。

15.1　出典を挙げる理由

　出典を挙げる理由は少なくとも4つある。

①**他人の業績を評価するため** 研究は厳しい仕事である。それを首尾よく処理する人の中には、お金、昇進、良い成績、学位など、具体的な褒賞を受ける人もいる。しかし、それに劣らず重要なのは評価である。すなわち、ほかの人たちが尊重して利用する知識に、自分の名前が結びつけられるのを見る名誉と威信である。実際に、一部の研究者にとっては、それが唯一の褒賞なのである。したがって、ほかの人の業績を引用するときには、その筆者が得るに値する評価を与えなくてはならない。（剽窃に対する非難にも備えなければならない。7.9 を参照）

②**読者に事実の正確さを保証するため** 研究者が出典を明示するのは、ほかの研究者に対して公正であるためだが、読者の信頼を得るためでもある。事実を正確に把握するだけでは十分ではない。読者が事実の信用性を判断できるように、望むとあれば自分でも裏付けが取れるように、事実の典拠を伝えることも、必要である。読者は、自分たちが知らず、発見できない典拠を信用しない。もし彼らが典拠を信用しなければ、事実も信用しないだろう。そして、事実を信用しなければ、議論を信用しないだろう。典拠を完全に、正確に、また適切に明示することによって、信頼の連鎖の最初のリンクを確立するのだ。

③**読者に当該研究の位置づけを示す研究史を明らかにするため** 研究者は利用するデータの基である典拠を明示する。しかし、彼らはまた、拡大し、立証し、否定し、あるいは訂正する研究にも言及する。こうした出典は、読者が当該の具体的な研究課題を理解するのを助けるだけでなく、それを同じ分野のほかの研究に結びつけるのにも役に立つ。

④**読者が研究のあとをたどり、あるいは拡大するのを助けるため** 多くの読者は、研究レポートの中で言及される典拠を、その信頼性を確認するためでなく、自分自身の研究を行うために利用する。したがって引用は、ほかの人たちが当該研究者の足跡をたどるのを助けるだけでなく、自らが新しい方向性を切り開く助けになる。

15.2 引用の必要条件

引用の必要条件を満たすために、レポートの中で典拠を明示すべき場合と、典拠についてどのような情報を盛り込むべきかを知る必要がある。

15.2.1 引用を必要とする状況

第7章、特に7.9は、いつほかの出典からの材料を明示すればよいかを詳細に論じている。手短に言えば、次のような状況では常に出典を示すべきだ。

- 資料から「そのままの文言を引用する」とき（引用については、第25章も参照）
- たとえ正確な文言を引用していなくても、特定の資料と関連している「アイデアを言い換える」とき
- 参照した何らかの資料に負っているアイデア、データ、または方法を利用するとき

15.1で言及したとおり、議論の特定の部分に関連のある「典拠に読者の目を向ける」ために、引用したり言い換えたりしていなくても、引用を使ってもよい。そのような引用は、たとえ自分自身のものと対立する主張を示しても、これらの情報に精通していることを証明する。

15.2.2 引用で必要な情報

典拠を明示する長い伝統の中で、いろいろな分野の研究者が異なった方法で執筆し始めるようになり、引用の仕方や参考文献の付け方も分野ごとに独特の発展を遂げてきた。さまざまな引用方法が確立された結果、研究者は、たった1つか2つの基準ではなく、多くの基準から選択しなければならなくなった。

引用方式は、盛り込まれる要素や、それらの識別の体裁で異なる。しかし、目的は同じである。すなわち、読者が典拠を識別し、発見するために必要な情報を提供することだ。書籍、記事、未公刊の記録、オンライン情報や、その他の文書化されたものを含む大部分の資料について、そうした情報は次のような質問に答えなければならない。

- 誰がそのテキストを書き、編集し、あるいは翻訳したか（3つ全部のときもある）
- どのようなデータがそのテキストを識別するか。これには、その著作の表題、副題、それが発表された学術雑誌や論文集、または叢書の表題のほかに、巻番号、版番号、あるいはその他の識別に必要な情報が含まれる。参考個所が長い

テキストの特定の部分なら、ページ番号、URL など、その該当箇所を特定する情報も入る。
■誰が、いつそのテキストを出版したか。これには、出版社名、出版地と出版年、あるいは、その文書が未刊であることのただし書き、が含まれる。

音源や映像の場合など、別の資料形態の場合には詳細が異なるが、これらの場合にも上記の同じ質問に答えられなければならない。すなわち、その資料を誰が書き、編集し、翻訳し、まとめたのか。どんな情報でその資料が識別できるのか。誰が、いつそれを出版したのか。

読者は、その分野にふさわしい引用方式を使うことを期待するだろう。彼らがその方式に馴染んでいるからというだけでなく、それを使うことで、彼らの価値観と慣行を理解していることが示されるからでもある。しかしながら、詳細は複雑である。いつ大文字、ピリオド、コンマを使うのかといったことから、どこにスペースを入れるのかさえも、そうである。しかし、もしこれらの小さな事柄を正しくやらないと、読者の多くは、より大きな事柄についても信用できるかどうか疑うだろう。これらの詳細のすべてを記憶しようとする研究者はほとんどいない。代わりに、彼らは最もよく使う引用の方式を身につける。同じことを繰り返して調べる必要がなくなるようにするためである。それから、あまり一般的でないとか、または特異な要素を持つ資料の引用については、本書のような書籍を参照する。

15.3　2つの引用方式

本書は、2つの最も一般的な引用方式を扱っている。「注記式参考文献目録方式 notes-bibliography style」、または簡単に「参考文献目録方式 bibliography style」（人文科学全般や一部の社会科学で用いられる）と、「カッコ入り出典—参照リスト方式 parenthetical citations-reference list style」、または「参照リスト方式 reference list style」（大部分の社会科学、および自然科学と物理学で使われる）と呼ばれるものだ。もしレポートでどちらの方式を使うべきか確信が持てなければ、指導者に相談しよう。

（美術史コースと政治学コースというような）異なった環境では、異なった方式を使うことを求められるかもしれない。しかしながら、特定のレポートの範囲

内では、常に１つの方式に一貫して従うようにしよう。

　もし研究の初心者なら、２つの引用方式がどのように機能するかを短く説明してあるこの節を読んでみよう。それから、もし参考文献目録方式を使うなら、この方式の概観について第16章を読もう。さらに、参照する可能性の高い資料の大部分については、引用の詳細なガイドラインと実例を第17章で参照しよう。もし参照リスト方式を使うなら、概観と詳細は、それぞれ第18章と第19章にある。

15.3.1　参考文献目録方式　Bibliography Style

参考文献目録方式の引用では、資料を使ったことを、典拠に言及するセンテンスの最後に、上つき数字を付けることによって示す。

He argues that "in an uncertain world, printed materials can be put to use in ways that make them powerful."[1]

それから、対応する数字をつけた注で、引用の出典を挙げ、それに関する情報（著者、表題、および出版情報）とともに、該当するページ番号を明示する。注はそのページの一番下（脚注と呼ばれる）か、レポートの最後に集められたリスト（後注と呼ばれる）の中に印刷される。すべての注は共通の形式をとる。

N:　1. Adrian Johns, *The Nature of the Book: Print and Knowledge in the Making* (Chicago: University of Chicago Press, 1998), 623.

もし同じテキストを再び引用するなら、あとに続く注は短くできる。

N:　5. Johns, *Nature of the Book*, 384-85.

　ほとんどの場合、レポートの最後の「参考文献目録」でも出典を列挙する。そのリストは普通、注で明示したあらゆる出典を含み、参照したが引用しなかったほかの文献を含むこともある。それぞれの参考文献目録の記載事項は、完全な形の注に入れられたのと同じ情報を含む。しかし、形式はわずかに違う。

B: Johns, Adrian. *The Nature of the Book: Print and Knowledge in the Making.* Chicago: University of Chicago Press, 1998.

15.3.2　参照リスト方式　Reference List Style

　　参照リスト方式の引用文では、資料を使ったことを、参照した個所の直後に「カッコ入り出典」（著者、出版年、および関連するページの番号を含む）を置くことによって示す。

He argues that "in an uncertain world, printed materials can be put to use in ways that make them powerful" (Johns 1998, 623).

　　レポートの最後で、「参照リスト」にすべての出典を列挙する。そのリストは普通、カッコ入り出典で明示したあらゆる出典を含み、参照したが引用しなかったほかの文献を含むこともある。それぞれの参照リストの記載事項は、資料についての完全な文献情報を含む。カッコ入り出典には含められていないからだ。すべての参照リストの記載事項は、同じ一般的な形式をとる。

R: Johns, Adrian. 1998. *The nature of the book: Print and knowledge in the making.* Chicago: Univ. of Chicago Press.

15.4　電子情報の引用

　　標準的な引用方式は、印刷の時代に発展した。しかし、研究者は今や、オンラインまたはその他の電子メディアで見出される情報にますます頼るようになってきている。これらの新しい情報源も十分に長く使われてきて、研究者は、それらの特質、特に一時的で変化しやすい性質に適応した、標準的引用方式を創り出してきた。

15.4.1　オンライン情報

　　オンラインで利用できる資料は、印刷された資料より本質的に信頼性で劣る。

第15章 引用の慣行についての概論

- オンラインの内容は、しばしば変更されたことをまったく表示せずに、容易に更新される可能性がある。更新日時を入れているサイトもあるが、多くのサイトは入れていない。どの程度の変更が更新とみなされるか決定する基準もない。だから、あるウェブサイトでは、更新日時はスペリングの誤りの訂正を示しているかもしれないが、別のウェブサイトでは、事実に関するデータや主張の変更を示しているかもしれない。
- 多くのウェブサイトは、識別できる著者、出版者、またはスポンサーを持たない。このことでウェブサイトは、ほかのどんな匿名の情報源とも区別できないものになっており、厳重な条件を抜きに使えるほど信頼できそうもない(3.4.3を参照)。
- オンラインの内容は、複数のサイトから同時に利用でき、中にはほかのものより信頼できるものもあるかもしれない。
- 大部分のオンラインの資料は、URL(Uniform Resource Locator)を通して探し当てられる。しかし、URLは現れては消える。URLは数カ月、数週間、数日後でさえ利用できるとは確信できないし、そのことによって、最初に調べた内容を、自分または読者が発見するのを困難、または不可能にする。

　研究では、オンラインの資料を注意深く選ぶようにしよう。同じ情報が多様なウェブサイト、または多様なメディア(印刷媒体とオンライン)で利用できるときには、最も堅実な、信頼できるバージョンを参照しよう。そして必ず参照したバージョンを明示しよう。

資料の2つのカテゴリー　本書で扱われている両方の引用方式について、オンラインの資料は2つのカテゴリーに分類される。

①多くのオンラインの資料は、媒体を別にすれば、あらゆる点で印刷された資料に似ている。たとえば、印刷された学術雑誌の代わりにオンラインの学術雑誌で公表された記事がそうである。この種の資料には、ほかにオンラインの書籍、新聞と雑誌の記事、それに公文書が含まれる。引用に際しては、標準的な出版情報(著者名、表題、発行年月日など)をはじめとして、印刷された資料と同様である。出典の最後には、URLと、その資料にアクセスした

日時を付け加えよう（下記参照）。この種のものを引用する方法の見本は、第17章（注記式文献目録方式）と第19章（カッコ入り出典—参照リスト方式）にある。

②組織または個人のウェブサイトやメーリング・リストのようなオンライン情報には、このメディアに特有のものがある。これらの資料は、標準的な出版情報の多くを欠いているので、"非公式に出版された"と考えられている。こうした資料を引用するためには、URLやアクセスの日時に加えて、できるだけ多くの情報を提供する必要がある（下記参照）。この種のものを引用する方法の見本は、17.7と19.7（非公式に出版された電子資料）を参照のこと。

URL、恒久的情報識別子（Permanent Source Identifiers）、**およびアクセス日時**
URLは固定的ではないが、依然としてオンラインの内容についての該当箇所を特定する主要な情報である。URLによって識別されるオンラインの資料のあらゆる引用には、出版情報のあとにURLを入れるべきである。もし資料が、URLの代わりにデジタルオブジェクト識別子（DOI）、または別のシステムの恒久的識別子を使っているなら、引用でもそれに適合した位置指定子を使うようにしよう。引用におけるURLや他の識別子の表記法の詳細については、特に17.1.7または19.1.8（ページ番号などの該当箇所を特定する情報）を参照しよう。

さらに、オンライン資料のあらゆる引用には、最後にアクセスした日時が含まれていなければならない。もしその資料が変更またはウェブから削除されたなら、この日時はURLや他の識別子だけよりも正確に、参照したバージョンを示す。また、引用したいと思うオンライン資料を、ハード・ディスクやCDにコピーしてもよい。そうすれば、自分または読者があとで参照することができる不変のコピーを得ることができる。第17章と第19章は、引用におけるアクセス日時について多くの例を示している。

購読者専用サイトと閲覧制限サイト　多くのオンラインのデータベース、学術雑誌や他の定期刊行物は、購読者だけしかアクセスできない。同様に、アクセスのために登録したか、ほかの方法で申請したユーザーに制限されているウェブサイトとブログもある。そうした資料を引用するときに、"購読者専用"や

"アクセス限定"として識別する必要はない。ほかのオンラインの資料と同様に、URLとアクセス日時を入れておくだけでよい。

15.4.2　その他の電子メディア

CD-ROMのようなほかの電子メディアで利用できる資料は、オンラインで公開されたものより信頼できる。大量に複製され、配布された資料は、その媒体についての情報を追加して、出版された書籍と同様に引用すればよい。17.5.8または19.5.8（CD-ROMまたはDVD-ROM）を参照しよう。

もしある資料が、複数の電子メディアで（たとえば、オンラインとCD-ROMで）、または電子版と印刷形態の両方で利用できるなら、最も信頼できるバージョンを参照し、常にそのバージョンを明示しよう。

15.5　引用の準備

必要になるものを予想しておけば、引用の準備やチェックをする手順を簡略化できる。

- 最も信頼できる資料を、最も信頼できるバージョンで使おう。もし2次または3次情報を発見したら、原本の資料までたどろう。
- ある資料が多様なバージョンで利用できるなら、常に実際に参照したものを明示しよう。複数のバージョンの間には、小さくても重要な相違があるかもしれない。それは、引用や、資料へのほかの参照方法の正確さに影響する可能性がある。
- メモを取る前に、文献情報を記録するようにしよう。いくつかの一般的な種類の資料については、どのような情報が必要かを示すテンプレートを、図16.1（pp.203-206）または図18.1（pp.307-309）で参照してほしい。
- あらゆる引用文と言い換えについて、ページ番号を記録しよう。
- 起草しながら、典拠を明示する必要があるかもしれないすべての個所を明確に示しておこう。他の人のアイデアに依存したかもしれない個所を記憶しておくよりも、改稿するときに不必要な引用を削除する方が、ずっと簡単である。
- 草稿が最終的な形になったとき、それぞれの引用が、句読法やスペースの入れ方を含めて、正確な形式になっていることを確認するために、第17章か第19

章と照合しよう。
- ■出典を調べたり、起草や改稿をしたりしながらでも、参考文献目録または参照リストをまとめることができる。必ずそれぞれの詳細を注意深くチェックしよう。

　それぞれの引用を正しく行うのにはうんざりするかもしれない。しかし、研究のあらゆるほかの局面についてと同様に、最初から必要とするものを予想し、手順をこなせれば、研究の中で最も味気ないこの部分さえも、より速く、より容易に、そしてより確実に完成することができる。

15.6 引用のソフトウエアについて

　ソフトウエア会社は、特定の引用方式に従って、文献情報を一定の体裁にする各種のプログラムを提供している。それには次の章で言及される方式も含まれる。こうしたプログラムは、時間の節約にはなるかもしれない。しかし、その方式の基本的な原則を知ることの代わりにはならない。さらに、引用と文献情報の管理ソフトウエアは、質的に大きなばらつきがあり、時間の経過とともに生じる引用方式の小さな変更を反映していないかもしれない（たとえば、いろいろな電子資料の追加）。そのようなソフトウエアを使うなら、出来上がった引用の正確さと完璧さについて、常に見直すべきである。

第16章 注記式参考文献目録方式：基本型

16.1 基本的パターン
- 16.1.1 項目の順序
- 16.1.2 句読点（コンマ、ピリオド）の入れ方
- 16.1.3 大文字表記
- 16.1.4 表題の印刷体裁
- 16.1.5 数値
- 16.1.6 省略法
- 16.1.7 字下げ

16.2 参考文献目録
- 16.2.1 参考文献目録の種類
- 16.2.2 記載事項の整理
- 16.2.3 省略できる出典

16.3 注記
- 16.3.1 脚注対後注
- 16.3.2 テキストの中の参照注
- 16.3.3 注の番号づけ
- 16.3.4 注の体裁を整える
- 16.3.5 複合的な注

16.4 省略注
- 16.4.1 短縮注
- 16.4.2 Ibid.
- 16.4.3 カッコ入り注

人文科学全般や、一部の社会科学で用いられている引用方式は、「注記式参考文献目録方式 notes-bibliography style」、または簡単に「参考文献目録方式 bibliography style」である。この章は、参考文献目録への記載事項、完全な注、省略注、カッコ入り注をはじめ、参考文献目録方式での引用のための基本的なパターンの概観を示す。注（Note）の例文はN、参考文献目録（Bibliography）の記載事項の例文はBとする。

参考文献目録方式では、資料から引用したことを、その典拠に言及するセンテンスの最後に上つき数字をつけることによって示す。

According to one scholar, "The railroads had made Chicago the most important meeting place between East and West."[4]

それから、対応する数字をつけた注で、引用の出典を挙げ、典拠に関する情報（著者、表題、および出版情報）とともに、該当するページ番号を明示する。注はそのページの一番下（脚注と呼ばれる）か、レポートの最後に集められたリスト（後注と呼ばれる）の中に印刷される。すべての注は共通の形式をとる。

N: 　4. William Cronon, *Nature's Metropolis: Chicago and the Great West* (New York: W. W. Norton & Company, 1991), 92-93.

もし同じテキストを再び引用するなら、後に続く注は短くできる。

N: 　8. Cronon, *Nature's Metropolis,* 383.

ほとんどの場合、レポートの最後の「参考文献目録」でも出典を列挙する。そのリストは普通、注で明示したあらゆる出典を含み、参照したが引用しなかった他の文献を含むこともある。それぞれの参考文献目録の記載事項は、完全な形の注に入れられたのと同じ情報を含む。しかし、形式はわずかに違う。

B: Cronon, William. *Nature's Metropolis: Chicago and the Great West.* New York: W. W. Norton & Company, 1991.

読者は、正しい引用のためのルールに正確に従うことを期待している。これらのルールは、含めなければならないデータとその順序だけでなく、句読法、大文字にする箇所、イタリック体にすることなどにも及ぶ。引用を整えるために、ほとんどの研究者が簡単には思い出せない多くの細かな点に、綿密な注意を払わなければならない。次の章は、それらの詳細に対する便利な参考ガイドとなる。

16.1 基本的パターン

　資料とその引用法には、ほとんど無限に近い種類があるだろうが、実際にはわずかな種類を使うだけだろう。いくつかの珍しい資料を引用するために、詳細を調べる必要があるかもしれないが、最も頻繁に使うことになる数種類の基本的なパターンは簡単に習得することができる。そうしたら、文献データを、読みながら、素早く確実に記録するのに役立つテンプレートを作ることができる。

　この節の残りの部分では、基本的なパターンの説明をし、図16.1でいくつかの一般的な種類の資料の例とヒナ型のテンプレートを示す。第17章は、ここで取り上げられるパターンの例外をはじめ、幅広い種類の資料の例を盛り込んである。

図16.1. 注と参考文献目録の記載事項のテンプレート

　以下のテンプレートは、いくつかの一般的な種類の資料を注（N）や参考文献目録（B）で挙げる際に、含めておくべき要素とその順序を示している。句読法や表題で大文字にすべき箇所、および個々の要素の書体も示している。灰色の影は省略形（または非省略形）や、引用で実際に出て来る用語を示している。XX は実際に引用されている部分のページ番号、YY は記事または章全体にわたるページ番号である。

　さらなる実例や説明、変則型については第17章を、省略注のテンプレートは図16.2を参照しよう。

Books

1. Single Author or Editor

N: Note Number. Author's First and Last Names, *Title of Book: Subtitle of Book* (Place of Publication: Publisher's Name, Date of Publication), XX–XX.

   1. Jared Diamond, *Guns, Germs, and Steel: The Fates of Human Societies* (New York: W. W. Norton and Company, 1997), 47–48.

B: Author's Last Name, Author's First Name. *Title of Book: Subtitle of Book*. Place of Publication: Publisher's Name, Date of Publication.

   Diamond, Jared. *Guns, Germs, and Steel: The Fates of Human Societies*. New York: W. W. Norton and Company, 1997.

For a book with an editor instead of an author, adapt the pattern as follows:

N: Note Number. Editor's First and Last Names, ed., *Title of Book* . . .

   7. Mark A. Noll, ed., *Religion and American Politics* . . .

B: Editor's Last Name, Editor's First Name, ed. *Title of Book* . . .

   Noll, Mark A., ed. *Religion and American Politics* . . .

2. Multiple Authors

For a book with two authors, use the following pattern:

N: Note Number. Author #1's First and Last Names and Author #2's First and Last Names, *Title of Book: Subtitle of Book* (Place of Publication: Publisher's Name, Date of Publication), XX–XX.

   2. Kai Bird and Martin J. Sherwin, *American Prometheus: The Triumph and Tragedy of J. Robert Oppenheimer* (New York: Alfred A. Knopf, 2005), 52.

B: Author #1's Last Name, Author #1's First Name, and Author #2's First and Last Names. *Title of Book: Subtitle of Book*. Place of Publication: Publisher's Name, Date of Publication.

   Bird, Kai, and Martin J. Sherwin. *American Prometheus: The Triumph and Tragedy of J. Robert Oppenheimer*. New York: Alfred A. Knopf, 2005.

For a book with three authors, adapt the pattern as follows:

N: Note Number. Author #1's First and Last Names, Author #2's First and Last Names, and Author #3's First and Last Names, *Title of Book* . . .

   5. Joyce Appleby, Lynn Hunt, and Margaret Jacob, *Telling the Truth about History* . . .

B: Author #1's Last Name, Author #1's First Name, Author #2's First and Last Names, and Author #3's First and Last Names. *Title of Book* . . .

   Appleby, Joyce, Lynn Hunt, and Margaret Jacob. *Telling the Truth about History* . . .

For a book with four or more authors, adapt the note pattern only as follows:

N: Note Number. Author #1's First and Last Names et al., *Title of Book* . . .

> 15. Jacquelyn Dowd Hall et al., *Like a Family* . . .

3. Author(s) Plus Editor or Translator

For a book with an author plus an editor, use the following pattern:

N: Note Number. Author's First and Last Names, *Title of Book: Subtitle of Book,* ed. Editor's First and Last Names (Place of Publication: Publisher's Name, Date of Publication), XX–XX.

> 9. J. B. Harley, *The New Nature of Maps: Essays in the History of Cartography,* ed. Paul Laxton (Baltimore: Johns Hopkins University Press, 2002), 132–33.

B: Author's Last Name, Author's First Name. *Title of Book: Subtitle of Book.* Edited by Editor's First and Last Names. Place of Publication: Publisher's Name, Date of Publication.

> Harley, J. B. *The New Nature of Maps: Essays in the History of Cartography.* Edited by Paul Laxton. Baltimore: Johns Hopkins University Press, 2002.

If a book has a translator instead of an editor, substitute the words *trans.* and *Translated by* and the translator's name for the editor data.

4. Edition Number

N: Note Number. Author's First and Last Names, *Title of Book: Subtitle of Book,* Edition Number ed. (Place of Publication: Publisher's Name, Date of Publication), XX–XX.

> 11. Roger Daniels, *Coming to America: A History of Immigration and Ethnicity in American Life,* 2nd ed. (New York: Harper Perennial, 2002), 84.

B: Author's Last Name, Author's First Name. *Title of Book: Subtitle of Book.* Edition Number ed. Place of Publication: Publisher's Name, Date of Publication.

> Daniels, Roger. *Coming to America: A History of Immigration and Ethnicity in American Life.* 2nd ed. New York: Harper Perennial, 2002.

5. Single Chapter in an Edited Book

N: Note Number. Chapter Author's First and Last Names, "Title of Chapter: Subtitle of Chapter," in *Title of Book: Subtitle of Book,* ed. Editor's First and Last Names (Place of Publication: Publisher's Name, Date of Publication), XX–XX.

> 15. Anne Whiston Spirn, "Constructing Nature: The Legacy of Frederick Law Olmsted," in *Uncommon Ground: Rethinking the Human Place in Nature,* ed. William Cronon (New York: W. W. Norton and Company, 1996), 101.

B: Chapter Author's Last Name, Chapter Author's First Name. "Title of Chapter: Subtitle of Chapter." In *Title of Book: Subtitle of Book*, edited by Editor's First and Last Names, YY–YY. Place of Publication: Publisher's Name, Date of Publication.

Spirn, Anne Whiston. "Constructing Nature: The Legacy of Frederick Law Olmsted." In *Uncommon Ground: Rethinking the Human Place in Nature*, edited by William Cronon, 91–113. New York: W. W. Norton and Company, 1996.

Journal Articles

6. Journal Article in Print

N: Note Number. Author's First and Last Names, "Title of Article: Subtitle of Article," *Title of Journal* Volume Number (Date of Publication): XX–XX.

4. Pramod K. Nayar, "Marvelous Excesses: English Travel Writing and India, 1680–1727," *Journal of British Studies* 44, no. 2 (April 2005): 213.

B: Author's Last Name, Author's First Name. "Title of Article: Subtitle of Article." *Title of Journal* Volume Number (Date of Publication): YY–YY.

Nayar, Pramod K. "Marvelous Excesses: English Travel Writing and India, 1680–1727." *Journal of British Studies* 44, no. 2 (April 2005): 213–38.

For an article with multiple authors, follow the relevant pattern for authors' names in template 2.

7. Journal Article Online

N: Note Number. Author's First and Last Names, "Title of Article: Subtitle of Article," *Title of Journal* Volume Number (Date of Publication), under "Descriptive Locator," URL (accessed Date of Access).

4. Daniel A. McFarland, "Resistance as a Social Drama: A Study of Change-oriented Encounters," *American Journal of Sociology* 109, no. 6 (May 2004), under "Settings," http://www.journals.uchicago.edu/AJS/journal/issues/v109n6/050199/050199.html (accessed May 3, 2006).

B: Author's Last Name, Author's First Name. "Title of Article: Subtitle of Article." *Title of Journal* Volume Number (Date of Publication). URL (accessed Date of Access).

McFarland, Daniel A. "Resistance as a Social Drama: A Study of Change-oriented Encounters." *American Journal of Sociology* 109, no. 6 (May 2004). http://www.journals.uchicago.edu/AJS/journal/issues/v109n6/050199/050199.html (accessed May 3, 2006).

16.1.1　項目の順序

注や参考文献目録の中の項目の順序は、すべての種類の資料と同じ一般的なパターンに従う。すなわち、著者、表題、出版情報の順だ。しかしながら、注は筆者の名前を標準的な順序（ファースト・ネームが先）で示すが、参考文献目録では、アルファベット順に列挙するために、名前を逆にした順序（ラスト・ネームが先）で示す。特定の部分を引用している注は普通、ページ番号または他の該当箇所を指定する情報を含む。参考文献目録ではそうではなく、記事や章のような、さらに大きなものの一部である資料についてのみ、その全範囲を示すページ番号を入れる。

16.1.2　句読点（コンマ、ピリオド）の入れ方

注では、大部分の要素はコンマで分け、参考文献目録では、ピリオドで分けよう。注では、出版情報はカッコに入れるが、参考文献目録では入れない。両方の方式が異なるのは、注はテキストのように読めるようになっていて、ピリオドは引用の終わりを示すことになるからだ。参考文献目録は、リストとして考えられていて、それぞれの資料が独立した記載事項となっているので、ピリオドも混乱なく、著者、表題、出版情報といった項目を分けるために使うことができる。

16.1.3　大文字表記

大部分の表題には、見出し方式で大文字を使おう。ただし、外国語の表題は、センテンス方式で大文字にしよう（両方の方式については22.3.1を参照）。固有名詞は、普通の方法で大文字にしよう（第22章を参照）。

16.1.4　表題の印刷体裁

規模が大きい記載項目（書籍、学術雑誌）の表題はイタリック体で印刷される。規模が小さい記載項目（章、記事）はローマン体で書かれ、引用符に入れられて印刷される。未公刊の著作（博士論文のような）の表題は、たとえ書籍ほどの長さであっても、ローマン体で書き、引用符に入れて印刷される。

16.1.5 数値

表題では、数値は原本どおり正確に、綴りで書き出すか、数字で示すかする。原本でローマ数字であるページ番号は、小文字のローマ数字で示される。(章の番号とか図の番号のような) 他のすべての番号は、たとえ原本でローマ数字または単語で書かれていても、アラビア数字で示される。

16.1.6 省略法

注では、「編者 editor」「翻訳者 translator」「巻 volume」のような用語は、省略しよう (ed., trans., および vol.)。参考文献目録では、これらの用語は、項目の最初に書かれるとき、しばしば略さないで書かれる (Edited by) が、それで終わるときには略される (ed.)。複数形は普通、略語が s で終わっていなければ、s を付け加える (eds.) ことによって作られる (trans. は、単数形と複数形の両方に使おう)。

16.1.7 字下げ

注は、テキストの中のほかのパラグラフのように、字下げで始める。その後のすべての行は左揃えにされる。参考文献目録では 2 行目以下をぶら下げインデントにする。つまり、最初の行が左揃えで、その後のすべて行はパラグラフの始まりと同じスペースで字下げされる。

16.2 参考文献目録

注記式参考文献目録方式 (notes-biblography style) を使うレポートは、注と、注で言及されたすべての資料を列挙した参考文献目録の、両方を含む。注と参考文献目録の両方に同じ情報が現れるが、読者は両方でそれを必要とする。注と参考文献目録を、それぞれ別に使うからだ。注を使えば、読む流れを中断せずに、特定の参照事項について出典を素早くチェックできる。参考文献目録は、研究の範囲および先行研究との関係を示す。参考文献目録はまた、読者が自分たち自身の研究で、資料を使うのに役立つ。したがって、もしわずかしか出典がないとか、指導者がほかの方法を命じるのでなければ、レポートの中には常に注と参考文献目録の両方を入れよう。もし参考文献目録を入れないなら、注がそれぞれの資料について、少なくとも最初にそれに引用するときには、完全

な情報を示していることを確認しよう。

16.2.1 参考文献目録の種類

　ほとんどの場合、参考文献目録は、テキストの中で引用したあらゆる著作を含んでいなければならない（わずかな特別のタイプの資料を除く。16.2.3 を参照）。また、草案を練る際には重要だったが、テキストの中では特に言及しなかった著作も入れてよい。この種のものには「参考文献 Bibliography」または「参照資料 Sources Consulted」のラベルを付けよう。参考文献目録の見本ページについては、付録の図 A.15（p.549）を参照しよう。

　ほかの選択肢もある。

■**推奨文献目録 Selected Bibliography**　参考文献目録の中には、スペースを節約するため、あるいは読者の興味を引きそうにないマイナーな参考資料を削除するために、すべての著作は含まないものもある。もし妥当な理由があり、指導者とか助言者が認めるなら、推奨文献目録を使ってもよい。それに「推奨文献目録 Selected Bibliography」のラベルを付け、推奨の原則を説明する頭注を付け加えよう。

■**単独著者の文献目録 Single auther Bibliography**　筆者の中には、1 人の人物の著作を列挙する人もいる。普通は標準的な参考文献目録に加える別のリストとしてだが、単独著者の研究で、ほとんどほかの資料もなく、唯一の参考文献目録であることもある。そのようなリストには「［人物名］の著作一覧 Works of [Author's Name]」または何か適切な説明的表題（「～の出版作品 Published Works of」「～の著作集 Writings of」など）のラベルをつけよう。年代順に並べても、表題によってアルファベット順に並べてもよい。もし年代順なら、同じ年に出版された表題はアルファベット順に並べよう。

■**注釈付参考文献目録 Annotated Bibliography**　筆者の中には、参考文献目録のそれぞれの記載事項に、その著作の内容や彼らの研究との関連性について、短い説明で注釈をつける人もいる。ほとんどの場合は、1 つの記載事項に注釈をつけるなら、すべてにつけるべきだ。しかし、研究者は、最も重要な著作だけに、または自分たちの研究への関連性が明白でないかもしれない著作だけに、注釈をつけることもある。もし注釈が短いフレーズなら、出版情報のあとにカッコに入れてつけ加えよう（カッコに入れられた記載事項の、内部にもあとにもピ

リオドはないことに注意しよう)。

B: Toulmin, Stephen. *The Uses of Argument.* Cambridge: Cambridge University Press, 1958. [a seminal text describing argument in nonsymbolic language]

完全なセンテンスの注釈を、新しい行に、パラグラフの字下げを入れて付け加えてもよい。

B: Toulmin, Stephen. *The Uses of Argument.* Cambridge: Cambridge University Press,1958.

This is the seminal text in describing the structure of an argument in nonsymbolic language.

16.2.2　記載事項の整理

　著者のアルファベット順　参考文献目録は普通、すべての資料をまとめた単一のリストで、著者、編者、その他それぞれの記載事項で初出の人は誰でも、ラスト・ネームでアルファベット順に配列される（外国の名前、複合姓、その他の特別な場合をアルファベット順に並べることについては、17.1.1 を参照）。大部分のワープロ・ソフトは、アルファベット順に並べ替える機能を備えている。もしそれを使うなら、それぞれの記載事項のあとには強制改行があることを確認しよう。もし学位論文とか博士論文を書いているなら、学部や大学は、記載事項を 1 文字ずつまたは 1 語ずつ、アルファベット順にすべきことを規定しているかもしれない。これら 2 つのシステムの説明については、『シカゴ・マニュアル *Chicago Manual of Style*』第 15 版（2003 年）の 18.56-59 を参照。

　もし参考文献目録に、同一人物によって書かれた、または編集された、あるいは翻訳された 2 つ以上の著作を入れるなら、その記載事項を表題によって（a または the のような冠詞は無視して）アルファベット順に並べよう。最初の記載事項のあとすべての個人の名前を 3 エムダッシュと呼ばれる長いダッシュ（21.7.3 を参照）で置き換えよう。編集された、または翻訳された著作については、ダッシュのあとにコンマと適切な表示（「編 ed.」「訳 trans.」など）を入れよ

第 16 章　注記式参考文献目録方式：基本型

う。そのような著作はすべて、その個人の共著や共編より前に並べよう。

B: Gates, Henry Louis Jr. *America behind the Color Line: Dialogues with African Americans.* New York: Warner Books, 2004.
　―――, ed. *The Classic Slave Narratives.* New York: Penguin Putnam, 2002.
　―――. *The Signifying Monkey: A Theory of African-American Literary Criticism.* New York: Oxford University Press, 1989.
　Gates, Henry Louis Jr., and Cornel West. *The African American Century: How Black Americans Have Shaped Our Country.* New York: Free Press, 2000.

同じ原則は、同じ順序で名前を挙げられた、ひとまとまりの著者たちによる著作にも適用される。

B: Marty, Martin E., and R. Scott Appleby, eds. *Accounting for Fundamentalisms.* Chicago: University of Chicago Press, 2004.
　―――. *The Glory and the Power: The Fundamentalist Challenge to the Modern World.* Boston: Beacon Press, 1992.
　Marty, Martin E., and Micah Marty. *When True Simplicity Is Gained: Finding Spiritual Clarity in a Complex World.* Grand Rapids, MI: William B. Eerdmans Publishing Company, 1998.

もし原典に著者または編集者の名前がなければ、出典の最初の項目、一般的には表題に基づいて、アルファベット順に並べよう。a や the のような冠詞は無視すること。

B: *Account of the Operations of the Great Trigonometrical Survey of India.* 22 vols. Dehra Dun: Survey of India, 1870-1910.
　"The Great Trigonometriacal Survey of India." *The Calcutta Review* 38 (1863): 26-62.
　"State and Prospects of Asia." *The Quarterly Review* 63, no. 126 (March 1839): 369-402.

211

アルファベット順以外　場合によっては、読者は、アルファベット順以外の順序の方が役に立つと感じるだろう。単独著者の文献目録は、しばしば年代順に並べた方が役に立つ。新聞記事、古文書の記録などのような専門化された記載事項も同様である。また、特定の目的のために順序を考案することも役に立つかもしれない。たとえば、州または地域ごとに配列された地形図がこれに当たる。もしアルファベット順または年代順以外の順序を使うなら、どのような配列を選んだかを頭注で説明しよう。

分類された記載事項　長めの参考文献目録は、読者が関連した資料を1つのグループとして見やすいように、カテゴリー別にまとめてもよい。長めの参考文献目録を複数のセクションに分類するいくつかの一般的な方法には、次のようなものが入る。

- **資料の物理的な形体によって**　手稿、古文書の集成、記録類などのために、別々のリストを作ってもよい。
- **1次資料であることによって**　単独著者の文献目録におけるように、1次資料を2次資料や3次資料と分けてもよい。
- **資料の分野ごとに**　読者がいろいろな興味（この本の参考文献目録におけるように）を持つはずだから、あるいは普通は結びつけられていない複数の分野からの著作が混ざっているからという理由で、資料を分野ごとにグループ分けしてもよい。たとえば、喜劇の理論と心理学についての著作は、資料を「喜劇の理論 Theory of Comedy」「心理学的研究 Psychological Studies」「文学批評 Literary Criticism」「喜劇作品 Comic Works」といった具合に分類するすることもできる。

　もし資料を分類するなら、別々の参考文献目録にするか、いくつかのセクションに分けられた単一の参考文献目録のどちらかにしよう。それぞれの参考文献目録またはセクションを、副題や、もし必要なら頭注で、紹介しよう。単一の参考文献目録では、それぞれのセクションの内部で同じ配列の原則（普通はアルファベット順）を使おう。また、明らかに2つ以上の分類に含められるというのでない限り、1つの資料を複数のセクションで挙げてはいけない。もし

いろいろな配列の原則を使うなら、それぞれ独自の説明的な頭注をつけて、別々の参考文献目録を作ろう。

16.2.3　省略できる出典

慣例によって、次のような資料は参考文献目録から省いてもよい。

- ■新聞記事（17.4 を参照）
- ■古典文学、中世文学、初期英文学の作品（17.5.1）、および（場合によっては）よく知られている英語の戯曲（17.8.7）
- ■聖書、その他の聖典（17.5.2）
- ■大きな辞書や百科事典のような、よく知られた参考図書（17.5.3）
- ■出版された作品や演技についての批評（17.5.4）、要旨（17.5.5）、およびパンフレットや報告書（17.5.6）のような短い出版物
- ■未公刊のインタヴューや私信（17.6.3）、ブログの記載事項やコメント（17.7.2）、および電子メーリング・リストへの掲示情報（17.7.3）
- ■未公刊の手稿コレクションの中の個人的な文書（17.6.4）
- ■工芸品やその他の視覚的資料（17.8.1）、ライヴ・パフォーマンス（17.8.2）、およびテレビと他の放送番組（17.8.3）をはじめとする視覚芸術や舞台芸術での多くの資料
- ■合衆国憲法（17.9.5）、判例（17.9.7）および、その他の公文書（17.9）

　上のカテゴリーの1つから、自分の議論に不可欠であるか、または頻繁に引用する特定の著作を、参考文献目録に入れることにしてもよい。

　そのような資料を単一の大きめの対象物から多く使うなら――たとえば、単一の手稿コレクションからのいくつかの文書を使う場合――、第17章の関連する節で取り上げられているように、その大きめの対象物を名指ししてもよい。

16.3　注記

　筆者は、自分の分野、読者、および研究課題の性格次第で、いくつかの異なった種類の注（Note）を使う。この節では、その選択肢と選択基準を説明する。

16.3.1 脚注対後注

自分の所属学部が、特に学位論文や博士論文について、脚注と後注のどちらを使うべきか特定しているかもしれないが、一般的には読みやすい脚注を選ぶべきだ。後注では、読者はあらゆる出典をチェックするために、いちいち後ろをめくらなければならない。もし後注に内容のあるコメントを入れるなら（16.3.5 を参照）、読者はどの注が内容のあるもので、どれが単に出典を明示しているだけなのかが、後ろを見ないと分からないから、内容のあるコメントを無視してしまうかもしれない。

他方、脚注が非常に長いか数が多いかで、ページのスペースを取り過ぎてしまい、レポートを魅力のない読みにくいものにしてしまうなら、後注を選ぼう。また、後注は、表や詩の引用、その他の特別な印刷体裁が必要なものにうまく適合できる。

もし後注を使うなら、資料に関する注と内容のある注を分けることによって、読者が内容のあるコメントを見逃す危険を減らすことができる。資料に関する注に番号をつけ、後注として印刷しよう。内容のある注は、星印などの記号で知らせ（16.3.3 を参照）、脚注として印刷しよう。もし内容のある注がかなりあるなら、この方法を使ってはいけない。

16.3.2 テキストの中の参照注

資料からの素材を参照するとき、あるいはそれを利用するときには、必ずテキストに上つき数字を挿入して、その資料についての文献情報が示されている注に読者の注意を向けさせなければならない。大部分の引用文については、テキストに流し込んだ場合も、ブロック引用文（25.2 を参照）として区別した場合も、すぐあとに番号を付けよう。一部の引用文と一般的な引用については、センテンスまたはクローズの最後に、しかも最終の句読点、引用符、または閉じカッコのあとに、参照番号を付けよう。

Magic was a staple of the Kinahan charm.[1]
"This," wrote George Templeton Strong, " is what our tailors can do."[2]
(In an earlier book he had said quite the oppsite.)[3]

注がダッシュの前の素材に言及しているなら、参照番号はダッシュの前に置こう。

The bias surfaced in the Shotwell series[4]— though not obviously.

　同じ場所に（[5, 6]のような）複数の参照番号を入れてはいけない。代わりに、1つの番号を使い、単一の注にすべての出典またはコメントを入れよう（16.3.5を参照）。

　見た目が悪いので、表題や副題、副見出しの中、または最後に注番号をつけてはならない。もし注が章全体に適用されるなら、最初のページの番号つきのどの注より前に、番号を省いた番号なしの脚注を入れよう。もし注が副題に続く節に適用されるなら、節の最初のセンテンスのあとに参照番号を入れよう。

16.3.3　注の番号づけ

　注には1から始めて連続した番号をつけよう。もしレポートに独立した章があるなら、各章を注1から再スタートさせよう。番号を飛ばしたり、「5a」のような番号を使ったりしてはいけない。

　もし出典明示のために後注を使い、内容のあるコメントのために脚注を使うなら（16.3.1を参照）、脚注に番号を付けてはならない。代わりに、ページの最初の脚注に星印（*）のラベルを付けよう。もし1つのページに複数の脚注があるなら、* † ‡ §のような上つき記号を一貫性を持って使おう。

　表に対する注については、26.2.7を参照のこと。

16.3.4　注の体裁を整える

　脚注と後注は両方とも、パラグラフのときのように、字下げして書き始め、それぞれの注を参照番号で始めよう。参照番号は、できれば上つきではなく、正規の字体の方がよい。注の番号とテキストとの間に、ピリオドとスペースを入れよう。

　自分の領域のガイドラインが許すなら、注の参照番号に代わりに上つき数字を使ってもよい。そのときは、それぞれの注のテキストを、ピリオドやスペースを入れずに始めた方がよい。記号をつける注には、この方法を使おう

（16.3.3 を参照）。

脚注 あらゆる脚注は、それを参照するページで始めよう。たとえワープロ・ソフトが自動的に機能しなくても、それぞれのページでテキストの最後の行と、前ページから繰り越された注を含めて、最初の脚注の間に、短い罫線を入れよう。もし脚注が次のページに繰り越されたら、センテンスの途中で区切ろう。読者が、脚注は終わったと考えて、次のページの残りの部分を見逃さないためである。もし1ページに複数の脚注があるなら、それぞれあとの注は前を1行空けて独自の行で始めよう。脚注のあるテキストの見本のページは、付録図A.10（p.542）を参照のこと。

後注 後注は、テキストや付録の最後に続けて、とはいえ参考文献目録よりは前に、まとめて列挙されなければならない。それぞれの注は、間を1行空けて、新しい行で始めよう。リストには「注 Notes」とラベルをつけよう。もし各章ごとに番号をつけ直すなら、それぞれの章の注を区別するために、"第1章"などの副題をつけ加えよう。後注の見本ページについては、付録図A.14（p.547）を参照のこと。

16.3.5 複合的な注

出典 もし1つの議論の正しさを示すために、いくつかの資料を引用するなら、単一の注にまとめることによって、参照番号でテキストを乱雑にしないようにしよう。出典を、参照事項がテキストに現れるのと同じ順序で列挙しよう。出典はセミコロンで分けよう。

Only when we gather the work of several scholars—Walter Sutton's explications of some of Whitman's shorter poems; Paul Fussell's careful study of structure in "Cradle"; S. K. Coffman's close readings of "Crossing Brooklyn Ferry" and "Passage to India"—do we begin to get a sense of both the extent and the specificity of Whitman's forms.[1]

N: 1. Sutton, "The Analysis of Free Verse Form, Illustrated by a Reading of Whitman," *Journal of Aesthetics and Art Criticism* 18 (December 1959): 241-54; Fussell,

"Whitman's Curious Warble: Reminiscence and Reconciliation," in *The Presence of Whitman*, ed. R. W. B. Lewis, 28-51; Coffman, "'Crossing Brooklyn Ferry': Note on the Catalog Technique in Whitman's Poetry," *Modern Philology* 51 (May 1954): 225-32; Coffman, "Form and Meaning in Whitman's 'Passage to India,'" *PMLA* 70 (June 1955): 337-49.

出典をグループにまとめることは、読者にいくつもの追加資料を紹介するときにも役に立つ（"連結引用 string cite" と呼ばれる）。

N: 2. For accounts of the coherence—making processes of consciousness from, respectively, psychological, neuropsychological, and philosophical points of view, see Bernard J. Baars, *A Cognitive Theory of Consciousness* (New York: Cambridge University Press, 1988); Gerald Edelman, *Bright Air, Brilliant Fire: On the Matter of the Mind* (New York: Basic Books, 1992); and Daniel Dennett. *Consciousness Explained* (Boston: Little Brown, 1991).

出典とコメント　もし注が出典と内容のあるコメントの両方を含んでいるなら、出典を最初に置いてあとにピリオドをつけ、別のセンテンスでコメントを続ける。

To come to Paris was to experience the simultaneous pleasures of the best contemporary art and the most vibrant art center.[2]

N: 2. Natt, "Paris Art Schools," 269. Gilded Age American artists traveled to other European art centers, most notably Munich, but Paris surpassed all others in size and importance.

注に引用文を含めるときには、引用文の最終の句読点のあとに出典を入れよう。

Property qualifications dropped out of U.S. practice for petit juries gradually during the nineteenth century, but remained in force for grand juries in some jurisdictions until the mid-twentieth century.[33]

N: 33. "The grand jury inquires into complaints and accusations brought before it and, based on evidence presented by the state, issues bills of indictment." Kermit Hall, *The Magic Mirror: Law in American History* (New York: Oxford University Press, 1989),172.

注の中での内容のあるコメントの使用については、よく考えよう。もし論点が議論に不可欠なら、テキストの中に入れ、もし核心から離れているなら、注の中で言及するに足りるほど重要かどうかについて、注意深く考えよう。

16.4 省略注

一部の分野では、それぞれの注で完全な文献データを示すように指導者が求めるかもしれない。しかし、大部分の分野では、初めて著作に言及するとき完全な出典を示し、次の注からは短縮してもよい。いくつかの分野では、すべての出典に短縮形を使い始めるようにさえなってきていて、完全なデータは参考文献目録でのみ列挙されている。

自分の分野での一般的な慣習を知らなければ、その領域のガイドラインを調べよう。

16.4.1 短縮注 Shortened Notes

短縮注には、読者が参考文献目録か前の方の注で、完全な出典を見つけるのに足りる情報が入っていなければならない。2つの主な選択肢は、「著者のみauthor-only」の注と「著者―表題 author-title」の注だ。多くの分野では、すべての短縮注に著者―表題形式を使う。そのほかでは、大部分の短縮注に著者のみ形式を使うが、同じ著者による複数の著作に言及するときは著者―表題形式を使う。もし資料に著者（もしくは編者）がいなければ、表題のみの注を使うことができる。図 16.2（pp.221-222）はそれぞれのタイプの短縮注のためのテンプレートを提供している。

著者のみの注は、著者のラスト・ネームとページ番号（あるいは他の該当箇所を特定する情報）を含んでいて、コンマで区切られ、ピリオドで終わる。著作に著者ではなく編者がいるのなら、編者のラスト・ネームを使おう。ただし、

「編 ed.」は付け加えないこと。著者―表題の注には短縮された表題が加わるが、これは完全な表題から特徴的な単語を最大で4つまで取り上げてつくる。著者と短縮された表題を分けるためにコンマを使い、表題は完全な注のときのようにイタリック体または引用符で印刷しよう。

N:　1. Philip Ball, *Bright Earth: Art and the Invention of Color* (New York: Farrar, Straus and Giroux, 2001), 140.

　　4. Ball, 204.

あるいは

　　4. Ball, *Bright Earth*, 204.

　　12. Nancy L. Green, "The Politics of Exit: Reversing the Immigration Paradigm," *Journal of Modern History* 77 (June 2005): 275.

　　17. Green. 276.

あるいは

　　17. Green, "Politics of Exit," 276.

　　20. John Demos, "Real Lives and Other Fictions: Reconsidering Wallace Stegner's *Angle of Repose*," in *Novel History: Historians and Novelists Confront America's Past (and Each Other)*, ed. Mark C. Carnes (NewYork: Simon and Schuster, 2001), l35.

　　22. Demos, 138.

あるいは

　　22. Demos. "Real Lives," 138.

複数の著者または編者がいる場合、完全な注で現れるのと同じ順序でラスト・ネームを列挙しよう。

N:　5. Jan H. Kalicki and David L. Goldwyn, eds., *Energy and Security: Toward a New Foreign Policy Strategy* (Baltimore: Johns Hopkins University Press, 2005), 195-96.

　　8. Kalicki and Goldwyn, 204.

あるいは

　　8. Kalicki and Goldwyn, *Energy and Security*, 204.

16.4.2　Ibid.

かつて執筆者は、ラテン用語と略語を使って、注の中の出典を短縮した。「同上 idem」、「前掲書 op. cit.（opere citato の略）」、「同じ引用箇所 loc. cit.（loco citato の略）」である。この慣習は、1つを除いてほとんど使われていない。その例外は「同じ箇所 ibid.（ibidem の略）」だ。直前の注で同じ参考文献目録のデータが出てきている場合に、著作の出典表記を短縮するために、依然として ibid. を使う執筆者もいる。

N:　　30. Buchan, *Advice to Mothers*, 71.
　　　31. Ibid.,95.
　　　32. Ibid.

注では、ibid. は大文字にするべきだが、イタリック体にすべきではない。ibid. は略語だから、ピリオドで終わらなければならない。出典にページ番号が入っているなら ibid. のあとにコンマを入れよう。参照ページ番号が前の注のものと同じなら、ibid. のあとにページ番号は入れない。複数の出典を含む注のあとに ibid. を使ってはいけない。また、同じページに現れない脚注に関連づけて ibid. を使わないようにしよう。

図 16.2　短縮注のためのテンプレート

以下のテンプレートは、3種類の短縮された注に入れるべき項目とその順序を示している（どの種類をいつ使うかについては、16.4.1 を参照）。句読法や表題の大文字にする箇所、個々の項目の書体も示している。灰色の影は、出典で実際に出て来る用語を示している。XX は実際に引用されている部分のページ番号である。

Author-only Notes

1. Single Author

N:　Note Number. Author's Last Name, XX–XX.

　　2. Diamond, 85–90.

For a work cited by editor or translator instead of author (see 17.1.1), use the editor or translator in place of the author. Do not add *ed.* or *trans.*, as in a full note.

N:　Note Number. Editor's or Translator's Last Name, XX–XX.

　　9. Noll, 15.

If more than one author has the same last name, distinguish them by adding first names.

N:　Note Number. Author's First Name and Last Names, XX–XX.

　　12. Philip Smith, 212–13.

2. Two or Three Authors

N:　Note Number. Author #1's Last Name and Author #2's Last Name, XX–XX.

　　7. Bird and Sherwin, 88–89.

N:　Note Number. Author #1's Last Name, Author #2's Last Name, and Author #3's Last Name, XX–XX.

　　15. Appleby, Hunt, and Jacob, 140.

3. Four or More Authors

N:　Note Number. Author #1's Last Name et al., XX–XX.

　　10. Hall et al., 91–93.

Author-Title Notes

4. Books

N:　Note Number. Author's Last Name, *Shortened Title*, XX–XX.

2. Diamond, *Guns, Germs, and Steel*, 85–90.

For books by more than one author, follow the pattern for authors' names in templates 2 and 3.

5. Articles

N:　Note Number. Author's Last Name, "Shortened Title," XX–XX.

　　8. Nayar, "Marvelous Excesses," 225.

For articles by more than one author, follow the pattern for authors' names in templates 2 and 3.

Title-only Notes

6. Books without an Author

N:　Note Number. *Shortened Title*, XX–XX.

　　11. *Account of Operations*, 252.

7. Articles without an Author

N:　Note Number. "Shortened Title," XX–XX.

　　17. "Great Trigonometrical Survey," 26–27.

16.4.3　カッコ入り注　Parenthetical Notes

カッコ入り注対脚注または後注　ある種の状況では、脚注とか後注の代わりに、テキスト中のカッコに入れて資料を引用してもよい。カッコ入り注は、読者により明確で読みやすいテキストを提供する。わずかな資料を多く参照する場合は特にそうである。

According to one scholar, "The railroads had made Chicago the most important meeting place between East and West" (Cronon, *Nature's Metropolis*, 92-93).

　読者がわずかな項目だけで識別できるタイプの資料には、いつもカッコ入り注を使ってもよい。新聞記事（17.4 を参照）、判例（17.9.7）、古い文学作品（17.5.1）、聖書やその他の聖典（17.5.2）、視覚芸術や舞台芸術の資料（17.8）のようなものである。そのような資料の大部分について、参考文献目録で完全な出典を挙げなければならない。

多くの分野で、もし特定の著作について長々と論じていて、それをしばしば引用する必要があるなら、カッコ入り注を利用してもよい。初めてその著作に言及するときには、脚注とか後注で完全な文献データを提供しよう。その後の参照については、短縮注（16.4.1 を参照）の代わりに、カッコ入り注を使おう。これは一部の分野では新しい習慣なので、この方法で資料を引用する前に、指導者や助言者に確認しよう。

言語や文学を研究する分野では、それぞれの著作への最初の言及を含め、大部分の引用について、一般的にカッコ入り注が脚注や後注に取って代わってきた。

カッコ入り注の体裁を整える　注のための参照番号を入れる所、すなわち引用、センテンス、または節の最後に、カッコ入り注を挿入しよう。引用文がテキストに流し込まれるときには、注はコンマやピリオド、その他の句読点のあとではなく前に来る。しかしながら、ブロック引用文に関しては、注は最終の句読点の次に来る（例文については、25.2.2 を参照）。

最も完全なカッコ入り注には、短縮注の著者—表題形式と同じ情報が含まれ、各項目はコンマによって区切られる（各項目と句読法は両方とも、第 18、19 章で説明されている参照リスト方式のカッコ入り引用で使われるものとは少し違う。2 つの方式を混同したり混ぜ合わせたりしないように。）

"What on introspection seems to happen immediately and without effort is often a complex symphony of processes that take time to complete" (LeDoux, *Synaptic Self*, 116).

According to an expert, the norms of friendship are different in the workplace (Little, "Norms of Collegiality," 330).

一部の分野では、筆者は、すべてのカッコ入り注に、この完全な形式を使うべきだとされている。他方、そのような注はテキストの流れを中断するので、短縮することを許される分野もある。もし、自分の分野が短縮を許すなら、大部分のタイプの原典について、3 つの選択肢がある。

■ページ番号だけ　読者がテキストから特定の資料を容易に識別できるなら、ページ番号または他の該当箇所を特定する情報だけをカッコに入れてもよい。その理由は、（ハリエット・ビーチャー・ストウの *Uncle Tom's Cabin* を参照している下の最初の例文におけるように）その資料が研究の主な対象であるか、またはテキストで著者または表題に言及しているかのどちらかだ。

Poor John!" interposes Stowe's narrative voice. "It was rather natural; and the tears that fell, as he spoke, came as naturally as if he had been a white man" (169).

Ernst Cassirer notes this in *Language and Myth* (59-60).

■著者とページ番号　読者がテキストからは資料を容易に識別できず、その著者による著作を1つだけを挙げるなら、著者とページ番号または他の該当箇所を特定する情報を入れるとよい。

While one school claims that "material culture may be the most objective source of information we have concerning America's past" (Deetz, 259), others disagree.

■題名とページ番号　読者がテキストから著者を容易に特定でき、その著者による複数の著作を引用するなら、短縮された表題とページ番号または他の該当箇所を特定する情報を入れるとよい。

According to Furet, "the Second World War completed what the First had begun—the domination of the great political religions over European public opinion" (*Passing*.360).

　もし1つの著作をしばしば挙げるなら、表題を短縮してもよい。短縮形が明らかでないなら、最初の引用の注の中で、それを特定すればよい（もし引用でそのような省略形を5つ以上使うなら、レポートの別の節でそれらを列挙しよう。A.2.1を参照）。

N:　2. François Furet, *The Passing of an Illusion: The Idea of Communism in the*

Twentieth Century, trans. Deborah Furet (Chicago: University of Chicago Press, 1999), 368 (cited in text as *PI*).

According to Furet, "the Second World War completed what the First had begun —the domination of the great political religions over European public opinion" (*PI*, 360).

　新聞記事やそれに類するほかのタイプの資料のように、著者や表題、ページ番号が資料を識別するカギとなる項目でないものについては（第17章の関連の節を参照）、必要に応じてカッコ入り注の形式を修正しよう。

In a *New York Times* article on the transitions within the Supreme Court (September 30, 2005). Linda Greenhouse discusses these trends.

第17章 注記式参考文献目録方式：特定の種類の資料の引用

17.1 書籍
  17.1.1 著者の名前
  17.1.2 表題
  17.1.3 版
  17.1.4 巻
  17.1.5 シリーズ
  17.1.6 出版情報
  17.1.7 ページ番号などの該当箇所を特定する情報
  17.1.8 書籍の章などの表題をつけられた部分
  17.1.9 出版されたコレクションの中の書簡と他の通信文
  17.1.10 オンラインと他の電子書籍

17.2 学術雑誌の記事
  17.2.1 著者の名前
  17.2.2 記事の表題
  17.2.3 学術雑誌の表題
  17.2.4 発行の情報
  17.2.5 ページ番号などの該当箇所を特定する情報
  17.2.6 特別号と補遺
  17.2.7 オンラインで公表された記事

17.3 雑誌記事

17.4 新聞記事
  17.4.1 特別な体裁の号
  17.4.2 特殊な新聞記事の引用

17.5 特殊な出版資料
  17.5.1 古典文学、中世文学、および初期英文学の作品
  17.5.2 聖書、その他の聖典
  17.5.3 参考図書
  17.5.4 批評

第 17 章　注記式参考文献目録方式：特定の種類の資料の引用

　17.5.5　要旨
　17.5.6　パンフレットと報告書
　17.5.7　マイクロフォーム版
　17.5.8　CD-ROM または DVD-ROM
　17.5.9　オンライン・データベース

17.6　未公刊の資料
　17.6.1　学位論文と博士論文
　17.6.2　会合で発表された、講演とレポート
　17.6.3　インタビューと私信
　17.6.4　手稿コレクション

17.7　非公式に出版された電子資料
　17.7.1　ウェブ・サイト
　17.7.2　ウェブログの記載事項とコメント
　17.7.3　電子メーリング・リスト

17.8　視覚芸術や舞台芸術での資料
　17.8.1　視覚的資料
　17.8.2　ライヴ・パフォーマンス
　17.8.3　テレビ番組と他の放送資料
　17.8.4　録音
　17.8.5　録画
　17.8.6　オンライン・マルチメディア・ファイル
　17.8.7　視覚芸術と舞台芸術のテキスト

17.9　公的文書
　17.9.1　取り入れるべき項目、それらの順序、および体裁を整える方法
　17.9.2　国会の出版物
　17.9.3　大統領府の出版物
　17.9.4　政府省庁の出版物
　17.9.5　合衆国憲法
　17.9.6　条約
　17.9.7　判例
　17.9.8　州と地方行政府の文書
　17.9.9　カナダ政府の文書
　17.9.10　英国政府の文書
　17.9.11　国際機関の文書
　17.9.12　未公刊の政府文書
　17.9.13　オンラインの公的文書

17.10　ほかに引用されている資料

第16章は、注記式参考文献目録方式による引用の基本的パターンについて概観を示している。それには、参考文献目録の記載事項、完全な注、短縮注、およびカッコ入り注が含まれる。もしこれらの出典方式をよく知らないなら、本章を参照する前に第16章を読もう。

本章は、広範にわたる資料のための注と参考文献目録の形式について詳細な情報を提供する。内容は、資料の種類ごとに整理されている。最も一般的なもの、すなわち、書籍や学術雑誌の記事から始まり、その後、その他の出版された資料、未公刊の資料、および記録された資料に取り組む。書籍についての節（17.1）と学術雑誌の記事についての節（17.2）では、著者の名前、表題およびURLのような項目におけるバリエーションを、それほど一般的でない資料に関する節よりも、徹底的に論じる。

出版資料に類似したオンラインなどの電子資料（たとえば、オンラインの学術雑誌の記事）は、関連する種類の資料に含められている。"非公式に出版された"と考えられるほかのオンラインの資料（15.4.1を参照）は、17.7で取り上げられている。

大部分の節は、完全な注（Nと表記）と参考文献目録の記載事項（Bと表記）の両方についてのガイドラインと例文を扱っている。例で同じ著作を両方の形式で出典として示し、双方の類似点と相違点を明らかにしている場合もある。一方で、特定の種類の資料の中でさえも、項目にバリエーションがあることを示すために、異なった著作にしている場合もある。

本章の中では触れられていない種類の資料を引用するには、『シカゴ・マニュアル *Chicago Manual of Style*』第15版（2003年）の第17章を参照しよう。ここで示されている原則と例文から改作して自分自身の方式を作ってもよい。大部分の指導者、学部、大学は、そのような改作を、一貫して使う限りにおいて認める。

17.1 書籍

書籍には、大部分のほかの種類の出版資料よりも、広範囲の項目が反映される。この節で論じられる項目のバリエーションの多くはまた、ほかの種類の資料とも関連している。

17.1.1 著者の名前

それぞれの著者の名前を、表題のページにあるとおりに正確に示そう。もし名前に複数の頭文字が含まれるなら、それらの間にスペースを入れよう（24.2.1）。

注では、著者の名前を標準的な順序（ファースト・ネームを最初に）で並べよう。

N:　1. Philip Ball, *Bright Earth: Art and the Invention of Color* (New York: Farrar, Straus and Giroux, 2001), 140.

6. T. H. Breen, *The Marketplace of Revolution: How Consumer Politics Shaped American Independence* (New York: Oxford University Press, 2004), 48.

8. Elizabeth I, *Collected Works*, ed. Leah S. Marcus, Janel Mueller, and Mary Beth Rose (Chicago: University of Chicago Press, 2000), 102-4.

参考文献目録では、著者の名前を逆にした順序（ラスト・ネームが最初）で並べよう。ただし、一部の英語でない名前などは除く。これらについては、後述する"特別な種類の名前"で説明している（p.234）。

B:　Ball, Philip. *Bright Earth: Art and the Invention of Color*. New York: Farrar, Straus and Giroux, 2001.

Breen, T. H. *The Marketplace of Revolution: How Consumer Politics Shaped American Independence,* New York: Oxford University Press, 2004.

Elizabeth I. *Collected Works*. Edited by Leah S. Marcus, Janel Mueller, and Mary Beth Rose. Chicago: University of Chicago Press, 2000.

複数の著者　注では、複数の著者による書籍について、すべての名前を標準的な順序で並べよう。3人以上連続する場合は、and の前にコンマを使おう。4人以上の著者がいるなら、最初の著者の名前だけ挙げて、そのあとに et al. を（中間にコンマを入れずに）入れよう。al.（「その他の者」を意味する alii 略）のあとにはピリオドを入れるが、et（略語ではなく、"and"を意味するラテン語）のあとには入れない。

N:　2. Kai Bird and Martin J. Sherwin, *American Prometheus: The Triumph and Tragedy of J. Robert Oppenheimer* (New York: Alfred A. Knopf, 2005), 52.

　　3. Joyce Appleby, Lynn Hunt, and Margaret Jacob, *Telling the Truth about History* (New York: W. W. Norton & Company, 1994), 135-36.

　　8. Jacquelyn Dowd Hall et al., *Like a Family: The Making of a Southern Cotton Mill World* (Chapel Hill: University of North Carolina Press, 1987), 114-15.

　参考文献目録では、最初の著者の名前を逆の順序で挙げ、そのあとにコンマを続けて、ほかの著者は標準的な順序で列挙しよう。著者がいかに多くても、全部入れ、et al. は使わないようにしよう。

B:　Bird, Kai, and Martin J. Sherwin. *American Prometheus: The Trumph and Tragedy of J. Robert Oppenheimer*. New York: Alfred A. Knopf, 2005.

　Appleby, Joyce, Lynn Hunt, and Margaret Jacob. *Telling the Truth about History*. New York: W. W. Norton & Company, 1994.

　Hall, Jacquelyn Dowd, James Leloudis, Robert Korstad, Mary Murphy, Lu Ann Jones, and Christopher B. Daly, *Like a Family: The Making of a Southern Cotton Mill World*. Chapel Hill: University of North Carolina Press, 1987.

著者に加えて編者または翻訳者がいる場合　もし表題のページが、著者に加えて編者または翻訳者を挙げているなら、著者の名前は上で説明したように扱おう。編者または翻訳者の名前は書籍の表題のあとにつけ加えよう。翻訳者も編者もいるなら、原本の表題のページと同じ順序で名前を並べよう。

　注では、略語の ed.（決して eds. ではない。この文脈では「編者 editor」よりはむしろ「〜編 edited by」を意味するからだ）または trans. を、編者の名前または翻訳者の名前の前に入れよう。

N:　6. Yves Bonnefoy, *New and Selected Poems*, ed. John Naughton and Anthony Rudolf (Chicago: University of Chicago Press, 1995), 35.

　　7. Rigoberta Menchú, *Crossing Borders,* trans. and ed. Ann Wright (New York: Verso, 1999), 50-51.

10. Theodor W. Adorno and Walter Benjamin, *The Complete Correspondence, 1928-1940,* ed. Henri Lonitz, trans. Nicholas Walker (Cambridge, MA: Harvard University Press, 1999), 212.

参考文献目録では、編者の名前または翻訳者の名前の前に「〜編 Edited by」または「〜訳 Translated by」の句を挿入しよう。

B: Bonnefoy, Yves. *New and Selected Poems*. Edited by John Naughton and Anthony Rudolf. Chicago: University of Chicago Press, 1995.
Menchú, Rigoberta. *Crossing Borders*. Translated and edited by Ann Wright. New York: Verso, 1999.
Adorno, Theodor W., and Walter Benjamin. *The Complete Correspondence, 1928-1940*. Edited by Henri Lonitz. Translated by Nicholas Walker. Cambridge, MA: Harvard University Press, 1999.

表題のページが編者または翻訳者を「〜編・序文・注釈 Edited with an Introduction and Notes by」または「〜訳・序文 Translated with a Foreword by」のような複雑な表記にしている場合には、その句を「〜編 edited by」または「〜訳 translated by」に簡略化し、上の例に倣ってもよい。一般に、序文または序論が著者以外の誰かによって書かれていても、その部分を特に引用するのでなければ、その人に言及する必要はない（17.1.8 を参照）。著者名が書籍の表題に入っていて、編者の名前はそうではなく書籍の表題ページに書かれている場合については、次ページの"著者に関するその他の場合"を参照しよう。

著者の代わりに編者または翻訳者がいる場合　書籍の表題ページに著者の代わりに編者または翻訳者が挙げられているときには、その人の名前を著者の場所に使おう。著者の名前の場合（上記を参照）と同様に、それを扱おう。ただし、略語の ed.（複数は eds.）または trans.（単数または複数）を名前に続けてつけ加えよう。複数の編者や翻訳者がいるなら、"複数の著者"（上を参照）の原則に従おう。

N: 3. Theodore Silversten, trans., *Sir Gawain and the Green Knight* (Chicago: University of Chicago Press, 1974), 34.

   4. Timothy E. Fulop and Albert J. Raboteau, eds., *African-American Religion: Interpretive Essays in History and Culture* (New York: Routledge, 1997), 412-14.

B: Silverstein, Theodore, trans. *Sir Gawain and the Green Knight*. Chicago: University of Chicago Press, 1974.

   Fulop, Timothy E., and Albert J. Raboteau, eds. *African-American Religion: Interpretive Essays in History and Culture*. New York: Routledge, 1997.

著者に関するその他の場合　下記のものは、資料で著者を識別できるかもしれないいくつかの補足的な方法である。もしここで触れられていない状況に遭遇したら、最も密接な関係があると思われるパターンを当てはめよう。

■**表題中の著者の名前**　著者の名前が、自叙伝のような書籍の表題または副題に出てくるかもしれない。注では著者の名前を省いて、表題から始めよう。しかしながら、参考文献目録では、繰り返しにはなるが、著者の名前を入れよう。多くのそのような著作には、編者もいるが、特別の場合（たとえば、その個人が編集した著作についての研究）以外、編者の名前で著作をリストに入れないようにしよう。

N: 12. *Memoirs of General W. T. Sherman*, ed. Charles Royster (New York: Library of America, 1990), 836.

   15. *Illumination and Night Glare: The Unfinished Autobiography of Carson McCullers*, ed. Carlos L. Dews (Madison: University of Wisconsin Press, 1999), 54.

B: Sherman, W. T. *Memoirs of General W. T. Sherman*. Edited by Charles Royster. New York: Library of America, 1990.

   McCullers, Carson. *Illumination and Night Glare: The Unfinished Autobiography of Carson McCullers*. Edited by Carlos L. Dews. Madison: University of Wisconsin Press, 1999.

■**著者としての組織** 機構、協会、委員会、法人が出版物を発行していて、表題ページに個人的な著者名がないなら、その組織自体を、それが出版者として示されている場合であっても、著者として挙げよう。

N: 　9. World Health Organization, *Organization of Services for Mental Health* (Geneva: World Health Organization, 2003), 50.

B: National Commission on Terrorist Attacks upon the United States. *The 9/11 Commission Report.* New York: W. W. Norton & Company, 2004.

■**ペンネーム** 広く使われているペンネームは、著者の本名であるかのように扱おう。もし本名が知られていないなら、ペンネームのあとに角カッコに入れた「ペンネーム pseud.」をつけ加えよう。

N: 　16. Mark Twain, *The Prince and the Pauper: A Tale for Young People of All Ages* (New york: Harper & Brothers, 1899), 34.

B: Centinel [pseud.]. "Letters." In *The Complete Anti-Federalist*, edited by Herbert J. Storing. Chicago: University of Chicago Press, 1981.

■**匿名の著者** 著者が誰か知られていて、または推測されていて、書籍の表題のページからは省かれているなら、カッコの中に（不確かさを示すため疑問符をつけて）名前を入れよう。著者または編者が知られていないなら、名前の代わりに「匿名 Anonymous」は使わないようにし、注または参考文献目録の記載事項を表題で始めよう。

N: 　22. [Ebenezer Cook?], *Sotweed Redivivus, or The Planter's Looking-Glass* (Annapo-lis, 1730), 5-6.
　　31. *A True and Sincere Declaration of the Purpose and Ends of the Plantation Begun in Virginia, of the Degrees Which It Hath Received, and Means by Which It Hath Been Advanced* (1610), 17.

B: [Cook, Ebenezer?]. *Sotweed Redivivus, or The Planter's Looking-Glass*. Annapolis, 1730.

A True and Sincere Declaration of the Purpose and Ends of the Plantation Begun in Virginia, of the Degrees Which It Hath Received, and Means by Which It Hath Been Advanced. 1610.

特別な種類の名前 一部の著者の名前は、容易に確認できる"ファースト・ネーム"と"ラスト・ネーム"よりも多くのものから成り立っている。よく知られた歴史的な著者の名前については、*Merriam-Webster's Biographical Dictionary* を、現代の著者については、図書館のオンライン・カタログを調べよう。下記は、そのような名前をアルファベット順に列挙するための、いくつかの一般的な原則である。短縮注またはカッコ入り注では（下で太文字で示されているように）ラスト・ネームの順を逆にして正確に使おう。

■**複合姓** ハイフンで連結された名前を含め、複合的なラスト・ネームは、その最初の部分でアルファベット順に並べよう。もし女性が自分自身の姓と夫の姓の両方を使い、それらをハイフンで連結しないなら、一般的には2番目の名前でアルファベット順に並べる。多くの外国語には、複合姓に予測できるパターンがあるが（下を参照）、フランス語やドイツ語のように、そうでない言語もある。

Kessler-Harris, Alice　　　　**Mies van der Rohe**, Ludwig

Hine, Darlene Clark　　　　**Teilhard de Chardin**, Pierre

■**前置詞が付く名前** 言語によっては、de、di、D'、van のような前置詞が、アルファベット順に並べる際のラスト・ネームの最初の部分と考えられる場合や、そうでない場合があるだろう。もし特定の名前について確信が持てないなら、上記の参考図書の1つを調べよう。前置詞は、小文字で書かれることも、大文字で書かれることもあり、アポストロフィーが続いているものもあるので、注意しよう。

de Gaulle, Charles　　　　**Beauvoir**, Simone de

第 17 章 注記式参考文献目録方式：特定の種類の資料の引用

di Leonardo, Micaela

Van Rensselaer, Stephen

Kooning, Willem de

Medici, Lorenzo de'

■ **"Mac," "Saint," "O'" で始まる名前** Mac、Saint、O' で始まる名前は、略語（Mc.St.）、スペル（Sainte, San）、大文字にする箇所（Macmillan, McAllister）、それにハイフンでの連結やアポストロフィー（O'Neill または Odell; Saint-Gaudens または St. Denis）で、多くのバリエーションを持つことがありうる。そのような名前はすべて、実際の文字に即してアルファベット順に並べよう。似ているからといって、グループにまとめてしまわないようにしよう。

■ **英語以外の言語の名前** 名前を付ける上での慣習は、多くの言語で英語の場合と違う。もしレポートに特定の言語からの多くの名前が入るなら、関連する言語についての慣習を学ぼう。

多くのスペイン人のラスト・ネームは複合姓で、その人の父方と母方の姓から成り、普通は接続詞 y でつながれている。そのような名前は、最初の部分でアルファベット順に並べよう。

Ortega y Gasset, José

Sánchez Mendoza, Juana

接頭辞 al- または el- （"the"）で始まるアラビア人のラスト・ネームは、接頭辞に続く要素でアルファベット順に並べよう。Abu、Abd、Ibn で始まる名前は、Mac や Saint で始まる英語の名前に似ていて、それらの言葉でアルファベット順に並べるのが望ましい。

Hakim, Tawfiq al-

Jamal, Muhammad Hamid al-

Abu Zafar Nadvi, Syed

Ibn Saud, Aziz

もし中国名または日本名の著者が、伝統的な使用法（姓に名が続く）に従っているなら、名前の順を逆にしたり、"ファースト"ネームと"ラスト"ネームの間にコンマを挿入したりしないようにしよう。著者が欧米流の使用法（名に姓が続く）に従っているなら、その名前を英語名と同様に扱おう。

伝統的な使用法	欧米流の使用法
Chao Wu-chi	**Tsou**, Tang
Yoshida Shigeru	**Kurosawa**, Noriaki

17.1.2 表題

　完全な表題と副題を列挙しよう。両方ともイタリック体にし、表題と副題の間をコロンで分けよう。もし副題が2つあるなら、最初の副題の前にコロンを、2番目の前にセミコロンを使おう。

N:　5. Jan H. Kalicki and David L. Goldwyn, eds., *Energy and Security: Toward a New Foreign Policy Strategy* (Baltimore: Johns Hopkins University Press, 2005), 195-96.

B: Ahmed, Leila. *A Border Passage: From Cairo to America; A Woman's Journey.* New York: Farrar, Straus & Giroux, 1999.

　大部分の表題と副題には、見出し方式で大文字を使おう。つまり、表題と副題の最初と最後の単語の最初の文字、およびすべての主な単語の最初の文字を、大文字にしよう。外国語の表題については、センテンス方式で大文字にしよう。つまり、表題と副題の最初の単語と、その後の固有名詞と固有形容詞だけを大文字で書こう。(この2つの方式のもっと詳細な解説については、22.3.1 を参照。)

(headline style) *How to Do It: Guides to Good Living for Renaissance Italians*

(sentence style) *De sermone amatorio apud elegiarum scriptore*

　原題のスペル、ハイフン、句読法は、そのまま守ろう。ただし、2つの例外がある。すべて大文字の言葉 (イニシャリズム initalism やアクロニュム acronym を除く。第24章を参照) は、大文字と小文字に替えよう。また、アンパサンド (&) は and に替えよう。数値は、文献目録の中の他の表題と一致させるという妥当な理由がなければ、原本に従い、単語で書き出すか、数字にする (Twelfth Century または 12th Century)。

第 17 章　注記式参考文献目録方式：特定の種類の資料の引用

章の表題や書籍の他の部分については、17.1.8 を参照。

表題の特別な項目　表題の中のいくつかの項目は、特別な印刷体裁を必要とする。

■**日時**　表題または副題では、日時を区別するためにコンマを使おう。たとえ原本に句読点がなくても同じである。資料が日時を前置詞で始めていたり ("from 1920 to 1945")、コロンで区切っていたりするなら、資料の使用法に従おう。

N:　5. Walter A. McDougall, *Freedom Just around the Corner: A New American History*, 1525-1828 (New York: HarperCollins, 2004), 333-34.

B: Jellicoe, Geoffrey, and Susan Jellicoe. *The Landscape of Man: Shaping the Environment, from Prehistory to the Present Day.* 3rd ed. New York: Thames & Hudson, 1995.

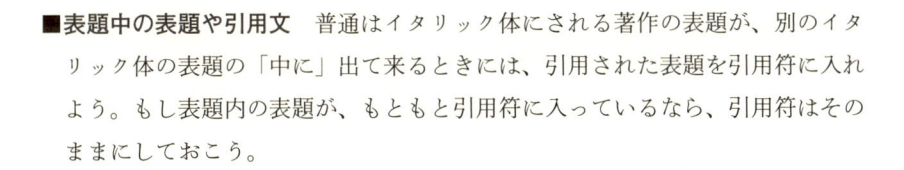

■**表題中の表題や引用文**　普通はイタリック体にされる著作の表題が、別のイタリック体の表題の「中に」出て来るときには、引用された表題を引用符に入れよう。もし表題内の表題が、もともと引用符に入っているなら、引用符はそのままにしておこう。

N:　22. Celia Applegate, *Bach in Berlin: Nation and Culture in Mendelssohn's Revival of the "St. Matthew Passion"* (Ithaca: Cornell University Press, 2005), 25.

B: McHugh, Roland. *Annotations to "Finnegans Wake."* 2nd ed. Baltimore: Johns Hopkins University Press, 1991.

しかしながら、書籍の主題全体が引用文のときには、それを引用符に入れないようにしよう。

N: 8. Sam Swope, *I Am a Pencil: A Teacher, His Kids, and Their World of Stories* (New York: Henry Holt and Company, 2004), 108-9.

B: Chernoff, John M. *Hustling Is Not Stealing: Stories of an African Bar Girl*. Chicago: University of Chicago Press, 2003.

■**イタリック体にされた用語**　イタリック体の表題が、種（species）の名前とか船の名前のような、テキストの中で普通イタリック体にされる用語を含んでいるときは、それらの用語をローマン体にしよう。

N: 7. T. Hugh Pennington, *When Food Kills: BSE,* E. Coli, *and Disaster Science* (New York: Oxford University Press, 2003), 15.

B: Lech, Raymond B. *The Tragic Fate of the* U.S.S. Indianapolis: *The U.S. Navy's Worst Disaster at Sea*. New York: Cooper Square Press, 2001.

■**疑問符と感嘆符**　表題や副題が疑問符または感嘆符で終わっているときには、他の句読点は続かない。

N: 26. Thomas Frank, *What's the Matter with Kansas? How Conservatives Won the Heart of America* (New York: Metropolitan Books, 2004), 250-51.

B: Aaron, Henry. *Why Is Welfare So Hard to Reform?* Washington, DC: Brookings Institution Press, 1973.

古い表題　18世紀以前に出版された著作の表題については、原本の句読法とスペルを残そう。また、原本の大文字表記は、たとえそれが見出し方式に従っていなくても、そのままにしよう。ただし、すべてが大文字の言葉は、頭文字だけが大文字で示されるべきだ。表題が非常に長い場合には、読者が図書館や出版社のカタログで完全な表題を発見するのに足る情報を示せば、それを短縮してもよい。そうした表題の省略は、表題の中に省略を示す3つのドットで示

第17章　注記式参考文献目録方式：特定の種類の資料の引用

そう。その省略が、参考文献目録で表題の最後に来るなら、4つのドット（3つの省略ドットと1つのピリオド。25.3.2を参照）を使おう。

N:　19. John Ray, *Observations Topographical, Moral, and Physiological: Made in a Journey Through part of the Low-Countries, Germany, Italy, and France: with A Catalogue of Plants not Native of England...Whereunto is added A Brief Account of Francis Willughby, Esq., his Voyage through a great part of Spain* ([London], 1673), 15.

B:　Escalante, Bernardino. *A Discourse of the Navigation Which the Portugales doe make to the Realmes and Provinces of the East Partes of the Worlde....* Translated by John Frampton. London, 1579.

英語でない表題　英語でない表題については、センテンス方式の大文字表記を使おう。そして、関連する言語の中の固有名詞と固有形容詞は大文字表記法に従おう。もしこれらの原則をよく知らないなら、信頼できる資料を調べよう。

N:　3. Danielle Maisonneuve, Jean-François Lamarche, and Yves St-Amand, *Les relations publiques: Dans une société en mouvance* (Sainte-Foy, QC: Presses de l'Université de Québec, 1998), 15.
　　6. Ljiljana Piletic Stojanovic, ed. *Gutfreund i ceski kubizam* (Belgrade: Muzej savremene umetnosti, 1971), 54-55.

B:　Krone-Schmalz, Gabriele. *In Wahrheit sind wir stärker: Frauenalltag in der Sowjetunion.* Frankfurt am Main: Fischer Taschenbuch Verlag, 1992.

表題の英語訳を付け加えるなら、原題のあとに置こう。イタリック体でなく、引用符もなしで、カッコの中に入れ、センテンス方式で大文字を使おう。

N:　7. Henryk Wereszycki, *Koniec sojuszu trzech cesarzy* [The end of the Three Emperors' League] (Warsaw: PWN, 1977), 5.

B: *Zhongguo renkou tongji nianjian 1996* [China population statistics yearbook 1996]. Beijing: Zhongguo tongji chubanshe, 1996.

　もし原本と訳文の両方を引用する必要があるなら、読者を原本または訳文のどちらに注目させたいかによって、次の形式の中の1つを使おう。

B: Furet, François. *Le passé d'une illusion*. Paris: Éditions Robert, Laffont, 1995. Translated by Deborah Furet as *The Passing of an Illusion* (Chicago: University of Chicago Press, 1999).

あるいは

Furet, François. *The Passing of an Illusion*. Translated by Deborah Furet. Chicago: University of Chicago Press, 1999. Originally published as *Le passé d'une illusion* (Paris: Éditions Robert Laffont, 1995).

17.1.3　版

　「版 edition」という用語は、いくつかの意味を持っている。すべては、内容と体裁、またはそのいずれかを変更して、1度ならず出版される著作があるという事実に基づいている。もし複数の版で出版された書籍を引用するなら、版が異なるかもしれないので、常にどの版を参照したかを示そう（もし下で説明されている目安のどれも書籍に当てはまらないなら、それが初版であると想定してもよい。明記はされない情報である）。

　改訂版　書籍が重大な内容の変更を伴って再発行されるとき、それは"改訂"版または"第2"（あるいは第3……）版と呼ばれることがある。この情報は普通、書籍の表題のページに掲載され、版権のページで、版の出版年と一緒に繰り返される。

　初版以外の版に言及するとき、表題のあとに版の番号または説明を入れよう。「第2版、改訂・拡大版 Second Edition, Revised and Enlarged」といった表現は、「第2版 2nd ed.」と省略しよう。また、「改訂版 Revised Edition」は、rev.ed. と省略しよう。引用しようとする版の出版年だけを入れ、前の版については触れない（17.1.6を参照）。

N: 1. Paul J. Bolt, Damon V. Coletta, and Collins G. Shackelford Jr., *American Defense Policy*, 8th ed. (Baltimore: Johns Hopkins University Press, 2005), 157-58.

B: Daniels, Roger. *Coming to America: A History of Immigration and Ethnicity in American Life*. 2nd ed. New York: Harper Perennial, 2002.

Babb, Florence. *Between Field and Cooking Pot: The Political Economy of Marketwomen in Peru*. Rev. ed. Austin: University of Texas Press, 1989.

再版 書籍はまた、新しい体裁で再発行されることがある。たとえば、ペーパーバック版（当初の出版社によることも異なる出版社によることもある）や、電子版（17.1.10を参照）がそれにあたる。その書籍の内容は、原本からほとんど変更されていないかもしれないが、それを参照したのなら、再版を典拠として挙げよう。特にそれが初版から1、2年以上たって出版されたとか、古典作品の現代印刷版であるなら、それが再版であることを示したいと思うだろう。この場合は、初版と引用する版の、両方の出版年を入れよう（17.1.6を参照）。

N: 23. Peter Ward Fay, *The Opium War, 1840-1842* (1975; repr., Chapel Hill: University of North Carolina Press, 1997), 67-68.

B: Emerson, Ralph Waldo. *Nature*, 1836. Reprint, Boston: Beacon, 1985.

17.1.4 巻

書籍が複数巻から成る著作の一部なら、その情報を出典に入れよう。

特定の巻 複数巻から成る著作の中の特定の巻をどのように引用するかは、それに全体としての著作と異なる表題があるかどうかによる。もしあるなら、特定の巻の表題を挙げ、そのあとに巻番号と全体の表題の両方を書こう。vol. と略記し、巻番号にはアラビア数字を使おう。

N: 10. Jaroslav Pelikan, *Christian Doctrine and Modern Culture (Since 1700)*, vol. 5 of *The Christian Tradition: A History of the Development of Doctrine* (Chicago:

University of Chicago Press, 1989), 16.

B: Pelikan, Jaroslav. *Christian Doctrine and Modern Culture (since 1700).* Vol. 5 of *The Christian Tradition: A History of the Development of Doctrine.* Chicago: University of Chicago Press, 1989.

　それぞれに巻に表題がつけられてなく、そのうちの1つだけを引用するつもりなら、その巻番号を参考文献目録の記載事項に加えよう（複数巻から成る著作全体の引用については下を参照）。注では、巻番号を（vol. なしに）ページ番号の直前に、スペースを入れずにコロンで分けて、入れよう。

N:　36. Muriet St. Clare Byrne, ed., *The Lisle Letters* (Chicago: University of Chicago Press, 1981), 4:243.

B: Byrne, Muriel St. Clare, ed. *The Lisle Letters*. Vol. 4. Chicago: University of Chicago Press, 1981.

　複数巻から成る著作の中には、全体の編者と、各巻の編者または著者の両方がいる場合がある。それらの著作を部分的に引用するとき、その巻の個別の編者または著者についての情報（17.1.1を参照）を、個別の巻の表題のあとで、巻番号と全体の表題の前に入れよう。下の最初の例はまた、複数分冊で出版された1巻を引用する方法を示している（vol. 2, bk.3）。

N:　40. Barbara E. Mundy, "Mesoamerican Cartography," in *Cartography in the Traditional African, American, Arctic, Australian, and Pacific Societies*, ed. David Woodward and G. Malcolm Lewis, vol. 2, bk. 3 of *The History of Cartography*, ed. J. Brian Harley and David Woodward (Chicago: University of Chicago Press, 1998), 233.

B: Donne, John. *The "Anniversaries" and the "Epicedes and Obsequies."* Edited by Gary A. Stringer and Ted-Larry Pebworth. Vol. 6 of *The Variorum Edition of the Poetry of John Donne*, edited by Gary A. Stringer. Bloomington: Indiana University Press,

1995.

複数巻から成る著作全体　もし注で、巻数の多い著作から複数の巻を引用するなら、参考文献目録の中に、全体としての著作を挙げてもよい。(もし、上で説明されているように、著作に全体の表題と、個別の表題または巻の編者の両方が入っているなら、巻を個別に挙げることが、より正確である。) 表題と全体の巻数、および、もしそれらの巻が数年にわたって出版されたのなら、全期間の出版年を示そう。

B: Aristotle. *Complete Works of Aristotle: The Revised Oxford Translation*. Edited by J. Barnes. 2 vols. Princeton, NJ: Princeton University Press, 1983.

Tillich, Paul. *Systematic Theology*. 3 vols. Chicago: University of Chicago Press, 1951-63.

17.1.5　シリーズ

引用されている書籍が正式なシリーズの一部でも、そのシリーズについての情報を入れることは要求されない。しかし、読者が資料の出所を知り、その信用性を判断するのに役立つのであれば、その情報の一部または全部を入れてもよい。この情報を、表題 (そして、もしあれば版と巻の情報) のあと、出版情報の前に挿入しよう。

シリーズについての最も有用な情報は、その表題である。ローマン体で、見出し方式の大文字表記を使って、それを提示しよう。シリーズの各巻に番号が付けられているなら、シリーズの表題に続けて、引用した著作の番号を入れてもよい。シリーズの編者の名前は、しばしば省かれているが、シリーズの表題のあとにそれを入れてもよい。

N:　7. Gershon David Hundert, *The Jews in a Polish Private Town: The Case of Opatów in the Eighteenth Century*, Johns Hopkins Jewish Studies (Baltimore: Johns Hopkins University Press, 1992), 113.

B: Markman, Charles W. *Chicago before History: The Prehistoric Archaeology of a*

243

Modern Metropolitan Area. Studies in Illinois Archaeology 7. Springfield: Illinois Historic Preservation Agency, 1991.

Isenberg, Nancy. *Sex and Citizenship in Antebellum America.* Gender and American Culture, edited by Linda K. Kerber and Nell Irvin Painter. Chapel Hill: University of North Carolina Press, 1998.

番号をつけられたシリーズには、番号づけが再スタートするほど、長続きしてきたものもある。新しいシリーズの書籍は、n.s.、2nd ser.、または類似の形で表記され、普通はシリーズ番号の前に、コンマで挟まれて示される。古いシリーズの書籍は、n.s.、1 st ser. などで識別される。

N:　3. Charles R. Boxer, ed., *South China in the Sixteenth Century*, Hakluyt Society Publications, 2nd ser., 106 (London, 1953), 44.

B: Palmatary, Helen C. *The Pottery of Marajó Island, Brazil.* Transactions of the American Philosophical Society, n.s., 39, pt. 3. Philadelphia, 1950.

17.1.6　出版情報

　　出版情報は普通、3つの項目を含む。すなわち、出版地（都市）、出版社名、出版の日付（年）だ。注では、これらの項目はカッコに入れるが、参考文献目録では入れない。

N:　1. Jared Diamond, *Guns, Germs, and Steel: The Fates of Human Societies* (New York: W. W. Norton and Company, 1997), 47.

B: Diamond, Jared. *Guns, Germs, and Steel: The Fates of Human Societies.* New York: W. W. Norton and Company, 1997.

　　20世紀より前に出版された書籍、または出版情報が著作の中にない書籍については、出版社名や出版地を省いてもよい。

第17章　注記式参考文献目録方式：特定の種類の資料の引用

N:　　32. Charles Lamb, *Essays of Elia* (1823), 5-6.

B:　Lamb, Charles. *Essays of Elia*. 1823.

出版地　出版地は、出版社の主な編集事務所が置かれている都市である。それは普通、表題ページに掲載されるが、版権ページのこともある。2つ以上の都市が示されている場合には（たとえば"シカゴとロンドン"）、最初の1つだけ入れよう。

Los Angeles: J. Paul Getty Trust Publications
New York: Columbia University Press

　出版された都市が読者に知られていないか、同名の都市と混同されるかもしれないなら、州の略号（24.3.1を参照）、カナダの州の略号、（もし必要なら）国名の略号を付け加えよう。出版社の名前に州の名前が入っているときには、州の略号は必要ない。

Cheshire, CT: Graphics Press
Harmondsworth, UK: Penguin Books
Cambridge, MA: MIT Press
Chapel Hill: University of North Carolina Press

　外国の都市には、現在通例として使われている英語名を使おう。

Belgrade であって（Beograd ではない）　　　Milan であって（Milano ではない）

　出版地が分からないときには、注では略語の n.p.（参考文献目録では N.p.）を、出版社名の前に入れてもよい〔n.p は、「出版地不詳 no place of publication」の略〕。もし場所が推測されるなら、それを疑問符とともにカッコに入れよう。

(n.p.: Windsor, 1910)
[Lake Bluff, IL?]: Vliet & Edwards, 1890

出版社名　それぞれの書籍について出版社名を表題ページに掲載されているとおりに正確に示そう。たとえ、その名前がそのあとに変わったとか、参考文献目録にある違う書籍では違ったふうに印刷されていることを知っていても、同じようにしよう。

Harcourt Brace and World
Harcourt Brace Jovanovich
Harcourt, Brace

　しかしながら、スペースを節約するために、初めの The や、Inc.、Ltd.、S.A.、Co.、& Co.、Publishing Co. のような略語は省いてもよい。

The University of Texas Press	University of Texas Press
Houghton Mifflin Co. ⟶	Houghton Mifflin
Little, Brown & Co.	Little, Brown

　外国の出版社については、名前のどの部分も、翻訳したり、省略したりしないようにしよう。ただし、都市名については、（上記のとおり）英語の形式にしよう。出版社名が分からないときには、場所と出版年だけを使おう。

出版の日付　書籍の出版の日付は、月とか日ではなく、年だけで成り立っていて、普通は版権の年と同じである。それは一般に版権のページに書いてあり、表題ページのこともある。

　改訂版や再版には、複数の版権年が入っているかもしれない。この場合には、最も新しいものが出版年を示す——たとえば "©1982, 1992, 2003" という1列の中の 2003 だ。そのような著作での出版年の引用については、17.1.3 を参照。

　印刷著作物の出版年が確定できないなら、年の代わりに、略語の n.d. を使おう〔「no date 日付不詳」の略〕。出版年が提示されていなくても、知っていると確信しているなら、不確実性を示す疑問符をつけ、カッコに入れてつけ加えてもよい。

B: Smith, John. *A Book of Virtrues*. Edinburgh, n.d.
Miller, Samuel. *Another Book of Virtues*. Boston, [1750?].

　もし書籍が出版社と契約中で、表題はすでにつけられているが、出版年がまだ分からないなら、出版年の代わりに「近刊 forthcoming」を使おう。まだ契約が成立していない書籍は、いずれも未公刊の手稿として扱おう（17.6）。

N:　91. Jane Q, Author, *Book Title* (Place of Publication: Publisher's Name, forthcoming).

17.1.7　ページ番号などの該当箇所を特定する情報

　引用した部分または項目の該当箇所を識別するために使われるページ番号などの情報は、一般に注で示されるが、参考文献目録には出てこない。

　番号の範囲の表現については、23.2.4 を参照しよう。

　ページ、章、および区分番号　ページ番号は通常、注の中では書籍の出典の最後の項目である。単語の page または略語の p. とか pp. を入れないようにしよう。原本においてローマ数字で番号づけされているページ以外は、アラビア数字を使おう。

N:　14. Anne C. Rose, *Victorian America and the Civil War* (New York: Cambridge University Press, 1992), 145-46.
　　17. Jerome Kagan, "Introduction to the Tenth-Anniversary Edition," in *The Nature of the Child* (New York: Basic Books, 1994), xxii-xxiv.

　ときには、出典は、ページの範囲の代わりに、章（省略形 chap.）、部（pt.）、巻（bk.）、または節（sec.）を挙げる。

N:　22. Donald L. Miller, *City of the Century: The Epic of Chicago and the Making of America* (New York: Simon and Schuster, 1996), pt. 2.

■注の番号　注を引用するには、略語のn（複数形はnn）を使おう。引用する注が、そのページの唯一の脚注か、番号のない注なら、ページ番号のあとに（スペースまたは句読点を入れずに）nをつけ加えよう。引用した注と同じページにほかの注があるなら、そのページ番号を挙げ、nまたは（2つ以上の連続した注を引用するなら）nnと注の番号を続けよう。

N:　　45. Anthony Grafton, *The Footnote: A Curious History* (Cambridge, MA: Harvard University Press, 1997), 72n.

　　　46. Dwight Bolinger, *Language: The Loaded Weapon* (London: Longman, 1980), 192n23, 192n30, 199n14, 201nn16-17.

■図解と表番号　「図 figure」の代わりに略語 fig. を使おう。ただし、「表 table」、「地図 map」、「図版 plate」、およびその他のタイプの図解の名前は略さないで書こう。図解番号の前にページ番号を示そう。

N:　　50. Richard Sobel, *Public Opinion in U.S. Foreign Policy: The Controversy over Contra Aid* (Boston: Rowman and Litttlefield, 1993), 87, table 5.3.

■行番号　詩のように行番号によって最もよく識別される著作については、略語の l. (line) や ll, (lines) を使わないようにしよう。それらは数字の 1 と 11 に非常に混同されやすい。line とか lines を使うか、行に言及していることを明確にして番号だけを使おう。

N:　　44. Ogden Nash, "Song for Ditherers," lines 1-4.

■折丁、丁、および2つ折り判　1800年より前に印刷された書籍の中には、ページ番号がないものがあり、まず折丁に、さらには丁または2つ折り判に分けられ、それぞれに表面（recto または r）と裏面（verso または v）がある。そのような著作について該当箇所を特定するものは、関連する一連の連続番号と識

第17章 注記式参考文献目録方式：特定の種類の資料の引用

別情報によって成り立っており、スペースとかイタリック体を使わずに一続きになっている。たとえば、G6v、176r、232r－v、または（もし2つ折り判全体を引用するなら）fol.49。

URL、恒久的情報識別子（Permanent Source Identifiers）、**アクセス日、および説明的位置指定子**（Descriptive Locators）　オンラインで出版された書籍（17.1.10を参照）については、書籍のURLを、注と参考文献目録の両方に入れよう。あらゆるURLは、電子資料を読者に送るために使われるプロトコルの小文字の略号で始まる。最も一般的なのは、http（hypertext transfer protocol）とftp（file transfer protocol）だ。この略語には、必ずコロンと2重スラッシュが続く。その後に出版社のドメイン・ネームがあり、情報源への道が続く。ドメイン・ネームに続く構成要素は、ドメイン・ネームから、また各構成要素の相互から、1重のスラッシュで分けられる。

http://www.jsri.msu.edu/museum/pubs/MexAmHist/chapter14.html#six

　URLの内部の構成要素は、スクリーン上に現れるとおり、正確に大文字で表現しよう。URLの最後に「トレイリングスラッシュ（最後に付けるスラッシュ）」があるなら、それを入れよう。URLはカッコには入れない。URLは、行の最後で区切らないのがベストだ。もし区切る必要があるなら、いくつかのガイドラインについて20.4.2を参照しよう。

　一部のオンラインの資料は、URL以外の恒久的情報識別子を持っている。もし資料がデジタル・オブジェクト識別子（DOI）、または類似のシステムを使っているなら、出典にURLと類似の情報を入れよう。

doi:10.1006/jeth.2000.2694

　オンラインの資料を引用するときは、その後で内容が変わったとか、ウェブから削除された場合に備えて、最後にアクセスした日を示しておこう（15.4.1）。カッコに入れたアクセス日を、URLか恒久的情報識別子のあとに入れよう。

(accessed May 17, 2006)

オンラインで出版された書籍には、注の中で引用した部分の該当箇所を特定するのに役立つページ番号が入っていないかもしれない。この場合、URL の前に（先に出て来る副題のような）該当箇所を特定する説明的な情報と、アクセス日をつけ加えてもよい（例については 17.1.10 を参照）。参考文献目録には、そのような該当箇所を特定する情報を入れる必要はない。

17.1.8　書籍の章などの表題をつけられた部分

ほとんどの場合、単一の連続的な議論や論述の出所になった書籍については、たとえ実際にはその中の1節しか使っていないにしても、メイン・タイトルを出典として挙げるべきだ。しかし、1人または数人の著者が書いた、いくつかのトピックについての個々に独立した著作を集めた書籍もある。その一部だけを参照するなら、研究に最も関連のある1つの章か、または一部だけを挙げてもよい。そうすることによって、その資料が研究課題にいかに適合しているかを、読者が理解するのに役立つ。

B: Demos, John. "Real Lives and Other Fictions: Reconsidering Wallace Stegner's *Angle of Repose*." In *Novel History: Historians and Novelists Confront America's Past (and Each Other)*, edited by Mark C. Carnes, 132-45. New York: Simon and Schuster, 2001.

というようにし、以下のようにはしない。

Carnes, Mark C., ed. *Novel History: Historians Novelists Confront America' s Past (and Each Other)*. New York: Simon and Schuster, 2001.

単著の書籍の一部分　もし単著の書籍の表題つきの一部分を引用するなら、その部分の表題をローマン体にし、引用符に入れて、最初に挙げよう。「in」の指定のあと、書籍の表題を示そう。参考文献目録では、書籍の表題に続いて、その部分の全範囲のページ番号を入れよう。注では、他の引用文についてと同様に、特定の参照事項についてのページ番号を示そう。

N:　1. John Charles Chasteen, "Neocolonialism," in *Born in Blood and Fire: A Concise History of Latin America* (New York: W. W. Norton & Company, 2001), 190-91.

B: Chasteen, John Charles. "Neocolonialism." In *Born in Blood and Fire: A Concise History of Latin America*, 179-206. New York: W. W. Norton & Company, 2001.

「序論 introduction」、「序文 preface」、「あとがき afterword」のような一般的な表題を持つ部分を引用するなら、書籍の表題の前にそのような用語をつけ加えよう。参考文献目録では、一般的な表題を引用符なしのローマン体でリストに入れ、最初の言葉だけ大文字表記にしよう。もしその部分が、その書籍の主著者以外の人によって書かれているなら、その部分の著者の名前を最初に示し、書籍の著者名は、表題のあとに入れよう。

N: 7. Alfred W. Crosby, preface to the new edition of *Ecological Imperialism: The Biological Expansion of Europe, 900-1900*, new ed. (New York: Cambridge University Press, 2004), xv.

16. Craig Calhoun, foreword to *Multicultural Politics: Racism, Ethnicity, and Muslims in Britain*, by Tariq Modood (Minneapolis: University of Minnesota Press, 2005), xvi.

B: Crosby, Alfred W. Preface to the new edition of *Ecological Imperialism: The Biological Expansion of Europe, 900-1900*. New ed. New York: Cambridge University Press, 2004.

Calhoun, Craig. Foreword to *Multicultural Politics: Racism, Ethnicity, and Muslims in Britain*, by Tariq Modood. Minneapolis: University of Minnesota Press, 2005.

編集されたコレクションの一部分　複数の著者の寄稿で編集されたコレクションの一部を引用するなら、その部分の著者と表題を（ローマン体で、引用符に入れて）最初に挙げよう。「in」の指定のあと、書籍の表題と編者の名前を示そう。参考文献目録では、書籍の表題に続けて、その部分の全範囲のページ番号を入れよう。注では、ほかの引用文の場合と同様に、特定の参照事項についてのページ番号を示そう。

N: 3. Anne Carr and Douglas J. Schuurman, "Religion and Feminism: A Reformist Christian Analysis," in *Religion, Feminism, and the Family*, ed. Anne Carr and Mary

Stewart Van Leeuwen (Louisville, KY: Westminster John Knox Press, 1996), 13-14.

B: Carr, Anne, and Douglas J. Schuurman, "Religion and Feminism: A Reformist Christian Analysis." In *Religion, Feminism, and the Family*, edited by Anne Carr and Mary Stewart Van Leeuwen, 11-32. Louisville, KY: Westminster John Knox Press, 1996.

　同一の編集されたコレクションへの寄稿を2つ以上引用するなら、それらを別々の資料として扱ってもよいし、あるいは16.4.1で取り上げたスペース省略型の短縮形式を使ってもよい。書籍からの一部分を、注の中で最初に出典として挙げるときには、その書籍全体と該当部分の両方について、完全な参考文献情報を示そう。そのあと、その書籍から他の部分を引用するなら、著者のフルネームと、その部分の表題を提示し、書籍についての情報は省略形式で示そう。個々の部分についての次からの注は、通常の短縮された注形式に従おう。

N:　　4. William H. Keating, "Fort Dearborn and Chicago," in *Prairie State: Impressions of Illinois, 1673-1967, by Travelers and Other Observers*, ed. Paul M. Angle (Chicago: University of Chicago Press, 1967), 84.
　　　12. Sara Clarke Lippincott, "Chicago," in Angle, 362.
　　　14. Keating, 85.
　　　15. Lippincott, 365.

　参考文献目録では、書籍全体についての完全な出典と、個々の部分に関する短縮注形式のバリエーションを示そう。

B: Angle, Paul M., ed. *Prairie State: Impressions of Illinois, 1673-1967, by Travelers and Other Observers*. (Chicago: University of Chicago Press, 1967).
Keating, William H. "Fort Dearborn and Chicago." In Angle, 84-87.
Lippincott, Sara Clarke. "Chicago." In Angle, 362-70.

選集中の著作　選集に収められて出版された短編小説、詩、エッセイのような著作は、複数の著者のいる編集コレクションへの寄稿と同じ方法で引用しよう。

第 17 章　注記式参考文献目録方式：特定の種類の資料の引用

選集で出版された著作の大部分については、表題をローマ体で、引用符に入れて示そう。例外は、書籍ほどの長さがある詩、または散文の著作からの抜粋の表題で、イタリック体にするのが望ましい（22.3.2 を参照）。

N:　　2. Isabel Allende, "The Spirits Were Willing," in *The Oxford Book of Latin American Essays*, ed. Ilan Stavans (New York: Oxford University Press, 1997), 463-64.

B:　Wigglesworth, Michael. Excerpt from *The Day of Doom,* In *The New Anthology of American Poetry: Traditions and Revolutions, Beginnings to 1900,* edited by Steven Gould Axelrod, Camille Roman, and Thomas Travisano, 68-74. New Brunswick, NJ: Rutgers University Press, 2003.

もし著作の最初の出版年が、レポートの文脈の中で重要なら、注と参考文献目録の両方で、著作の表題のあと、選集の表題の前に、それを入れよう。

N:　　2. Isabel Allende, "The Spirits Were Willing" (1984), in *The Oxford Book*...

B:　Wigglesworth, Michael. Excerpt from *The Day of Doom.* 1662. In *The New Anthology*...

17.1.9　出版されたコレクションの中の書簡と他の通信文

手紙、覚え書、その他の通信文を集めている書籍の、ある特定の部分を引用することもあるかもしれない。特定の参照事項は、個別の通信文についての日付や当事者のような、書籍全体の出典には含まれない情報を提供するからだ（未公刊の私信については 17.6.3 を、手稿コレクションの中の未公刊の手紙については 17.6.4 を参照）。

こうした資料を引用するには、送り主と受取人の名前を示し、そのあとに日付と（もし入手できて、関連があるなら）それが書かれた場所を入れよう。「手紙 letter」という単語は不必要だが、レポートとか覚え書のような他の形式のものには名前をつけよう。コレクションの表題などのデータは、編集された書籍のための通常の形式で示そう。短縮された注のための形式は、通常のパター

ンの項目とは異なるので注意しよう。

N: 1. Adams to Charles Milnes Gaskell, London, March 30, 1896, in *Letters of Henry Adams, 1858-1891*, ed. Worthington Chauncey Ford (Boston: Houghton Mifflin, 1930),141.
2. Adams to Gaskell, 142.
5. EBW to Harold Ross, memorandum, May 2, 1946, in *Letters of E. B. White*, ed. Dorothy Lobrano Guth (New York: Harper & Row, 1976), 273.

B: Jackson, Paulina. Paulina Jackson to John Pepys Junior, October3, 1676. In *The Letters of Samuel Pepys and His Family Circle*, edited by Helen Truesdell Heath, no. 42. Oxford: Clarendon Press, 1955.

17 　注の中で、1つの書籍から数通の手紙などの通信文を引用するなら、参考文献目録では、個別の一編ではなく、その書籍だけを挙げよう。

B: Churchill, Winston, and Dwight D. Eisenhower. *The Churchill-Eisenhower Correspondence, 1953-1955*, edited by Peter G. Boyle, Chapel Hill: University of North Carolina Press, 1990.

17.1.10　オンラインと他の電子書籍

　オンラインの書籍については、印刷書籍のためのガイドラインに従おう。通常の項目に加えて、URLと資料にアクセスした日（15.4.1、17.1.7を参照）を入れ、URLだけでは十分でないことに注意しよう。全出版情報を、それらが確定される限り、示さなければならない。たとえURLが変わっても、読者がその資料を探し出せるようにするためだ。もしページ番号が入手できなければ、URLとアクセス日の前に「under」という語に続けて、（該当箇所の前に出て来る副題のような）該当箇所を特定する説明的な情報をつけ加えることによって、注で引用された部分の所在を注で特定できるかもしれない。

N: 1. Julian Samora and Patricia Vandel Simon, *A History of the Mexican-American*

People, rev. ed. (East Lansing, MI: Julian Samora Research Institute, Michigan State University, 2000), under "Civil War in Mexico," http://www.jsri.msu.edu/museum/pubs/MexAmHist/chapter14.html#six (accessed December 19, 2005).

B: Samora, Julian, and Patricia Vandel Simon. *A History of the Mexican-American People*, Rev.ed. East Lansing, MI: Julian Samora Research Institute, Michigan State University, 2000. http://www.jsri.msu.edu/museum/pubs/MexAmHist/chapter14.html#six (accessed December 19, 2005).

他の電子フォーマットで出版された書籍、たとえばダウンロードや、書籍販売業者や図書館からの送付などで入手できるものを引用するとき、そのフォーマットを確認しよう（CD-ROM, Microsoft Reader e-book）。

N: 1. Thomas H. Davenport and John C. Beck, *The Attention Economy: Understanding the New Currency of Business* (Cambridge, MA: Harvard Business School Press, 2001), TK3 Reader e-book.

B: Hellman, Hal. *Great Feuds in Technology: Ten of the Liveliest Disputes Ever*. New York: John Wiley, 2004. Rocket e-book.

17.2 学術雑誌の記事

　レポートのために参照する定期刊行物の大部分は、学術雑誌〔journal〕に分類される。それらは、学術的ないし専門的な定期刊行物で、主として大学図書館で、または購読によって利用できる。学術雑誌はしばしば、「学術雑誌」という語を表題の中に含んでいるが（*Journal of Modern History*）、そうでないこともある（*Signs*）。雑誌〔magazine〕は普通、学術的出版物ではない。雑誌は学術的な環境の外にあり、その内容と入手しやすさの両方から、読者には学術雑誌より利用しやすい。この相違は重要である。というのも、学術雑誌の記事と雑誌の記事は、引用の仕方が違うからである。もし当該の定期刊行物が学術雑誌か雑誌のどちらか確信ができないなら、その記事が出典を含んでいるかどうかを見よう。もし入っていれば、学術雑誌として扱おう。

17.2.1 著者の名前

著者の名前を、記事の見出しにあるように、正確に示そう。17.1.1 の書籍の著者についてのガイドラインに従おう。

17.2.2 記事の表題

完全な記事の表題と副題を挙げよう。ローマン体を使い、表題と副題をコロンで分け、両方を引用符に入れよう。見出し方式の大文字表記を使おう（22.3.1 を参照）。

N:　12. Nancy L. Green, "The Politics of Exit: Reversing the Immigration Paradigm," *Journal of Modern History* 77 (June 2005): 275.

B: Green, Nancy L. "The Politics of Exit: Reversing the Immigration Paradigm." *Journal of Modern History* 77 (June 2005): 263-89.

種の名前や書籍の表題のような、通常テキストの中でイタリック体にされている用語は、記事の表題の中でもイタリック体のままにしておこう。テキストの中で引用される用語は、表題自体が 2 重引用符の中にあるので、1 重の引用符に入れる。疑問符とか感嘆符で終わっている記事の表題または副題のあとに、コンマとかピリオドを置かないようにしよう。

N:　23. Judith Lewis, "'Tis a Misfortune to Be a Great Ladie': Maternal Mortality in the British Aristocracy, 1558-1959," *Journal of British Studies* 37 (1998): 26.

B: Loften, Peter. "Reverberations between Wordplay and Swordplay in *Hamlet*," *Aeolian Studies* 2 (1989): 12-29.
Williamson, George S. "What Killed August von Kotzebue? The Temptations of Virtue and the Political Theology of German Nationalism, 1789-1819," *Journal of Modern History* 72 (December 2000): 890-943.

外国語の表題は一般に、特定の言語の慣習に従って、センテンス方式で大文

字表記されることが望ましい（22.3.1 を参照）。もし英語訳を加えるなら、引用符なしで角型カッコに入れよう。

N:　22. Gérard Bouchard, "Un essai d'anthropologie régionale: L'histoire sociale du Saguenay aux XIXe et XXe siècles," Annales: Économies, sociétés, civilisations 34 (January 1979): 118.

B:　Kern, W. "Waar verzamelde Pigafetta zijn Maleise woorden?" [Where did Pigafetta collect his Malaysian words?] *Tijdschrift voor Indische taal-, land- en volkenkunde* 78 (1938): 271-73.

17.2.3　学術雑誌の表題

　　記事の表題のあとに、学術雑誌の表題をイタリック体で、見出し方式の大文字表記（22.3.1 を参照）にして入れよう。表題は、表題ページもしくは学術雑誌の目次の上に掲載されているように、正確に示そう。*The Journal of Business* の最初の The は省けるが、略語にはしない。もし公式な表題が *PMLA* のようなイニシャリズムなら、元の綴りに戻さないようにしよう。外国語の学術雑誌については、大文字表記は、見出し方式とセンテンス方式のどちらを使ってもよいが、すべての最初の冠詞は残しておこう（*Der Spiegel*）。

17.2.4　発行の情報

　　大部分の学術雑誌の出典は、巻番号、号番号または月、そして年を含む。読者は、記事の該当箇所を特定するために、これらの項目のすべてを必要としないかもしれないが、それらのすべてを入れておけば、項目の 1 つで起こりうる誤りにも対処できる。

巻番号と発行番号　巻番号は、学術雑誌の表題に、句読点を入れずに続き、イタリック体にしない。学術雑誌自体がローマ数字を使っていても、アラビア数字を使おう。もし号番号があれば、コンマで分け、前に no. を付けて、巻番号に続けよう。

N: 2. Christopher S. Mackay, "Lactantius and the Succession to Diocletian," *Classical Philology* 94, no.2 (1999): 205.

B: Kumar, Rahul. "Reasonable Reasons in Contractualist Moral Argumen." *Ethics* 114 (October 2003): 6-37.

学術雑誌が巻番号なしで号番号だけを使うとき、コンマが学術雑誌の表題に続く。

B: Beattie, J. M. "The Pattern of Crime in England, 1660-1800." *Past and Present*, no. 62 (1974): 47-95.

出版の日付　出版の日付は、巻番号（または、もしあれば号番号）のあとにカッコに入れて示す。日付の形式については、学術雑誌の慣行に従おう。それは月を入れなければならないし、季節、月、または正確な日付を入れてもよい。季節は、本文では単語の最初の文字を大文字にしないが、学術雑誌の出典では大文字にしよう。

N: 27. Sarah Burns, "Ordering the Artist's Body: Thomas Eakins's Acts of Selfportrayal," *American Art* 19, no. 1 (Spring 2005): 95.

B: Jenkins, J. Craig, David Jacobs, and Jon Agnone. "Political Opportunities and African-American Protest, 1948-1997." *American Journal of Sociology* 109, no. 2 (September 2003): 277-303.

もし記事が出版に向けて受理されていても、まだ刊行されていなければ、日付とページ番号の位置に「近刊 forthcoming」を使おう。まだ出版に向けて受理されていないどんな記事も、未公刊の手稿として扱おう（17.6を参照）。

N: 4. Margaret M. Author, "Article Title:" *Journal Name* 98 (forthcoming).
B: Author, Margaret M. "Article Title." *Journal Name* 98 (forthcoming).

17.2.5 ページ番号などの該当箇所を特定する情報

注において、特定の1節の典拠を挙げるのなら、引用元になった該当ページだけを示そう。参考文献目録や、記事全体に言及する注については、その記事についてのすべての範囲のページ番号を示そう（23.2.4 を参照）。慣習により、学術雑誌の記事のページ番号は、コンマではなくコロンに続く。

N:　4. Tim Hitchcock, "Begging on the Streets of Eighteenth-century London," *Journal of British Studies* 44 (July 2005): 478.

B: Gold, Ann Grodzins. "Grains of Truth: Shifting Hierarchies of Food and Grace in Three Rajasthani Tales." *History of Religions* 38, no. 2 (1998): 150-71.

オンラインで発行された学術雑誌の記事については、URL（または、恒久的識別子）やその記事にアクセスした日と同様に、（もし入手できれば）ページ番号を入れよう。詳細と例文については 17.2.7 を、URL の句読点と大文字表記の一般的な原則については 17.1.7 を参照しよう。

17.2.6 特別号と補遺

単独のテーマに充てられた学術雑誌の号は、「特別号 special issue」として知られている。それには通常の巻番号と号番号がつけられている。もし特別号に独自の表題があり、編者がいれば、出典には両方を入れよう。表題はローマン体で示され、引用符の中に入れられる。

N:　67. Matthew L. Jones, "Descartes's Geometry as a Spiritual Exercise," in "Things," ed. Bill Brown, special issue, *Critical Inquiry* 28, no. 1 (Autumn 2001): 43-44.

B: Jones, Matthew L. "Descartes's Geometry as a Spiritual Exercise." In "Things," ed. Bill Brown. Special issue, *Critical Inquiry* 28, no. 1 (Autumn 2001): 40-71.

その号全体に言及する必要があるなら、記事の情報は省こう。

B: Brown, Bill, ed. "Things." Special issue, *Critical Inquiry* 28, no. 1 (Autumn 2001).

　学術雑誌の「補遺 supplement」にもまた、独自の表題があり、著者または編者がいるかもしれない。特別号とは違い、学術雑誌の正規の号とは別に番号づけされて、しばしばページ番号の一部としてSがつけられる。巻番号と補遺番号の間にコンマを入れよう。

N:　4. Ivar Ekeland, James J. Heckman, and Lars Nesheim, "Identification and Estimation of Hedonic Models," in "Papers in Honor of Sherwin Rosen," *Journal of Political Economy* 112, S1 (February 2004): S72.

B: Ekeland, Ivar, James J. Heckman, and Lars Nesheim. "Identification and Estimation of Hedonic Models." In "Papers in Honor of Sherwin Rosen," *Journal of Political Economy* 112, S1 (February 2004): S60-S109.

17.2.7　オンラインで公表された記事

　オンラインの学術雑誌については、出版された学術雑誌の記事についてのガイドラインに従おう。その上で、URLとその資料にアクセスした日を入れよう（15.4.1を参照）。URLだけでは十分ではないことに注意しよう。全出版情報を、それらが確定される限り、提供しなければならない。たとえURLが変わっても、読者が資料を探し出せるようにするためである。オンライン版の記事は、ページ番号が入っていないかもしれない。並行して冊子体が出版されていなければなおさらだ。もしページ番号が入手できなければ、URLとアクセス日の前に「under」という語に続けて、（該当箇所の前に出て来る副題のような）該当箇所を特定する説明的な情報を付け加えることによって、注で引用された部分の所在を注で特定できるかもしれない。

N: 4. Brian Uzzi and Jarrett Spiro, "Collaboration and Creativity: The Small World Problem," *American Journal of Sociology* 111, no. 2 (September 2005), under "Milgram's Small World Theory," http://www.journals.uchicago.edu/AJS/journal/issues/v111n2/090090/090090.html (accessed December 19, 2005).

B: Uzzi, Brian, and Jarrett Spiro. "Collaboration and Creativity: The Small World Problem." *American Jounal of Sociology* 111, no. 2 [September 2005]. http://www.journals.uchicago.edu/AJS/journal/issues/v111n2/090090/090090.html [accessed December 19, 2005].

　記事についてのオンライン・データベースは、一般に引用に必要なすべての項目を列挙している。リストにある固定したURLを入れよう。それによって記事を参照したデータベースも識別できる。

N:　6. Lawrence A, Shapiro, "Multiple Realizations," *Journal of Philosophy* 97, no. 12 (December 2000): 642, http://links.jstor.org/sici?sici=0022-362X%282000012%2997%3A12%3C635%3AMR%3E2.0.CO%3B2-Q (accessed June 27, 2006).

B: Shapiro, Lawrence A. " Multiple Realizations," *Journal of Philosophy* 97, no. 12 (December 2000): 635-54. http://links.jstor.org/sici?sics=0022-362X%2820001 2%2997%3A12%3C635%3AMR%3E2.0.CO%3B2-Q (accessed June 27, 2006).

17.3　雑誌記事

　学術雑誌の記事を引用するための多くのガイドライン（17.2を参照）は、雑誌記事にも同様に適用される。

　ほとんどの場合、週刊または月刊雑誌は、たとえ巻や号で番号をつけられていても、日付だけで引用しよう。日付をカッコに入れないこと。注において、特定の1節の典拠を挙げるのなら、引用元になった該当ページだけを示そう。しかし、参考文献目録では、その記事を含む部分のページ番号を省いてもよい。雑誌の記事はしばしば、無関係な材料を含む多くのページにわたっているからだ。もしページ番号を入れるなら、発行日と分けるため、コロンではなくコンマを選ぼう。

N:　11. Mark Schapiro, "New Power for 'Old Europe,' " *The Nation*, December 27, 2004, 12-13.

B: Schapiro, Mark. "New Power for 'Old Europe.'" *The Nation*, December 27, 2004.

　定期的に掲載される常設特別欄とかコラムを引用するなら、それを見出し方式で大文字表記にするが、引用符には入れないこと。無記名の特設欄については、参考文献目録では、著者の代わりに雑誌の名前を使おう。

N:　2. Barbara Wallraff, Word Court, *Atlantic Monthly*, June 2005, 128.
B: *New Yorker*. Talk of the Town. April 10, 2000.

　オンラインの雑誌については、出版雑誌の記事についてのガイドラインに従おう。その上で、URLとその材料にアクセスした日を入れよう（15.4.1を参照）。URLだけでは十分ではないことに注意しよう。全出版情報を、それらが確定される限り、提供しなければならない。たとえURLが変わっても、読者が資料を探し出せるようにするためである。オンライン雑誌の記事には、ページ番号が入っていないかもしれない。しかし、URLとアクセス日の前に「under」という語に続けて、（該当箇所の前に出て来る副題のような）該当箇所を特定する説明的な情報をつけ加えることによって、引用された部分の所在を注で特定できるだろう。

N:　7. Stephan Faris, "'Freedom': No Documents Found," *Salon.com*, December 16, 2005, under "The Internet Has No Memory in China," http://www.salon.com/tech/feature/2005/12/16/censorship/index1.html (accessed December 19, 2005).

B: Faris, Stephan. "'Freedom': No Documents Found." *Salon.com*, December 16, 2005. http://www.salon.com/tech/feature/2005/12/16/censorship/index1.html (accessed December 19, 2005).

17.4　新聞記事

　原則として、日刊新聞からの記事や他の部分を出典として挙げるのは、注の中だけにしよう。参考文献目録には、一般的にはそれらを含める必要はない。ただし、特定の記事が議論に不可欠であったり、しばしば引用したりするのな

第17章 注記式参考文献目録方式:特定の種類の資料の引用

ら、それを含めてもよい。

雑誌の記事の引用についての一般的なパターンに従い(17.3を参照)、ページ番号は省こう。新聞の場合、いくつかの版がある場合があり、版によって記載項目が別のページに掲載されているかもしれないし、落とされさえするかもしれないからだ。「最終版 final edition」「中西部版 Midwest edition」などといった識別するための情報をつけ加えて、どの版を参照したかを明らかにしてもよい。

N: 4. Editorial, *Milwaukee Journal-Sentinel*, June 1, 1998.
6. Obituary of Jacques Derrida, *New York Times*, October 10, 2004, national edition.

見出しによって記事に言及するなら、見出し方式かセンテンス方式のどちらかの、大文字表記を使ってよい(22.3.1を参照)。しかし、一貫して使うようにしよう。新聞は両方の方式を使うので、すべての見出しを、自分で選んだ方式に一致するように変えよう。

N: 9. Blair Kamin, "Wrigley Building Clearly a Landmark," *Chicago Tribune*, July 1, 2005.

あるいは

9. Blair Kamin, "Wrigley Building clearly a landmark," *Chicago Tribune*, July 1, 2005.

注を使う代わりに、テキストの中にいくつかの主な要素を織り込むことによって、記事を引用できることもある。最低でも、新聞の名前と日付、および(もしあれば)記事の著者を入れよう。こうした情報のいくつかは、たとえ16.4.3で説明されているカッコ入り注の形式に従っていなくても、カッコに入れて出すことができる。

In a *New York Times* article on the transitions within the Supreme Court (September 30, 2005), Linda Greenhouse discusses these trends.

あるいは

In an article published on September 30, 2005, in the *New York Times*, Linda Greenhouse discusses the transitions within the Supreme Court.

17.4.1　特別な体裁の号

　米国の新聞については、新聞の名前の最初の The を省こう。もし名前に都市名が入っていなければ、公式な表題にそれを加えよう。ただし、*Wall Street Journal* または *Christian Science Monitor* のように有名な全国紙は除く。同じ名前の都市がたくさんあるとか、都市名があまり知られていないという場合には、州またはカナダの州をカッコに入れて添えておいてもよい（普通は省略形で。24.3.1 を参照）。外国の新聞については、最初の冠詞を残し、表題のあとに都市名をつけ加えよう。

Chicago Tribune　　　　　　　　　　*Le Monde*

Saint Paul (Alberta or *AB) Journal*　　*Times* (London)

　通信社の名前は見出し方式で大文字表記をするのが望ましいが、記事の著者として扱われるときにはイタリック体にはしない。

N:　6. Associated Press, "Iraq Constitution Distributed amid Attacks," *Los Angeles Times*, October 6, 2005.

17.4.2　特殊な新聞記事の引用

　個別的な記名記事に加えて、新聞にはほかにも多くの種類の記事が入っている。そのうちの一部は、引用の際にも特別な扱いが必要だ。

■**定期的なコラム**　多くの定期コラムは、コラムの表題だけでなく見出しを持つ。両方使ってもよいし、スペースを節約するためにコラムの表題だけを（ローマン体で、引用符に入れずに）使ってもよい。

N:　5. Gretchen Morgenson, "Applying a Discount to Good Earnings News," Market Watch, *New York Times*, April 23, 2000.

あるいは

　5. Gretchen Morgenson, Market Watch, *New York Times*, April 23, 2000.

■投書　公表された投書は、一般的に見出しを付けずに引用しよう。

N:　　6. Virginia J. Davis, letter to the editor, *Chicago Tribune*, July 29, 2005.

■増刊号の記事　日曜"文芸作品欄"増刊号などの特別欄の記事は、雑誌の記事（17.3 を参照）と同様に扱おう。

■オンラインで公表される記事　オンラインの新聞については、印刷版の記事についてのガイドラインに従おう。さらに、URL とその材料にアクセスした日を入れよう（15.4.1 を参照）。URL だけでは十分ではないことに注意しよう。全出版情報を、それらが確定される限り、提供しなければならない。たとえ URL が変わっても、読者が資料を探し出せるようにするためである。URL とアクセス日の前に単語「under」という語に続けて、（該当箇所の前に出て来る副題のような）該当箇所を特定する説明的な情報とアクセス日をつけ加えることによって、引用された部分の所在を注で特定できるかもしれない。

N:　　12. Dave Hoekstra, "Restoring a Legacy," *Chicago Sun-Times*, December 19, 2005, under "Home Away from Home," http://www.suntimes.com/output/hurricane/cst-ftr-nola19.html (accessed December 19, 2005).

17.5　特殊な出版資料

引用について特別な条件を持つ、いくつかの特殊な出版資料がある。

17.5.1　古典文学、中世文学、および初期英文学の作品

古代ギリシャ・ローマ、中世ヨーロッパ、ルネッサンス時代の英国で創作された文学作品は、現代の文学作品とは違った形で引用される。これらの資料は、しばしば、番号つきのセクション（書籍、詩、詩節など）に体系づけられていて、一般にそれがページ番号の代わりに引用される。そのような作品は、数世紀にわたって大変多くの版や訳で出版されてきたので、現代版についての出版情報は、一般にほかの種類の引用の場合ほど重要ではない。

こうした理由で、古典文学、中世文学、初期英文学の作品は普通、下の最初

の例文におけるように、脚注だけで引用するのが望ましい。カッコ入り注（16.4.3 を参照）でも構わない。著者名、表題、およびセクション番号（アラビア数字で示される）を入れよう。異なった種類の著作の間で生じる、句読点、略語、および番号づけの相違については、下を参照。

The eighty days of inactivity reported by Thucydides (8.44.4) for the Peloponnesian fleet at Rhodes, terminating before the end of winter (8.60.2-3), suggests...

N: 3. Ovid *Amores* 1.7.27.
    8. *Beowulf*, lines 2401-7.
    11. Spenser, *The Faerie Queene*, bk. 2, canto 8, st. 14.

レポートが、テキストの綿密な分析が関わってくる文学研究のような分野でのものなら、あるいは訳本の違いが関連するものなら、参考文献目録にそのような著作を入れよう。ほかの翻訳された書籍と編集された書籍については、17.1.1 にあるルールに従おう。

N: 35. Propertius, *Elegies*, ed. and trans. G. P. Goold, Loeb Classical Library 18 (Cambridge, MA: Harvard University Press, 1990), 45.

B: Aristotle, *Complete Works of Aristotle: The Revised Oxford Translation*. Edited by J. Barnes. 2 vols. Princeton, NJ: Princeton University Press, 1983.

古典文学作品　上に挙げた一般的な原則に加えて、次のルールが古典文学作品に適用される。

作品の著者と表題の間、または表題とセクション番号の間には、句読点は何も使わないようにしよう。数の分割はスペースなしのピリオドで行われる。セクション番号にはアラビア数字（もし必要なら小文字）を使おう。同じ資料からの2つ以上の出典の間にはコンマを、違う資料の出典の間にはセミコロンを入れよう。

N:　5. Aristophanes *Frogs* 1019-30.
　　6. Cicero *Verr*. 1.3.21, 2.3.120; Tacitus *Germ*. 10.2-3.
　　10. Aristotle *Metaphysics* 3.2.996b5-8; Plato *Republic* 360e-361b.

著者、作品、コレクションなどの名前は略すこともできる。最も広く受け入れられている略語は、*Oxford Classical Dictionary* に出ている。同じ作品への連続する参照では、「同書 ibid.」ではなく、これらの略語を使おう。

N:　9. Thuc. 2.40.2-3.
　　14. Pindar *Isthm*. 7.43-45.

中世文学作品　古典文学の参照形式は、英語以外の言語で書かれた中世の著作にも、同様にうまく当てはまる。

N:　27. Augustine *De civitate Dei* 20.2.
　　31. Abelard *Epistle 17 to Heloïse* (Migne *PL* 180.375c-378a).

初期英文学の作品　上に挙げた一般的な原則に加え、初期英文学の作品の引用には次のルールが適用される。
　詩や戯曲は、巻・篇・連や、連・行や、幕・場・台詞の行などといった区分を使って引用しよう。

N:　1. Chaucer, "Wife of Bath's Prologue," *Canterbury Tales*, lines 105-14.
　　3. Milton, *Paradise Lost*, book 1, lines 83-86.

「幕 act」、「行 line」などの語を省き、古典文学を参照する場合（前述参照）と類似の方法を使うことによって、番号をつけられた区分を短縮してもよい。必ずその方法を注の中で説明しよう。

N:　3. Milton, *Paradise Lost*, 1.83-86.

もし版によって、言葉遣い、行の番号づけ、および場の区分でさえ——特にシェイクスピアの作品——違うなら、その作品を、版を特定して、参考文献目録に入れよう。参考文献目録をつけていなければ、その版を最初の注で特定しよう。

B: Shakespeare, William. *Hamlet*. Arden edition. Edited by Harold Jenkins. London: Methuen, 1982.

17.5.2　聖書、その他の聖典

聖書と他の宗教的伝統に属する聖典は、脚注、後注、またはカッコ入り注で引用しよう（16.4.3を参照）。これらの文献を参考文献目録に入れる必要はない。

聖書からの出典については、署名の略称、章番号、および節番号を含める。決してページ番号ではない。文脈次第で、書名については、伝統的な略称か短縮した略称のどちらを使ってもよい（24.6を参照）。どちらの形式が適切か確信がなければ、指導者に相談してみよう。章と節の番号には（間にコロンを入れて）アラビア数字を使おう。番号つきの巻も同様である。

伝統的な略語：
N:　　4.1 Thess. 4:11, 5:2-5, 5:14.〔4.1 テサ 4:11、5:2-5、5:14 ＝テサロニケの信徒への手紙1、第4章第11節、第5章第2-5節、第5章第14節〕

短縮した略語：
N:　　5.2 Sm 11:1-17, 11:26-27; 1 Chr 10:13-14.〔5.2 サム下 11:1-17、11:26-27；代上 10:13-14 ＝サムエル記下第11章第1-17節、第11章第26-27節；歴代誌上第10章第13-14節〕

書と番号のつけ方は、聖書の版によって違うので、最初の引用において、使おうとしている版を、略記せずに書いた名前か、認められている略語（24.6.4を参照）のどちらかで、カッコに入れて特定しよう。

N:　　6.2 Kings 11:8 (New Revised Standard Version).
　　　7.1 Cor. 6:1-10(NAB).

第17章 注記式参考文献目録方式：特定の種類の資料の引用

ほかの伝統的宗教における聖典からの引用については、聖書からの引用のための一般的なパターンを適用しよう（24.6.5を参照）。

17.5.3 参考図書

主要な辞書や百科事典のようなよく知られた参考図書は、普通は注だけで挙げればよい。一般的には、こうしたものを参考文献目録に入れる必要はない。ただし、議論に不可欠であるとか、頻繁に引用したという特定の図書を入れてもよい。注の中では、出版情報を省いてもよいが、版は（もし初版でなければ）特定する必要がある。百科事典のようなアルファベット順に配列された図書については、その項目（巻とかページ番号でなく）を s.v.（「という語の下に」という意味の sub verbo の略、複数形は s.vv.）に続けて挙げよう。

N: 1. *Encyclopaedia Britannica*, 15th ed., s.v. "Salvation."
   2. *Dictionary of American Biography*, s.v. "Wadsworth, Jeremiah."

あまりよく知られていない参考図書については、出版の詳細を注に入れ、参考文献目録でその図書を挙げよう。

N: 3. *The Times Guide to English Style and Usage*, rev. ed. (London: Times Books, 1999), s.vv. "police ranks," "postal addresses."

B: Aulestia, Gorka. *Basque English Dictionary*. Reno: University of Nevada Press, 1989.

百科事典のオンライン版は、定期的に更新されているので、URL と、その資料にアクセスした日付を入れよう（15.4.1 を参照）。一部の参考図書は、特定の記載事項について、引用するのに適切な URL を示すことに注意しよう。検索エンジンで引き出される安定度が劣る URL よりも、これを使おう。

N: 1. *Encyclopaedia Britannica Online*, s.v. "Sibelius, Jean," http://www.britannica.com/ebc/article?tocId=9378608 (accessed June 1, 2005).

17.5.4 批評

　　書籍、興行などについての批評は、いろいろな種類の定期刊行物に掲載される可能性があり、普通は注でのみ引用した方がよい。一般的には、参考文献目録に入れる必要はない。ただし、議論に不可欠であるとか、頻繁に引用したという特定の批評を入れてもよい。

　　批評家の名前、「批評担当～review of」という言葉のあとに、批評された作品名と著者（または作曲家、演出家など）、場所と日時（興行の場合）、そして最後に批評が掲載された定期刊行物を入れよう。

N:　　7. Richard P. Taub, review of *Reclaiming Public Housing: A Half-century of Struggle in Three Public Neighborhoods*, by Lawrence J. Vale, *American Journal of Sociology* 110, no. 3 (November 2004): 797.

　　15. Charles Isherwood, review of *Birdie Blue*, by Cheryl L. West, directed by Seret Scott, Second Stage Theater, New York, *New York Times*, June 24, 2005.

B:　Kozinn, Allan. Review of concert performance by Timothy Fain (violin) and Steven Beck (piano), 92nd Street Y, New York. *New York Times*, April 21, 2000.

17.5.5 要旨

　　学術雑誌の記事、会議の議事録、博士論文などの要旨は、要旨にまとめられている元の著作と一緒に、あるいは全体が要旨で構成されている特定の出版物（普通は学術雑誌）に掲載されているかもしれない。どちらの場合でも、要旨は普通、注の中だけで挙げられるのが望ましい。一般的には、参考文献目録の中に入れる必要はない。ただし、議論に不可欠であるとか、頻繁に引用したという特定の要旨を入れてもよい。

　　要旨にまとめられている著作の完全な出典を入れよう。もし要旨が著作自体と一緒に掲載されているのなら、出典の中の表題に続けて「要旨 abstract」の単語を挿入しよう。もし要旨が別の出版物に発表されているなら、著作についての最初の引用に続けて「要旨は～abstract in」という言葉を挿入し、それから要旨の所在を挙げよう。

N: 13. Joseph Luders, "The Economics of Movement Success: Business Responses to Civil Rights Mobilization," abstract, *American Journal of Sociology* 111, no. 4 (January 2006): 963.

18. Cecilia Albin, "Negotiating International Cooperation: Global Public Goods and Fairness," *Review of International Studies* 29 (July 2003): 365-85, abstract in *Peace Research Abstracts Journal* 42, publ. nr. 236625 (February 2005): 6.

17.5.6　パンフレットと報告書

　パンフレット、企業報告書、案内冊子などのそれ自体として独立している出版物は、書籍の場合と同じように引用しよう。著者や出版者のような通常あるはずの項目のデータが不足しているなら、文書を識別するのに足りる他の情報を示しておこう。そのような資料は普通、注でのみ挙げられる。一般的には、参考文献目録の中に入れる必要はない。ただし、議論に不可欠であるとか、頻繁に引用したという特定の著作を入れてもよい。

N: 34. Hazel V. Clark, *Mesopotamia: Between Two Rivers* (Mesopotamia, OH: End of the Commons General Store, 1957).

35. TIAA-CREF, *2005 Annual Report: College Retirement Equities Fund* (New York: TIAA-CREF, 2005), 62.

17.5.7　マイクロフォーム版

　マイクロフォーム版を参照した著作については、博士論文を含めて、書籍の場合と同じように明示しよう（印刷された形で、またはオンラインで参照された博士論文については、17.6.1を参照）。出版情報のあとに、出版の形式（マイクロフィッシュ、マイクロフィルムなど）を具体的に挙げよう。注には、もし可能なら、該当箇所を特定する情報を入れよう。下の最初の例では、ページ番号（明確にするため略語p.で特定されている）は、マイクロフィッシュに印刷されたテキストの中にある。他の番号は、マイクロフィッシュとフレームを、文字は横列を示す。

N: 5. Beatrice Farwell, *French Popular Lithographic Imagery*, vol. 12, *Lithography in*

Art and Commerce (Chicago: University of Chicago Press, 1995), text-fiche, p. 67, 3C12.

B: Tauber, Abraham. *Spelling Reform in the United States.* Ann Arbor, MI: University Microfilms, 1958. Microfilm.

17.5.8　CD-ROM または DVD-ROM

CD-ROM または DVD-ROM で出版された著作は、類似の出版著作、ほとんどの場合は書籍と同じように引用しよう。

N:　11. *Complete National Geographic: 110 Years of "National Geographic" Magazine,* CD-ROM (Mindscape, 2000).

B: *Oxford English Dictionary.* 2nd ed. CD-ROM, version 2.0. New York: Oxford University Press, 1999.

17.5.9　オンライン・データベース

オンライン・データベースで出版された学術雑誌の記事の引用については、17.2.7 を参照。他の方式のオンライン・データベースから文書とか記録を引用するには、注に（もし入手できるなら）文書の著者と表題、データベースの名前（ローマン体で）、URL、およびその資料にアクセスした日を挙げよう。参考文献目録には、データベース全体を丸ごと取り上げ、メイン・ページの URL を付けて、アクセス日はなしにしよう。URL だけでは十分ではないことに注意しよう。全出版情報を、それらが確定される限り、提供しなければならない。たとえ URL が変わっても、読者が資料を探し出せるようにするためである。オンライン・データベースの博士論文については、17.6.1 を参照。

N:　1. Pliny the Elder, *The Natural History,* ed. John Bostock and H. T. Riley, in the Perseus Digital Library, http://www.perseus.tufts.edu/cgi-bin/ptext?lookup=Plin.+Nat.+1.dedication (accessed March 31, 2006).

B: Perseus Digital Library. http://www.perseus.tufts.edu/

17.6 未公刊の資料

読者にとって、かつて出版されたことのない資料は、出版されたものよりも、所在を特定するのが難しい。それらは1カ所にしか存在せず、公式な出版情報がないからだ。そのような出典を示すときには、読者にできるだけ多くの助け舟を出すため、下に挙げられている情報の「すべて」を入れることが、特に重要である。

未公刊の著作の表題は、ローマン体で引用符に入れ、イタリック体にせずに示される。この体裁の相違が、類似していても出版されている著作との決定的な差である。表題には、見出し方式で大文字を使おう。

17.6.1 学位論文と博士論文

印刷された形での未公刊の学位論文や博士論文を参照するとしても、未公刊の手稿として扱おう。著者名と表題のあとに、論文の種類、学術機関と日付を挙げよう。書籍の出版情報のように、注ではカッコに入れ、参考文献目録では入れない。「博士論文 dissertation」は「diss.」と省略しよう。「未公刊 unpublished」の言葉は必要ない。

N: 1. Karen Leigh Culcasi, "Cartographic Representations of Kurdistan in the Print Media" (master's thesis, Syracuse University, 2003), 15.

B: Murphy, Priscilla Coit. "What a Book Can Do: *Silent Spring* and Media-Borne Public Debate." PhD diss., University of North Carolina, 2000.

オンライン・データベースで参照した博士論文を引用するには、データベースの名前、URL とアクセス日を、機関の情報のあとにつけ加えよう（マイクロフォーム版については、17.5.7 を参照）。

B: Murphy, Priscilla Coit. "What a Book Can Do: *Silent Spring* and Media-Borne Public Debate." PhD diss., University of North Carolina, 2000. In ProQuest Dissertations and

Theses, http://proquest.umi.com/pqdweb?did=727710781&sid=2&Fmt=2& clientId=13392&RQT=309&VName=PQD (accessed April 1, 2006).

17.6.2　会合で発表された、講演とレポート

講演またはレポートの著者名と表題のあとに、その会場となった会合の後援、場所、日時を挙げよう。これらの情報を注ではカッコに入れ、参考文献目録では入れない。「未公刊 unpublished」の言葉は必要ない。

N:　2. John Troutman, "Indian Blues: American Indians and the Politics of Music, 1890-1935" (lecture, Newberry Library, Chicago, IL, February 2, 2005).

　　7. Karene Grad, "When High Culture Was Popular Culture" (paper presented at the annual meeting of the Organization of American Historians, Boston, MA, March 26, 2004).

B: Skocpol, Theda. "Voice and Inequality: The Transformation of American Civic Democracy." Presidential address, annual meeting of the American Potitical Science Association, Philadelphia, PA, August 28, 2003.

17.6.3　インタビューと私信

未公刊のインタビュー（自分自身で行ったものも含む）は普通、注の中だけで出典を示した方がよい。一般的には、参考文献目録の中に入れる必要はない。ただし、議論に不可欠であるとか、頻繁に引用したという特定のインタビューを入れてもよい。インタビューを受けた人とインタビューした人の名前から注を始めよう。注は、インタビューを受けた人、インタビューをした人の名前で書き始めよう。（もし分かれば）インタビューの場所と日時、および（もし入手できれば）録音や筆記録の所在を入れよう。通常のパターンとは異なる短縮された注についての形式に注意しよう（放送されたインタビューについては、17.8.3 を参照）。

N:　7. Andrew Macmillan, interview by author, San Diego, CA, March 2, 2007.

　　14. Benjamin Spock, interview by Milton J. E. Senn, November 20, 1974, interview

67A, transcript, Senn Oral History Collection, National Library of Medicine, Bethesda, MD.
  17. Macmillan, interview; Spock, interview.

　もしインタビューを受けた人の名前を明らかにできないなら、文脈にふさわしい形式で引用しよう。名前のないこと（"すべてのインタビューは内密なもので、インタビューをされた人の名前は、相互の合意によって秘匿される"）を、注または序文で説明しよう。

N:　10. Interview with a health care worker, August 10, 2006.

　会話、手紙、Eメールのメッセージ、およびその類の出典は、注の中だけにしよう。一般的には、参考文献目録の中に入れる必要はない。ただし、議論に不可欠であるとか、頻繁に引用したという特定の通信文を入れてもよい。カギになる要素は、相手の名前、通信文の種類、通信の日時である。多くの場合、カッコ入り注（16.4.3を参照）を使うか、こうした情報の一部またはすべてをテキストの中に入れるかでもよい。Eメール・アドレスは省こう。電子メーリング・リストの掲示情報を引用するには、17.7.3を参照しよう。

N:　2. Maxine Greene, e-mail message to author, September 29, 2005.

　In a telephone conversation with the author on October 12, 2006, Colonel William Rich revealed that...

17.6.4　手稿コレクション

　未公刊の手稿コレクションからの文書には、出版された資料よりも複雑で、いろいろな種類の項目が絡んでくる。出典の中には、識別のためのできるだけ多くの情報を入れ、各項目を一貫して同じ体裁にし、ここで概説される一般的なパターンを必要に応じて当てはめよう。

含めるべき項目とその順序　できれば、それぞれの資料の著者と日付、文書の

表題または種類、コレクションの名前、および所蔵場所の名前を特定しよう。注は、著者の名前から書き始めよう。もし文書に表題があって著者名がない、または表題が著者より重要なら、表題を最初に挙げよう。

N: 　5. George Creel to Colonel House, September 25, 1918, Edward M. House Papers, Yale University Library, New Haven, CT.

　23. James Oglethorpe to the Trustees, January 13, 1733, Phillipps Collection of Egmont Manuscripts, 14200:13, University of Georgia Library, Athens (hereafter cited as Egmont MSS).

　24. Burton to Merriam, telegram, January 26, 1923, Charles E. Merriam Papers, University of Chicago Library.

　31. Minutes of the Committee for Improving the Condition of Free Blacks, Pennsylvania Abolition Society, 1790-1803, Papers of the Pennsylvania Society for the Abolition of Slavery, Historical Society of Pennsylvania, Philadelphia (hereafter cited as Minutes, Pennsylvania Society).

　44. Memorandum by Alvin Johnson, 1937, file 36, Horace Kallen Papers, YIVO Institute, New York.

　45. Joseph Purcell, "A Map of the Southern Indian District of North America" [ca. 1772], MS 228, Ayer Collection, Newberry Library, Chicago.

短縮注については、通常の項目のパターンを適用し（16.4.1を参照）、入手できる情報を当てはめ、文書を間違いなく識別できるようにしよう。

N: 　46. R. S. Baker to House, November 1, 1919, House Papers.
　47. Minutes, April 15, 1795, Pennsylvania Society.

もしコレクションから1つだけ文書を引用し、それが議論に不可欠であるとか、頻繁に引用したということなら、それを参考文献目録に入れてもよい。記載は、著者の名前から始めよう。もし文書に表題があって著者名がない、または表題が著者より重要なら、表題を最初に挙げよう。

第17章　注記式参考文献目録方式：特定の種類の資料の引用

B: Dinkel, Joseph. Description of Louis Agassiz written at the request of Elizabeth Cary Agassiz. Agassiz Papers. Houghton Library, Harvard University, Cambridge, MA.

　　１つのコレクションから複数の文書を引用するなら、コレクションの名前、コレクションの中の資料の著者、所蔵場所に基づいて、参考文献目録の中にコレクションを全体として挙げよう。記録文書保管所に所蔵されていない類似の種類の未公刊の資料については、コレクションについての情報を、"著者の所有"または"私蔵"のような言葉遣いに置き換え、その所在には触れないようにしよう。

B: Egmont Manuscriptsts. Phillipps Collection. University of Georgia Library, Athens.
House, Edward M., Papers. Yale University Library, New Haven, CT.
Pennsylvania Society for the Abolition of Slavery. Papers. Historical Society of Pennsylvania, Philadelphia.
Strother, French, and Edward Lowry. Undated correspondence. Herbert Hoover Presidential Library, West Branch, IA.
Women's Organization for National Prohibition Reform Papers. Alice Belin du Pont files, Pierre S. du Pont Papers. Eleutherian Mills Historical Library, Wilmington, DE.

　　項目の体裁を整える方法　　手稿コレクションの中の文書について、体裁を整える特別な方法をいくつか推奨しておこう。

- ■**特定の表題 対 一般的な表題**　　文書の特定の表題には引用符を使い、「報告書 report」や「議事録 minutes」のような一般的な名称には使わない。手稿の中の正式な題目の一部である場合だけ、この種の一般的な名称に大文字を使い、単に説明的な場合には使わないようにしよう。
- ■**該当箇所を特定する情報**　　一部の手稿は、注に入れることのできるページ番号を含んでいるかもしれないが、多くの手稿には、ほかの種類の該当箇所を特定する情報があるか、あるいはまったくないだろう。古い手稿は普通、ページではなく、「折丁記号 signature」だけ、または「２つ折版 folio (fol., fols.)」によって番号がつけられている。一部の手稿コレクションには、資料を識別するた

めのコレクション番号やファイル番号があり、出典に入れることができる。
- ■**レポートと原稿** 手稿コレクションの表題では、「文書 papers」と「手稿 manuscript」という用語は同義語である。両方とも略語 MS と MSS（複数形）と同様に認められる。
- ■**手紙** 注で手紙の出典を明らかにするためには、手紙の筆者の名前から始めて to と受取人の名前を続けよう。テキストで差出人と受取人の身元が明らかなら、ファースト・ネームは省いてもよい。letter という言葉は、分かりきっているので省こう。しかし、ほかの形式の通信文については、種類（電報、覚え書）を特定しておこう。

17.7 非公式に出版された電子資料

オンラインで非公式に出版される、言い換えれば "掲示される posted" 資料は、しばしば著者、表題、出版社、日付といった標準的な出版情報が不足している。たとえ出版情報をほとんど、またはまったく確定できなくても、やはり URL 以上の情報を出典に入れなければならない。もし URL だけ挙げ、その URL が変わるか、または使われなくなれば、出典は読者には役に立たなくなる。URL は、資料を参照したとき、それが置かれていた場所を教えてくれる。完全な出典では、資料が何であるかということと、最後にアクセスした日も示さなければならない（15.4.1 を参照）。

17.7.1 ウェブ・サイト

書籍や定期刊行物以外のオンライン資料が有する独自の内容については、次に述べるものをできるだけ多く入れよう。つまり、著者名、ページの表題（ローマン体で、引用符に入れて）、サイトの表題または所有者（ローマン体で）、URL およびアクセス日だ。

N:　　14. Evanston Public Library Board of Trustees, "Evanston Public Library Strategic Plan, 2000-2010: A Decade of Outreach," Evanston Public Library, http://www.epl.org/library/strategic-plan-00.html (accessed June 1, 2005).

B: Evanston Public Library Board of Trustees, "Evanston Public Library Strategic Plan,

2000-2010: A Decade of Outreach," Evanston Public Library. http://www.epl.org/library/strategic-plan-00.html (accessed June 1, 2005).

著者が明示されていなければ、サイトの所有者の名前を示しておこう。

N:　19. The Bahá' ís of the United States, "Education," The Bahá' í Faith, http://www.bahai.us/content/section/7/36/ (accessed March 28, 2006).
　　25. Federation of American Scientists, "Resolution Comparison: Reading License Plates and Headlines," http://www.fas.org/irp/imint/resolve5.html (accessed June 1, 2005).

B: The Bahá' ís of the United States. "Education." The Bahá' Faith. http://www.bahai.us/content/section/7/36/ (accessed March 28, 2006).

個人的なホーム・ページやファン・サイトのような非公式なサイトについては、表題が欠落していることがあれば、サイトの内容を説明した句を使おう。

N:　1. Camp Taconic Alumni, 1955 photo gallery, http://www.taconicalumni.org/1955.html (accessed June 1, 2005).

17.7.2　ウェブログの記載事項とコメント
　　サイトの著者によってウェブログ（またはブログ）に掲示された記載事項を引用するには、ウェブ・サイトのための基本的なパターンに従おう。著者の名前と掲示日を入れよう。こうした資料は普通、注だけで挙げられる。一般的には、参考文献目録の中に入れる必要はないが、議論に不可欠であるとか、頻繁に引用したという特定の項目を入れてもよい。

N:　7. Gary Becker, "The New American Dilemma: Illegal Immigration," The Becker-Posner Blog, entry posted March 6, 2006, http://www.becker-posner-blog.com/archives/2006/03/the_new_america.html (accessed March 28, 2006).

そのサイトの著者以外の誰かによってウェブログに掲示されたコメントを引用するには、ウェブログの記載事項のための基本的なパターンに従おう。資料をコメントとして特定し、コメント（もとの記載そのものではない）が掲示された日を入れよう。コメントの著者の名前が不完全か、またはペンネームなら、掲示された名前のあとに角カッコ入りの pseud. をつけ加えよう。

N:　　8. Peter Pearson, comment on "The New American Dilemma: Illegal Immigration," The Becker-Posner Blog, comment posted March 6, 2006, http://www.becker-posner-blog.com/archives/2006/03/the_new_america.html#c080052 (accessed March 28, 2006).

　　　11.Bill [pseud.], comment on "The New American Dilemma: Illegal Immigration," The Becker-Posher Blog, comment posted March 10, 2006, http://www.becker-posner-blog.com/archives/2006/03/the_new_america.html#c080149 (accessed March 28, 2006).

17.7.3　電子メーリング・リスト

電子メーリング・リストからの資料を引用するには、著者の名前、リストの名前と掲示日を入れよう。Eメール・アドレスは省こう。もし資料がアーカイブ化されているなら、その URL と資料にアクセスした日も入れよう。こうした資料は普通、注だけで出典を挙げる。一般的には、参考文献目録の中に入れる必要はないが、議論に不可欠であるとか頻繁に引用したという特定の項目を入れてもよい。

N:　　17. John Powell, e-mail to Grapevine mailing list, October 30, 2004, http://www.electriceditors.net/grapevine/issues/83.txt (accessed October 12, 2005).

17.8　視覚芸術や舞台芸術での資料

視覚芸術や舞台芸術での資料は、視覚映像、ライヴ・パフォーマンス、放送、各種メディアでの記録、およびテキストをはじめとするさまざまな資料の基となる。このような資料は、出版された資料には共通してある識別に役立つ情報が欠けていると、引用するのが難しいことがある。識別するための情報をでき

るだけ多く入れ、項目の一貫した体裁を整え、ここで概説する一般的パターンを、必要に応じて当てはめよう。

　この節で扱う資料の大部分は、注でだけ引用するか、カギになる項目をテキストの中に織り込んで引用するとよい。別途に指示されていないのであれば、一般的には、参考文献目録の中に入れる必要はない。ただし、議論に不可欠であるとか、頻繁に引用したという特定の項目を入れてもよい。もしレポートが、芸術、メディア研究、または類似の分野の課程のためなら、指導者に相談しよう。

17.8.1　視覚的資料

絵画、彫刻、写真、および他の芸術作品　絵画、彫刻、写真、および他の芸術作品は、注でのみ出典として挙げよう。芸術家の名前、芸術作品の表題、創作の日（おおよそなら「約 ca. [circa]」を前につけて）、および、（もしあれば）それを所蔵している機関とその所在を含めよう。絵画と彫刻の表題はイタリック体にするが、写真の表題は引用符に入れて、ローマン体にしよう。

N:　　7. Georgia O'Keeffe, *The Cliff Chimneys*, 1938, Milwaukee Art Museum.
　　　11. Michelangelo, *David*, 1501-4, Galleria dell'Accademia, Florence.
　　　24. Ansel Adams, "North Dome, Basket Dome, Mount Hoffman, Yosemite," ca. 1935, Smithsonian American Art Museum, Washington, DC.

　注を使う代わりに、ときにはテキストの中に必要項目を織り込んで、芸術著作を引用してもよい。項目によっては、たとえ 16.4.3 で説明されているカッコ入り注のための形式に従わなくても、カッコ入りにしてもよい。

O'Keeffe first demonstrated this technique in *The Cliff Chimneys* (1938; Milwaukee Art Museum).

　出版された資料の中で芸術作品を見た場合に、自分の領域のガイドラインがその資料を特定することを要求しているなら、所蔵機関名やその所在地の代わりに、出版情報を示そう。オンラインのイメージについては、17.8.6 を参照の

こと。

N: 7. Georgia O'Keeffe, *The Cliff Chimneys*, 1938, in Barbara Buhler Lynes, Lesley Poling-Kempes, and Frederick W. Turner, *Georgia O' Keeffe and New Mexico: A Sense of Place* (Princeton: Princeton University Press, 2004), 25.

他の図表の資料　印刷広告、地図、漫画などのような、他の図表の資料を引用する必要があるかもしれない。こうした資料は、注の中だけで出典を示し、芸術作品のための基本的なパターンを手直しして、できるだけ多くの情報を示そう。表題は、引用符に入れてローマン体で示し、図表の種類が表題からでは不明確なら、それを特定しよう。オンラインの図表については、17.8.6を参照。

N: 12. National Center for Family Literacy, "Because I Can Read," advertisement, *Atlantic Monthly*, April 2006, 59.

17.8.2　ライヴ・パフォーマンス

演劇、音楽、それにダンス　演劇、音楽、またはダンスのライヴ・パフォーマンスは、注だけで引用しよう。演じられた作品の表題、主演者の名前、彼らの配役の表示、開催地と場所、および開催日を入れよう。演劇と長い音楽作品の表題はイタリック体にしよう。短めの作品の表題は引用符に入れて、ローマン体にしよう。もし出典が個人の演技に焦点を合わせたものなら、作品の表題の前に個人の名前を挙げよう。

N: 14. *Birdie Blue*, by Cheryl L. West, directed by Seret Scott, Second Stage Theater, New York, June 22, 2005.

　　16. Yuja Wang, pianist, "La Valse," by Maurice Ravel, Orchestra Hall, Chicago, March 26, 2006.

　　注を使う代わりに、ときにはテキストの中に必要項目を織り込んで、ライヴ・パフォーマンスを引用してもよい。項目によっては、たとえ16.4.3で説明されているカッコ入り注のための形式に従わなくても、カッコ入りにしてもよ

い。

Yuja Wang's performance of Maurice Ravel's "La Valse" (March 26, 2006, at Orchestra Hall, Chicago) demonstrated her understanding...

　もし記録されたメディアでライヴ・パフォーマンスを見るか、聴くかしたら、その記録を引用しよう。録音については17.8.4を、ビデオ録画については17.8.5を、オンラインのファイルについては17.8.6を参照。

映画　劇場で映画を見たなら、ライヴ・パフォーマンスと同様に、注の中で引用するか、テキストの中に必要項目を織り込むことで引用しよう（ビデオ録画として見た映画については17.8.5を、オンラインで見た映画については17.8.6を参照）。映画の表題（イタリック体で）、監督、製作会社や配給会社の名前、映画が封切られた年を入れよう。もし関連があれば、引用しようとしている場面を説明しよう。

N:　　3. *Capote*, directed by Bennett Miller, Sony Pictures Classic, 2005, opening scene.

17.8.3　テレビ番組と他の放送資料

番組　テレビ番組、ラジオ番組、その他の放送された資料は、注だけで出典を示そう。少なくとも番組の表題と視聴日を入れよう。また、（もし入手できれば）連続番組の1回分の表題と番号、（論述に関連があれば）主演者の名前、放送された場所、それに（視聴した日と違えば）初回の放送日を入れてもよい。プログラムの表題はイタリック体にしよう。ただし、連続番組の1回分または番組の一部の表題は、引用符に入れてローマン体にしよう。

N:　　16. *Seinfeld*, "The Opposite," episode 86, September 22, 2005 (originally aired May 19, 1994).
　　　23. *All Things Considered*, NPR, April 20, 2006.

こうした番組は、注を使う代わりに、しばしば主要な項目をテキストの中に織り込むことによって引用してもよい。とりわけ、補足的な項目の一部または全部が入手できないとか、出典には関係がないという場合にはなおさらだ。

The *Seinfeld* episode titled "The Opposite" (aired September 22, 2005) perfectly illustrates this story structure.

　記録されたメディアで放送番組を視聴したら、記録の出典を示そう。ビデオ録画については 17.8.5 を、オンラインのファイルについては 17.8.6 を参照。

インタビュー　放送されたインタビューは、注でのみ引用するか、テキストの中に必要項目を織り込むことによって引用しよう。インタビューされた人を著者として扱い、出典の文脈の中でインタビューした人を特定しよう。また、放送された討論会と日を入れよう。公表されていないインタビューについては 17.6.3 を参照のこと。

N:　　10. Condoleezza Rice, interview by Jim Lehrer, *News Hour*, PBS, July 28, 2005.

広告　放送された広告を、注でのみ引用するか、テキストの中に主要項目を織り込むことによって引用し、できるだけ多くの情報を示そう。

N:　　18. Federal Express, "Caveman" advertisement, aired during *Super Bowl XL*, February 5, 2006.

17.8.4　録音

　録音で音楽演奏または話芸を聴いたなら、その録音を引用しよう。出版された著作のように、こうした録音には一般的に、固定した、入手可能な識別に役立つ情報があり、参考文献目録に入れられるべきだ。

　録音は、録音の表題、作曲家の名前、演奏者の名前のいずれかに従って、リストに入れよう。どれにするかは、どれが論述と関連が深いか次第だ。その録音を類似の物と区別するために、その録音についてできるだけ多くの情報を入

れよう。それには、録音会社の名前、録音番号、媒体、および版権の日付または製作日（または両方）を含む。「compact disc」は「CD」と略そう。

N:　11. *The Fireside Treasury of Folk Songs*, vol. 1, orchestra and chorus dir. Mitch Miller, Golden Record A198:17A-B, 33 rpm, 1972.
　　　14. Ludwig van Beethoven, *Piano Sonata no. 29 "Hammerklavier,"* Rudolf Serkin, ProArte Digital CDD 270, 1992.

B: Anderson, Doug. *Frostwork*. OAR 1001, Dolby HX PRO. Audiocassette, 2001.
　Bernstein, Leonard, dir. *Symphony no. 5*, by Dmitri Shostakovich. New York Philharmonic. CBS IM 35854. 1985.

　ドラマ、散文や詩の朗読、講義、およびその類いのものの録音は、音楽録音の場合のように扱う。

N:　6. Dylan Thomas, *Under Milk Wood*, performed by Dylan Thomas and others, Caedmon TC-2005 (audiocassette), CDLS-2005 (CD), 1950.

B: Auden, W. H. *Poems*. Read by the author. SpokenArts 7137. CD. 1955.

17.8.5　録画

　ライヴ・パフォーマンス、映画、またはテレビ番組などの放送資料をビデオの録画で見たなら、その録画を出典として挙げよう。出版された著作のように、そのような録画は一般的には、固定した、入手可能な識別に役立つ情報があり、参考文献目録に入れられるべきだ。

　ビデオ録画の出典は、一般的に書籍についてのパターンに則り、媒体（VHS、DVD）を追加しておこう。2番目の例では、2001年版に独自の資料への言及だから、フィルムの最初の封切り日は省かれていることに注意しよう。

N:　7. George Frederic Handel, *Messiah*, VHS, Atlanta Symphony Orchestra and Chamber Chorus, conducted by Robert Shaw (Batavia, OH: Video Treasures, 1988).

B: Cleese, John, Terry Gilliam, Eric Idle, Terry Jones, and Michael Palin. "Commentaries." Disc 2. *Monty Python and the Holy Grail*, special ed. DVD. Directed by Terry Gilliam and Terry Jones, Culver City, CA: Columbia TriStar Home Entertainment, 2001.

17.8.6　オンライン・マルチメディア・ファイル

　　映像、ライヴ・パフォーマンス、映画、またはテレビ番組などの放送された資料をオンライン（podcasts を含めて）で見たら、オンライン・ファイルを出典として挙げよう。出版された著作のように、オンライン・マルチメディア・ファイルは一般的に、固定した、入手可能な識別に役立つ情報があり、参考文献目録に入れられるべきだ。

　　前述した、関連のある種類の資料についての引用の原則に従おう。ファイルの日付のようないくつかの項目は、確認するのが難しいかもしれないが、できるだけ多くの情報を提供しよう。その上で、オンライン・サイトの表題、ファイルの種類、および（もし関連があれば注に）引用された資料がファイルに出現している時間を挙げ、URL とアクセス日を入れよう。URL だけでは十分ではないことに注意し、たとえ URL が変わっても、読者が資料を探し出せるように、補足的な情報を提供しなければならない。もし（下の 2 番目の文におけるように）ファイルに個別の URL がなければ、サイト全体を出典としよう。

N:　　12. BBC, "Blair Announces New Africa Panel," BBC News Web site, Windows Media Player video file, 3:43, http://news.bbc.co.uk/nolavconsole/ifs_news/hi/newsid_5110000/newsid_5119200/nb_wm_5119262.stm (accessed June 27, 2006).

　　18. Wolfgang Amadeus Mozart, "Allegro Moderato," *Piano Sonata no.10 in C Major* (1778), Kunst der Fuge, MIDI file, 1:02, http://www.kunstderfuge.com/mozart.htm (accessed November 19, 2005).

B: BBC. "Blair Announces New Africa Panel." BBC News Web site. Windows Media Playervideofile. http://news.bbc.co.uk/nolavconsole/ifs_news/hi/newsid_5110000/newsid_5119200/nb_wm_5119262.stm (accessed June 27, 2006).

Mozart, Wolfgang Amadeus. "Allegro Moderato," *Piano Sonata no.10 in C Major.* 1778. Kunst der Fuge. MIDI file. http://www.kunstderfuge.com/mozart.htm (accessed November 19, 2005).

17.8.7　視覚芸術と舞台芸術のテキスト

美術展覧会のカタログ　美術展覧会のカタログを、書籍の場合のように引用しよう。参考文献目録にだけ、展覧会の名前と場所を、出版情報のあとに入れよう。

N:　6. Judith A. Barter, ed., *Mary Cassatt: Modern Woman* (Chicago: Art Institute of Chicago, in association with Harry N. Abrams, 1998), 5.

B: Barter, Judith A., ed. *Mary Cassatt: Modern Woman.* Chicago: Art Institute of Chicago, in association with Harry N. Abrams, 1998. Published in conjunction with the exhibition "Mary Cassatt: Modern Woman" shown at the Boston Museum of Fine Arts, the National Gallery in Washington, DC, and the Art Institute of Chicago.

戯曲　場合によっては、有名な英語の演劇を、注だけで引用してもよい（17.5.1も参照）。出版情報は省き、ページ番号の代わりに、幕と場（または他の区分）によって出典を示そう。

N:　22. Eugene O'Neill, *Long Day's Journey into Night,* act 2, scene 1.

　　レポートが、テキストの綿密な分析が関わってくる文学研究のような分野のものなら、あるいは訳本や世に知られていない作品を引用しているなら、書籍の場合のように、あらゆる戯曲の出典を示し、参考文献目録に入れよう。引用部分は、該当領域のガイドラインに従って、区分かページのどちらかで出典を挙げよう。

N:　25. Enid Bagnold, *The Chalk Garden* (New York: Random House, 1953), 8-9.

B: Anouilh, Jean. *Becket, or the Honor of God*. Translated by Lucienne Hill. New York: Riverhead Books, 1996.

楽譜　出版された楽譜は、書籍と同じように引用しよう。

N:　1. Giuseppe Verdi, *Il corsaro* (*melodramma tragico* in three acts), libretto by Francesco Maria Piave, ed. Elizabeth Hudson, 2 vols.,The Works of Giuseppe Verdi, ser. 1, Operas (Chicago: University of Chicago Press; Milan: G. Ricordi, 1998).

B: Mozart, Wolfgang Amadeus, *Sonatas and Fantasies for the Piano*. Prepared from the autographs and earliest printed sources by Nathan Broder. Rev. ed. Bryn Mawr, PA: Theodore Presser, 1960.

未公刊の楽譜は、手稿コレクションの中の未公刊の資料と同様に引用しよう。

N:　2. Ralph Shapey, "Partita for Violin and Thirteen Players," score, 1966, Special Collections, Joseph Regenstein Library, University of Chicago.

17.9　公的文書

　公的文書は、世界中で、すべてのレベルの政府が作った広範にわたる資料を含む。この節は、英語で利用できる一部の一般的な種類の公文書について基本的な原則を示す。ほかの種類を引用する必要があるなら、最も近いモデルを当てはめよう。

　そのような文書は、出版された資料より、もっと複雑でさまざまな項目を含む。出典には、それを識別するためのできるだけ多くの情報を入れ、項目の体裁を一貫して整え、ここで概説された一般的パターンを必要に応じて当てはめよう。

　この節の大部分は、米国の政府機関や行政機関が発行する文書に関係している。カナダ政府、英国政府、および国際機関が発行する文書については、17.9.9-17.9.11 を参照。未公刊の政府文書については、17.9.12 を参照しよう。

17.9.1 取り入れるべき項目、それらの順序、および体裁を整える方法

出典には、次の項目をできるだけ多く入れよう。

- 文書を発行する政府（国、州、市、郡、またはその他の区分）と政府機関（立法府、行政部門、司法局、部局、理事会、委員会）の名前
- もしあれば、文書またはコレクションの名前（一般的にイタリック体）
- もし示されていれば、個別の著者、編者、または編纂者の名前
- 報告書番号、またはほかの識別のための情報
- 出版情報：出版地、もし発行機関と違うなら出版社名（17.9.2-17.9.4 で扱っている米国連邦政府のすべての出版物については、Washington, DC と Government Printing Office をそれぞれ使おう）、出版の日付
- もし関連があれば、ページ番号または該当箇所を特定する情報

一般に、関連のある項目を、上で示された順序で、列挙しよう。ある種の文書の場合の例外については、17.9 の中の次の節で説明されている。

N:　1. Senate Committee on Foreign Relations, *The Mutual Security Act of 1956*, 84th Cong., 2d sess., 1956, S. Rep. 2273, 9-10.

B:　U.S. Congress. Senate. Committee on Foreign Relations. *The Mutual Security Act of 1956*. 84th Cong., 2d sess., 1956. S. Rep. 2273.

公的文書を引用する際に使われる短縮形式と略語は、ほかで使われているものと違う場合があるので注意しよう。たとえば、2nd の代わりに 2d、3rd の代わりに 3d を使うのがそうだ。その他の例は、17.9 の関連する節に記されている。

17.9.2　国会の出版物

国会の出版物については、参考文献目録では普通、「合衆国議会 U.S. Congress」の指示で始まり、「上院 Senate」または「下院 House」が続く（U.S. Senate または U.S. House と簡略化してもよい）。注では通常、「合衆国 U.S.」は省かれる。そのほかの一般的な項目として含まれるのは、もしあれば委員会と小

委員会、文書の表題、国会と会期の番号（この場所では、それぞれ省略形の Cong. と sess. で）、出版年、および、もし入手できれば文書の番号と説明（たとえば H. Doc. 487）である。

討論　1873年以降、国会の討論は、『連邦議会議事録 *Congressional Record*』（注では、しばしば Cong. Rec. と略される）で、政府によって公表されてきた。可能なときはいつでも、書籍化されたものを引用しよう。それは日刊の「議事録 Record」からの変更を、しばしば反映している。

N:　16. *Cong. Rec.,* 71st Cong., 2d sess., 1930, 72, pt. 10: 10828-30.

B:　U.S. Congress. *Congressional Record.* 71st Cong., 2d sess., 1930. Vol.72, pt. 10.

ときには、討論の発言者、主題、日時を、注の中で特定する必要があるかもしれない。

N:　4. Senator Kennedy of Massachusetts, speaking for the Joint Resolution on Nuclear Weapons Freeze and Reductions, on March 10, 1982, to the Committee on Foreign Relations, S.J. Res. 163, 97th Cong., 1st sess., *Cong. Rec.* 128, pt. 3: 3832-34.

1874年より前は、国会の討論は『合衆国議会年間記録 *Annals of the Congress of the United States*』（ほかの名前によっても知られ、1789-1824年にわたっている）、『連邦議会討論 *Congressional Debates*』（1824-37年）、および『連邦議会グローブ *Congressional Globe*』（1833-73年）で、公表されている。これらの出版物を『連邦議会議事録 *Congressional Record*』と同じように引用しよう。

報告書と文書　上院（省略形 S）と下院（H）の報告書と文書を引用するときには、国会と会期の番号を両方とも入れよう。また可能なら、資料の巻番号も入れよう。通常のパターンとは違う、短縮された注の形式に注意しよう（16.4.1を参照）。

N: 9. Senate Committee on Foreign Relations, *The Mutual Security Act of 1956*, 84th Cong., 2d sess., 1956, S. Rep. 2273, 9-10.

14. *Declarations of a State of War with Japan, Germany, and Italy*, 77th Cong., 1st sess., 1941, S. Doc. 148, serial 10575, 2-5.

15. Senate Committee, *Mutual Security Act*, 9.

22. *Reorganization of the Federal Judiciary*, 75th Cong., 1st sess., 1937, S. Rep. 711.

B: U.S. Congress. House. *Report of Activities of the National Advisory Council on International Monetary and Financial Problems to March 31, 1947*. 80th Cong., 1st sess.,1947. H. Doc. 365.

公聴会 国会の委員会で行われた証言の記録は普通、表題をつけて出版される。表題は出典に入れられるべきだ。関連の委員会を、著者として挙げよう。通常のパターンとは違う、短縮された注の形式に注意しよう（16.4.1を参照）。

N: 13. House Committee on Banking and Currency, *Bretton Woods Agreements Act: Hearings on H.R. 3314,* 79th Cong., 1st sess., 1945, 12-14.

14. House Committee, *Bretton Woods*, 13.

B: U.S. Congress. Senate. Committee on Foreign Relations. *Famine in Africa: Hearing before the Committee on Foreign Relations*. 99th Cong., 1st sess., January 17, 1985.

法案と決議 国会の法案（提案された法律）と決議は、パンフレットの形で公表される。出典では、下院で発議した法案と決議はHRと略され、上院で発議されたものはSと略される。『連邦議会議事録 *Congressional Record*』の出版情報（もし入手できれば）を入れよう。

N: 16. *Food Security Act of 1985*, HR 2100, 99th Cong., 1st sess., *Congressional Record* 131, no. 132, daily ed. (October 8, 1985): H 8461.

B: U.S. Congress. House, *Food Security Act of 1985*. HR 2100. 99th Cong., 1st sess. *Congressional Record* 131, no. 132, daily ed. (October 8, 1985): H 8353-8486.

法令 法律として認められた法案または決議である法令は、最初は別々に公表され、それから、1874年に出版が始まった『合衆国制定法規集 *United States Statutes at Large*』の、年次別に製本された巻に収集されている。その後は、それらは『合衆国連邦法規類集 *United States Code*』にまとめられている。『合衆国制定法規集 *U.S. Statutes*』か『合衆国連邦法規類集 *U.S. Code*』、またはその両方を引用しよう。特定の条項を、項によって（項記号とスペースを先行させて）、『制定法規集 *Statutes*』の中ではページによって、引用しよう。

法令は、注でのみ出典を示そう。参考文献目録に入れる必要はない。通常のパターンとは違う、短縮された注の形式に注意しよう（16.4.1を参照）。

N: 18. *Atomic Energy Act of 1946*, Public Law 585, 79th Cong., 2d sess. (August 1,1946), 12, 19.

19. *Telecommunications Act of 1996*, Publlic Law 104-104, *U.S. Statutes at Large* 110(1996): 56.

25. *National Environmental Policy Act of 1969*, Public Law 91-190, §102, *U.S. Statutes at Large* 83 (1970): 853, codified at *U.S. Code* 42 (2000), §4332.

27. *National Environmental Policy Act*, §103.

1874年より前は、法律は17巻の『アメリカ合衆国制定法規集 *Statutes at Large of the United States of America, 1789-1873*』で公表された。このコレクションからの引用には、巻番号と出版年を含めよう。

17.9.3 大統領府の出版物

大統領声明、大統領命令、拒否権、演説、およびその類いのものは、『週次大統領記録 *Weekly Compilation of Presidential Documents*』と『合衆国大統領公文書 *Public Papers of the Presidents of the United States*』で公表されている。声明と大統領命令はまた、日刊の「官報 *Federal Register*」に載せられ、その後に『連邦規則集 *Code of Federal Regulations*』の表題3で公表される。『連邦規則集

Code』で公表されたら、それを資料として使おう。

N:　2. President, Proclamation, "Caribbean Basin Economic Recovery Act, Proclamation 5142, Amending Proclamation 5133," *Federal Register* 49, no. 2 (January 4, 1984): 341,
　　　21. Executive Order no, 11, 609, *Code of Federal Regulatlions*, title 3, p.586 (1971-75).

B:　U.S. President. Proclamation. "Caribbean Basin Economic Recovery Act, Proclamation 5142, Amending Proclamation 5133." *Federal Register* 49, no. 2 (January 4, 1984): 341.

　　米国大統領の公文書は、2つの複数巻の出版物に収集されている。『大統領教書・公文書集成 *Compilation of the Message and Papers of the Presidents, 1789-1897*』と、その後の行政については、『合衆国大統領公文書 *Public Papers of the Presidents of the United States*』である。通常のパターンとは違う、短縮された注の形式に注意しよう（16.4.1を参照）。

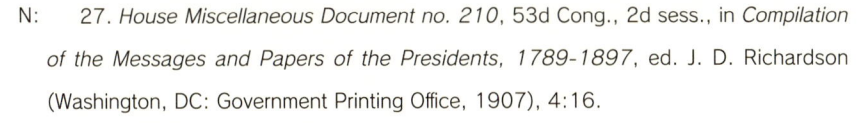

N:　27. *House Miscellaneous Document no. 210*, 53d Cong., 2d sess., in *Compilation of the Messages and Papers of the Presidents, 1789-1897*, ed. J. D. Richardson (Washington, DC: Government Printing Office, 1907), 4:16.
　　　32. *House Misc. Doc. no. 210*, 17.

B:　Hoover, Herbert. *Public Papers of the Presidents of the United States: Herbert Hoover, 1929-33*. 4 vols. Washington, DC: Government Printing Office, 1974-77.

17.9.4　政府省庁の出版物

　　行政の省、局、および庁は、報告書、公報、チラシ、その他の資料を発行する。表題のあとに確認した著者の名前を入れよう。

N:　30. U.S. Department of the Treasury, *Report of the Secretary of the Treasury Trans-*

mitting a Report from the Register of the Treasury of the Commerce and Navigation of the United States for the Year Ending the 30th of June, 1850*, 31st Cong., 2d sess., House Executive Document 8 (Washington, DC, 1850-51).

B: U.S. Department of the Interior. Minerals Management Service. *An Oilspill Risk Analysis for the Central Gulf (April 1984) and Western Gulf of Mexico (July 1984)*, by Robert P. LaBelle. Open-file report, U.S. Geological Survey. Denver, 1984.

U.S. Bureau of the Census. *Median Gross Rent by Counties of the United States, 1970*. Prepared by the Geography Division in cooperation with the Housing Division, Bureau of the Census. Washington, DC: Government Printing Office, 1975.

|17| 連邦通信委員会〔Federal Communications Commission〕や証券取引委員会〔Securities and Exchange Commission〕のような政府委員会によって発行される公報、チラシ、報告書、および研究レポートは、立法府の報告書とほぼ同様に引用しよう。それらはしばしば、下院（H）または上院（S）として分類される。

N: 32. Senate, *Report of the Federal Trade Commission on Utility Corporations*, 70th Cong., 1st sess., 1935, S. Doc. 91, pt. 71A.

B: U.S. Securities and Exchange Commission. *Annual Report of the Securities and Exchange Commission for the Fiscal Year.* Washington, DC: Government Printing Office, 1983.

17.9.5　合衆国憲法

　　合衆国憲法は、注でのみ出典として挙げるべきで、参考文献目録に入れる必要はない。条項または修正条項、項、およびもし関連があれば、個条を入れよう。アラビア数字と、「修正条項 amendment」、「項 section」のような用語の代わりに、略語を使ってもよい。

N: 32. U.S. Constitution, art. 2, sec. 1, cl. 3.
　　33. U.S. Constitution, amend. 14, sec. 2.

多くの場合、カッコ入り注（16.4.3を参照）を使ってよいし、テキストに識別のための情報を入れることさえできる。テキストの中では、その部分の名前を略さずに書き出そう。特定の修正条項の名前は、番号の代わりに使われるときには、頭文字を大文字にしよう。

The U.S. Constitution, in articte 1, section 9, forbids suspension of the writ "unless when in Cases of Rebellion or Invasion the public Safety may require it."

The First Amendment protects the right of free speech.

17.9.6　条約

　1949年より前に調印された条約のテキストは、『合衆国制定法規集 United States Statutes at Large』で公表されている。非公式の典拠は、『条約集 Treaty Series』または『行政協定集 Executive Agreement Series』である。1949年以降に調印されたものは、『合衆国条約・国際合意集 United States Treaties and Other International Agreements』（UST, 1950-)、または『条約・国際法令集 Treaties and Other International Acts Series』（TIAS, 1946-）に出てくる。3ヵ国以上の国にかかわる条約は、国連の『条約集 Treaty Series』すなわち『国連事務局による条約・国際合意記録 Treaties and International Agreements Registered or Filed or Recorded with the Secretariat of the United Nations』で、1920-1946年については国際連盟の『条約集 Treaty Series』で、見つかるかもしれない。

　条約の表題はローマ体にして、引用符に入れよう。出版物の名前は、たとえ複数巻でもシリーズであっても、イタリック体にしよう。正確な日付は調印の日を示しているので、年だけよりも望ましい。年だけだと、条約が発布された年と違うかもしれない。通常のパターンとは違う、短縮された注の形式に注意しよう（16.4.1を参照）。

N:　4. "Nuclear Weapons Test Ban," August 5, 1963, *United States Treaties and*

Other International Agreements 14, pt.2.

15. "Denmark and Italy: Convention concerning Military Service," July 15, 1954. *Treaties and Other International Acts Series* 250, no. 3516 (1956): 45.

39. "Nuclear Weapons Test Ban."

B: United States. "Naval Armament Limitation Treaty." February 26, 1922, *U.S. Statutes at Large* 43, pt. 2 (1922).

17.9.7　判例

判例の引用は、一般的にはすべてのレベルの裁判所について同じ形式である。注では、完全な判例の名称（略語「v.」を含む）を、カッコに入れず、ローマン体で示そう。巻の番号（アラビア数字）、判例集の名称（省略形。下を参照）、序数によるシリーズ番号（もし該当するものがあれば）、裁判所の省略された名称と日付（一緒にカッコに入れる）、その他の関連情報を入れよう。関連情報とは、ルーズリーフ・サービス〔特定の分野・案件に関する１次資料・２次資料を集成する出版サービス〕を行う出版社、または州裁判所や地方裁判所の名称（もしシリーズの表題で確認できなければ）のようなことだ。１桁のページ番号は、判決の初めのページを示し、追加の番号は、引用される実際のページを示す。

法令の出典は、注でのみ挙げよう。〔より詳細は、*The Bluebook*（Harvard Law Review Association）や *The ALWD Citation Manual*（Association of Legal writing Directors）を参考にするとよいだろう〕

N:　18. United States v. Christmas, 222 F.3d 141, 145 (4th Cir. 2000).

21. Profit Sharing Plan v. MBank Dallas, N.A., 683 F. Supp. 592 (N.D.Tex. 1988).

短縮された注は、法令の名前と、もし必要なら、ページ番号から成り立つこともある。

N:　35. United States v. Christmas, 146.

42. Georgia v. Brailsford, 2.

第17章　注記式参考文献目録方式：特定の種類の資料の引用

裁判所の段階次第で決まる1つの項目は、判例集の名称である。最も一般的なものは、次のとおり。

■**米国連邦最高裁判所**　最高裁の判決については、『合衆国最高裁判所判例集 *United States Supreme Court Reports*』（省略形 U.S.）、または、もし最高裁でまだ公表されていなかったら『最高裁判所判例集 *Supreme Court Reporter*』（省略形 S.Ct.）を引用しよう。

N:　21. AT&T Corp. v. Iowa Utilities Bd., 525 U.S.366 (1999).
　　39. Arthur Andersen LLP v. United States. 125 S. Ct. 2129 (2005).

■**下級連邦裁判所**　下級連邦裁判所の判決については、『連邦判例集 *Federal Reporter*』（F）または『連邦判例集補遺 *Federal Supplement*』（F. Supp.）を引用しよう。

N:　3. United States v. Dennis, 183 F. 201 (2d Cir. 1950).
　　15. Eaton v. IBM Corp., 925 F. Supp. 487 (S.D. Tex. 1996).

■**州と地方の裁判所**　州と地方の裁判所の判決については、可能なときはいつでも、公式な州の判例集を引用しよう。もし民間の判例集を使うなら、下の2番目の例におけるように、それを引用しよう。もしその判例集が裁判所の名前を特定していないなら、それをカッコに入れて、日付の前に入れよう。

N:　6. Williams v. Davis, 27 Cal. 2d 746 (1946).
　　8. Bivens v. Mobley, 724 So. 2d 458, 465 (Miss. Ct. App. 1998)

17.9.8　州と地方行政府の文書

州と地方行政府の文書は、連邦政府の文書の場合と同じように引用しよう。州の法律と地方自治体の条例についてはローマン体（引用符なし）を、規約（規約集）についてはイタリック体を使おう。引用した規約の版を示す必要がある場合には名前を入れ、それに続けてカッコ内にその版の日付を入れよう。

N: 39. Illinois General Assembly, Law Revision Commission, *Report to the 80th General Assembly of the State of Illinois* (Chicago, 1977), 14-18.

41. New Mexico Constitution, art. 4, sec. 7.

44. *Ohio Revised Code Annotated*, sec. 3599.01 (West 2000).

52. Methamphetamine Control and Community Protection Act, *Illinois Compiled Statutes*, ch. 720, sec. 646/10 (2005).

B: Illinois Institute for Environmental Quality (IIEQ). *Review and Synopsis of Public Participation regarding Sulfur Dioxide and Particulate Emissions*, by Sidney M. Marder. IIEQ Document no. 77/21. Chicago, 1977.

17.9.9　カナダ政府の文書

　カナダ政府の文書は、米国の公文書と同じように引用しよう。文脈から明らかでなければ、Canada という単語で出典を書き始めよう。一般的に「章 chapter」と「項 section」は「c.」と「s.」に略そう。しかし、カナダの文書をわずかしか引用しないなら、「chap.」と「sec.」を使おう。

　カナダ政府の文書は、連邦議会の両院（上院と下院）、州と準州の議会、およびさまざまな行政省によって発行される。

　国会の討論は、『下院討論集 *House of Commons Debates*』と『上院討論集 *Senate Debates*』という別々のシリーズで公表される。関連がある場合には、発言している人の名前を入れよう。州と準州の議会は、それぞれに独自の討論集を発表している。

N: 2. Canada, *House of Commons Debates* (June 3, 2000), p. 7904 (Mrs. Lalonde, MP).

B: Canada. Manitoba. Legislative Assembly. *Debates and Proceedings*. August 17, 2000.

　議会の法案を引用するには、法案番号、表題、会期番号、議会番号、年、および必要に応じて補足的な情報を挙げよう。

N: 3. Bill C-40, *Extradition Act*, 2d sess., 36th Parliament, 1998, cl. 1 (assented to June 17, 1999), *Statutes of Canada* 1999, c.18.

　カナダの法令は、最初に年次『カナダ法令集 *Statutes of Canada*』で公表される。そして、最近では1985年に『改訂カナダ法令集 *Revised Statutes of Canada*』でまとめて整理された。可能な場合はいつでも後者の資料を使い、法令を表題、報告者、編纂の年、章と項によって特定しよう。

N: 4. *Canada Wildlife Act, Revised Statutes of Canada* 1985, c. W-9, s. 1.
　　5. *Assisted Human Reproduction Act, Statutes of Canada* 2004, c. 2, s. 2.

17.9.10　英国政府の文書

　　英国政府の文書は、米国の公文書と同じように引用しよう。もし文脈から明らかでなければ United Kingdom という句で出典を書き始めよう。大部分の英国政府の資料の発行者は、ロンドンの政府刊行物発行所 Her（または His）Majesty's Stationery Office（HMSO）である。

　　議会の討論は、いくつかのシリーズで、1909年以降は上院と下院は別々のシリーズで、公表されてきた。出典には、シリーズ、巻番号、発行年、および（もし関連があれば）コラム番号、ときにはページ番号が入る。ある1巻の中の特定の文書を引用してもよい場合もある。通常のパターンとは違う、短縮された注の形式に注意しよう（16.4.1を参照）。

N: 1. *Hansard Parliamentary Debates*, 3d ser., vol. 249 (1879), cols. 611-27.
　　5. *Hansard*, 3d ser., vol. 249, col. 628.
　　21. Churchill, Speech to the House of Commons, January 18, 1945, *Parliamentary Debates*, Commons, 5th ser., vol. 407 (1944-45), cols. 425-46.

B: United Kingdom. *Hansard Parliamentary Debates,* 3d ser., vol. 249 (1879).
　　Churchill, Winston. Speech to the House of Commons, January 18, 1945, *Parliamentary Debates,* Commons, 5th ser., vol. 407 (1944-45), cols. 425-46.

議会によって別々に発行される議案、報告書および文書は、それぞれの会期の最後に、『議会文書 Sessional Papers』と呼ばれる巻で、一緒に公表される。それぞれの巻には、内容の区分を示す表題が入っている。

N: 8. House of Commons, "Present and Future Role of the Assistant Chief Education Officer," *Sessional Papers, 1982-83, Prison Education*, April 25, 1983, vol. 2, par. 9.14, p.102.

B: United Kingdom. House of Commons. "Present and Future Role of the Assistant Chief Education Officer." *Sessional Papers, 1982-83, Prison Education*, April 25, 1983, vol. 2, par. 9.14, p. 102.

国会を通過した法律は普通、注の中だけで引用した方がよい。一般的に参考文献目録に入れる必要はない。ただし、議論に不可欠であるとか、または頻繁に引用したという特定の法律を含めてもよい。法律を、表題（ローマ体で、引用符には入れない）、発行年、章番号（chapter の代わりに c、国番号にはアラビア数字、地方については小文字のローマ体）で特定しよう。1963年より前の法律は、即位紀元と、君主の名前（省略形）および序数（アラビア数字）によって引用される。

N: 8. Act of Setllement, 1701, 12 & 13 Will. 3,c. 2.
　　15. Consolidated Fund Act, 1963, c. 1.
　　16. Manchester Corporation Act, 1967, c. xl.

英国の歴史的記録には、編集物がたくさんある。そのうちのいくつかは、公立記録保管所〔Public Record Office ただし、2003-2006年の間に4つの政府機関が統合し、現在は国立公文書館 National Archives となっている〕に保管されている文書のトランスクリプションである。注では、頻繁に引用する項目には略語を使おう。

N: 19. *Rot. parl.*, vol. 2, (1341)(n.p., n.d.).

B: United Kingdom. *Acts of the Privy Council of England.* Edited by J. R. Dasent. 32 vols. London, 1890-1907.

United Kingdom. *Rotuli parliamentorum...* (1278-1504), 6 vols. N.p., n.d.

United Kingdom. *Statutes of the Realm.* Edited by A. Luders and others. 11 vols. London, 1810-28.

17.9.11 国際機関の文書

国際連合のような国際機関の文書を引用するなら、認可機関（および該当するものがあれば著者または編者）、文書のトピックまたは表題、それに日付を特定しよう。また、シリーズと出版番号、出版地、および参照ページを入れよう。大きな機関には、それを参照していることが明らかであれば、注と参考文献目録の両方で略語（United Nation の代わりに UN、World Trade Organization の代わりに WTO など）を使ってもよい。

N: 1. League of Nations, *Position of Women of Russian Origin in the Far East*, ser. LoNP (Geneva, 1935), IV. 3.

3. UN General Assembly, Ninth Session, Official Records, Supplement 19, *Special United Nations Fund for Economic Development: Final Report*, prepared by Raymond Scheyven in pursuance of UN General Assembly Resolution 724B (VIII), A/2728, 1954.

B: General Agreement on Tariffs and Trade. *The Results of the Uruguay Round of Multilateral Trade Negotiations: The Legal Texts.* Geneva: GATT Secretariat, 1994.

World Trade Organization. *International Trade: Trends and Statistics.* Geneva: WTO, 1995.

17.9.12 未公刊の政府文書

未公刊の政府文書を引用するなら、17.6.4 で説明したパターンに従おう。

米国政府の大部分の未公刊の文書は、ワシントン DC の国立公文書記録管理局〔National Archives and Record Administration〕（NARA）またはその支所の1つに所蔵されている。文書化された資料と同様に、フィルム、写真、録音を始めとする

すべてを、記録グループ（RG）番号によって引用しよう。

　未公刊のカナダ政府文書のための同種の機関は、オンタリオ州オタワにあるカナダ国立図書館・文書館〔Library and Archives Canada〕（LAC）だ。英国は未公刊の政府文書の保管所を多数持っている。最も有名なのは国立公文書館〔National Archives〕と大英図書館〔British Library〕（BL）で、両方ともロンドンにある。

17.9.13　オンラインの公的文書

　オンラインの公文書を引用するには、17.9のほかの場所で示した関連する例に従おう。その上で、URLとその材料にアクセスした日を入れよう（15.4.1を参照）。URLだけでは十分ではないことに注意しよう。全出版情報を、それらが確定される限り、提供しなければならない。もしURLが変わっても、読者が資料を探し出せるようにするためである。もしページ番号が入手できなければ、URLとアクセス日の前に「under」という語に続けて、（該当箇所の前に出て来る副題のような）該当箇所を特定する説明的な情報を付け加えることによって、注で引用された部分の所在を特定できるかもしれない。

N:　39. U.S. Bureau of the Census, "Income, Poverty, and Health Insurance Coverage in the United States, 2004," under "Ratio of Income to Poverty Level," http://www.census.gov/prod/2005pubs/p60-229.pdf (accessed December 19, 2005).

B: U.S. Bureau of the Census. "Income, Poverty, and Health Insurance Coverage in the United States, 2004," http://www.census.gov/prod/2005pubs/p60-229.pdf (accessed December 19, 2005).

17.10　ほかに引用されている資料

　信頼できる研究者は、実際には原本で見たことがない引用を、孫引きするようなことはしない。もし1つの資料がもう1つの資料からの有益な引用を含んでいるなら、読者は、引用文が正確であるだけでなく、原典の真意を公正に示していることを証明するためにも研究者が原典を手に入れることを期待する。

　しかしながら、原資料が手に入らなければ、注で2次資料 "quoted in（で引用された）" として、出典を示そう。参考文献目録では、"quoted in（で引用され

第 17 章　注記式参考文献目録方式：特定の種類の資料の引用

た)"の体裁を、必要に応じて当てはめよう。

N:　　8. Louis Zukofsky, "Sincerity and Objectification," *Poetry* 37 (February 1931): 269, quoted in Bonnie Costello, *Marianne Moore: Imaginary Possessions* (Cambridge, MA: Harvard University Press, 1981), 78.

B:　Zukofsky, Louis. "Sincerity and Objectification." *Poetry* 37 (February 1931): 269. Quoted in Bonnie Costello, *Marianne Moore: Imaginary Possessions*. Cambridge, MA: Harvard University Press, 1981.

　同じ状況は、2次資料の中にある引用文に関して、1次資料から導かれているものについても起きるかもしれない（3.1.1 を参照）。1次資料は、参照できないこともあるだろう。とりわけ、それが未公刊の手稿コレクションならなおさらだ。この場合、先に概説した原則に従おう。

第18章 カッコ入り出典―参照リスト方式:基本型

18.1 基本的パターン
    18.1.1 項目の順序
    18.1.2 句読法
    18.1.3 大文字表記
    18.1.4 表題の印刷体裁
    18.1.5 数値
    18.1.6 省略法
    18.1.7 字下げ

18.2 参照リスト
    18.2.1 記載事項の整理
    18.2.2 省略できる出典

18.3 カッコ入り出典
    18.3.1 テキストの中での配置
    18.3.2 特別の項目と体裁の問題点
    18.3.3 脚注とカッコ入り出典

　大部分の社会科学および自然科学や物理学で広く使われている出典方式は「カッコ入り出典―参照リスト方式 parenthetical citations-reference list style」または簡単に「参照リスト方式 reference list style」である。それはまた、「著者・日付方式 author-date style」としても知られている。なぜなら、著者の名前と出版の日付が、資料を識別するために不可欠の項目だからだ。この章では、参照

第18章　カッコ入り出典―参照リスト方式：基本型

リストの記載事項とカッコ入り出典の両方をはじめとして、参照リスト方式による引用のための基本的パターンを概観する。カッコ入り出典の例文はPで、参照リストの記載事項の例文はRで識別される。

参照リスト方式では、「カッコ入り出典 parenthetical citations」（著者、日付、および関連のページ番号を含む）を、その資料を参照した直後に入れることによって、資料を使ったことを表す。

According to one scholar, "The railroads had made Chicago the most important meeting place between East and West" (Cronon 1991, 92-93).

レポートの最後で、「参照リスト reference list」に、すべての資料を列挙しよう。そのリストは普通、カッコ入り出典で挙げたあらゆる資料を含むほか、参照したが引用しなかったものを含んでいることもある。カッコ入り出典は、資料について完全な文献情報を含まないので、その情報を参照リストに入れなければならない。すべての参照リスト記載事項は、同じ一般的形式を持つ。

R: Cronon, William. 1991. *Nature's metropolis*: *Chicago and the Great West.* New York: W. W. Norton & Company.

読者は、筆者が正しい出典のためのルールに厳密に従うことを期待している。これらのルールは、入れなければならないデータと順序だけでなく、句読法、大文字表記、イタリック体にすることなどにも及ぶ。出典を整えるために、ほとんどの研究者が簡単には思い出せない多くの細かな点に、綿密な注意を払わなければならない。次の章は、それらの詳細に対する便利なガイドラインを提供する。

18.1　基本的パターン

資料と引用には、ほとんど無限に近い種類があるだろうが、実際にはわずかな種類を使うだけだろう。いくつかの珍しい資料を引用するために、詳細を調べる必要があるかもしれないが、最も頻繁に使うことになる数種類の基本的パターンは、簡単に習得することができる。そうすれば、文献データを読みなが

ら、素早く確実に記録するのに役立つテンプレートを作ることができる。

この節の残りの部分では、基本的なパターンの説明をすると同時に、図18.1でいくつかの一般的な資料のリスト作成ためのテンプレートを示す。第19章には、ここで取り上げられるパターンの例外をはじめ、幅広い種類の資料の例を盛り込んである。

18.1.1 項目の順序

参照リストの中の要素の順序は、すべての種類の資料と同じ一般的なパターンに従う。すなわち、著者、出版日（年）、表題、その他の出版情報の順だ。カッコ入り出典には、これらの要素のうち、最初の2つだけを入れる。もし特定の部分を引用するなら、ページ番号または他の該当箇所を特定する情報も入れる。参照リストではそうではなく、記事や章のような、さらに大きなものの一部である資料についてのみ、その全範囲を示すページ番号を入れる。

18.1.2 句読法

参照リストでは、大部分の項目はピリオドで分けよう。カッコ入り出典では、著者と出版年の間には句読点は入れない。ただし、出版年とページ番号はコンマで区分しよう。

18.1.3 大文字表記

大部分の表題はセンテンス方式で、ただし学術雑誌、雑誌、および新聞は見出し方式で大文字を使おう（両方の方式については、22.3.1を参照）。固有名詞は普通の方法で大文字にしよう（第22章を参照）。いくつかの分野では、見出し方式の大文字表記を、参照リストを通じて使ってもよい。自分の分野のガイドラインを確認しよう。

図 18.1. 参照リストの記載事項とカッコ入り出典のためのテンプレート

以下のテンプレートは、いくつかの一般的な種類の資料を参照リスト（R）やカッコ入り出典（P）で挙げる際に、含めておくべき項目とその順序を示している。句読法や表題の大文字表記、および個々の項目の書体も示している。灰色の影は、出典で実際に出て来る、略語などの用語を示している。XX は実際に引用されている部分のページ番号、YY は記事または章全体にわたるページ番号である。

さらなる例文や説明、変則型は第 19 章を参照しよう。

Books

1. Single Author or Editor

R: Author's Last Name, Author's First Name. Date of Publication. *Title of book: Subtitle of book.* Place of Publication: Publisher's Name.

Diamond, Jared. 1997. *Guns, germs, and steel: The fates of human societies.* New York: W. W. Norton and Company.

P: (Author's Last Name Date of Publication, XX–XX)

(Diamond 1997, 47–48)

For a book with an editor instead of an author, adapt the pattern as follows:

R: Editor's Last Name, Editor's First Name, ed. Date of Publication . . .

Noll, Mark A., ed. 1990 . . .

P: (Editor's Last Name Date of Publication, XX–XX)

(Noll 1990, 75–80)

2. Multiple Authors

For a book with two authors, use the following pattern:

R: Author #1's Last Name, Author #1's First Name, and Author #2's First and Last Names. Date of Publication. *Title of book: Subtitle of book.* Place of Publication: Publisher's Name.

Bird, Kai, and Martin J. Sherwin. 2005. *American Prometheus: The triumph and tragedy of J. Robert Oppenheimer.* New York: Alfred A. Knopf.

P: (Author #1's Last Name and Author #2's Last Name Date of Publication, XX–XX)

(Bird and Sherwin 2005, 52)

For a book with three authors, adapt the pattern as follows:

R: Author #1's Last Name, Author #1's First Name, Author #2's First and Last

307

Names, and Author #3's First and Last Names. Date of Publication . . .

    Appleby, Joyce, Lynn Hunt, and Margaret Jacob. 1994 . . .

P: (Author #1's Last Name, Author #2's Last Name, and Author #3's Last Name Date of Publication, XX–XX)

    (Appleby, Hunt, and Jacob 1994, 135–36)

For a book with four or more authors, adapt the parenthetical citation pattern only as follows:

P: (Author #1's Last Name et al. Date of Publication, XX–XX)

    (Hall et al. 1987, 114–15)

3. Author(s) Plus Editor or Translator

For a book with an author plus an editor, use the following pattern:

R: Author's Last Name, Author's First Name. Date of Publication. *Title of book: Subtitle of book.* Ed. Editor's First and Last Names. Place of Publication: Publisher's Name.

    Harley, J. B. 2002. *The new nature of maps: Essays in the history of cartography.* Ed. Paul Laxton. Baltimore: Johns Hopkins University Press.

P: (Author's Last Name Date of Publication, XX–XX)

    (Harley 2002, 132–33)

If a book has a translator instead of an editor, substitute the word *Trans.* and the translator's name for the editor data in the reference list entry.

4. Edition Number

R: Author's Last Name, Author's First Name. Date of Publication. *Title of book: Subtitle of book.* Edition Number ed. Place of Publication: Publisher's Name.

    Daniels, Roger. 2002. *Coming to America: A history of immigration and ethnicity in American life.* 2nd ed. New York: Harper Perennial.

P: (Author's Last Name Date of Publication, XX–XX)

    (Daniels 2002, 84)

5. Single Chapter in an Edited Book

R: Chapter Author's Last Name, Chapter Author's First Name. Date of Publication. Title of chapter: Subtitle of chapter. In *Title of book: Subtitle of book,* ed. Editor's First and Last Names, YY–YY. Place of Publication: Publisher's Name.

    Spirn, Anne Whiston. 1996. Constructing nature: The legacy of Frederick Law Olmsted. In *Uncommon ground: Rethinking the human place in nature,* ed. William Cronon, 91–113. New York: W. W. Norton and Company.

> **P:** (Chapter Author's Last Name Date of Publication, XX–XX)
>
>   (Spirn 1996, 101)
>
> **Journal Articles**
>
> **6. Journal Article in Print**
>
> **R:** Author's Last Name, Author's First Name. Date of Publication. Title of article: Subtitle of article. *Title of Journal* Volume Number (Additional Date Information): YY–YY.
>
>   Nayar, Pramod K. 2005. Marvelous excesses: English travel writing and India, 1680–1727. *Journal of British Studies* 44, no. 2 (April): 213–38.
>
> **P:** (Author's Last Name Date of Publication, XX–XX)
>
>   (Nayar 2005, 213)
>
> For an article with multiple authors, follow the relevant pattern for authors' names in template 2.
>
> **7. Journal Article Online**
>
> **R:** Author's Last Name, Author's First Name. Date of Publication. Title of article: Subtitle of article. *Title of Journal* Volume Number (Additional Date Information). URL (accessed Date of Access).
>
>   McFarland, Daniel A. 2004. Resistance as a social drama: A study of change-oriented encounters. *American Journal of Sociology* 109, no. 6 (May). http://www.journals.uchicago.edu/AJS/journal/issues/v109n6/050199/050199.html (accessed May 3, 2006).
>
> **P:** (Author's Last Name Date of Publication)
>
>   (McFarland 2004)

18.1.4　表題の印刷体裁

規模が大きい記載項目（書籍、学術雑誌）の表題は、イタリック体で印刷される。規模が小さい記載項目（章、記事）は、ローマン体で書かれ、引用符に入れられずに印刷される。未公刊の著作（博士論文のような）の表題は、たとえ書籍ほどの長さであっても、ローマン体で書き、引用符に入れずに印刷される。

18.1.5　数値

表題では、数値は原本どおり正確に、綴りで書き出すか、数字で示すかする。原本でローマ数字であるページ番号は、小文字のローマ数字で示される。（章

の番号と図の番号のような）他のすべての番号は、たとえ原本でローマ数字または単語で書かれていても、アラビア数字で示される。

18.1.6　省略法

「編者 editor」「翻訳者 translator」「巻 volume」のような用語は、省略しよう（ed., trans. および vol.）。複数形は普通、略語が s で終わっていなければ、s を付け加える（eds.）ことによって作られる（trans. は、単数形と複数形の両方に使おう）。領域によっては、ガイドラインで University の代わりに Univ. のような、追加的な略語を使うことも許されるかもしれない。

18.1.7　字下げ

参照リストでは、2 行目以下をぶら下げインデントにする。つまり、最初の行が左端揃えで、その後のすべての行はパラグラフと同じスペースで字下げされる。カッコ入り出典は、テキストの中に置かれ、字下げされない。

18.2　参照リスト

カッコ入り出典─参照リスト方式を使うレポートでは、参照リストは、カッコ入り出典で引用されたすべての資料について、完全な文献情報を提示する（わずかな特別の種類の資料を除く。これについては 18.2.2 を参照）。また、案を練るには重要だったが、テキストの中では特に言及しなかった著作を入れてもよい。参照リストは、読者に対して、文献情報を提供するだけでなく、研究の範囲と先行研究との関係を示し、読者が自分自身の研究で資料を利用するのを助ける。この出典方式を使うなら、レポートに参照リストを入れなければならない。

リストに「参考資料 References」のラベルを付けよう。参照リストの見本ページについては、付録の図 A.16（p.550）を参照しよう。

18.2.1　記載事項の整理

著者によるアルファベット順と年代順　参照リストは通常、すべての資料をまとめた単一のリストで、著者、編者、またはそれぞれの記載事項で初出の人は誰でも、ラスト・ネームでアルファベット順に配列される（外国の名前、複合姓、

その他の特別な場合をアルファベット順にすることについては、19.1.1 を参照）。大部分のワープロ・ソフトは、アルファベット順に分類する機能を備えている。もしそれを使うなら、それぞれの記載事項のあとには強制改行があることを確認しよう。もし学位論文や博士論文を書いているなら、学部や大学は、記載事項を 1 文字ずつ（letter-by-letter）または 1 語ずつ（word-by-word）、アルファベット順にすべきことを規定しているかもしれない。これら 2 つのシステムの説明については、『シカゴ・マニュアル *Chicago Manual of Style*』第 15 版（2003 年）の 18.56-59 を参照。

　参照リストに、同一人物によって書かれた、または編集された、あるいは翻訳された 2 つ以上の著作を入れるなら、その記載事項を出版年によって年代順に並べよう。最初の記載事項のあとはすべて、個人の名前を 3 エムダッシュと呼ばれる長いダッシュ（21.7.3 を参照）で置き換えよう。編集された、または翻訳された著作については、ダッシュのあとにコンマと適切な表示（「編 ed.」「訳 trans.」など）を入れよう。そのような著作はすべて、その個人の共著や共編より前に並べよう。

R: Gates, Henry Louis Jr. 1989. *The signifying monkey: A theory of African-American literary criticism.* New York: Oxford University Press.

　―――, ed. 2002. *The classic slave narratives.* New York: Penguin Putnam.

　―――. 2004. *America behind the color line: Dialogues with African Americans.* New York: Warner Books.

Gates, Henry Louis Jr., and Cornet West. 2000. *The African American century: How black Americans have shaped our country.* New York: Free Press.

　同じ原則は、同じ順序で名前を挙げられた、ひとまとまりの著者たちによる著作にも適用される。

R: Marty, Martin E., and R. Scott Appleby. 1992. *The glory and the power: The fundamentalist challenge to the modern world.* Boston: Beacon Press.

　―――, eds. 2004. *Accounting for fundamentalisms.* Chicago: University of Chicago Press.

Marty, Martin E., and Micah Marty. 1998. *When true simplicity is gained: Finding spiritual clarity in a complex world*. Grand Rapids, MI: William B. Eerdmans Publishing Company.

　参照リストに、1人の著者、または同じ順序で名前を挙げられた著者たちのグループによって、同じ年に発行された複数の著作が入るなら、記載事項を表題によって（aまたはtheのような冠詞を無視して）アルファベット順に並べよう。スペースを入れずにローマン体にして、その年にa、b、cなどをつけ加えよう。これらの著作に対するカッコ入り出典は、それらの文字も含んでいなければならない（18.3.2を参照）。

R: Davis, Natalie Zemon. 1983a. Beyond the market: Books as gifts in sixteenth-century France. *Transactions of the Royal Historical Society* 33: 69-88.
　———. 1983b. *The return of Martin Guerre.* Cambridge, MA: Harvard University Press.

　書籍や学術雑誌の記事に、著者や編集者の名前（または、翻訳者のような他の編纂者の名前）がないなら、参照リストの記載事項の最初に表題を置き、それに基づいて、aまたはtheのような冠詞を無視して、アルファベット順に並べよう。

R: *Account of the operations of the Great Trigonometrical Survey of India*. 1870-1910. 22 vols. Dehra Dun: Survey of India.
The Great Trigonometrical Survey of India. 1863. *The Calcutta Review* 38: 26-62.
State and prospects of Asia. 1839. *The Quarterly Review* 63, no. 126 (March): 369-402.

　著者のない雑誌や新聞の記事については、著者の代わりに雑誌または新聞の表題を使おう（19.3と19.4を参照）。ほかの種類の資料については、ガイダンスのために第19章の関連する節を参照しよう。ほかに指定されないなら、この位置には表題を使おう。

分類された表の記載事項　カッコ入り出典を参照する読者にとっては、参照リストの関連ある記載事項を識別するのに、著者と出版年だけしか頼りになるものがないのだから、稀な場合を除いて、先に説明されているようにリストをまとめよう。以下のような状況では、リストを別々のカテゴリーに分けることを考えてもよい。

- 手稿、古文書のコレクション、録音など、特別の種類の資料について、3～4以上の記載事項があるなら、それらを他の記載事項とは別にリストに入れよう。
- 1次資料を2次、3次資料と区別することが重要なら、記載事項を別々のセクションにしよう。

　資料を分類するなら副題で、そしてもし必要なら頭注で、それぞれのセクションを紹介しよう。それぞれのセクションの中では、上に説明した原則に従って記載事項を並べよう。明らかに2つ以上の観点で分類されるのでなければ、1つの資料は、複数のセクションに入れないようにしよう。

18.2.2　省略できる出典

　慣習によって、次の種類の資料は参照リストから省いてもよい。

- 古典文学、中世文学、初期英文学の作品（19.5.1）、および（場合によっては）よく知られている英語劇（19.8.7）
- 聖書、その他の聖典（19.5.2）
- 大きな辞書や百科事典のような、よく知られた参考図書（19.5.3）
- 匿名で未公刊のインタビューと私信（19.6.3）、個人的なウェブログの記載事項とコメント（19.7.2）、および電子メーリング・リストへの掲示（19.7.3）
- 工芸品やその他の視覚的資料（19.8.1）、ライヴ・パフォーマンス（19.8.2）、およびテレビやその他の放送番組（19.8.3）をはじめとする視覚芸術や舞台芸術での多くの資料
- 合衆国憲法（19.9.5）と、いくつかの他の公文書（19.9）これらのカテゴリーの中の1つに含まれる特定の著作で、議論に不可欠であるとか、頻繁に引用するというものがあれば、参照リストに入れてもよい。

18.3 カッコ入り出典

　カッコ入り出典は、読者が参照リストで完全な出典を発見するのに足りる情報、すなわち普通は著者名と出版年、および（もし特定の部分を引用したのなら）ページ番号または他の該当箇所を特定する情報を含んでいる。名前と出版年は、参照リストの関連する記載事項と符合しなければならない（カッコ入り出典の項目と句読法は、参考文献目録方式のカッコ入り注で使われているものとはわずかに違うことに注意しよう。後者は 16.4.3 で説明されている。2つの方式を混同したり混ぜ合わせたりしないように）。

18.3.1 テキストの中での配置

　資料からの素材を参照するとき、あるいは別の形でそれを利用するときには、常にカッコ入り出典をテキストの中に挿入し、その資料を識別するための基本的な情報を補わなければならない。引用文については、テキストの中に流し込もうと、ブロック引用文（25.2.2 を参照）として独立させようと、すぐあとにカッコ入り出典を入れよう。そうでなければ、センテンスか句の最後に、カッコ入り出典を入れよう。引用文がテキストに流し込まれたときは、閉じカッコが、コンマ、ピリオド、その他の句読点に先行する。

"What on introspection seems to happen immediately and without effort is often a complex symphony of processes that take time to complete" (LeDoux 2003, 116).

While one school claims that "material culture may be the most objective source of information we have concerning America's past" (Deetz 1996, 259), others disagree.

The color blue became more prominent in the eighteenth century (Pastoureau 2001, 124).

　しかしながら、ブロック引用文に関しては、カッコ入り出典は最終の句読点のあとに来る。

He concludes with the following observation:

> The new society that I sought to depict and that I wish to judge is only being born. Time has not yet fixed its form; the great revolution that created it still endures, and in what is happening in our day it is almost impossible to discern what will pass away with the revolution itself and what will remain after it. (Tocqueville 2000, 673)

カッコ入り出典を伴うテキストの見本ページは、付録図 A.11（p.543）を参照しよう。

18.3.2　特別の項目と体裁の問題点

　カッコ入り出典のための基本的パターンは、18.1 で説明されている。そして、いくつかの一般的な種類の資料のためのテンプレートは図 18.1（p.307-309）に出ている。この節は、入れる必要があるかもしれない特別な項目と、すべての種類のカッコ入り出典で起こるかもしれない特別な体裁の問題点を扱う。

　次の状況では、著作の編者、翻訳者、または他の編纂者の名前を、もしほかに指定されていなければ、著者の場合と同じように扱おう。

同じラスト・ネームを持つ著者たち　同じラスト・ネームを持つ著者が複数いて、彼らの著作を引用するなら、たとえ出版年は違っていても、それぞれのカッコ入り出典に、著者の最初の頭文字を付け加えよう。もし頭文字が同じなら、ファースト・ネームを綴りで書きだそう。

(J. Smith 2001, 140)　　　(Adele Gottfried 1988, 15)
(T. Smith 1998, 25-26)　　(Allen Gottfried 1994, 270)

同じ著者と出版年の著作　1 人の著者、または同じ順序で名前を挙げられた著者たちのグループによって、同じ年に出版された複数の著作を引用するなら、参照リストの中では、記載事項を表題によってアルファベット順に並べ、その年に a, b, c などを付け加えよう（18.2.1 を参照）。カッコ入り出典でも同じように区別しよう（文字はローマン体にし、出版年のあとにはスペースは入れない）。

(Davis 1983a, 74)

(Davis 1983b, 59-60)

著者なし　もし著者の名前がない書籍や学術雑誌の記事を引用するなら、参照リストでは、著者の代わりに表題を挙げよう（18.2.1 を参照）。カッコ入り出典では、完全な表題から最大で4つまでの特徴的な単語を使ってできた短縮された表題を使おう。表題は、参照リストの中におけるように、イタリック体かローマン体で印刷しよう。

(*Account of operations* 1870-1910)
(Great Trigonometrical Survey 1863, 26)

著者の名前がない雑誌や新聞記事については、参照リストにおいてもカッコ入り出典においても、著者の代わりに雑誌か新聞の表題を挙げよう（19.3 と 19.4 を参照）。ほかの種類の資料については、ガイダンスのために第 19 章の関連する節を参照しよう。もしほかに指定されていないなら、この位置に短縮された表題を使おう。

日付なし　もし出版年のない出版著作を引用するなら、参照リストとカッコ入り出典の両方で、出版年の代わりに n.d.〔「no date 日付不詳」の略〕とし、ローマン体の小文字にしよう。

(Smith n.d., 5)

　ほかの種類の資料については、ガイダンスのために第 19 章の関連する節を参照しよう。

テキストの中で言及されている著者　著者の名前がテキストの中で言及されるなら、この項目をカッコ入り出典から省いてもよい。明確さのために必要なら、たとえセンテンスや句の最後に来なくても、著者の名前の直後に出典の残りを入れよう。

Chang then describes the occupation of Nanking in great detail (1997, 159-67).

The arguments made by Ariès (1965) have been modified by further research.

複数の著作の引用　単一の主張をするために、いくつかの資料を引用するなら、それらを単一のカッコ入り出典にまとめよう。それらを（文脈によって）アルファベット順か、年代順か、重要性の順で列挙し、セミコロンで区分しよう。

Several theorists disagreed strongly with this position (Armstrong and Malacinski 1989; Pickett and White 1995; Beigl 2004).

18.3.3　脚注とカッコ入り出典

　テキストについて、本質的なコメントをしたいなら、カッコ入り出典の代わりに脚注を使おう。注の配置、番号の付け方、および体裁については、16.3.2-16.3.4 を参照しよう。脚注内で資料を出典として挙げるには、普通のカッコ入り出典の形式を使おう。

N:　10. James Wilson has noted that "no politician ever lost votes by denouncing the bureaucracy" (1989, 235).

第19章 カッコ入り出典—参照リスト方式:特定の種類の資料の引用

19.1 書籍
- 19.1.1 著者の名前
- 19.1.2 出版年
- 19.1.3 表題
- 19.1.4 版
- 19.1.5 巻
- 19.1.6 シリーズ
- 19.1.7 出版情報
- 19.1.8 ページ番号などの該当箇所を特定する情報
- 19.1.9 書籍の章などの表題をつけられた部分
- 19.1.10 オンラインなどの電子書籍

19.2 学術雑誌の記事
- 19.2.1 著者の名前
- 19.2.2 出版年
- 19.2.3 記事の表題
- 19.2.4 学術雑誌の表題
- 19.2.5 発行の情報
- 19.2.6 ページ番号などの該当箇所を特定する情報
- 19.2.7 特別号と補遺
- 19.2.8 オンラインで公表された記事

19.3 雑誌記事

19.4 新聞記事
- 19.4.1 特別な体裁の号
- 19.4.2 新聞記事の引用

19.5 特殊な出版資料
- 19.5.1 古典文学、中世文学、および初期英文学の作品
- 19.5.2 聖書、その他の聖典
- 19.5.3 参考図書

19.5.4 批評
19.5.5 要旨
19.5.6 パンフレットと報告書
19.5.7 マイクロフォーム版
19.5.8 CD-ROM または DVD-ROM
19.5.9 オンライン・データベース

19.6 未公刊の資料
19.6.1 学位論文と博士論文
19.6.2 会合で発表された講演とレポート
19.6.3 インタビューと私信
19.6.4 手稿コレクション

19.7 非公式に出版された電子資料
19.7.1 ウェブ・サイト
19.7.2 ウェブログの記載事項とコメント
19.7.3 電子メーリング・リスト

19.8 視覚芸術や舞台芸術での資料
19.8.1 視覚的資料
19.8.2 ライヴ・パフォーマンス
19.8.3 テレビ番組などの放送資料
19.8.4 録音
19.8.5 録画
19.8.6 オンライン・マルチメディア・ファイル
19.8.7 視覚芸術と舞台芸術のテキスト

19.9 公的文書
19.9.1 含めなければならない項目、それらの順序、および体裁を整える方法
19.9.2 国会の出版物
19.9.3 大統領府の出版物
19.9.4 政府省庁の出版物
19.9.5 合衆国憲法
19.9.6 条約
19.9.7 判例
19.9.8 州と地方行政府の文書
19.9.9 カナダ政府の文書
19.9.10 英国政府の文書
19.9.11 国際機関の文書
19.9.12 未公刊の政府文書
19.9.13 オンラインの公的文書

19.10 ほかに引用されている資料

第 18 章は、カッコ入り出典―参照リスト方式（parenthetical Citation-Reference List Style）による引用のための基本的パターンについて概観を示している。それには、参照リストの記載事項、およびカッコ入り出典が含まれる。もしこの出典方式をよく知らないなら、この章を参照する前に第 18 章を読もう。

本章は、広範にわたる資料のために、参照リストの記載事項（および、少なめだが、カッコ入り出典）の形式について詳細な情報を提供する。内容は、資料の種類ごとに整理されている。最も一般的なもの、すなわち書籍や学術雑誌の記事から始まり、その後、その他の出版された資料、未公刊の資料、および記録された資料に取り組む。書籍についての節（19.1）と学術雑誌の記事についての節（19.2）では、著者の名前、表題および URL のような項目でのバリエーションを、それほど一般的でない資料についての節よりも、徹底的に論じる。

出版資料に類似のオンラインや他の電子資料（たとえばオンラインの学術雑誌の記事）は、関連する種類の資料に含められている。"非公式に出版された" と考えられるほかのオンラインの資料（15.4.1 を参照）は 19.7 で取り上げられている。

大部分の節は、参照リストの記載事項（R で識別される）についてのガイドラインと例を扱っている。大部分のカッコ入り出典は、第 18 章で説明されている基本的なパターンに従っているので、単に明確にするためだけに、あるいは、珍しい項目がカッコ入り出典の準備に混乱を起こすかもしれないので（たとえば 1 つの著作に著者と編者の両方がいるとき）、ここで P として取り上げられている。

本章では触れられていない種類の資料を引用するためには『シカゴ・マニュアル Chicago Manual of Style』第 15 版（2003 年）の第 17 章を参照しよう。ここで示されている原則と例から改作して自分自身の方式を作ってもよい。大部分の指導者、学部、大学は、そのような改作を一貫して使う限りにおいて認める。

19.1　書籍

書籍では、大部分のほかの種類の出版資料よりも、広範囲の項目が反映される。この節で論じられる項目のバリエーションの多くはまた、ほかの種類の資料と関連している。

19.1.1 著者の名前

参照リストでは、それぞれの著者の名前を、表題のページにあるとおりに正確に示そう。もし名前に複数の頭文字が含まれるなら、それらの間にスペースを入れよう (24.2.1)。著者の名前を逆にした順序（ラスト・ネームを最初）で並べよう。ただし、一部の英語でない名前などは除く。これらについては、後述の"特別な種類の名前"で説明している (p.325)。

R: Ball, Philip. 2001. *Bright earth: Art and the invention of color.* New York: Farrar, Straus and Giroux.

Breen, T. H. 2004. *The marketplace of revolution: How consumer politics shaped American independence.* New York: Oxford University Press.

Elizabeth I. 2000. *Collected works.* Ed. Leah S. Marcus, Janel Mueller, and Mary Beth Rose. Chicago: University of Chicago Press.

カッコ入り出典では、著者のラスト・ネームだけを、参照リストで示すのとまったく同じように使おう。もし著者がファースト・ネームだけで知られているなら、ラスト・ネームの代わりに、それを使おう。

P: (Ball 2001, 140)

(Breen 2004, 48)

(Elizabeth I 2000, 102-4)

複数の著者 参照リストの記載事項では、複数の著者による書籍について、最初の著者の名前を逆の順序で挙げ、そのあとにコンマを続けよう。そして、他の著者は標準的な順序で列挙しよう。3人以上の連続では、and の前にはコンマを使おう。著者がいかに多くても、全部入れよう。「およびその他の者 et al.」は使わないようにしよう。

R: Bird, Kai, and Martin J. Sherwin. 2005. *American Prometheus: The triumph and tragedy of J. Robert Oppenheimer.* New York: Alfred A. Knopf.

Appleby, Joyce, Lynn Hunt, and Margaret Jacob. 1994. *Telling the truth about history.*

New York: W. W. Norton & Company.

Hall, Jacquelyn Dowd, James Leloudis, Robert Korstad, Mary Murphy, Lu Ann Jones, and Christopher B. Daly. 1987. *Like a family: The making of a Southern cotton mill world*. Chapel Hill: University of North Carolina Press.

カッコ入り出典では、著者のラスト・ネームを、参照リストで示すのとまったく同じように使おう。4人以上の著者がいるなら、最初の著者の名前だけ挙げて、そのあとに et al. を（中間にコンマを入れずに）入れよう。al.（「その他の者」を意味する alii の略）のあとにはピリオドを入れるが、et（略語ではなく、"and" を意味するラテン語）のあとには入れない。

P: (Bird and Sherwin 2005, 52)
(Appleby, Hunt, and Jacob 1994, 135-36)
(Hall et al. 1987, 114-15)

著者に加えて編者または翻訳者がいる場合　もし表題のページが、著者に加えて編者または翻訳者を挙げているなら、著者の名前は上で説明したように扱おう。編集者または翻訳者の名前は、書籍の表題のあとにつけ加えよう。翻訳者も編者もいるなら、原本の表題のページと同じ順序で名前を並べよう。

参照リストの記載事項では、略語の Ed.（決して Eds. ではない。この文脈では「編者 editor」よりはむしろ「～編 edited by」を意味するからだ）または Trans. を、編者の名前または翻訳者の名前の前に入れよう。

R: Bonnefoy, Yves. 1995. *New and selected poems*. Ed. John Naugfhton and Anthony Rudolf. Chicago: University of Chicago Press.

Menchú, Rigoberta. 1999. *Crossing borders*. Trans. and ed. Ann Wright. New York: Verso.

Adorno, Theodor W., and Walter Benjamin. 1999. *The complete correspondence, 1928-1940*. Ed. Henri Lonitz. Trans. Nicholas Walker. Cambridge, MA: Harvard University Press.

第 19 章　カッコ入り出典—参照リスト方式：特定の種類の資料の引用

　表題のページが編者または翻訳者を「〜編・序文・注釈 Edited with an Introduction and Notes by」または「〜訳・序文 Translated with a Foreword by」のような複雑な表記にしている場合には、その句を「〜編 ed.」または「〜訳 trans.」に簡略化し、上の例に倣ってもよい。一般に、序文または序論は著者以外の誰かによって書かれていても、その部分を特に引用するのでなければ、その人に言及する必要はない（19.1.9 を参照）。著者名が書籍の表題に入っていて、編者の名前はそうではなく書籍の表題ページに書かれている場合については、以下の "著者に関するその他の場合" を参照しよう。

　カッコ入り出典では、編者または翻訳者の名前は、その著作が著者の名前で参照リストに載っているのなら、入れる必要はない。

P: (Bonnefoy 1995, 35)
　(Menchú 1999, 50-51)
　(Adorno and Benjamin 1999, 212)

著者の代わりに編集者または翻訳者がいる場合　書籍の表題ページに、著者の代わりに編集者または翻訳者が挙げられているときには、その人の名前を著者の場所に使おう。著者の名前の場合（上を参照）と同様に、それを扱おう。ただし、参照リストでは、略語の ed.（複数は eds.）または trans.（単数または複数）を名前のあとにつけ加えよう。複数の編集者または翻訳者がいるなら、"複数の著者"（上を参照）の原則に従おう。

R: Silverstein, Theodore, trans. 1974. *Sir Gawain and the green knight*. Chicago: University of Chicago Press.
　Fulop, Timothy E., and Albert J. Raboteau, eds. 1997. *African-American religion: Interpretive essays in history and culture*. New York: Routledge.

P: (Silverstein 1974, 34)
　(Fulop and Raboteau 1997, 412-14)

著者に関するその他の場合　下記のものは、資料で著者を特定できるかもしれ

ないいくつかの補足的な方法である。もしここで触れられていない状況に遭遇したら、最も密接な関係があると思われるパターンを当てはめよう。

■**表題の中の著者の名前**　著者の名前が、自叙伝のような書籍の表題または副題に出て来るなら、参照リストの記載事項の通常の場所に（繰り返しにはなるが）その名前を入れ、カッコ入り出典にも入れよう。多くのそのような著作にはまた、編集者もいるが、特別の場合（たとえば、その個人が編集した著作についての研究）以外、編者の名前で著作をリストに入れないようにしよう。

R: Sherman, W. T. 1990. *Memoirs of General W. T. Sherman*. Ed. Charles Royster. New York: Library of America.
McCullers, Carson. 1999. *Illumination and night glare: The unfinished autobiography of Carson McCullers*. Ed. Carlos L. Dews. Madison: University of Wisconsin Press.

P: (Sherman 1990, 836)
(McCullters 1999, 54)

■**著者としての組織**　もし機構、協会、委員会、法人が出版物を発行していて、表題ページに個人的な著者名がないなら、その組織自体を、たとえ出版社としても示されている場合であっても、著者として挙げよう。

R: World Health Organization. 2003. *Organization of services for mental health*. Geneva: World Health Organization.

P: (World Health Organization 2003, 50)

■**ペンネーム**　広く使われているペンネームは、著者の本名であるかのように扱おう。もし本名が知られていないなら、参照リストでは、ペンネームのあとに角カッコに入れた「ペンネーム pseud.」をつけ加えよう。ただし、カッコ入り出典ではつけ加えないこと。

R: Twain, Mark. 1899. *The prince and the pauper: A tale for young people of all ages.* New York: Harper & Brothers.

Centinel [pseud.]. 1981. Letters. In *The complete anti-Federalist,* ed. Herbert J. Storing. Chicago: University of Chicago Press.

P: (Twain 1899, 34)

(Centinel 1981, 2)

■匿名の著者　著者が誰か知られていて、または推測されていて、書籍の表題のページからは省かれているなら、カッコの中に（不確かさを示すため疑問符をつけて）名前を入れよう。著者または編者が知られていないなら、名前の代わりに「匿名 Anonymous」は使わないようにし、参照リストの記載事項を表題で始めよう。カッコ入り出典では、短縮された表題（18.3.2）を使おう。

R: [Cook, Ebenezer?]. 1730. *Sotweed redivivus, or the planter's looking-glass.* Annapolis.

A true and sincere declaration of the purpose and ends of the plantation begun in Virginia, of the degrees which it hath received, and means by which it hath been advanced. 1610.

P: ([Ebenezer Cook?] 1730, 5-6)

(*True and sincere declaration* 1610, 17)

特別な種類の名前　一部の著者の名前は、容易に確認できる"ファースト・ネーム"と"ラスト・ネーム"よりも多くのものから成り立っている。よく知られた歴史的な著者の名前については、*Merriam-Webster's Biographical dictionary* を、現代の著者については、図書館のオンライン・カタログを調べよう。下記は、そのような名前をアルファベット順に列挙するための、いくつかの一般的な原則である。カッコ入り出典では（下では太文字で示されているように）ラスト・ネームの順を逆にして正確に使おう。

■**複合姓**　ハイフンで連結された名前を含め、複合的なラスト・ネームは、その

最初の部分でアルファベット順に並べよう。もし女性が自分自身の姓と夫の姓の両方を使い、それらをハイフンで連結していないなら、一般的には2番目の名前でアルファベット順に並べる。多くの外国語には、複合姓に予測できるパターンがあるが（下を参照）、フランス語やドイツ語のように、そうでない言語もある。

Kessler-Harris, Alice　　　　　**Mies van der Rohe,** Ludwig

Hine, Darlene Clark　　　　　**Teilhard de Chardin,** Pierre

■**前置詞が付く名前**　言語によっては、de、di、D'、vanのような前置詞が、アルファベット順に並べる際のラスト・ネームの最初の部分と考えられる場合や、そうでない場合があるだろう。もし特定の名前について確信が持てないなら、上記の参考図書の1つを調べよう。前置詞は、小文字で書かれることも、大文字で書かれることもあり、アポストロフィーが続いているものもあるので、注意しよう。

de Gaulle, Charles　　　　　**Beauvoir,** Simone de

di Leonardo, Micaela　　　　　**Kooning,** Willem de

Van Rensselaer, Stephen　　　**Medici,** Lorenzo de'

■**"Mac," "Saint," または "O'" で始まる名前**　Mac、Saint、O'で始まる名前は、略語（Mc, St.）、スペル（Sainte, San）、大文字にする箇所（Macmillan, McAllister）、それにハイフンでの連結やアポストロフィー（O'Neill または Odell; Saint-Gaudens または St. Denis）で、多くのバリエーションを持つことがありうる。そのような名前はすべて、実際の文字に即してアルファベット順に並べよう。似ているからといって、グループにまとめてしまわないようにしよう。

■**英語以外の言語の名前**　名前をつける上での慣習は、多くの言語で英語の場合と違う。もしレポートに特定の言語からの多くの名前が入るなら、関連する言語についての慣習を学ぼう。

　多くのスペイン人のラスト・ネームは複合姓で、その人の父方と母方の姓から成り、普通は接続詞yでつながれている。そのような名前は、最初の部分で

アルファベット順に並べよう。

Ortega y Gasset, José   **Sánchez Mendoza**, Juana

接頭辞 al- または el-（"the"）で始まるアラビア人のラスト・ネームは、接頭辞に続く要素でアルファベット順に並べよう。Abu、Abd、Ibn で始まる名前は、Mac や Saint で始まる英語の名前に似ていて、それらの言葉でアルファベット順に並べるのが望ましい。

Hakim, Tawfiq al-   **Abu Zafar Nadvi**, Syed
Jamal, Muhammad Hamid al-   **Ibn Saud**, Aziz

もし中国名または日本名を持つ著者が、伝統的な使用法（性に名が続く）に従っているなら、名前の順を逆にしたり、"ファースト"ネームと"ラスト"ネームの間にコンマを挿入したりしないようにしよう。著者が欧米流の使用法（名に姓が続く）に従っているなら、その名前を英語名と同様に扱おう。

伝統的な使用法   欧米流の使用法
Chao Wu-chi   **Tsou**, Tang
Yoshida Shigeru   **Kurosawa**, Noriaki

19.1.2 出版年

書籍の出版の日付は、月とか日ではなく、年だけで成り立っていて、普通は版権の年と同じである。それは一般に版権のページに書いてあり、表題のページのこともある。

参照リストでは、独立した項目として、出版年をピリオドで区切ろう。カッコ入り出典では、著者名のあとに、間に句読点を入れずに書こう。

R: Ginsborg, Paul. 2005. *The politics of everyday life: Making choices, changing lives*. New Haven: Yale University Press.

P: (Ginsborg 2005, 53)

　改訂版や再版には、複数の版権年が入っているかもしれない。この場合には、最も新しいものが出版年を示す。たとえば、"©1982, 1992, 2003" の1列の中の2003だ。そのような著作での出版年の引用については、19.1.4を参照。

　印刷著作物の出版年が確定できないなら、年の代わりに、略語のn.d.を使おう〔「no date 日付不詳」の略〕。もし出版年が提示されていなくても、知っていると確信しているなら、不確実性を示す疑問符を付け、カッコに入れて付け加えてもよい。

R: Smith, John. n.d. *A book of virtues.* Edinburgh.
　 Miller, Samuel. [1750?]. *Another book of virtues*. Boston.

P: (Smith n.d., 5)
　 (Miller [1750?], 5)

　もし書籍が出版社と契約中で、表題はすでにつけられているが、出版年がまだ分からないなら、出版年の代わりに「近刊 forthcoming」を使おう。まだ契約が成立していない書籍は、いずれも未公刊の手稿として扱おう (17.6)。

R: Author, Jane Q. Forthcoming. *Book title*. Place of Publication: Publisher's Name.

P: (Author, forthcoming, 16)

19.1.3　表題

　完全な表題と副題を、参照リストに列挙しよう。両方ともイタリック体にし、表題と副題の間をコロンで分けよう。もし副題が2つあるなら、最初の副題の前にコロンを、2番目の前にセミコロンを使おう。

R: Kalicki, Jan H., and David L. Goldwyn, eds. 2005. *Energy and security: Toward a new foreign policy strategy*. Baltimore: Johns Hopkins University Press.

Ahmed, Leila. 1999. *A border passage: From Cairo to America; A woman's journey.* New York: Farrar, Straus & Giroux.

　大部分の表題と副題には、センテンス方式で大文字を使おう。つまり、表題と副題の最初の単語と、そのあとについては固有名詞と固有形容詞のみ、最初の文字だけを大文字にしよう（22.3.1 を参照）。原題のスペル、ハイフン、句読法は、そのまま維持しよう。ただし、アンパサンド（&）は and に替えてもよい。数値は、参照リストの中のほかの表題と一致させるという妥当な理由がなければ、原本に従い、単語で書き出すか、数字にする（Twelfth Century または 12th Century）。

　章の表題や書籍の他の部分については、19.1.9 を参照。

表題の特別な項目　表題の中のいくつかの項目は、特別な印刷体裁を必要とする。

■**日時**　表題または副題では、日時を区別するためにコンマを使おう。たとえ原本の資料で句読点がなくても同じである。資料が日時を前置詞で始めていたり（"from 1920 to 1945"）、コロンで区切っていたりするなら、資料の使用法に従おう。

R: McDougall, Walter A. 2004. *Freedom just around the corner: A new American history, 1525-1828.* New York: HarperCollins.
Jellicoe, Geoffrey, and Susan Jellicoe. 1995. *The landscape of man: Shaping the environment from prehistory to the present day.* 3rd ed. New York: Thames & Hudson.

■**表題の中の表題と引用文**　普通はイタリック体にされる著作の表題が、別のイタリック体の表題の「中に」出て来るときには、引用された表題を引用符に入れよう。もし表題内の表題が、もともと引用符に入っているなら、引用符はそのままにしておこう。引用された表題の中では、センテンス方式の大文字表記（上記参照）を使おう。

R: Applegate, Celia. 2005. *Bach in Berlin: Nation and culture in Mendelssohn's revival of the "St. Matthew Passion."* Ithaca: Cornell University Press.
McHugh, Roland. 1991. *Annotations to "Finnegans wake."* 2nd ed. Baltimore: Johns Hopkins University Press.

しかしながら、書籍の主題全体が引用文のときには、それを引用符に入れないようにしよう。

R: Swope, Sam. 2004. *I am a pencil: A teacher, his kids, and their world of stories*. New York: Henry Holt and Company.
Chernoff, John M. 2003. *Hustling is not stealing: Stories of an African bar girl*. Chicago: University of Chicago Press.

■**イタリック体にされた用語**　イタリック体の表題が、種（species）の名前や船の名前のような、テキストの中で通常イタリック体にされる用語を含んでいるときは、それらの用語をローマン体にしよう。

R: Pennington, T. Hugh. 2003. *When food kills: BSE,* E. coli, *and disaster science*. New York: Oxford University Press.
Lech, Raymond B. 2001. *The tragic fate of the* U.S.S. Indianapolis: *The U.S. Navy's worst disaster at sea*. New York: Cooper Square Press.

■**疑問符と感嘆符**　表題と副題が疑問符または感嘆符で終わっているときには、他の句読点は続かない。

R: Frank, Thomas. 2004. *What's the matter with Kansas? How conservatives won the heart of America*. New York: Metropolitan Books.
Aaron, Henry. 1973. *Why is welfare so hard to reform?* Washington, DC: Brookings Institution Press.

古い表題　18世紀以前に出版された著作の表題については、原本の句読法と

第 19 章　カッコ入り出典—参照リスト方式：特定の種類の資料の引用

スペリングを残そう。ただし、大文字表記はセンテンス方式に変えよう（上記参照）。表題が非常に長い場合には、読者が図書館や出版社のカタログで完全な表題を発見するのに足りる情報を示せば、それを短縮してもよい。そうした表題の省略は、省略を意味する3つの省略ドットで、表題の中に示そう。その省略が、表題の最後に来るなら、4つのドット（3つの省略ドットと1つのピリオド。25.3.2 を参照）を使おう。

R: Ray, John. 1673. *Observations topographical, moral, and physiological: Made in a journey through part of the Low-Countries, Germany, Italy, and France: with a catalogue of plants not native of England...whereunto is added a brief account of Francis Willughby, Esq., his voyage through a great part of Spain.* (London).

Escalante, Bernardino. 1579. *A discourse of the navigation which the Portugales doe make to the realmes and provinces of the east partes of the worlde....* Trans. John Frampton. London.

英語でない表題　英語でない表題については、関連する言語の中での、固有名詞と形容詞に関する大文字表記法に従おう。もしこれらの原則をよく知らないなら、信頼できる資料を調べよう。

R: Maisonneuve, Danielle, Jean-François Lamarche, and Yves St-Amand.1998. *Les relations publiques: Dans une société en mouvance.* Sainte-Foy, QC: Presses de l'Université de Québec.

Stojanovic, Ljiljana Piletic, ed. 1971. *Gutfreund i ceski kubizam.* Belgrade: Muzej savremene umetnosti.

Krone-Schmalz, Gabriele. 1992. *In Wahrheit sind wir stärker: Frauenalltag in der Sowjetunion.* Frankfurt am Main: Fischer Taschenbuch Verlag.

表題の英語訳をつけ加えるなら、原題のあとに置こう。イタリック体でなく、引用符なしで、カッコの中に入れよう。

R: Wereszycki, Henryk. 1977. *Koniec sojuszu trzech cesarzy* [The end of the Three Emperors' League]. Warsaw: PWN.

Zhongguo renkou tongji nianjian 1996 [China population statistics yearbook 1996]. 1996. Beijing: Zhongguo tongji chubanshe.

もし原本と訳文の両方を引用する必要があるなら、読者を原本または訳文のどちらに注目させたいかによって、次の形式の中の1つを使おう。

R: Furet, François. 1995. *Le passé d'une illusion*. Paris: Éditions Robert Laffont. Trans. Deborah Furet as *The passing of an illusion* (Chicago: University of Chicago Press, 1999).

あるいは

Furet, François. 1999. *The passing of an illusion*. Trans. Deborah Furet. Chicago. University of Chicago Press, Originally published as *Le passé d'une illusion (*Paris: Éditions Robert Laffont, 1995).

19.1.4　版

「版 edition」という用語は、いくつかの意味を持っている。すべては、内容と体裁、またはそのいずれかを変更して、1度ならず出版される著作があるという事実に基づいている。もし複数の版で出版された書籍を引用するなら、版が異なるかもしれないので、常にどの版を参照したかを示そう（もし下で説明されている目安のどれも書籍に当てはまらないなら、それが初版であると想定してもよい。明記はされない情報である）。

改訂版　書籍が重大な内容の変更を伴って再発行されるとき、それは"改訂"版または"第2"（あるいは第3……）版と呼ばれることがある。この情報は普通、書籍の表題のページに掲載され、版権のページで、版の出版年と一緒に繰り返される。

初版以外の版に言及するとき、表題のあとに版の番号または説明を入れよう。「第2版、増補改訂版 Second Edition, Revised and Enlarged」といった表現は、「第2版 2nd ed.」と省略しよう。また、「改訂版 Revised Edition」は、Rev. ed.

と省略しよう。引用しようとする版の出版年だけを入れ、前の版については触れないでおこう（19.1.2 を参照）。

R: Daniels, Roger. 2002. *Coming to America: A history of immigration and ethnicity in American life*. 2nd ed. New York: Harper Perennial.

Babb, Florence. 1989. *Between field and cooking pot: The political economy of marketwomen in Peru*. Rev. ed. Austin: University of Texas Press.

再版 書籍はまた、新しい体裁で再発行されることがある。たとえば、ペーパーバック版（最初の出版社によることも異なる出版社によることもある）や、電子版（19.1.10 を参照）がそれにあたる。その書籍の内容は、原本からほとんど変更されていないかもしれないが、それを参照したのなら、再版を典拠として挙げよう。特にそれが初版から 1、2 年以上たって出版されたのなら、それが再版であることを参照リストの中で示したいと思うだろう。この場合は、再版の年を出版年として扱い、参照リストでカッコの中に原本の出版年（19.1.2）を入れよう。

R: Fay, Peter Ward. 1997. *The Opium War, 1840-1842*. Chapel Hill: University of North Carolina Press. (Orig. pub. 1975.)

P: (Fay 1997, 67-68)

もし再版が古典作品の現代印刷版でも、やはり再版を引用すべきだ。しかし、レポートの文脈において原本の出版年が重要なら、参照リストとカッコ入り出典の両方で、角カッコに入れて再版年の前に書こう。

R: Emerson, Ralph Waldo. 1985. *Nature*. Boston: Beacon. (Orig. pub. 1836.)
P: (Emerson 1985, 10)
あるいは
R: Emerson, Ralph Waldo. [1836] 1985. *Nature*. Boston: Beacon.
P: (Emerson [1836] 1985, 10)

19.1.5 巻

書籍が複数巻から成る著作の一部なら、その情報を出典に入れよう。

特定の巻　複数巻から成る著作の中の特定の巻をどのように引用するかは、それに全体としての著作とは異なる表題があるかどうかによる。もしあるなら、特定の巻の表題を挙げ、そのあとに巻番号と全体の表題の両方を書こう。vol. と略記し、巻番号にはアラビア数字を使おう。

R: Pelikan, Jaroslav. 1989. *Christian doctrine and modern culture (since 1700)*. Vol.5 of *The Christian tradition: A history of the development of doctrine*. Chicago: University of Chicago Press.

それぞれの巻に表題がつけられていなくて、そのうちの1つだけを引用するつもりなら、その巻番号を参照リストの記載事項につけ加えよう（複数巻から成る著作全体の引用については下を参照）。カッコ入り出典では、巻番号を（vol. なしに）ページ番号の直前に、スペースを入れずにコロンで分けて入れよう。

R: Byrne, Muriel St. Clare, ed. 1981. *The Lisle letters*. Vol. 4. Chicago: University of Chicago Press.
P: (Byrne 1981, 4:243)

複数巻から成る著作の中には、全体の編者と、各巻の編者または著者の両方がいる場合がある。それらの著作を部分的に引用するときには、参照リストで、個別の巻の表題のあと、巻番号と全体の表題の前に、その巻の個別の編者または著者についての情報（19.1.1を参照）を入れよう。この例はまた、複数分冊で出版された1巻を引用する方法を示している（vol. 2, bk.3）。

R: Mundy, Barbara E. 1998. Mesoamerican cartography. In *Cartography in the traditional African, American, Arctic, Australian, and Pacific societies,* ed. David Woodward and G. Malcolm Lewis, vol. 2, bk. 3 of *The history of cartography,* ed. J. Brian Harley and David Woodward, 183-256. Chicago: University of Chicago Press.

P: (Mundy1998, 233)

複数巻から成る著作全体　もしカッコ入り出典で、巻数の多い著作から複数の巻を引用するなら、参照リストの中に、全体としての著作を挙げてもよい（もし、上で説明されているように、著作に全体の表題と、個別表題または巻の編者の両方が入っているなら、巻を個別に挙げることが、より正確である）。表題と全体の巻数、および、もしそれらの巻が数年にわたって出版されたのなら、参照リストとカッコ入り出典の両方に、全期間の出版年を入れよう。

R: Aristotle. 1983. *Complete works of Aristotle: The revised Oxford translation*. Ed. J. Barnes. 2 vols. Princeton, NJ: Princeton University Press.
Tillich, Paul. 1951-63. *Systematic theology*. 3 vols. Chicago: University of Chicago Press.

P: (Tillich 1951-63, 2:41)

19.1.6　**シリーズ**

引用されている書籍が正式なシリーズの一部でも、そのシリーズについての情報を入れることは要求されない。しかし、読者が資料の出所を知り、その信用性を判断するのに役立つのであれば、その情報の一部または全部を入れてもよい。この情報を、表題（そして、もしあれば版と巻の情報）のあとで、出版情報の前に挿入しよう。

シリーズについての最も有用な情報は、その表題である。ローマ体で、見出し方式の大文字表記を使って、それを提示しよう。すなわち、表題と副題の最初と最後の単語、および主な単語の、最初の文字を大文字にしよう（22.3.1を参照）。シリーズの各巻に番号がつけられているなら、シリーズの表題に続けて、引用した著作の番号を入れてもよい。シリーズの編者の名前は、しばしば省かれているが、シリーズの表題のあとにそれを入れてもよい。

R: Markman, Charles W. 1991. *Chicago before history: The prehistoric archaeology of a modern metropolitan area*. Studies in Illinois Archaeology 7. Springfield: Illinois Historic Preservation Agency.

Isenberg, Nancy. 1998. *Sex and citizenship in antebellum America*. Gender and American Culture, ed. Linda K. Kerber and Nell Irvin Painter. Chapel Hill: University of North Carolina Press.

番号をつけられたシリーズには、番号づけが再スタートするほど、長続きしてきたものもある。新しいシリーズの書籍は、n.s.、2nd ser.、または類似の形で表記され、普通はシリーズ番号の前に、コンマで挟まれて示される。古いシリーズの書籍は、o.s.、1st ser. などで識別される。

R: Boxer, Charles R., ed. 1953. *South China in the sixteenth century*. Hakluyt Society Publications, 2nd ser., 106. London.

Palmatary, Helen C. 1950. *The pottery of Marajó Island, Brazil*. Transactions of the American Philosophical Society, n.s., 39, pt. 3. Philadelphia.

19.1.7 出版情報

出版情報は普通、2つの項目を含む。すなわち、出版地（都市）と出版社名だ。（第3の出版情報である出版年は、この出典方式では、著者の名前に続いて独立した項目として示す。19.1.2を参照）

R: Diamond, Jared. 1997. *Guns, germs, and steel: The fates of human societies*. New York: W. W. Norton and Company.

20世紀より前に出版された書籍、または出版の情報が著作の中にない書籍については、これらの出版情報を省いてもよい。

R: Lamb, Charles, 1823. *Essays of Elia*.

出版地　出版地は、出版社の主な編集事務所が置かれている都市である。それ

は普通、表題ページに掲載されるが、版権のページのこともある。2つ以上の都市が示されている場合には（たとえば"シカゴとロンドン"）、最初の1つだけ入れよう。

Los Angeles: J. Paul Getty Trust Publications
New York: Columbia University Press

　出版された都市が読者に知られていないか、同名の都市と混同されるかもしれないなら、州の略号（24.3.1を参照）、カナダの州の略号、（もし必要なら）国の略語をつけ加えよう。出版社の名前に州の名前が入っているときには、州の略語は必要ない。

Cheshire, CT: Graphics Press
Harmondsworth, UK: Penguin Books
Cambridge, MA: MIT Press
Chapel Hill: University of North Carolina Press

　外国の都市には、現在通例としてに使われている英語名を使おう。

Belgrade であって（Beograd ではない）　　　Milan であって（Milano ではない）

　出版地が分からないときには、注では略語の N.p. を、出版社名の前に入れてもよい〔n.pは、「出版地不詳 no place of publication」の略〕。もし場所が推測できるなら、それを疑問符とともに角カッコに入れよう。

N.p.: Windsor.
[Lake Bluff, IL?]: Vliet & Edwards.

出版社名　それぞれの書籍について、出版社名を、表題ページに掲載されているとおりに正確に示そう。たとえ、その名称がその後変わったり、参照リストにある違う書籍では違ったように印刷されていることを知っていても、同じよ

うにしよう。

Harcourt Brace and World
Harcourt Brace Jovanovich
Harcourt, Brace

しかしながら、スペースを節約するために、初めの The や、Inc.、Ltd.、S.A.、Co.、& Co.、Publishing Co. のような略語は省いてもよい。

The University of Texas Press	University of Texas Press
Houghton Mifflin Co. →	Houghton Mifflin
Little, Brown & Co.	Littte, Brown

　外国の出版社については、名前のどの部分も、訳したり、省略したりしないようにしよう。ただし、都市名については、（上記のとおり）英語の形式にしよう。出版社名が分からないときには、場所と出版年だけを使おう。

19.1.8　ページ番号などの該当箇所を特定する情報
　引用した部分または項目の該当箇所を識別するために使われるページ番号と他の情報は、一般にカッコ入り出典で示されるが、参照リストには出てこない。番号の範囲の表現については、23.2.4 を参照しよう。

ページ、章、および区分の番号　ページ番号は通常、カッコ入り出典の中では書籍の出典で最後の項目である。単語の page または略語の p. とか pp. を入れないようにしよう。原本においてローマ数字で番号付けされているページ以外は、アラビア数字を使おう。

P: (Rose 1992, 145-46)
　(Kagan 1994, xxii-xxiv)

　ときには、出典は、ページの範囲の代わりに、章（省略形 chap.）、部（pt.）、

巻（bk.）、または節（sec.）を挙げる。

P: (Miller 1996, pt. 2)

特別な種類の該当箇所を特定する情報　書籍のいくつかの部分には、出典に使われる特別な種類の該当箇所を特定する情報がある。

■**注の番号**　注を引用するには、略語の n（複数形は nn）を使おう。引用する注が、そのページの唯一の脚注か、または番号のない注なら、ページ番号のあとに（スペースまたは句読点を入れずに）n をつけ加えよう。引用した注と同じページにほかの注があるなら、そのページ番号を挙げ、n または（2つ以上の連続した注を引用するなら）nn と注の番号を続けよう。

(Grafton 1997, 72n)
(Bolinger 1980, 192n23, 192n30, 199n14, 201nn16-17)

■**図解と表番号**　「図 figure」の代わりに略語 fig. を使おう。ただし、「表 table」、「地図 map」、「図版 plate」、およびその他のタイプの図解の名前は略さないで書こう。図解番号の前にページ番号を示そう。

P: (Sobel 1993, 87, table 5.3)

■**行番号**　詩のように行番号によって最もよく識別される著作については、略語の l.（line）や ll.（lines）を使わないようにしよう。それらは数字の1と11に非常に混同されやすい。line とか lines を使うか、行に言及していることを明確にして番号だけを使おう。

P: (Nash 1945, lines 1-4)

■**折丁、丁、および2つ折り判**　1800年より前に印刷された書籍の中には、ページ番号がないものがあり、まず折丁に、さらには丁または2つ折り判に分け

られ、それぞれに表面（recto または r）と裏面（verso または v）がある。そのような著作について該当箇所を特定するものは、関連する一連の連続番号と識別情報によって成り立っており、スペースとかイタリック体を使わずに一緒になっている。たとえば、G6v、176r、232r－v、または（もし2つ折り判全体を引用するなら）fol.49。

URL、恒久的情報識別子（Permanent Source Identifiers）、アクセス日、および説明的位置指定子（Descriptive Locators） 　オンラインで出版された書籍（19.1.10 を参照）については、書籍の URL を、参照リストの記載事項だけに入れよう。あらゆる URL は、電子資料を読者に送るために使われるプロトコルの小文字の略号で始まる。最も一般的なのは、http（hypertext transfer protocol）と ftp（file transfer protocol）だ。この略語には、必ずコロンと2重スラッシュが続く。そのあとに出版社のドメイン・ネームがあり、情報源への道が続く。ドメイン・ネームに続く構成要素は、ドメイン・ネームから、また各構成要素の相互から、1重のスラッシュで分けられる。

http://www.jsri.msu.edu/museum/pubs/MexAmHist/chapter14.html#six

　URL の内部の構成要素は、スクリーン上に現れるとおり、正確に大文字で表現しよう。URL の最後に「トレイリングスラッシュ（最後に付けるスラッシュ）」があるなら、それを入れよう。URL はカッコに入れない。URL は、行の最後で区切らないのがベストだ。もし区切る必要があるなら、いくつかのガイドラインについて 20.4.2 を参照しよう。
　一部のオンラインの資料には、URL 以外の恒久的情報識別子がある。もし資料がデジタル・オブジェクト識別子（DOI）、または類似のシステムを使っているなら、出典に URL と類似の情報を入れよう。

doi:10.1006/jeth.2000.2694

　オンラインの資料を引用するときは、そのあとで内容が変わったとか、ウェブから削除された場合に備えて、最後にアクセスした日を示しておこう

（15.4.1）。カッコに入れたアクセス日を、URLか恒久的情報識別子のあとに入れよう。

(accessed May 17, 2006)

　オンラインで出版された書籍には、カッコ入り出典の中の引用した部分の該当箇所を特定するのに役立つページ番号が入っていないかもしれない。この場合、URLの前に（先に出て来る副題のような）該当箇所を特定する説明的な情報と、アクセス日をつけ加えてもよい（例については19.1.10を参照）。参照リストには、そのような該当箇所を特定する情報を入れる必要はない。

19.1.9　書籍の章などの表題をつけられた部分
　　ほとんどの場合、単一の連続的な議論や論述の出所になった書籍については、たとえ実際にはその中の1節しか使っていないにしても、メイン・タイトルを出典として挙げるべきだ。しかし、1人または数人の著者が書いた、いくつかのトピックについての個々に独立した著作を集めた書籍もある。その一部だけを参照するなら、研究に最も関連のある1つの章か、または一部だけを挙げてもよい。そうすることによって、その資料が研究課題にいかに適合しているかを、読者が理解するのに役立つ。

R: Carnes, Mark C., ed. 2001. *Novel history: Historians and novelists confront America's past (and each other)*. New York: Simon and Schuster.
P: (Carnes 2001, 137)

　　　　↓

R: Demos, John. 2001. Real lives and other fictions: Reconsidering Wallace Stegner's "Angle of repose." In *Novel histoly: Historians and novelists confront America's past (and each other),* ed. Mark C. Carnes. 132-45. New York: Simon and Schuster.
P: (Demos 2001, 137)

　　単独著者の書籍の一部分　　もし単著の書籍の表題つきの一部分を引用するなら、

参照リストには、その部分の表題を最初に挙げなければならない。引用符なしのローマン体にし、ピリオドを続けよう。「In」の指定のあと、書籍の表題を示し、その部分の全範囲のページ番号を続けよう。

R: Chasteen, John Charles. 2001. Neocolonialism. In *Born in blood and fire: A concise history of Latin America*, 179-206. New York: W. W. Norton & Company.

「序論 introduction」、「序文 preface」、「あとがき afterword」のような一般的な表題を持つ部分を引用するなら、書籍の表題の前にそのような用語をつけ加えよう。一般的な表題を引用符なしのローマン体にし、最初の単語だけ大文字表記にしてリストに入れよう。もしその部分が、その書籍の主著者以外の人によって書かれているなら、その部分の著者の名前を最初に示し、書籍の著者名は、表題のあとに入れよう。カッコ入り出典では、その部分の著者の名前だけを挙げよう。

R: Crosby, Alfred W. 2004. Preface to the new edition of *Ecological imperialism: The biological expansion of Europe, 900-1900,* New ed. New York: Cambridge University Press.
　Calhoun, Craig. 2005. Foreword to *Multicultural politics: Racism, ethnicity, and Muslims in Britain*, by Tariq Modood. Minneapolis: University of Minnesota Press.

P: (Calhoun 2005, xv)

編集されたコレクションの一部分　参照リストで、複数の著者の寄稿で編集されたコレクションの一部を引用するなら、その部分の著者、出版年および表題を（ローマン体で、引用符なしに）最初に挙げよう。「In」の指定のあとに、書籍の表題と編者の名前およびその部分の全範囲のページ番号を示そう。カッコ入り出典では、その部分の著者の名前だけを挙げよう。

R: Carr, Anne, and Douglas J. Schuurman. 1996. Religion and feminism: A reformist Christian analysis. In *Religion, feminism, and the family*, ed. Anne Carr and Mary Stewart Van Leeuwen, 11-32. Louisville, KY: Westminster John Knox Press.

P: (Carr and Schuurman 1996, 13-14)

　同一の編集されたコレクションへの寄稿を2つ以上引用するなら、それらを別々の資料として扱ってもよいし、あるいはスペース省略型の短縮形式を使ってもよい。参照リストでは、書籍全体についての完全な出典と、個々の部分についての短縮された出典を示そう。後者については、著者のフルネーム、出版年、およびその部分の完全な表題を示そう。「In」の指定のあとに、書籍の編者の短縮された名前、出版年、およびその部分についての全範囲のページ番号をつけ加えよう。

R: Angle, Paul M., ed. 1967. *Prairie state: Impressions of Illinois, 1673-1967, by travelers and other observers.* Chicago: University of Chicago Press.
Keating, William H. 1967. Fort Dearborn and Chicago. In Angle 1967, 84-87.
Lippincott, Sara Clarke. 1967. Chicago. In Angle 1967, 362-70.

　もしこの形式を使うなら、カッコ入り出典は書籍全体ではなく、該当部分だけに言及すべきだ。

P: (Keating 1967, 84) であって (Angle 1967, 84) ではない
(Lippincott 1967, 362) であって (Angle 1967, 362) ではない

選集中の著作　選集に収められて出版された短編小説、詩、エッセイのような著作は、複数の著者のいる編集コレクションへの寄稿と同じ方法で引用しよう。選集で出版された著作の大部分については、表題をローマン体で示そう。例外は、書籍ほどの長さがある詩、または散文の作品からの抜粋の表題で、イタリック体にするのが望ましい（22.3.2 を参照）。

R: Allende, Isabel. 1997. The spirits were willing. In *The Oxford book of Latin American essays,* ed. Ilan Stavans, 461-67. New York: Oxford University Press.
Wigglesworth, Michael. 2003. Excerpt from *The day of doom.* In *The new anthology of American poetry: Traditions and revolutions, beginnings to 1900,* ed. Steven Gould

Axelrod, Camille Roman, and Thomas Travisano, 68-74. New Brunswick, NJ: Rutgers University Press.

P: (Allende 1997, 463-64)

(Wigglesworth 2003, 68)

もし著作の最初の出版年が、レポートの文脈の中で重要なら、参照リストとカッコ入り出典の両方で、選集の表題の前にカッコ入りで、それを入れよう。

R: Wigglesworth, Michael. [1662] 2003. Excerpt from...

P: (Wigglesworth [1662] 2003, 68)

19.1.10　オンラインなどの電子書籍

オンラインの書籍については、印刷書籍のためのガイドラインに従おう。通常の項目に加えて、URLと資料にアクセスした日（15.4.1、19.1.8を参照）を参照リストに入れよう。URLだけでは十分でないことに注意しよう。全出版情報を、それらが確定される限り、示さなければならない。たとえURLが変わっても、読者がその資料を探し出せるようにするためだ。もしページ番号が入手できなければ、URLとアクセス日の前に「under」という語に続けて、（該当箇所の前に出て来る副題のような）該当箇所を特定する説明的な情報をつけ加えることによって、カッコ入り出典で引用された部分の所在を特定できるかもしれない。

R: Samora, Julian, and Patricia Vandel Simon. 2000. *A history of the Mexican-American people*. Rev. ed. East Lansing, MI: Julian Samora Research Institute, Michigan State University. http://www.jsri.msu.edu/museum/pubs/MexAmHist/chapter14.html#six (accessed December 19, 2005).

P: (Samora and Vandel Simon 2000, under "Civil War in Mexico")

あるいは

(Samora and Vandel Simon 2000)

他の電子フォーマットで出版された書籍、たとえばダウンロードや、書籍販売業者や図書館からの送付などで入手できるものを引用するとき、そのフォーマットを特定しよう（CD-ROM、Microsoft Reader e-book）。

R: Davenport, Thomas H., and John C. Beck. 2001. *The attention economy: Understanding the new currency of business.* Cambridge, MA: Harvard Business School Press. TK3 Reader e-book.
Hellman, Hal. 2004. *Great feuds in technology: Ten of the liveliest disputes ever*. New York: John Wiley. Rocket e-book.

19.2 学術雑誌の記事

　レポートのために参照する定期刊行物の大部分は、学術雑誌〔journal〕に分類される。それらは、学術的ないし専門的な定期刊行物で、主として大学図書館で、または購読によって利用できる。学術雑誌はしばしば、「学術雑誌〔journal〕」という語を表題の中に含んでいるが（*Journal of Modern History*）、そうでないこともある（*Signs*）。雑誌〔magazine〕は普通、学術的出版物ではない。学術的な環境の外にあって、その内容と入手しやすさの両方で、読者には雑誌は学術雑誌より利用しやすい。この相違は重要である。というのも、学術雑誌の記事と雑誌の記事は、引用の仕方が違うからである。もし当該の定期刊行物が学術雑誌か雑誌のどちらか確信ができないなら、その記事が出典を含んでいるかどうかを見よう。もし入っていれば、学術雑誌として扱おう。

19.2.1　著者の名前

　著者の名前を、記事の見出しにあるように、正確に示そう。19.1.1 の書籍の著者についてのガイドラインに従おう。

19.2.2　出版年

　学術雑誌の記事の出版年月日の中心は、年のみである。参照リストでは、独立した項目としてピリオドで区切り、著者の名前のあとに入れよう。カッコ入り出典では、著者の名前のあとに、句読点なしで入れよう。

R: Burns, Sarah. 2005. Ordering the artist's body: Thomas Eakins's acts of self-portrayal. *American Art 19*, no. 1 (Spring): 82-107.

Jenkins, J. Craig, David Jacobs. and Jon Agnone. 2003. Political opportunities and African-American protest, 1948-1997. *American Journal of Sociology* 109, no. 2 (September): 277-303.

P: (Burns 2005, 95)

(Jenkins, Jacobs, and Agnone 2003, 298-99)

　　補足的な出版年月日の情報は、参照リストのあとの方で、巻番号（または、もしあれば号番号。19.2.5 を参照）に続けて、カッコに入れて挙げても良いことに注意しよう。
　　もし記事が出版に向けて受理されていても、まだ刊行されていなければ、出版年（とページ番号）の位置に「近刊 forthcoming」を使おう。混乱を避けるために、この方式のカッコ入り出典の中では、著者名のあとにコンマを入れよう。まだ出版に向けて受理されていないどんな記事も、未公刊の手稿として扱おう（19.6 を参照）。

R: Author, Margaret M. Forthcoming. Article title. *Journal Name* 98.

P: (Author, forthcoming)

19.2.3　記事の表題

　　完全な記事の表題と副題を挙げよう。ローマン体を使い、表題と副題をコロンで分けるが、引用符には入れない。センテンス方式の大文字表記（22.3.1 を参照）を使おう。

R: Green, Nancy L. 2005. The politics of exit: Reversing the immigration paradigm. *Journal of Modern History* 77 (June): 263-89.

　　種（species）の名前や書籍の表題のような、テキストの中で普通はイタリッ

ク体にされている用語は、記事の表題の中でもイタリック体のままにしておこう。疑問符や感嘆符で終わっている記事の表題または副題のあとに、コンマやピリオドを入れてはいけない。

R: Lewis, Judith. 1998. "'Tis a misfortune to be a great ladie": Maternal mortality in the British aristocracy, 1558-1959. *Journal of British Studies* 37:26-40.
Loften, Peter. 1989. Reverberations between wordplay and swordplay in *Hamlet*. *Aeolian Studies* 2:12-29.
Williamson, George S. 2000. What killed August von Kotzebue? The temptations of virtue and the political theology of German nationalism, 1789-1819. *Journal of Modern History* 72 (December): 890-943.

外国語の表題は一般に、特定の言語の慣習に従って、センテンス方式で大文字表記されることが望ましい。もし英語訳を加えるなら、引用符なしで角カッコに入れよう。

R: Bouchard, Gérard. 1979. Un essai d'anthropologie régionale: L'histoire sociale du Saguenay aux XIXe et XXe siècles. *Annales: Économies, sociétés, civilisations* 34 (January): 118-34.
Kern, W. 1938. Waar verzamelde Pigafetta zijn Maleise woorden? [Where did Pigafetta collect his Malaysian words?] *Tijdschrift voor Indische taal-, land- en volkenkunde* 78:271-73.

19.2.4 学術雑誌の表題

記事の表題のあと、学術雑誌の表題をイタリック体で、見出し方式の大文字表記（22.3.1を参照）にして、リストに入れよう。表題は、表題のページもしくは学術雑誌の目次の上に掲載されているように、正確に示そう。*The Journal of Business* の最初の The は省けるが、略語にはしない。もし公式な表題が *PMLA* のようなイニシャリズム〔initialism〕なら、元の綴りに戻さないようにしよう。外国語の学術雑誌については、大文字表記は、見出し方式とセンテンス方式のどちらかを使ってよいが、すべての最初の冠詞は残しておこう（*Der*

Spiegel)。

19.2.5　発行の情報

　　出版年に加えて、大部分の参照リストの記載事項は、巻番号と号番号を含む。読者は、記事の所在を特定するために、これらの項目すべてを必要としないかもしれないが、それらのすべてを入れておけば、項目の1つで起こりうる誤りにも対処できる。

　　巻番号は、学術雑誌の表題に、句読点を入れずに続き、イタリック体にしない。学術雑誌自体がローマ数字を使っていても、アラビア数字を使おう。もし発行番号があれば、コンマで分け、前にno.を付けて、巻番号に続けよう。出版年以外の補足的な出版年月日の情報があるなら（19.2.2を参照）、巻番号と号番号のあとにカッコに入れて示そう。そのような情報については、学術雑誌の慣行に従おう。季節、月、または正確な日時を入れてもよい。季節は、テキストでは大文字にされないが、学術雑誌の出典では大文字にしよう。

R: Mackay, Christopher S. 1999. Lactantius and the succession to Diocletian. *Classical Philology* 94, no. 2:198-209.

Kumar, Rahul. 2003. Reasonable reasons in contractualist moral argument. *Ethics* 114 (October): 6-37.

　　学術雑誌が巻番号なしで号番号だけを使うとき、コンマが学術雑誌の表題に続く。

R: Beattie, J. M. 1974. The pattern of crime in England. 1660-1800. *Past and Present*, no. 62:47-95.

19.2.6　ページ番号などの該当箇所を特定する情報

　　参照リストの記載事項については、その記事についてのすべての範囲のページ番号を示そう（23.2.4を参照）。慣習により、参照リストの中の学術雑誌の記事のページ番号は、コンマではなくコロンに続く。カッコに入った補足的な出版年月日の情報がコロンの直前にあるときには、コロンのあとにスペースを入

れよう。巻番号または号番号がコロンの直前にあるときには、そのあとにスペースを入れてはいけない。

R: Hitchcock, Tim. 2005. Begging on the streets of eighteenth-century London. *Journal of British Studies* 44, no. 3 (July): 478-98.

Gold, Ann Grodzins. 1998. Grains of truth: Shifting hierarchies of food and grace in three Rajasthani tales. *History of Religions* 38, no. 2:150-71.

　カッコ入り出典において、特定の1節の典拠を挙げるのなら、引用元になった該当ページだけを、（コロンではなく）コンマのあとに示そう。

R: (Hitchcock 2005, 478)

(Gold 1998, 152-53)

　オンラインで発行された学術雑誌の記事については、URL（または恒久的識別子）やその記事にアクセスした日と同様に、（もし入手できれば）ページ番号を入れよう。詳細と例については19.2.8を、URLの句読点と大文字表記の一般的な原則については19.1.8を参照。

19.2.7　特別号と補遺

　単独のテーマに充てられた学術雑誌の号は、「特別号 special issue」として知られる。それには通常の巻番号と号番号がつけられている。もし特別号に独自の表題があり、編者がいれば、参照リストには両方を入れよう。表題はローマン体で示され、引用符の中に入れられる。カッコ入り出典では、引用される部分の著者だけを示そう。

R: Jones, Matthew L. 2001. Descartes's geometry as a spiritual exercise. In "Things," ed. Bill Brown. Special issue, *Critical Inquiry* 28, no. 1 (Autumn): 40-71.

P: (Jones 2001, 43-44)

その号全体に言及する必要があるなら、記事の情報は省こう。

R: Brown, Bill, ed. 2001. "Things." Special issue, *Critical Inquiry* 28, no.1 (Autumn).

学術雑誌の「補遺 supplement」にもまた、独自の表題があり、著者または編者がいるかもしれない。特別号とは違い、学術雑誌の正規の号とは別に番号づけされて、しばしばページ番号の一部としてSがつけられる。巻番号と補遺番号の間にコンマを入れよう。

R: Ekeland, Ivar, James J. Heckman, and Lars Nesheim. 2004. Identification and estimation of hedonic models. In "Papers in Honor of Sherwin Rosen," *Journal of Political Economy* 112, S1 (February): S60-S109.

19.2.8　オンラインで公表された記事

オンラインの学術雑誌については、出版された学術雑誌の記事についてのガイドラインに従おう。その上で、URLとその資料にアクセスした日を参照リストに入れよう（15.4.1を参照）。URLだけでは十分ではないことに注意しよう。全出版情報を、それらが確定される限り、提供しなければならない。たとえURLが変わっても、読者が資料を探し出せるようにするためである。オンライン版の記事は、ページ番号が入っていないかもしれない。並行して冊子体が出版されていなければなおさらだ。もしページ番号が入手できなければ、URLとアクセス日の前に「under」という語に続けて、（該当箇所の前に出て来る副題のような）該当箇所を特定する説明的な情報をつけ加えることによって、引用された部分の所在をカッコ入り出典で特定できるかもしれない。

R: Uzzi, Brian, and Jarrett Spiro. 2005. Collaboration and creativity: The small world problem. *American Journal of Sociology* 111, no. 2 (September). http://www.journals.uchicago.edu/AJS/journal/issues/v111n2/090090/090090.html (accessed December 19, 2005).

P: (Uzzi and Spiro 2005, under "Milgram's small world theory")
あるいは

(Uzzi and Spiro 2005)

　記事についてのオンライン・データベースは、一般に引用に必要なすべての項目を列挙している。リストにある固定したURLを入れよう。それはまた記事を参照したデータベースも特定する。

R: Shapiro, Lawrence A. 2000. Multiple realizations. *Journal of Philosophy* 97, no. 12 (December): 635-54. http://links.jstor.org/sici?sici=0022-362X%28200012%29 997%3A12%3C635%3AMR%3E2.0.CO%3B2-Q (accessed June 27, 2006).

P: (Shapiro 2000, 642)

19.3　雑誌記事

　学術雑誌の記事を引用するための多くのガイドライン（19.2を参照）は、雑誌記事にも同様に適用される。記事の表題を引用符なしでローマン体にし、センテンス方式で大文字を使おう。雑誌の表題はイタリック体にし、見出し方式で大文字を使おう（22.3.1を参照）。

　ほとんどの場合、週刊または月刊雑誌は、たとえ巻や号で番号をつけられていても、日付だけで引用しよう。参照リストでは、出版年を普通の位置に置き、どんな補足的な日付の情報（月または正確な日付のようなもの）も、カッコには入れずに雑誌の表題のあとに置こう。カッコ入り出典において、特定の1節の典拠を挙げるのなら、そのページ番号を入れよう。しかし、参照リストでは、その記事を含む部分のページ番号を省いてもよい。雑誌の記事はしばしば、無関係な材料を含む多くのページにわたっているからだ。もし参照リストにページ番号を入れるなら、発行日と分けるため、コロンではなくコンマを選ぼう。

R: Schapiro, Mark. 2004. New power for "Old Europe." *The Nation*, December 27.

P: (Schapiro 2004, 12-13)

　定期的に掲載される常設特別欄とかコラムを引用するなら、それを見出し方

式で大文字表記にするが、引用符には入れないこと。無記名の特設欄については、著者の代わりに雑誌の名前を使おう。

R: Walraff, Barbara. 2005. Word Court, *Atlantic Monthly*, June, 128.
  New Yorker. 2000. Talk of the Town. April 10.

P: (Walraff 2005, 128)
  (*New Yorker* 2000, 15)

　オンラインの雑誌については、出版雑誌の記事についてのガイドラインに従おう。その上で、URLとその資料にアクセスした日を参照リストに入れよう（15.4.1を参照）。URLだけでは十分ではないことに注意しよう。全出版情報を、それらが確定される限り、提供しなければならない。たとえURLが変わっても、読者が資料を探し出せるようにするためである。オンライン雑誌の記事には、ページ番号が入っていないかもしれない。しかし、「under」という語に続けて、(該当箇所の前に出て来る副題のような)該当箇所を特定する説明的な情報をつけ加えることによって、引用された部分の所在をカッコ入り出典で特定できるだろう。

R: Faris, Stephan. 2005. "Freedom": No documents found. *Salon.com*, December 16. http://www.salon.com/tech/feature/2005/12/16/censorship/index1.html (accessed December 19, 2005).

P: (Faris 2005, under "The Internet has no memory in China")
  あるいは
  (Faris 2005)

19.4　新聞記事

　参照リストで日刊新聞からの記事やほかの部分を出典として挙げるなら、一般に雑誌の記事の場合と同じようにしよう（19.3を参照）。無記名の記事については、著者の代わりに新聞名を使おう。新聞には、わずかに違う内容のいくつ

第19章　カッコ入り出典―参照リスト方式：特定の種類の資料の引用

かの版があるかもしれないから、「最終版 final edition」「中西部版 Midwest edition」などといった識別するための情報をつけ加えて、どの版を参照したかを明らかにしてもよい。

R: Kamin, Blair. 2005. Wrigley Building clearly a landmark. *Chicago Tribune*. July 1.
Milwaukee Journal-Sentinel. 1998. Editorial. June 1.
New York Times, national edition. 2004. Obituary of Jacques Derrida. October 10.

カッコ入り出典の中では、ページ番号は省こう。その記載項目は、新聞の違った版では、別のページに掲載されているかもしれないし、落とされさえするかもしれないからだ。また、新聞名が著者として挙げられているなら、版の説明は省こう。

P: (Kamin 2005)
(*Milwaukee Journal-Sentinel* 1998)
(*New York Times* 2004)

カッコ入り出典を使う代わりに、テキストの中に出典に関する項目のいくつかを織り込んでもよい。それでも、その記事の完全な出典を、参照リストで示さなければならない。

In a *New York Times* article on the transitions within the Supreme Court (2005), Greenhouse discusses these trends.

あるいは

In an article published on September 30, 2005, in the *New York Times*, Linda Greenhouse discusses the transitions within the Supreme Court.

19.4.1　特別な体裁の号

米国の新聞については、新聞の名前の最初の The は省こう。もし名前に都市名が入っていなければ、公式な表題にそれを加えよう。ただし、*Wall Street Journal* または *Christian Science Monitor* のように有名な全国紙は除く。同じ名

前の都市がたくさんあるとか、都市名があまり知られていないという場合には、州またはカナダの州をカッコに入れて添えておいてもよい（普通は省略形で。24.3.1 を参照）。外国の新聞については、最初の冠詞を残し、表題のあとに都市名をつけ加えよう。

Chicago Tribune　　　　　　　　　　Le Monde
Saint Paul (Alberta or AB) Journal　　Times (London)

　通信社の名前は、見出し方式で大文字表記にするのが望ましいが、記事の著者として扱われるときにはイタリック体にはしない。

R: Associated Press. 2005. Iraq constitution distributed amid attacks. *Los Angeles Times*. October 6.

P: (Associated Press 2005)

19.4.2　特殊な新聞記事の引用

　個別的な記名記事に加えて、新聞にはほかにも多くの種類の記事が入っている。そのうちの一部は、引用の際にも特別な扱いが必要だ。

■**定期的なコラム**　多くの定期コラムには、コラムの表題だけでなく見出しがある。両方とも使ってもよいし、スペースを節約するためにコラムの表題だけを（ローマン体で、引用符に入れずに、見出し方式の大文字によって）使ってもよい。

R: Morgenson, Gretchen. 2000. Applying a discount to good earnings news. Market Watch. *New York Times*. April 23.

あるいは

Morgenson, Gretchen. 2000. Market Watch. *New York Times*. April 23.

■**投書**　公表された投書は、一般的に見出しをつけずに引用しよう。

R: Davis, Virginia J. 2005. Letter to the editor. *Chicago Tribune*. July 29.

- ■増刊号の記事　日曜"文芸作品欄"増刊号、またはほかの特別欄の記事は、雑誌の記事（19.3 を参照）と同様に扱おう。
- ■オンラインで公表される記事　オンラインの新聞については、印刷版の記事についてのガイドラインに従おう。さらに、URL とその資料にアクセスした日を入れよう（15.4.1 を参照）。URL だけでは十分ではないことに注意しよう。全出版情報を、それらが確定される限り、提供しなければならない。たとえ URL が変わっても、読者が資料を探し出せるようにするためである。

R: Hoekstra, Dave. 2005. Restoring a legacy. *Chicago Sun-Times*. December 19. http://www.suntimes.com/output/hurricane/cst-ftr-nola19.html (accessed December 19, 2005).

19.5　特殊な出版資料

引用について特別な条件を持つ、いくつかの補足的な種類の出版資料がある。

19.5.1　古典文学、中世文学、および初期英文学の作品

　古代ギリシャ・ローマ、中世ヨーロッパ、ルネッサンス時代の英国で創作された文学作品は、現代の文学作品とは違った形で引用される。これらの資料は、しばしば番号つきのセクション（書籍、詩、詩節など）に体系づけられていて、一般にそれがページ番号の代わりに引用される。そのような作品は、数世紀にわたって大変多くの版や訳で出版されてきたので、現代版についての出版年などの出版情報は、一般にほかの種類の引用の場合ほど重要ではない。

　こうした理由で、古典文学、中世文学、初期英文学の作品は普通、カッコ入り出典だけで引用されることが望ましい。著者名と表題が、付近のテキストの中で言及されていなければ、最初に参照する際にセクション番号とともに入れておこう。それに続く引用が明らかに同じ著作に関連しているなら、セクション番号だけを挙げよう。異なった種類の作品の間で生じる、句読点、略語、番号付けの相違については、下を参照。

The eighty days of inactivity for the Peloponnesian fleet at Rhodes (Thucydides *The history of the Peloponnesian War* 8.44.4), terminating before the end of winter (8.60.2-3), suggests...

あるいは

The eighty days of inactivity reported by Thucydides for the Peloponnesian fleet at Rhodes (*The history of the Peloponnesian War* 8.44.4), terminating before the end of winter (8.60.2-3), suggests...

レポートが、テキストの綿密な分析が関わってくる文学研究のような分野でのものなら、あるいは訳本の違いが関連するものなら、参照リストにそのような著作を入れよう。ほかの翻訳された書籍と編集された書籍については、19.1.1 にあるルールに従おう。

R: Propertius. 1990. *Elegies*. Ed. and trans. G. P. Goold. Loeb Classical Library 18. Cambridge, MA: Harvard University Press.

Aristotle. 1983. *Complete works of Aristotle: The revised Oxford translation*. Ed. J. Barnes. 2 vols. Princeton, NJ: Princeton University Press.

19

古典文学作品 上に挙げた一般的な原則に加えて、次のルールが古典文学作品に適用される。

著作の著者と表題の間、または表題とセクション番号の間には、句読点は何も使わない。数の分割はスペースなしのピリオドで行われる。セクション番号にはアラビア数字（もし必要なら小文字）を使おう。同じ資料からの 2 つ以上の出典の間にはコンマを、違う資料の出典の間にはセミコロンを入れよう。

P: (Aristophanes *Frogs* 1019-30)

(Cicero *Verr*. 1.3.21, 2.3.120; Tacitus *Germ*. 10.2-3)

(Aristotle *Metaphysics* 3.2.996b5-8; Plato *Republic* 360e-361b)

著者、作品、コレクションなどの名前は略すこともできる。最も広く受け入れられている略語は、*Oxford Classical Dictionary* に出ている。同じ作品への連

続する参照では、「同書 ibid.」ではなく、これらの略語を使おう。

P: (Thuc. 2.40.2-3)
(Pindar *Isthm*. 7.43-45)

中世文学作品　古典文学の参照形式は、英語以外の言語で書かれた中世の著作にも、同様にうまく当てはまる。もしセクション番号が説明的用語に続くなら、明確にするためにコンマで作品の表題と分けよう。

P: (Augustine *De civitate Dei* 20.2)
(Abelard *Epistle 17 to Heloïse*, Migne *PL* 180.375c-378a)

初期英文学の作品　上に挙げた一般的な原則に加え、初期英文学の作品の引用には次のルールが適用される。

　詩や戯曲を、巻・篇・連とか、連・行や、幕・場・台詞(せりふ)の行などといった区分を使って引用しよう。項目を明確にするために、コンマで分けよう。

P: (Chaucer, Wife of Bath's prologue, *Canterbury tales*, lines 105-14)
(Milton, *Paradise lost*, book 1, lines 83-86)

「幕 act」、「行 line」などの語を省き、古典文学を参照する場合（上を参照）と類似の方法を使うことによって、番号をつけられた区分を短縮してもよい。必ずその方法を脚注の中で説明しよう。

P: (Milton, *Paradise lost,* 1.83-86)

　もし版によって、言葉遣い、行の番号づけ、および場の区分でさえ――特にシェイクスピアの作品――違うなら、その作品を版を特定して参照リスト入れよう。

R: Shakespeare, William. 1982. *Hamlet*. Arden edition. Ed. Harold Jenkins. London: Methuen.

19.5.2　聖書、その他の聖典

　聖書と他の宗教的伝統に属する聖典は、カッコ入り出典で引用しよう。これらの文献を参照リストに入れる必要はない。

　聖書からの出典については、書名の略称、章番号、および節番号を含める。決してページ番号ではない。文脈次第で、書名については、伝統的な略称か短縮した略称のどちらを使ってもよい（24.6 を参照）。どちらの形式が適切か確信がなければ、指導者に相談してみよう。章と節の番号（間にコロンを入れて）アラビア数字を使おう。番号付きの巻も同様である。

伝統的な略語：

P: (1 Thess. 4:11, 5:2-5, 5:14)〔1 テサ 4:11、5:2-5、5:14 ＝テサロニケの信徒への手紙 1、第 4 章第 11 節、第 5 章第 2-5 節、第 5 章第 14 節〕

短縮した略語：

P: (2 Sm 11:1-17, 11:26-27; 1 Chr 10:13-14)〔サム下 11:1-17、11:26-27；代上 10:13-14 ＝サムエル記下第 11 章第 1-17 節、第 11 章第 26-27 節；歴代誌上第 10 章第 13-14 節〕

　書と番号のつけ方は、聖書の版によって違うので、最初の出典において、使おうとしている版を、略記せずに書いた名前か、認められている略称（24.6.4 を参照）のどちらかで、カッコに入れて特定しよう。

P: (2 Kings 11:8 [New Revised Standard Version])

(1 Cor. 6:1-10 [NAB])

　ほかの伝統的宗教的における聖典からの引用については、聖書の出典のための一般的なパターンを適用しよう（24.6.5 を参照）。

19.5.3　参考図書

　主要な辞書や百科事典のようなよく知られた参考図書は、普通はカッコ入り出典だけで挙げればよい。一般的には、こうしたものを参照リストに入れる必要はない。ただし、議論に不可欠であるとか、頻繁に引用したという特定の図

書を入れてもよい。出版年は省くが、版は（もし初版でなければ）特定しよう。百科事典のようなアルファベット順に配列された図書については、その項目（巻とかページ番号でなく）を、s.v.（「という語の下に」という意味の sub verbo の略、複数形は s.vv.）に続けて挙げよう。

P: (*Encyclopaedia Britannica* 15th ed., s.v. "Salvation")
　(*Dictionary of American biography*, s.v. "Wadsworth, Jeremiah")

あまりよく知られていない参考図書については、書籍の場合のように扱おう。

R: *The Times guide to English style and usage*. 1999. Rev. ed. London: Times Books.
　　Aulestia, Gorka. 1989. *Basque English dictionary*. Reno: University of Nevada Press.

P: (*Times guide* 1999, s.vv. "police ranks," "postal addresses")
　(Aulestia 1989, 509)

百科事典のオンライン版は、定期的に更新されているので、URLと、その資料にアクセスした日付を入れよう（15.4.1を参照）。一部の参考図書は、特定の記載事項について、引用するのに適切なURLを示すことに注意しよう。検索エンジンで引き出される安定度が劣るURLよりも、これを使おう。

(*Encyclopaedia Britannica online*, s.v. "Sibelius, Jean." http://www.britannica.com/ebc/article?tocId=9378608 [accessed June 1, 2005])

19.5.4　批評

書籍、興行などについての批評は、いろいろな種類の定期刊行物に掲載される可能性がある。参照リストに、批評家の名前、「批評担当～review of」という言葉のあとに、批評された作品名と著者（または作曲家、演出家など）、場所と日時（興行の場合）、そして最後に批評が出た定期刊行物を入れよう。

R: Taub, Richard P. 2004. Review of *Reclaiming public housing: A half-century of struggle in three public neighborhoods*, by Lawrence J. Vale. *American Journal of Sociology* 110, no. 3 (November): 797-99.

Isherwood, Charles. 2005. Review of *Birdie blue*, by Cheryl L. West, directed by Seret Scott. Second Stage Theater, New York. *New York Times*. June 24.

Kozinn, Allan. 2000. Review of concert performance by Timothy Fain (violin) and Steven Beck (piano). 92nd Street Y, New York. *New York Times*. April 21.

19.5.5 要旨

学術雑誌の記事、会議の議事録、博士論文などの要旨は、要旨にまとめられている元の著作と一緒に、あるいは全体が要旨で構成されている特定の出版物（普通は学術雑誌）に掲載されているかもしれない。

要旨にまとめられている著作の完全な出典を入れよう。要旨が著作自体と一緒に掲載されているのなら、出典の中の表題に続けて「要旨 abstract」の語を挿入しよう。要旨が別の出版物で発表されているのなら、著作についての最初の引用に続けて「要旨は~Abstract in」という言葉を挿入し、それから要旨の所在を挙げよう。要旨ではなく、著作自体の日付を、著者の名前に続けて入れよう。

R: Luders, Joseph. 2006. The economics of movement success: Business responses to civil rights mobilization. Abstract. *American Journal of Sociology* 111, no. 4 (January): 963.

Albin, Cecilia. 2003. Negotiating international cooperation: Global public goods and fairness. *Review of International Studies* 29 (July): 365-85. Abstract in *Peace Research Abstracts Journal* 42, publ. nr. 236625 (February 2005): 6.

19.5.6 パンフレットと報告書

パンフレット、企業報告書、案内冊子などのそれ自体として独立している出版物は、書籍の場合と同じように引用しよう。著者や出版社のような通常あるはずの項目のデータが不足しているなら、文書を識別するのに足りるほかの情報を示しておこう。

R: Clark. Hazel V. 1957. *Mesopotamia: Between two rivers*. Mesopotamia, OH: End of the Commons General Store.

TIAA-CREF. 2005. 2005 *Annual report: College Retirement Equities Fund*. New York: TIAA-CREF.

19.5.7　マイクロフォーム版

　　参照リストの中で、マイクロフォーム版を参照した著作については、博士論文を含めて、書籍の場合のように明示しよう（印刷された形で、またはオンラインで参照した博士論文については、19.6.1 を参照）。出版情報のあとに、出版の形式（マイクロフィッシュ、マイクロフィルムなど）を具体的に挙げよう。

R: Farwell, Beatrice. 1995. *French popular lithographic imagery*. Vol. 12. *Lithography in art and commerce*. Chicago: University of Chicago Press. Text-fiche.

Tauber, Abraham. 1958. *Spelling reform in the United States*. Ann Arbor, MI: University Microfilms. Microfilm.

　　カッコ入りの出典では、もし可能なら、該当箇所を特定する情報を入れよう。下の例では、ページ番号（明確にするため略語 p. で特定されている）は、マイクロフィッシュに印刷されたテキストの中にある。ほかの番号は、マイクロフィッシュとフレームを、文字は横列を示す。

P: (Farwell 1995, p. 67, 3C12)

19.5.8　CD-ROM または DVD-ROM

　　CD-ROM または DVD-ROM で出版された著作は、類似の出版著作、ほとんどの場合は書籍と同じように引用しよう。

R: *Complete National Geographic: 110 years of "National Geographic" magazine*. 2000. CD-ROM. Mindscape.

Oxford English dictionary. 1999. 2nd ed. CD-ROM, version 2.0. New York: Oxford University Press.

19.5.9　オンライン・データベース

　オンライン・データベースで出版された学術雑誌の記事の引用については、19.2.8 を参照。ほかの方式のオンライン・データベースから複数の文書または記録を引用するなら、参照リストにはデータベース全体を丸ごと取り上げよう。データベースの名前（ローマン体で）、メイン・ページの URL、およびその資料にアクセスした日（または、一連の日時）を挙げよう。URL だけでは十分ではないことに注意しよう。全出版情報を、それらが確定される限り、提供しなければならない。たとえ URL が変わっても、読者が資料を探し出せるようにするためである。

R: Perseus Digital Library. http://www.perseus.tufts.edu/ (accessed February 1–March 31, 2006).

　もしそのようなデータベースから文書や記録を 1 つだけ引用するなら、参照リストではそれらを個々に取り上げよう。文書の著者と表題（もし入手できるなら）、データベースの名前（ローマン体で）、具体的なページの URL、およびその資料にアクセスした日を示そう。オンライン・データベースの博士論文については、19.6.1 を参照。

R: Pliny the Elder. *The natural history*, ed. John Bostock and H. T. Riley. In the Perseus Digital Library, http://www.perseus.tufts.edu/cgi-bin/ptext?lookup= Plin.+Nat.I+1. dedication (accessed March 31, 2006).

　テキストに文書または記録を引用するには、その出典が参照リストの記載事項と結びつくように、できるだけ多くの情報を入れよう。この情報は、（コンマで分けられた項目とともに）カッコ入り出典の中、またはテキストの中の、どちらかに入れよう。

P: (Pliny the Elder, Perseus Digital Library)
　…as illustrated in Pliny the Elder's treatise *The Natural History* (Perseus Digital Library).

19.6 未公刊の資料

　読者にとって、かつて出版されたことのない資料は、出版されたものよりも、所在を特定するのが難しい。それらは1カ所にしか存在せず、公式な出版情報がないからだ。参照リストでそのような出典を示すときには、読者にできるだけ多くの助け舟を出すため、下に挙げられている情報の「すべて」を入れることが、特に重要である。

　未公刊の著作の表題は、ローマン体で、引用符に入れず、イタリック体にせずに示される。この体裁の相違が、類似していても出版されている著作との決定的な差である。

19.6.1　学位論文と博士論文

　印刷された形での未公刊の学位論文や博士論文を参照するとしても、未公刊の手稿として扱おう。著者名、(もし入手できるなら)日付および表題のあとに、論文の種類と学術機関を挙げよう。「博士論文 dissertation」は「diss.」と省略しよう。「未公刊 unpublished」の言葉は必要ない。

R: Murphy, Priscilla Coit. 2000. What a book can do: *Silent Spring* and media-borne public debate. PhD diss., University of North Carolina.

Culcasi, Karen Leigh. 2003. Cartographic representations of Kurdistan in the print media. Master's thesis, Syracuse University.

　オンライン・データベースで参照した博士論文を引用するには、データベースの名前、URLとアクセス日を、機関の情報に続けて、参照リストにつけ加えよう(マイクロフォーム版については、19.5.7を参照)。

R: Murphy, Priscilla Coit. 2000. What a book can do: *Silent Spring* and media-borne public debate. PhD diss., University of North Carolina. In ProQuest Dissertations and Theses, http://proquest.umi.com/pqdweb?did-727710781&sid=2&Fmt=2&client Id=13392&RQT=309&VName=PQD (accessed April 1, 2006).

19.6.2 会合で発表された講演とレポート

講演またはレポートの著者名、発表年およびと表題のあとに、その会場となった会合の後援、場所、および（もし入手できれば）会合の具体的な日を挙げよう。「未公刊 unpublished」の言葉は必要ない。

R: Troutman, John. 2005. Indian blues: American Indians and the politics of music, 1890-1935. Lecture, Newberry Library, Chicago, IL. February 2.
Grad, Karene. 2004. When high culture was popular culture. Paper presented at the annual meeting of the Organization of American Historians, Boston, MA. March 26.
Skocpol, Theda. 2003. Voice and inequality: The transformation of American civic democracy. Presidential address, annual meeting of the American Political Science Association, Philadelphia, PA. August 28.

19.6.3 インタビューと私信

未公刊のインタビュー（自分自身で行ったものも含む）を引用するには、参照リストを、インタビューを受けた人とインタビューした人の名前から始めよう。（もし分かれば）インタビューの場所と日時、および（もし入手できれば）録音や筆記録の所在を入れよう。通常のパターンとは異なる短縮された注についての形式に注意しよう（放送されたインタビューについては、19.8.3 を参照）。

R: Macmillan, Andrew. 2007. Interview by author. San Diego, CA. March 2.
Spock, Benjamin. 1974. Interview by Milton J. E. Senn. November 20. Interview 67A, transcript, Senn Oral History Collection, National Library of Medicine, Bethesda, MD.

カッコ入り出典には、インタビューした人の名前ではなく、インタビューを受けた人の名前を入れよう。

P: (Macmillan 2007)
(Spock 1974)

もしインタビューを受けた人の名前を明らかにできないなら、カッコ入り出典を用い、文脈にふさわしい情報を入れよう。こうした情報の一部ないしは全部をテキストの中に織り込んでもよい。しかし、インタビューを参照リストに入れる必要はない。名前のないこと（"すべてのインタビューは内密なもので、インタビューをされた人の名前は、相互の合意によって秘匿される"）を、脚注または序文で説明しよう。

P: (interview with a health care worker, August 10, 2006)

　会話、手紙、Eメールのメッセージ、およびその類いのものは、カッコ入り出典の中だけで挙げよう。一般的には、参照リストの中に入れる必要はない。ただし、議論に不可欠であるとか、頻繁に引用したという特定の通信文を入れてもよい。カギになる項目は、相手の名前、通信文の種類、通信の日付であり、コンマで区切られる。多くの場合、テキストの中にこうした情報の一部またはすべてを入れてもよい。Eメール・アドレスは省こう。電子メーリング・リストの掲示情報を引用するには、19.7.3 を参照。

P: (Maxine Greene, September 29, 2005, e-mail message to author)

In a telephone conversation with the author on October 12, 2006, Colonel William Rich revealed that…

19.6.4　手稿コレクション

　未公刊の手稿コレクションからの文書には、出版された資料よりも複雑で、いろいろな種類の項目が絡んでくる。出典の中には、識別のためのできるだけ多くの情報を入れ、各項目を一貫して同じ体裁にし、ここで概説される一般的なパターンを必要に応じて当てはめよう。

含めるべき項目とその順序　1つのコレクションから複数の文書を引用するなら、コレクションの名前、コレクションの中の資料の著者、所蔵場所に基づいて、参照リストの中にコレクションを全体として挙げよう。記録文書保管所に

所蔵されていない類似の種類の未公刊の資料については、コレクションについての情報を、"著者の所有"または"私蔵"のような言葉遣いに置き換え、その所在には触れないようにしよう。大部分のコレクションはいろいろな日付の項目を含んでいるから、日付は入れない。

R: Egmont Manuscripts. Phillipps Collection. University of Georgia Library, Athens.

House, Edward M., Papers. Yale University Library, New Haven, CT.

Pennsylvania Society for the Abolition of Slavery. Papers. Historical Society of Pennsylvania, Philadelphia.

Strother, French, and Edward Lowry. Undated correspondence. Herbert Hoover Presidential Library, West Branch, IA.

Women's Organization for National Prohibition Reform Papers. Alice Belin du Pont files, Pierre S. du Pont Papers. Eleutherian Mills Historical Library. Wilmington, DE.

テキストに、そのようなコレクションからの個別の文書を引用するには、参照リストで使われる著者名と日付、文書の表題または種類、コレクションの名前ないしは所蔵場所の名前を特定しよう。項目をコンマで区分しよう。多くの場合、テキストの中にこの情報の一部ないしすべてを入れることができるだろう。

P: (James Oglethorpe to the trustees, January 13, 1733, Egmont Manuscripts)

In his letter of January 13, 1733, to the trustees (Egmont Manuscripts), James Oglethorpe declared...

もしコレクションから1つだけ文書を引用するなら、参照リストに個別に入れ、カッコ入り出典の通常のパターンに従おう。

R: Dinkel, Joseph. 1869. Description of Louis Agassiz written at the request of Elizabeth Cary Agassiz. Agassiz Papers. Houghton Library, Harvard University, Cambridge, MA.

P: (Dinkel 1869)

項目の体裁を整える方法　手稿コレクションの中の文書について、体裁を整える特別な方法をいくつか推奨しておこう。

- **特定の表題 対 一般的な表題**　特定の表題と、「報告書 report」または「議事録 minutes」のような一般的な名称の両方を、ローマン体で、引用符に入れたりイタリック体にしたりせずに示そう。手稿の中の正式な題目の一部である場合だけ、この種の一般的な名称に大文字を使い、単に説明的な場合には使わないようにしよう。
- **該当箇所を特定する情報**　一部の手稿は、カッコ入り出典に入れることのできるページ番号を含んでいるかもしれないが、多くの手稿は、ほかの種類の該当箇所を特定する情報を持っているか、またはまったく持っていないだろう。古い手稿は普通、ページではなく、「折丁記号 signature」だけ、または「2つ折版 folio (fol., fols.)」によって番号がつけられている。一部の原稿コレクションには、資料を識別するためのコレクション番号やファイル番号があり、出典に入れることができる。
- **レポートと原稿**　手稿コレクションの表題では、「文書 papers」と「手稿 manuscript」という用語は同義語である。両方とも略語 MS と MSS（複数形）と同様に認められる。
- **手紙**　カッコ入り出典で手紙の出典を明らかにするためには、手紙の筆者の名前から始めて to と受取人の名前を続けよう。letter という言葉は、分かりきっているので省こう。しかし、ほかの形式の通信文については、種類（電報、覚え書）を特定しておこう。

19.7　非公式に出版された電子資料

　オンラインで非公式に出版される、言い換えれば"掲示される posted"資料には、しばしば著者、表題、出版社、日付といった標準的な出版情報が不足している。たとえ出版情報をほとんど、またはまったく確定できなくても、やはり URL 以上の情報を参照リストに入れなければならない。もし URL だけを挙げ、その URL が変わるか、または使われなくなれば、出典は読者には役に立

たなくなる。URLは、資料を参照したとき、それが置かれていた場所を教えてくれる。完全な出典は、資料が何であるかということと、最後にアクセスした日もまた示さなければならない（15.4.1を参照）。

19.7.1 ウェブ・サイト

　書籍や定期刊行物以外のオンラインの資料が有する独自の内容については、次に述べるものをできるだけ多く参照リストに入れよう。つまり、著者名、ページの表題（ローマン体で、引用符に入れずに）、サイトの表題または所有者、URLおよびアクセス日（一連のアクセス日）だ。

R: Evanston Public Library Board of Trustees. Evanston Public Library strategic plan, 2000-2010: A decade of outreach. Evanston Public Library. http://www.epl.org/library/strategic-plan-00.html (accessed June 1-August 15, 2005).

　著者が明示されていなければ、サイトの所有者の名前を示しておこう。

R: Federation of American Scientists. Resolution comparison: Reading license plates and headlines. http://www.fas.org/irp/imint/resolve5.html (accessed June 1, 2005).

　個人的なホーム・ページやファン・サイトのような非公式なサイトについては、表題が欠落していることがあれば、サイトの内容を説明した句を使おう。

R: Camp Taconic Alumni. 1955 photo gallery. http://www.taconicalumni.org/1955.html (accessed June 1, 2005).

　正式な出版日のないウェブ・サイトをテキストで引用するためには、参照リストで使う著者名またはサイト所有者の名前、あるいは説明的な句を示そう。この情報を、カッコの中かテキストの中に含めよう。

As indicated on the Federation of American Scientists' Web site...

19.7.2 ウェブログの記載事項とコメント

　　ウェブログ（またはブログ）で掲示された記載事項またはコメントを引用するなら、ウェブ・サイトの基本的なパターンに従って、参照リストにウェブログを入れよう。サイトの中心ページの URL を示そう。

R: The Becker-Posner blog. http://www.becker-posner-blog.com/ (accessed March 28, 2006).

　　カッコ入り出典の中だけで、ウェブログに掲示された個別の記載事項とコメントを引用しよう。カギになる項目、すなわち著者名、ウェブログの表題、その資料が（サイトの著者によって掲示された）記載事項か（誰かほかの人によって掲示された）コメントかの識別、および掲示日は、コンマで区切られなければならない。もし著者名が不完全、またはペンネームなら、示されたとおりに引用しよう。多くの場合、この情報の一部または全部を、テキストに入れることができるだろう。

P: (Peter Pearson, The Becker-Posner Blog, comment posted March 6, 2006)

…according to Gary Becker (entry posted March 6, 2006, on the Becker-Posner Blog). Comments by Peter Pearson (posted March 6) and Bill (posted March 10) responded…

19.7.3 電子メーリング・リスト

　　電子メーリング・リストからの資料を引用するためには、著者名、掲示日とリストの名前を入れよう。Eメール・アドレスは省こう。こうした資料は普通、カッコ入り出典だけで、コンマで項目を区分して、出典を挙げるのが望ましい。一般的に参照リストの中に入れる必要はない。ただし、議論に不可欠であるとか、頻繁に引用したという特定の項目を入れてもよい。多くの場合、この情報の一部または全部を、テキストに入れることができるかもしれない。

P: (John Powell, October 30, 2004, e-mail to Grapevine mailing list)

In an e-mail to the Grapevine mailing list on October 30, 2004, John Powell declares...

19.8 視覚芸術や舞台芸術での資料

　視覚芸術や舞台芸術での資料は、視覚的映像、ライヴ・パフォーマンス、放送、各種メディアでの記録、およびテキストをはじめとするさまざまな資料の基となる。このような資料は、出版された資料には共通してある識別に役立つ情報が欠けていると、引用するのが難しいことがある。識別するための情報をできるだけ多く入れ、項目の一貫した体裁を整え、ここで概説する一般的パターンを、必要に応じて当てはめよう。

　この節で扱う資料の大部分は、カッコ入り出典の中でだけ挙げるか、カギになる項目をテキストの中に織り込んで引用するとよい。別途に指示されていないのであれば、一般的には、参照リストの中に入れる必要はない。ただし、議論に不可欠であるとか、頻繁に引用したという特定の項目を入れてもよい。もしレポートが、芸術、メディア研究、または類似の分野の課程のためなら、指導者に相談しよう。

19.8.1 視覚的資料

絵画、彫刻、写真、および他の芸術作品　絵画、彫刻、写真、およびほかの芸術作品は、カッコ入り出典でのみ挙げよう。芸術家の名前、芸術作品の表題、創作の日（おおよそなら「約 ca.[circa]」を前につけて）、および、（もしあれば）それを所蔵している機関とその所在を含めよう。絵画と彫刻の表題はイタリック体にするが、写真の表題は引用符に入れて、ローマン体にしよう。表題には見出し方式の大文字表記を使おう。項目をコンマで区分しよう。

P: (Georgia O'Keeffe, *The Cliff Chimneys*, 1938, Milwaukee Art Museum)

(Michelangelo, *David*, 1501-4, Galleria dell'Accademia, Florence)

(Ansel Adams, "North Dome, Basket Dome, Mount Hoffman, Yosemite," ca. 1935, Smithsonian American Art Museum, Washington, DC)

　カッコ入り出典を使う代わりに、ときにはテキストの中に必要項目を織り込んで、芸術作品を引用してもよい。

O'Keeffe first demonstrated this technique in *The Cliff Chimneys* (1938; Milwaukee Art Museum).

　出版された資料の中で芸術作品を見た場合に、自分の領域のガイドラインがその資料を特定することを要求しているなら、参照リストに出版された資料を入れよう。カッコ入り出典では、機関の名前や所在地の代わりに、通常の著者・日付形式の出典を示そう。オンラインのイメージについては19.8.6を参照。

R: Lynes, Barbara Buhler, Lesley Poling-Kempes, and Frederick W. Turner. 2004. *Georgia O'Keeffe and New Mexico: A sense of place*. Princeton: Princeton University Press.

P: (Georgia O'Keeffe, *The Cliff Chimneys,* 1938, in Lynes, Poling-Kempes, and Turner 2004, 25)

他の図表の資料　印刷広告、地図、漫画などのような、ほかの図表の資料を引用する必要があるかもしれない。こうした資料は、カッコ入り出典でのみ挙げ、芸術作品のための基本的なパターンを手直しして、できるだけ多くの情報を示そう。表題は、引用符に入れてローマン体で示し、図表の種類が表題からでは不明確なら、それを特定しよう。オンラインの図表については、19.8.6を参照。

P: (National Center for Family Literacy, "Because I Can Read," advertisement, *Atlantic Monthly,* April 2006, 59)

19.8.2　ライヴ・パフォーマンス

演劇、音楽、それにダンス　演劇、音楽、またはダンスのライヴ・パフォーマンスは、カッコ入り出典だけで挙げよう。演じられた著作の表題、主演者の名前、彼らの配役の表示、開催地と場所、および開催日を入れよう。演劇と長い音楽作品の表題はイタリック体にしよう。短めの作品の表題は引用符に入れて、ローマン体にしよう。もし出典が個人の演技に焦点を合わせたものなら、作品の表題の前に個人の名前を挙げよう。コンマで項目を区分しよう。

P: (*Birdie Blue,* by Cheryl L. West, directed by Seret Scott, Second Stage Theater, New York, June 22, 2005)

(Yuja Wang, pianist, "La Valse," by Maurice Ravel, Orchestra Hall, Chicago, March 26, 2006)

カッコ入り出典を使う代わりに、ときにはテキストの中に必要項目を織り込んで、ライヴ・パフォーマンスを引用してもよい。

Yuja Wang's performance of Maurice Ravel's "La Valse" (March 26, 2006, at Orchestra Hall, Chicago) demonstrated her understanding...

もし記録されたメディアでライヴ・パフォーマンスを見るか、聴くかしたら、その記録を引用しよう。録音については 19.8.4 を、ビデオ録画については 19.8.5 を、オンラインのファイルについては 19.8.6 を参照。

映画 劇場で映画を見たなら、ライヴ・パフォーマンスと同様に、カッコ入り出典で挙げるか、テキストの中に必要項目を織り込むことで引用しよう（ビデオ録画として見られた映画については 19.8.5 を、オンラインで見た映画については 19.8.6 を参照）。映画の表題（イタリック体で）、監督、製作会社または配給会社の名前、映画が封切られた年を入れよう。もし関連があれば、引用しようとしている場面を説明しよう。

P: (*Capote,* directed by Bennett Miller, Sony Pictures Classics, 2005, opening scene)

19.8.3　テレビ番組などの放送資料

番組 テレビ番組、ラジオ番組、その他の放送された資料は、カッコ入り出典だけで挙げよう。少なくとも番組の表題と視聴日を入れよう。また、（もし入手できれば）連続番組の 1 回分の表題と番号、（論述に関連があれば）主演者の名前、放送された場所、それに（視聴日と違えば）初回の放送日を入れてもよい。プログラムの表題はイタリック体にしよう。ただし、連続番組の 1 回分または番組の一部の表題は、引用符に入れてローマ体にしよう。表題には見出

し方式の大文字表記を使おう。項目は、コンマで区分しよう。

P: (*Seinfeld*, "The Opposite," episode 86, September 22, 2005 [originally aired May 19, 1994])

(*All Things Considered,* NPR, April 20, 2006)

　こうした番組は、カッコ入り出典を使う代わりに、しばしば主要な項目をテキストの中に織り込むことによって引用してもよい。とりわけ、補足的な項目の一部または全部が入手できないとか、出典には関係がないという場合にはなおさらだ。

The *Seinfeld* episode titled "The Opposite" (aired September 22, 2005) perfectly illustrates this story structure.

　記録されたメディアで放送番組を視聴したら、記録の出典を示そう。ビデオ録画については 19.8.5 を、オンラインのファイルについては 19.8.6 を参照。

インタビュー　放送されたインタビューは、カッコ入り出典だけで挙げるか、テキストの中にその必要項目を織り込むことによって引用しよう。インタビューされた人を著者として扱い、出典の文脈の中でインタビューした人を特定しよう。また、放送された討論会と日を入れよう。表題には見出し方式の大文字表記を使おう。項目をコンマで区分しよう。公表されていないインタビューについては 19.6.3 を参照。

P: (Condoleezza Rice, interview by Jim Lehrer. *News Hour*, PBS, July 28, 2005)

広告　放送された広告を、カッコ入り出典だけで挙げるかテキストの中にその主要項目を織り込むことによって引用しよう。できるだけ多くの情報を示そう。

P: (Federal Express, "Caveman" advertisement, aired during *Super Bowl XL*, February 5, 2006)

19.8.4 録音

録音で音楽演奏または話芸を聴いたなら、その録音を引用しよう。出版された著作のように、こうした録音には一般的に、固定した、入手可能な識別に役立つ情報があり、参照リストに入れられるべきだ。カッコ入り出典は、通常の著者・日付形式に従う。

録音は、録音の表題、作曲家の名前、演奏者の名前のいずれかに従って、参照リストに入れよう。どれにするかは、どれが論述と関連が深いか次第だ。その録音を類似の物と区別するために、その録音についてできるだけ多くの情報を入れよう。それには、録音会社の名前、録音番号、媒体、および版権の日付または製作日（または両方）を含む。「compact disc」は「CD」と略そう。

R: Beethoven, Ludwig van. 1992. *Piano sonata no. 29 "Hammerklavier."* Rudolf Serkin. ProArte Digital CDD 270.

Anderson, Doug. 2001. *Frostwork*. OAR 1001, Dolby HX PRO. Audiocassette.

Bernstein, Leonard, dir. 1985. *Symphony no. 5*, by Dmitri Shostakovich. New York Philharmonic. CBS IM 35854.

ドラマ、散文や詩の朗読、講義、およびその類いのものの録音は、音楽録音の場合のように扱おう。

R: Thomas, Dylan. 1950. *Under Milk Wood*. Performed by Dylan Thomas and others. Caedmon TC-2005 (audiocassette), CDLS-2005 (CD).

ある資料を正式な録音日なしにテキストで引用するには、参照リストで使う作曲家または演奏家と作品の表題を示そう。この情報を、カッコの中またはテキストの中に入れよう。

19.8.5 録画

ライヴ・パフォーマンス、映画、またはテレビ番組などの放送資料をビデオの録画で見たなら、その録画を引用しよう。出版された著作のように、そのような録画は一般的には、固定した、入手可能な識別に役立つ情報があり、参照

リストに入れられるべきだ。カッコ入り出典は、通常の著者・日付形式に従う。

ビデオ録画の出典は、一般的に書籍についてのパターンに則り、媒体（VHS、DVD）を追加しておこう。2番目の例では、2001年版に独自の資料への言及だから、フィルムの最初の封切り日は省かれていることに注意しよう。

R: Handel, George Frederic. 1988. *Messiah*. VHS. Atlanta Symphony Orchestra and Chamber Chorus, conducted by Robert Shaw. Batavia, OH: Video Treasures.

Cleese, John, Terry Gilliam, Eric Idle, Terry Jones, and Michael Palin. 2001. Commentaries. Disc 2. *Monty Python and the Holy Grail*, special ed. DVD. Directed by Terry Gilliam and Terry Jones. Culver City, CA: Columbia TriStar Home Entertainment.

19.8.6　オンライン・マルチメディア・ファイル

映像、ライヴ・パフォーマンス、映画、またはテレビ番組などの放送された資料をオンライン（podcastsを含めて）で見たら、オンライン・ファイルを引用しよう。出版された著作のように、オンライン・マルチメディア・ファイルは一般的に、固定した、入手可能な識別に役立つ情報があり、参照リストに入れられるべきだ。

前述した、関連のある種類の資料についての引用の原則に従おう。ファイルの日付を確認するのが難しいなら、略語 n.d.〔「no date 日付不詳」の略〕を使うか、ほかに関連のある日を示そう。その上で、オンライン・サイトの表題とファイルの種類を挙げ、URLとアクセス日を入れよう。URLだけでは十分ではないことに注意し、たとえURLが変わっても、読者が資料を探し出せるように、補足的な情報を提供しなければならない。もし（下の2番目の例におけるように）ファイルに個別のURLがなければ、サイト全体を出典としよう。

R: BBC. n.d. "Blair announces new Africa panel." BBC News Web site. Windows Media Player video file. http://news.bbc.co.uk/nolavconsole/ifs_news/hi/newsid_5110000/newsid_5119200/nb_wm_5119262.stm (accessed June 27, 2006).

Mozart, Wolfgang Amadeus. 1778. "Allegro moderato, *Piano sonata no.10 in C*

Major. Kunst der Fuge. MIDI file. http://www.kunstderfuge.com/mozart.htm (accessed November 19, 2005).

正式な日付のないファイルをテキストの中に引用するには、参照リストの作者名と作品の表題を示そう。この情報を、カッコの中かテキストの中のどちらかに入れよう。もし関連があるなら、引用される資料がファイルの中に出て来る時間を入れよう。

P: (BBC n.d., 3:43)

19.8.7　視覚芸術と舞台芸術のテキスト

　視覚芸術と舞台芸術のテキストには、一般的に固定した、入手可能な識別に役立つ情報があり、参照リストに入れられるべきだ。カッコ入り出典は、通常の著者・日付形式に従う。

美術展覧会のカタログ　美術展覧会のカタログを、書籍の場合のように引用しよう。参照リストに、展覧会の名前と場所を、出版情報のあとに入れよう。

R: Barter, Judith A., ed. 1998. *Mary Cassatt: Modern woman*. Chicago: Art Institute of Chicago, in association with Harry N. Abrams. Published in conjunction with the exhibition "Mary Cassatt: Modern Woman" shown at the Boston Museum of Fine Arts, the National Gallery in Washington, DC, and the Art Institute of Chicago.

戯曲　場合によっては、有名な英語の演劇を、カッコ入り出典だけで引用してもよい（19.5.1 も参照）。表題には見出し方式の大文字表記を使おう。要素をコンマで区分しよう。出版情報は省き、ページ番号の代わりに、幕と場（または他の区分）によって出典を示そう。

P: (Eugene O'Neill, *Long Day's Journey into Night*, act 2, scene1)

　レポートが、テキストの綿密な分析が関わってくる文学の研究のような分野

のものなら、あるいは訳本や世に知られていない作品を引用しようとしているなら、書籍の場合のように、あらゆる戯曲の出典を示し、参照リストに入れよう。引用部分は、該当領域のガイドラインに従って、区分かページのどちらかで出典を挙げよう。

R: Bagnold, Enid. 1953. *The chalk garden*. New York: Random House.
　Anouilh, Jean. 1996. *Becket, or the honor of God*. Trans. Lucienne Hill. New York: Riverhead Books.

P: (Bagnold 1953, 8-9)
　(Anouilh 1996, act 1, scene1)

楽譜　出版された楽譜は、書籍と同様に引用しよう。

R: Verdi, Giuseppe. 1998. *Il corsaro (melodramma tragico* in three acts). Libretto by Francesco Maria Piave. Ed. Elizabeth Hudson. 2 vols. The Works of Giuseppe Verdi, ser. 1, Operas. Chicago: University of Chicago Press; Milan: G. Ricordi.
　Mozart, Wolfgang Amadeus. 1960. *Sonatas and fantasies for the piano*. Prepared from the autographs and earliest printed sources by Nathan Broder. Rev. ed. Bryn Mawr, PA: Theodore Presser.

未公刊の楽譜は、手稿コレクションの中の未公刊の資料の場合と同様に引用しよう。

R: Shapey, Ralph. 1966. Partita for violin and thirteen players. Score. Special Collections, Joseph Regenstein Library. University of Chicago.

19.9　公的文書

公的文書は、世界中で、すべてのレベルの政府が作った広範にわたる資料を含む。この節は、英語で利用できる一部の一般的な種類の公文書について基本的な原則を示す。ほかの種類を引用する必要があるなら、最も近いモデルを当

てはめよう。

　そのような文書は、出版された資料より、もっと複雑でさまざまな項目を含む。出典には、それを識別するためのできるだけ多くの情報を入れ、項目の体裁を一貫して整え、ここで概説された一般的パターンを必要に応じて当てはめよう。

　この節の大部分は、米国の政府機関や行政機関が発行する文書に関係している。カナダ政府、英国政府、および国際機関が発行する文書については、19.9.9-19.9.11 を参照。未公刊の政府文書については、19.9.12 を参照。

19.9.1　含めなければならない項目、それらの順序、および体裁を整える方法

　参照リストには、次の項目をできるだけ多く入れよう。

- 文書を発行する政府（国、州、市、郡、またはその他の区分）と政府機関（立法府、行政部門、司法局、部局、理事会、委員会）の名前
- 出版の日付
- もしあれば、文書またはコレクションの名前（見出し方式の大文字表現と、一般的にイタリック体で）
- もし示されていれば、個別の著者、編者、または編纂者の名前
- 報告書番号、またはほかの識別のための情報
- 出版情報：出版地、もし発行機関と違うなら出版社名（19.9.2-19.9.4 で扱っている米国連邦政府のすべての出版物については、Washington, DC と Government Printing Office をそれぞれ使おう）
- もし関連があれば、ページ番号または該当箇所を特定する情報

　一般に、関連のある項目を、上で示された順序で、列挙しよう。ある種の文書の場合の例外については、19.9 の中の次の節で説明されている。

R: U.S. Congress. Senate. Committee on Foreign Relations. 1956. *The Mutual Security Act of 1956*. 84th Cong., 2d sess. S. Rep. 2273.

　カッコ入り出典では、参照リストの中で日付の前に挙げられた情報を著者と

して扱おう。もしこの情報が長いなら、出典の中で論理的に首尾一貫して使う限り、短縮してもよい。多くの場合、この情報の一部または全部を、カッコ入り出典の代わりに、テキストに入れることができるだろう。

P: (U.S.Senate 1956, 9-10)

…as the Senate Committee on Foreign Relations decreed in its report accompanying the *Mutual Security Act* of 1956 (9-10).

公的文書を引用する際に使われる短縮形式と略語は、ほかで使われているものと違う場合があるので注意しよう。たとえば、2nd の代わりに 2d、3rd の代わりに 3d を使うのがそうだ。その他の例は、19.9 の関連する節に記されている。

19.9.2　国会の出版物

国会の出版物については、参照リストでは普通、「合衆国議会 U.S. Congress」の指示で始まり、「上院 Senate」または「下院 House」が続く（U.S. Senate または U.S. House と簡略化してもよい）。そのほかの一般的な項目として含まれるのは、もしあれば委員会と小委員会、出版年、文書の表題、国会と会期の番号（この場所では、それぞれ省略形の Cong. と sess. で）、および、もし入手できれば文書の番号と説明（たとえば H. Doc. 487）である。

討論　1873 年以降、国会の討論は、『連邦議会議事録 *Congressional Record*』で、政府によって公表されてきた。可能なときはいつでも、書籍化されたものを引用しよう。それは日刊の「議事録 Record」からの変更を、しばしば反映している。カッコ入り出典を、略語 Cong. Rec. で始め、ページ番号のほか、巻番号とパート番号を確認しよう。

R: U.S. Congress. *Congressional Record*. 1930. 71st Cong., 2d sess. vol. 72, pt. 10.

P: (*Cong. Rec.* 1930. 72, pt.10: 10828-30)

討論の発言者と主題を特定する必要があるなら、テキストの中で行い、カッコ入り出典は、出版物を示すためだけに入れよう。

Senator Kennedy of Massachusetts spoke for the Joint Resolution on Nuclear Weapons Freeze and Reductions (*Cong. Rec.* 1982, 128, pt. 3: 3832-34).

　1874年より前は、国会の討論は『合衆国議会年間記録 Annals of the Congress of the United States』(ほかの名前によっても知られ、1789-1824年にわたっている)、『連邦議会討論 Congressional Debates』(1824-37年)、および『連邦議会グローブ Congressional Globe』(1833-73年)で公表されている。これらの出版物を『連邦議会議事録 Congressional Record』と同じように引用しよう。

報告書と文書　上院(省略形 S)と下院(H)の報告書と文書を引用するときには、国会と会期の番号を両方とも入れよう。また可能なら、資料の連続番号も入れよう。

R: U.S. Congress. House. 1947. *Report of Activities of the National Advisory Council on International Monetary and Financial Problems to March 31, 1947.* 80th Cong., 1st sess. H. Doc. 365.

P: (U.S. House 1947, 4)

公聴会　国会の委員会で行われた証言の記録は普通、表題をつけて出版される。表題は参照リストに入れられるべきだ。関連の委員会を、著者として挙げよう。

R: U.S. Congress. Senate. Committee on Foreign Relations. 1985. *Famine in Africa: Hearing before the Committee on Foreign Relations.* 99th Cong.,1st sess., January 17.

P: (U.S. Senate 1985, 53)

法案と決議 国会の法案（提案された法律）と決議は、パンフレットの形で公表される。出典では、下院で発議した法案と決議はHRと略され、上院で発議されたものはSと略される。（もし入手できれば）『連邦議会議事録 Congressional Record』の出版情報を入れよう。

R: U.S. Congress. House. 1985. *Food Security Act of 1985*. HR 2100. 99th Cong., 1st sess., *Congressional Record* 131, no. 132. daily ed. (October 8): H 8353-8486.

P: (U.S. House 1985, H 8461)

法令 法律として認められた法案または決議である法令は、最初は別々に公表され、それから、1874年に出版が始まった『合衆国制定法規集 United States Statutes at Large』の、年次別に製本された巻に収集されている。その後は、それらは『合衆国連邦法規類集 United States Code』にまとめられている。『合衆国制定法規集 U.S. Statutes』か『合衆国連邦法規類集 the U.S. Code』、またはその両方を引用しよう。特定の条項を、項によって（項記号とスペースを先行させて）、『制定法規集 Statutes』の中ではページによって、引用しよう。

カッコ入り出典では、条例が通った年を示そう。参照リストには、法案通過の年とは違うかもしれないが、法令集の出版年も入れよう。

R: *Atomic Energy Act of 1946*. Public Law 585. 79th Cong., 2d sess. August 1.
Fair Credit Reporting Act. 1970. *U.S. Code* 15 (2000), §§ 1681 et seq.
National Environmental Policy Act of 1969. Public Law 91-190. *U.S. Statutes at Large* 83 (1970): 852. Codified at *U.S. Code* 42 (2000), §§ 4321 et seq.

P: (*Atomic Energy Act of 1946*)
(*Fair Credit Reporting Act 1970*)
(*National Environmental Policy Act of 1969*, sec. 102)

1874年より前は、法律は17巻の『アメリカ合衆国制定法規集 Statutes at Large of the United States of America, 1789-1873』で公表された。このコレクショ

ンからの引用には、巻番号と出版年を含めよう。

19.9.3 大統領府の出版物

大統領声明、大統領命令、拒否権、演説、およびその類いのものは、『週次大統領記録 *Weekly Compilation of Presidential Documents*』と『合衆国大統領公文書 *Public Papers of the Presidents of the United States*』で公表されている。声明と大統領命令はまた、日刊「官報 *Federal Register*」に載せられ、その後に『連邦規則集 *Code of Federal Regulations*』の表題3で公表される。『連邦規則集 *Code*』で公表されたら、それを資料として使おう。

R: U.S. President. 1984. Proclamation. Caribbean Basin Economic Recovery Act, Proclamation 5142, Amending Proclamation 5133. *Federal Register* 49, no. 2. p. 341 (January 4).

U.S. President. 1971. Executive Order no. 11,609. *Code of Federal Regulations*, title 3, p. 586 (1971-75).

P: (U.S. President 1984, 341)

(U.S. President 1971)

米国大統領の公文書は、2つの複数巻の出版物に収集されている。『大統領教書・公文書集成 *Compilation of the Message and Papers of the Presidents, 1789-1897*』と、その後の行政については、『合衆国大統領公文書 *Public Papers of the Presidents of the United States*』である。

R: Hoover, Herbert. 1977. *Public papers of the Presidents of the United States: Herbert Hoover, 1929-33*. Vol. 4. Washington, DC: Government Printing Office.

P: (Hoover 1977, 178-83)

19.9.4 政府省庁の出版物

行政の省、局、および庁は、報告書、公報、チラシ、その他の資料を発行す

る。表題のあとに確認した著者の名前を入れよう。

R: U.S. Department of the Interior. Minerals Management Service. 1984. *An Oilspill Risk Analysis for the Central Gulf (April 1984) and Western Gulf of Mexico (July 1984)*, by Robert P. LaBelle. Open-file report, U.S. Geological Survey. Denver.

U.S. Bureau of the Census. 1975. *Median Gross Rent by Counties of the United States, 1970.* Prepared by the Geography Division in cooperation with the Housing Division, Bureau of the Census. Washington, DC: Government Printing Office.

P: (U.S. Department of the Interior 1984, 3)

(U.S. Bureau of the Census 1975, 15-16)

連邦通信委員会〔Federal Communications Commission〕や証券取引委員会〔Securities and Exchange Commission〕のような政府委員会によって発行される公報、チラシ、報告書、および研究レポートは、立法府の報告書とほぼ同じように引用しよう。それらはしばしば、下院（H）または上院（S）として分類される。

R: U.S. Congress. Senate. 1935. *Report of the Federal Trade Commission on Utility Corporations*. 70th Cong.,1st sess. S. Doc. 91, pt, 71A.

U.S. Securities and Exchange Commission. 1983. *Annual Report of the Securities and Exchange Commission for the Fiscal Year*. Washington, DC: Government Printing Office.

P: (U.S.Senate 1935, 1)

(U.S. Securities and Exchange Commission 1983, 42)

19.9.5　合衆国憲法

　　合衆国憲法は、カッコ入り出典でのみ挙げられるべきで、参照リストには入れる必要はない。条項または修正条項、項、およびもし関連があれば、個条を入れよう。アラビア数字と、「修正条項 amendment」、「項 section」のような用語の代わりに、略語を使ってもよい。

P: (U.S. Constitution, art. 2, sec. 1, cl. 3)
　(U.S. Constitution, amend. 14, sec. 2)

多くの場合、テキストに識別のための情報を入れてもよい。テキストの中では、その部分の名前を略さずに書き出そう。特定の修正条項の名前は、番号の代わりに使われるときには、頭文字を大文字にしよう。

The U.S. Constitution, in article 1, section 9, forbids suspension of the writ "unless when in Cases of Rebellion or Invasion the public Safety may require it."

The First Amendment protects the right of free speech.

19.9.6　条約

1949年より前に調印された条約のテキストは、『合衆国制定法規集 United States Statutes at Large』で公表されている。非公式の典拠は、『条約集 Treaty Series』または『行政協定集 Executive Agreement Series』である。1949年以降に調印されたものは、『合衆国条約・国際合意集 United States Treaties and Other International Agreements』（UST, 1950-)、または『条約・国際法令集 Treaties and Other International Acts Series』（TIAS, 1946-）に出てくる。3カ国以上の国にかかわる条約は、国連の『条約集 Treaty Series』、すなわち『国連事務局による条約・国際合意記録 Treaties and International Agreements Registered or Filed or Recorded with the Secretariat of the United Nations』で、1920年から1946年については国際連盟の『条約集 Treaty Series』で見つかるかもしれない。

条約の表題はローマン体にし、引用符には入れない。出版物の名前は、たとえ複数巻またはシリーズであっても、イタリック体にしよう。正確な日付は調印の日を示しており、条約が発布された年に加えて入れてもよい。

R: U.S. Department of State. 1963. Nuclear Weapons Test Ban, August 5, 1963. *United States Treaties and Other International Agreements* 14, pt. 2.
　United States.1922. Naval Armament Limitation Treaty. February 26, 1922. *United States Statutes at Large* 43, pt. 2.

P: (U.S. Department of State 1963)

(United States 1922)

19.9.7 判例

　　判例の引用は、一般的にはすべてのレベルの裁判所について同じ形式である。参照リストでは、完全な判例の名称（略語「*v.*」を含む）を、イタリック体で示そう。巻の番号（アラビア数字）、判例集の名称（省略形。下を参照）、序数によるシリーズ番号（もし該当するものがあれば）、裁判所の省略された名前と日付、その他の関連情報を入れよう。関連情報とは、ルーズリーフ・サービス（特定の分野・案件に関する1次資料・2次資料を集成する出版サービス）を行う出版社、または州裁判所や地方裁判所の名称（もし判例集の表題で確認できなければ）のようなことだ。〔より詳細は、*The Bluebook*（Harvard Law Review Association）や*The ALWD Citation Manual*（Association of Legal writing Directors）を参考にするとよいだろう〕

R: *United States v. Christmas*. 222 F.3d 141 (4th Cir. 2000).

Profit Sharing Plan v. Mbank Dallas, N.A. 683 F. Supp. 592 (N.D. Tex. 1988).

　　裁判所の段階次第で決まる1つの項目は、判例集の名称である。最も一般的なものは、次のとおり。

■**米国連邦最高裁判所**　最高裁の判決については、『合衆国最高裁判所判例集 *United States Supreme Court Reports*』（省略形 U.S.）、または、もし最高裁でまだ公表されていなかったら『最高裁判所判例集 *Supreme Court Reporter*』（省略形 S.Ct.）を引用しよう。

R: *AT&T Corp. v. Iowa Utilities Bd.* 525 U.S. 366 (1999).

Arthur Andersen LLP v. United States. 125 S. Ct. 2129 (2005).

■**下級連邦裁判所**　下級連邦裁判所の判決については、『連邦判例集 *Federal Reporter*』（F）または『連邦判例集補遺 *Federal Supplement*』（F. Supp.）を引用しよう。

R: *United States v. Dennis*. 183 F. 201 (2d Cir. 1950).
Eaton v. IBM Corp. 925 F. Supp. 487 (S. D. Tex. 1996).

■州と地方の裁判所　州と地方の裁判所の判決については、可能なときはいつでも、公式な州の判例集を引用しよう。もし民間の判例集を使うなら、下の2番目の例におけるように、それを引用しよう。もしその判例集が裁判所の名前を特定していないなら、それをカッコに入れて、日付の前に入れよう。

R: *Williams v. Davis*. 27 Cal. 2d 746 (1946).
Bivens v. Mobley. 724 So. 2d 458. (Miss. Ct. App. 1998).

テキストに判例を引用するには、判例の名前と日付を示そう（もし特定の術語を引用するなら、ページ番号もつけよう）。多くの場合、どちらかの項目、または両方をテキストに入れることができるだろう。

P: (*United States v. Christmas* 2000)
　… his principle was best exemplified by *United States v. Christmas* (2000).

19.9.8　州と地方行政府の文書

　州と地方行政府の文書は、連邦政府の文書の場合と同様に引用しよう。州の法律と地方自治体の条例についてはローマン体（引用符なし）を、規約（規約集）についてはイタリック体を使おう。引用した規約の版を示す必要がある場合には名前を入れ、それに続けてカッコ内に規約編集の日を入れよう。

R: Methamphetamine Control and Community Protection Act. 2005. *Illinois Compiled Statutes*, ch. 720, sec. 646/10 (2005).
Illinois Institute for Environmental Quality (IIEQ). 1977. *Review and Synopsis of Public Participation Regarding Sulfur Dioxide and Particulate Emissions*. By Sidney M. Marder. IIEQ Document no. 77/21. Chicago.

P: (New Mexico Constitution, art. 4, sec. 7)

(*Methamphetamine Control and Community Protection Act* 2005)

19.9.9 カナダ政府の文書

　カナダ政府の文書は、米国の公文書と同じように引用しよう。文脈から明らかでなければCanadaという単語で出典を書き始めよう。一般的に「章chapter」と「項section」は「c.」と「s.」に略そう。しかし、カナダの文書をわずかしか引用しないなら、「chap.」と「sec.」を使おう。

　カナダ政府の文書は、連邦議会の両院（上院と下院）、州と準州の議会、およびさまざまな行政省によって発行される。

　国会の討論は、『下院討論集 *House of Commons Debates*』と『上院討論集 *Senate Debates*』という別々のシリーズで公表される。関連がある場合には、発言している人の名前を入れよう。州と準州の議会は、それぞれ独自の討論集を発表している。

R: Canada. Manitoba. Legislative Assembly. 2000. *Debates and Proceedings*. August 17.

P: (Canada 2000, 5326)

　議会の法案を引用するには、法案番号、表題、関連がある場合には法案通過の年、会期番号、議会番号、および必要に応じて補足的な情報を挙げよう。

R: Bill C-40, *Extradition Act*. 1999. 2d sess., 36th Parliament, 1998, cl. l. *Statutes of Canada*, c.18.

P: (Bill C-40, Extradition Act 1999)

　カナダの法令は、最初に年次の『カナダ法令集 *Statutes of Canada*』で公表される。そして、最近では1985年に『改訂カナダ法令集 *Revised Statutes of Canada*』でまとめて整理された。可能な場合はいつでも後者の資料を使い、法令を表題、報告者、編纂の年、章と項によって特定しよう。

R: *Canada Wildlife Act, Revised Statutes of Canada* 1985, c. W-9, s. 1.

Assisted Human Reproduction Act, Statues of Canada 2004, c. 2, s. 2.

P: (*Canada Wildlife Act* 1 1985)

19.9.10 英国政府の文書

英国政府の文書は、米国の公文書と同じように引用しよう。もし文脈から明らかでなければ United Kingdom という句で出典を書き始めよう。大部分の英国政府の資料の発行者は、ロンドンの政府刊行物発行所〔Her（または His）Majesty's Stationery Office (HMSO)〕である。

議会の討論は、いくつかのシリーズで、1909年以降は上院と下院は別々のシリーズで、公表されてきた。出典には、日付、シリーズ、巻番号、および（もし関連があれば）コラム番号、ときにはページ番号が入る。ある1巻の中の特定の文書を引用してもよい場合もある。

R: United Kingdom. 1879. *Hansard Parliamentary Debates.* 3d ser.,vol.249.

Churchill, Winston. 1945, Speech to the House of Commons, January 18. *Parliamentary Debates*, Commons, 5th ser., vol.407(1944-45), cols. 425-46.

P: (United Kingdom 1879, cols. 611-27)

(Churchill 1945, cols. 425-46)

議会によって別々に発行される議案、報告書および文書は、それぞれの会期の最後に、『議会文書 *Sessional Papers*』と呼ばれる巻で、一緒に公表される。それぞれの巻には、内容の区分を示す表題が入っている。

R: United Kingdom. House of Commons. 1983. Present and Future Role of the Assistant Chief Education Officer. *Sessional Papers, 1982-83, Prison Education*. April 25. Vol.2.

P: (United Kingdom 1983, vol. 2, par. 9.14, p.102)

国会を通過した法律は普通、カッコ入り出典だけで挙げた方がよい。一般的に参照リストに入れる必要はない。ただし、議論に不可欠であるとか、または頻繁に引用したという特定の法律を含めてもよい。法律を、表題（ローマン体で、引用符には入れない）、出版年、章番号（chapter の代わりに c、国番号にはアラビア数字、地方については小文字のローマン体）で識別しよう。1963年より前の法律は、即位紀元と、君主の名前（省略形）および序数（アラビア数字）によって引用される。

P: (Act of Settlement 1701, 12 & 13 Will. 3, c.2)

(Consolidated Fund Act 1963, c. 1)

(Manchester Corporation Act 1967, c. xl)

　英国の歴史的記録には、編集物がたくさんある。そのうちのいくつかは、公立記録保管所〔Public Record Office ただし、2003-2006年に4つの政府機関が統合し、現在は国立公文書館 National Archives となっている〕に保管されている文書のトランスクリプションである。

R: United Kingdom. 1890-1907. *Acts of the Privy Council of England*. Ed. J. R. Dasent. 32 vols. London.

United Kingdom. n.d. *Rotuli parliamentorum*... (1278-1504). 6 vols. N.p.

United Kingdom. 1810-28. *Statutes of the Realm*. Ed. A. Luders and others. 11 vols. London.

P: (United Kingdom, 1810-28)

19.9.11　国際機関の文書

　国際連合のような国際機関の文書を引用するなら、認可機関（および該当するものがあれば著者または編者）、日付、文書のトピックまたは表題を確認しよう。また、シリーズと出版番号、出版地、および出版社を入れよう。大きな機関には、それを参照していることが明らかであれば、略語（United Nation の代わりに UN、World Trade Organization の代わりに WTO など）を使ってもよい。

R: League of Nations. 1935. *Position of Women of Russian Origin in the Far East*. Ser. LoNP, IV.3. Geneva: League of Nations.
General Agreement on Tariffs and Trade. 1994. *The Results of the Uruguay Round of Multilateral Trade Negotiations: The Legal Texts.* Geneva: GATT Secretariat.

P: (League of Nations 1935)
(GATT1994)

19.9.12　未公刊の政府文書

未公刊の政府文書を引用するなら 19.6.4 で説明したパターンに従おう。

米国政府の大部分の未公刊の文書は、ワシントン DC の国立公文書記録管理局〔National Archives and Records Administration; NARA〕またはその支所の 1 つに所蔵されている。文書化された資料と同様に、フィルム、写真、録音をはじめすべてを、記録グループ（RG）番号によって引用しよう。

未公刊のカナダ政府文書のための同種の機関は、オンタリオ州オタワにあるカナダ国立公文書館（National Archives of Canada; NAC）〔2004 年に 2 つの機関が統合し、カナダ図書館・公文書館（Library and Archives of Canada; LAC）となっている〕だ。英国は未公刊の政府文書の保管所を多数持っている。最も有名なのは公立記録保管所〔Public Record Office; PRO　前述のとおり現在は国立公文書館 National Archives となっている〕と大英図書館（British Library; BL）で、両方ともロンドンにある。

19.9.13　オンラインの公的文書

オンラインの公文書を引用するには、19.9 のほかの場所で示した関連する例に従おう。その上で、URL とその材料にアクセスした日を入れよう（15.4.1 を参照）。URL だけでは十分ではないことに注意しよう。全出版情報を、それらが確定される限り、提供しなければならない。もし URL が変わっても、読者が資料を探し出せるようにするためである。もしページ番号が入手できなければ、「under」という語に続けて、（該当箇所の前に出て来る副題のような）該当箇所を特定する説明的な情報を付け加えることによって、引用された部分の出所をカッコ入り出典で特定してもよい。

R: U.S. Bureau of the Census. 2004. Income, Poverty, and Health Insurance Coverage in the United States, 2004. http://www.census.gov/prod/2005pubs/p60-229.pdf (accessed December 19, 2005).

P: (U.S. Bureau of the Census 2004, under "Ratio of Income to Poverty Level")
あるいは
(U.S. Bureau of the Census 2004)

19.10 ほかに引用されている資料

　信頼できる研究者は、実際には原本で見たことがない引用を、孫引きするようなことはしない。もし1つの資料がもう1つの資料からの有用な引用を含んでいるなら、読者は、引用が正確であるだけでなく、原典の真意を公正に示していることを証明するためにも、研究者が原典を手に入れることを期待する。
　しかしながら、原資料が手に入らなければ、2次資料 "quoted in（で引用された）" として、参照リストに出典を示そう。カッコ入り出典では、原本の著者の名前だけを示そう。

R: Zukofsky, Louis. 1931. Sincerity and objectification. *Poetry* 37 (February): 269. Quoted in Bonnie Costello, *Marianne Moore: Imaginary possessions* (Cambridge, MA: Harvard University Press, 1981).

P: (Zukofsky 1931, 269)

　同じ状況は、2次資料の中にある引用に関して、1次資料から導かれているものについても起きるかもしれない（3.1.1を参照）。1次資料は、参照できないこともあるだろう。とりわけ、それが未刊の手稿コレクションならなおさらだ。この場合、先に概説した原則に従おう。

第Ⅲ部

文 体

第20章 スペル

20.1 複数形
    20.1.1　一般的なルール
    20.1.2　特別な場合

20.2 所有格
    20.2.1　一般的なルール
    20.2.2　特別な場合

20.3 複合語と接頭辞がついた単語
    20.3.1　形容詞として使われる複合語
    20.3.2　名詞としても形容詞としても使われる複合語
    20.3.3　接頭辞がついた単語

20.4 改行
    20.4.1　単語の途中での改行
    20.4.2　スペースと句読法をまたぐ改行

　スペルはアメリカ語法をモデルにし、それを貫こう。ただし、引用文は例外で、その中では普通、原文のスペルに正確に従うべきだ（第25章を参照）。疑わしいときは、辞書で調べよう。しかしながら、辞書によって同じ単語の綴り方にしばしば違いがあること、より正確で時代に即したものがあることを、承知しておこう。

　スペルについての最も信頼できる典拠は *Webster's Third New International*

Dictionary かその簡約版 *Merriam-Webster's Collegiate Dictionary* の第11版だ。簡約版は、書籍やCD-ROM、ウェブ上のフォーマットで利用できる。人名や地名については、Webster's の巻末の表か、別途に出版されている *Merriam-Webster's Biographical Dictionary* と *Merriam-Webster's Geographical Dictionary* を参照しよう。

　Webster's がスペルの選択肢を示している場合には、次の原則に従おう。異なる綴りが or で分けられているときには、どちらかを選び、一貫してそれを使おう。also で分けられているときには、最初のものを使おう。もし Webster's で推奨されたスペルが、自分の専門分野の慣習的なスペルと異なるなら、その専門分野のスペルに従おう。専門分野ごとの文体のガイドについては、参考文献目録を参照しよう。

　大部分のワープロ・ソフトのスペル・チェックの機能は、確かな誤り以外はキャッチできない。たとえば、an のつもりで and、あるいは quite の代わりに quiet とタイプしても認識しないしおそらく固有名詞や外国語には役立たないだろう。また、包括的なスペル変換をさせるかもしれないが、それは不正確な場合もある。スペル・チェッカーは、良い辞書や注意深い校正の代わりにはならない。

　この章は、大部分の辞書にはない、スペルについての一般的なガイドラインを提示する。もし学位論文や博士論文を執筆中なら、所属の学部ないし大学は、スペルについて特別な条件を課しているかもしれない（特別な辞書の使用を含む）。そうした規定は普通、学位論文や博士論文の受付窓口から入手できる。もし講義レポートを書いているなら、指導教員もまた、スペルについて特定の原則に従うよう求めるかもしれない。レポートを準備する前に、これらの規定をよく調べよう。それらは、ここに示されるガイドラインより優先される。

20.1　複数形

20.1.1　一般的なルール

　大部分の一般名詞については s をつけて複数形を作ろう（ch、j、s、sh、x、z で終わる単語については es をつけよう）。大部分の辞書は、一般的なルールに従わない単語についてだけ複数形を示している。

　一般的なルールは、ネイティブ・アメリカンの部族を含む、人名やその他の

固有名詞に適用される。もしそのような名詞が y で終わっているなら、普通名詞に要求されるように y を ie に変えてはいけない（複数形を所有格と混同してはいけない。20.2 を参照）。

the Costellos   the two Germanys
the Frys であって（the Fries ではない）   the Hopis of Arizona であって（the Hopi ではない）
the Rodriguezes

20.1.2   特別な場合

複合語　2 つの名詞で構成される複合語については、あとの名詞に s または es をつけよう。

bookkeepers   district attorneys   actor-singers

前置詞句または形容詞が続くときは、主名詞に s または es をつけよう。

sisters-in-law   attorneys general   men-of-war

文字と数詞　ほとんどの場合、大文字の単語と数詞の複数形は、s だけをつけて作ろう（'s ではない）。

the three Rs   the 1950s   767s

ただし、小文字と一部の大文字に関しては、アポストロフィーなしの s では違う言葉（is, As）や略語（ms）のように思われるかもしれない。もし s が混乱を起こしそうなら、アポストロフィーをつけよう。そのアポストロフィーと s は、たとえ文字がイタリック体でも、ローマン体である。

dotting all the i's   x's and y's   three A's and two B's

略語　略語の複数形は、間にピリオドを挟まず、s だけをつけよう。もし略語

の単数形がピリオドで終わっているなら、ピリオドの前にsを置こう。(略語の句読法については24.1.3を参照。)

URLs   vols.
DVDs   eds.

略語が内部にピリオドまたは大文字と小文字の両方を持つときだけ、sの前にアポストロフィをつけよう。

PhD's (あるいは Ph.D.'s; see 24.2.3)

イレギュラーな複数形を持つ略語も少数ながらある (24.7 も参照)。

pp. (plural of p., page)   nn. (plural of n., note)

もし科学について書いていて、計測単位 (24.5 を参照) に略語を使っているなら、単数と複数の両方に同じ略語を使おう。

6 kg   37 m^2

イタリック体と引用符の中の言葉　イタリック体の言葉では、ローマン体でsだけ('sではない)をつけて複数形を作ろう。引用符の中の言葉の複数形を、'sをつけて作ってはいけない。センテンスを書き換えよう。

正
two *Chicago Tribune*s
...included "To be continued" many times

誤
...included many "To be continued's"

20.2 所有格

20.2.1 一般的なルール

s、x、z で終わるものを含めて、大部分の単数形の普通名詞と固有名詞の所有格を、アポストロフィと s をつけて作ろう。このルールは、単数名詞として使われる文字や数詞、それに略語にも適用される（所有格と複数形を混同しないように。複数形については 20.1 を参照）。特別なケースについては、20.2.2 を参照。

an argument's effects　　Stevens's poems　　2009's economic outlook
the phalanx's advance　　Diaz's revolt　　　JFK's speech

無生物の名詞には、めったに所有格形は使わない――時間に関係するものは除く。

正	誤
a day's length	the house's door

普通名詞と固有名詞の大部分の複数形の所有格を、アポストロフィだけをつけて作ろう。特別なケースについては、20.2.2 を参照しよう。

正	誤
politicians' votes	politicians's votes
the Rodriguezes' house	the Rodriguezes's house

s で終わらないイレギュラーな複数形については、アポストロフィのあとに s をつけよう。

the mice's nest　　　　　　　　　　children's literature

20.2.2 特別な場合

s で終わる単数名詞　次の種類の名詞の所有格は、アポストロフィだけをつけて作ろう。

第III部　文 体

■ グループまたは集団的存在を示すが、文法的には単数として扱われる名詞

    politics' true meaning   the United States' role

■ 発音されない s で終わる名詞

    Descartes' *Discourse on Method*   Albert Camus' novels

■ 多くのギリシャ名とギリシャ化された名前を含む、アクセントをつけずに最後に発音される eez を持つ複数の音節の名前

    Aristophanes' plays   the Ganges' source   Charles Yerkes' ideas

■ s または s の音で終わる For ... sake の表現の中の名詞

    for conscience' sake   for appearance' sake

　これらの例外を含むセンテンスを、代わりに書き換えてもよい。

書き換え後	書き換え前
the role of the United States	the United States' role
for the sake of appearance	for appearance' sake

複合語　単数の複合語の所有格は、たとえメインの名詞が最初にあっても、最後の語にアポストロフィと s をつけて作ろう。

    his sister-in-law's business   the attorney general's decision

　名詞のあとに前置詞句または形容詞が続く場合には、複数形の複合語の所有格を使うのは避け、その代わりに書き換えよう。

正	誤
decisions of the attorneys general	attorneys' general decisions

複数の名詞　ある所有格が、2つ以上の存在のそれぞれが個々に何かを所有していることを示すなら、すべての名詞を所有格にしよう。

New York's and Chicago's teams　　historians' and economists' methods

ある所有格が、2つ以上の存在が何かを一緒に所有していることを示すなら、最後の名詞だけを所有格にしよう。

Minneapolis and St. Paul's teams　　historians and economists' data

イタリック体と引用符の中の言葉　もしイタリック体の言葉が所有格なら、アポストロフィと s の両方ともローマン体にすべきだ。引用符の中の言葉に所有格をつけず、そのセンテンスを書き換えよう。

the *Atlantic Monthly*'s editor　　　admirers of "Ode on a Grecian Urn"

20.3　複合語と接頭辞がついた単語

　複合語または複合修飾語を、いつハイフンで連結し、いつ（要素の間にハイフンでなく間隔を入れて）分かち書きにし、いつ（1語のように綴って）一綴りにすべきなのかは、予測するのが難しい。最も信頼できるものは辞書である。もし辞書で複合語を発見できなければ、ハイフンで連結すべきか否かを決めるために、次のパラグラフの原則に従おう。そのどちらにも見つからなければ、複合語を分かち書きにしよう。

　以下に示したパターンは、厳密な規則ではない。多くの個別のケースについては、その文脈や個人的な好み、該当分野における慣習的な用法に基づいて判断しなければならない。提案したハイフン連結の多くは論理的で、読みやすさを助長するが、単に慣習にすぎないものもある。

20.3.1　形容詞として使われる複合語

　一部の複合語は、形容詞としてだけ使われる。ほとんどの場合、修飾する名詞に先行するときには、複合語はハイフンで連結しよう。そうでなければ分か

ち書きにしよう。

名詞の前	名詞のあと
open-ended question	most of the questions were *open ended*
full-length treatment	treatment is *full length*
duty-free goods	goods brought in *duty free*
thought-provoking commentary	commentary was *thought provoking*
over-the-counter drug	drug sold *over the counter*
a frequently *referred-to* book	this book is frequently *referred to*
spelled-out numbers	numbers that are *spelled out*

いくつかの例外はある。

■通常はハイフンで連結される複合語が、もし（veryのような）副詞に先行され、修飾されるなら、ハイフンは省略しよう。単語のグループが、読者にとってはっきりするからだ。

修飾語を伴う名詞の前	修飾語を伴う名詞のあと
a *well-known* author	a very *well known* author
an *ill-advised* step	a somewhat *ill advised* step

■allとcrossで始まる複合語はハイフンで連結しよう。ただし、crossoverのような、慣例的に一綴りにされているいくつかの言葉は除く（疑わしいときは、辞書でチェックしよう）。

名詞の前	名詞のあと
all-encompassing treatment	text that includes *cross-references*

■borne, like, wideで終わる複合語は一綴りにしよう。ただし、その複合語の最初の部分に、3つ以上の音節がある場合や、固有名詞の場合、または2番目の言葉の初めと同じ文字で終わっている場合は除く。

一般の形式	例外の形式
foodborne	mosquito-borne
childlike	bell-like
worldwide	Chicago-wide

■more/most、less/least、better/best のような言葉で始まる比較構文は、比較級の言葉が、複合語の中であとに続く形容詞を修飾しているのか、複合語のあとの名詞を修飾しているのか、混乱が生じるかもしれないときだけハイフンで連結されるべきだ。

形容詞を修飾	名詞を修飾
colleges produce *more-skilled* workers	we hired *more skilled* workers for the holidays

■形容詞に続く -ly で終わっている副詞から成り立つ構文は、複合語ではなく、どんな文脈でもハイフンで結合されるべきではない。

名詞の前	名詞のあと
highly developed species	the species was *highly developed*
widely disseminated literature	literature has been *widely disseminated*

20.3.2　名詞としても形容詞としても使われる複合語

　本来は名詞だが、他の名詞に先行しそれを修飾するとき、形容詞としても機能する複合語もある。(20.3.1 の例文とは違って、名詞のあとの形容詞としては、めったに使われない。使われるときは、下の3番目の例文のように was か are のような動詞を伴うときだけである)。大部分の場合、そのような複合語は、修飾する名詞に先行するときだけハイフンで連結しよう。そうでないときは、分かち書きにしておこう。

名詞の前の形容詞	名詞、または名詞のあとの形容詞
the *decision-making* process	*decision making* became her specialty
a *continuing-education* course	a program of *continuing education*
a *middle-class* neighborhood	her neighborhood was *middle class*

いくつかの例外はある。

■e（electronic の略）、ex、self で始まる複合語については、すべての文脈でハイフンを使おう。例外が1つあり、self が un に先行されていたら一綴りにするべきである（unselfconscious のように）。

ex-husband　　　　　　　　　self-destructive　　　　　　　　　e-mail

■elect で終わる複合語については、そのオフィスの名前が1語だけのときは、すべての文脈でハイフンを使おう。しかし、その名前が2語以上のときは分かち書きにしておこう。

president-elect　　　　　　　district attorney elect

■and で結びつけることも可能な2つの同等の名詞でできている複合語については、すべての文脈でハイフンを使おう。

actor-singer　　　　　　　　*mother-daughter* relationship
city-state　　　　　　　　　*parent-teacher* conference

■方向を示す言葉で構成されている複合語については、その言葉が1つの方向を表すときには、一綴りの複合語にしよう。もしその複合語が、and または by で結びつけることも可能な同等の名詞でできているなら、ハイフンを使おう。

northeast　　　　　　　　　a street running *north-south*
southwest　　　　　　　　　*east-southeast* winds

■家族関係を表す複合語を一綴りにするか、ハイフンで連結するかはさまざまである。疑わしいときは、辞書で調べよう。(in-law という複合語の複数形と所有格については、それぞれ 20.1.2 と 20.2.2 を参照)。

grandfather   stepdaughter   great-grandmother   son-in-law

■一部のよく知られているフレーズは、常にハイフンで連結される。

stick-in-the-mud   jack-of-all-trades

固有名詞を含む複合語　民族の名前を含め、固有名詞が入った大部分の複合語は分かち書きにしよう。

名詞の前の形容詞	名詞、または名詞のあとの形容詞
African American culture	an *African American* has written
French Canadian explorer	the explorer was *French Canadian*
Middle Eastern geography	the geography of the *Middle East*
State Department employees	employed by the *State Department*
Korean War veterans	veterans of the *Korean War*

ただし、もし最初の言葉が短縮されているならハイフンを使おう。

Afro-American culture   an *Afro-American* has written

もし同等の言葉を and で結びつけることも可能なら、それらをハイフンで連結しよう。

Israel-Egypt peace treaty   *Spanish-English* dictionary

数字を含む複合語　もし複合語が数字を含むなら、それが修飾する名詞に先行する場合にはハイフンで連結しよう。そうでなければ分かち書きにしよう（数詞と言葉で綴った数の使用については第 23 章を参照）。

名詞の前の形容詞	名詞、または名詞のあとの形容詞
fifty-year project	the project took *fifty years*
four-year-old child	the child was *four years old*
twentieth-century literature	studied the literature of the *twentieth century*
third-floor apartment	she lived on the *third floor*
214-day standoff	standoff that lasted *214 days*

いくつかの例外はある。

■percentを含む複合語は常に分かち書きにし、アラビア数字を入れよう（23.1.3を参照）。

a *15 percent* increase	increased by *15 percent*

■分数を言葉で綴るときには、常にハイフンを使おう。（分数における、数詞と言葉で綴った数の使用については、23.1.3 を参照。）

a *two-thirds* majority	a majority of *two-thirds*

■halfまたはquarterで始まる分数については、それが修飾する名詞に先行するときにはハイフンを使い、そうでなければ、分かち書きにしよう。

名詞の前の形容詞	名詞、または名詞のあとの形容詞
a *half-hour* session	after a *half hour* had passed
a *quarter-mile* run	ran a *quarter mile*

■ある範囲の数を示す複合語については、両方の言葉にハイフンを使おう。ただし、最初の複合語の2番目の部分は省略しよう。

five- to ten-minute intervals	*eight- to ten-year-olds*

20.3.3　接頭辞がついた単語

　　接頭辞で作られている言葉は通常、一綴りにする。名詞（postmodernism）、動詞（misrepresent）、形容詞（antebellum）、または副詞（prematurely）の、いずれの場合も同じだ。しかしながら、次のケースではハイフンを使おう。

■接頭辞が大文字で始まる言葉と結合されるとき

特例	通常
sub-Saharan	subdivision
pro-Asian	pronuclear

■接頭辞が数字と結合されるとき

特例	通常
pre-1950	predisposed
mid-80s	midlife

■2つのi、2つのa、または誤読を招くかもしれない文字か音節の結合を引き離すため

特例	通常
anti-intellectual	antidepressant
semi-invalid	semiopaque

■接頭辞が、ハイフンで連結されているか分かち書きにされている複合語に先行するとき

特例	通常
non-coffee-drinking	nonbelief
post-high school	postgame

■2重の接頭辞で繰り返される言葉を引き離すため

sub-subentry

■1つの接頭辞が孤立しているとき

pre- and postwar   macro- and microeconomics

これらのパターンは、とりわけ次の接頭辞で作られた言葉に適用される。

ante	cyber	macro	multi	proto	super
anti	extra	mega	neo	pseudo	supra
bi	hyper	meta	non	re	trans
bio	infra	micro	post	semi	ultra
co	inter	mid	pre	socio	un
counter	intra	mini	pro	sub	

これらのパターンはまた、接頭辞と同じ場所で単語に付加される over と under のような前置詞にも適用される。

overachiever   underhanded   over- and underused

20.4 改行

20.4.1 単語の途中での改行

ほとんどのレポートに関して、行の最後の単語がでハイフンで連結されているのは、複合語（20.3を参照）のように、筆者が意識的にハイフンで連結したものである。ワープロ・ソフトを左揃えにするようにセットしよう（右の余白は"不揃い"で)。ワープロ・ソフトの自動ハイフン付加機能を使わないようにしよう。

しかしながら、もし左と右の両方の余白を揃えなければならないなら、単語の間に大きな隙間を空けないように、行と行の間をハイフンで連結すべきだろう。4つ以上の行を連続してハイフンで終えてはならない（余白に"ハイフン・ブロック"ができてしまう）。だから、ハイフンでの連結をワープロ・ソフトの自動化機能に任せきってしまってはいけない。一般的には信頼できるだろうが、誤りもまた生むだろう。従って、ワープロ・ソフトがハイフンを挿入したあと、

単語の区切りを見直そう。疑わしいときには、辞書で調べよう。主な見出し語に中黒、またはそれに類する方法で、認められる区切りが示されている。

　厄介な問題は、同じスペルだが異なる発音を持つ単語だ。そのような単語は、rec-ord と re-cord のような異なった音節の区切りを持つかもしれない。ワープロ・ソフトは、そのような単語を、文脈に関係なく、全く同じように区切ってしまうだろう。

20.4.2 スペースと句読法をまたぐ改行

　ワープロ・ソフトはまた、間隔や句読法について禁じられた改行を入れるかもしれない。そのような区切りがないか、常にレポートを見直そう。

■**頭文字**　ある人のファースト・ネームとミドル・ネームの両方に頭文字が使われているなら、それらの間にスペースを設けよう。しかし、文字列を越えてそれらを分けてはいけない。もし必要なら、ラスト・ネームの前に名前を区切ってもよい。24.2.1 も参照。

正	誤
M. F. K. Fisher　　M. F. K. / Fisher	M. / F. K. Fisher

■**数字と日付**　数字（25,000）、あるいは数字と記号、略語、計量単位が組み合わさっているどんなもの（10%、£6 4s. 6d.、6:40p.m.、AD1895、245ml）も、それを分かつような改行をしてはいけない。日付では、月と日を分けてはいけない（February 15）。数字と日付の改行についてさらに詳しいことは第23章を参照。

■**略語**　略語は、その中に含まれる大文字や句読点、間隔にかかわらず（BA、U. S.、NATO、p.m.、kg、PhD、Gov.、Gen.）、途中で改行してはいけない。唯一の例外として、AFL-CIO のように、すでにハイフンが入っている略語は、ハイフンのところで分けてもよい。略語についてさらに詳しいことは第24章を参照。

■**句読点**　行の先頭に引用符や、丸カッコ・角カッコの閉じカッコがこないようにしなければならない。また引用符や、丸カッコ・角カッコの開きカッコ、あるいはリストの初めに置かれるような (a) や (1) でも、決して行を終わってはならない。句読法についてのさらに詳しいことは第21章を、またリストについては 23.4.2 を参照しよう。省略符号（25.3.2 を参照）を、行をまたいで使

ってはいけない。この問題を防ぐために、ワープロ・ソフトの省略文字を使おう。

■**URL とEメールアドレス**　URL とEメールアドレスは、行をまたいで使ってはいけない。もし区切らなければならないなら、コロン、スラッシュ（あるいは2重スラッシュ）、または@記号のあとで区切りを入れよう。ピリオドや他の句読点、記号の前で区切ってはいけない。ハイフンは、しばしば URL または E メール・アドレスの一部に含まれるので、混乱を避けるために、決して区切りを示すハイフンをつけないようにしよう。URL や E メールアドレスは、そこにもともと含まれているハイフンのところで区切ってもよい。

http://
www.press.uchicago.edu

http://www
.press.uchicago.edu

http://www.press.uchicago.edu/
cgi-bin/hfs.cgi/00/12917.ctl

　ワープロ・ソフトが URL と E メールアドレスを自動的にハイパーリンクにしてしまうなら、上に挙げたガイドラインに反する形で区切るかもしれないが、（アンダーラインまたは別の色で）ハイパーリンクとして明確に識別される限り、また、改行を示すどんな余計なハイフンもつけられていないなら、多くの場合で許容される。

第21章 句読法

- **21.1** ピリオド
- **21.2** コンマ
  - 21.2.1 独立節
  - 21.2.2 等位語句の連続
  - 21.2.3 非制限節と非制限句
  - 21.2.4 その他の用例
- **21.3** セミコロン
- **21.4** コロン
- **21.5** 疑問符
- **21.6** 感嘆符
- **21.7** ハイフンとダッシュ
  - 21.7.1 ハイフン
  - 21.7.2 ダッシュ
  - 21.7.3 多重ダッシュ
- **21.8** 丸カッコと角カッコ
  - 21.8.1 丸カッコ
  - 21.8.2 角カッコ
- **21.9** スラッシュ
- **21.10** 引用符
- **21.11** 重なった句読点
  - 21.11.1 句読点の省略
  - 21.11.2 句読点の順序

この章では、レポートのテキストの中での句読法について、一般的なガイドラインを述べる。明快なルールもあれば、そうでないものもあるので、しばしば確かな判断力と優れた注意力を発揮しなければならない。

略語、直接引用や間接引用のような特別な要素には、独自の句読法のガイドラインがあり、それらは別の章で扱われている。

学位論文か博士論文を執筆中なら、所属の学部ないし大学は、句読法について特別な条件を課しているかもしれない。それらの条件は普通、学位論文や博士論文の受付窓口から入手できる。もし講義レポートを書いているなら、その指導教員もまた、句読法について特定の原則に従うよう求めることがある。レポートを準備する前に、これらの条件をよく調べよう。それらは、ここで示されるガイドラインより優先される。さまざまな学問分野における文体のガイドについては、参考文献目録を参照のこと。

21.1 ピリオド

ピリオドは、平叙文、命令文、間接疑問文を終わらせる。ピリオドはまた、文脈がその表現の働きを明らかにしているのなら、センテンスの断片を終わらせることもできる。しかし、この語法は、学術的な文書ではめったに見られない。いずれにせよ、ピリオドは「最後に来るピリオド terminal period」で、それに続けて1文字分のスペースを置くことになっている。

Consider the advantages of this method.
The question was whether these differences could be reconciled.

縦に並べるリストでは、項目が完全なセンテンスの場合だけ、各項目にピリオドを置く（23.4.2を参照）。そうでなければ、最終項目についてさえピリオドは省略し、最初の単語を大文字にはしない。

The report covers three areas:
1. the securities markets
2. the securities industry
3. the securities industry in the economy

個々のピリオドはまた、略語（特に24.1.3を参照）、出典（16.1.2と18.1.2）、そして、しばしば「ドット dot」と呼ばれて URL（20.4.2、17.1.7と19.1.8）でも使われる。ピリオドまたはドットの連続は、「省略符号 ellipse」と呼ばれて引用文（25.3.2を参照）の中で用いられ、「リーダー leader」と呼ばれて表（26.2.6）や前づけのページ（A.2.1）で使われる。

ピリオドは、章やパートの表題、および大部分の副題（A.2.2）、また表の表題（26.2.2）のあとでは使ってはいけない。図の説明文の中でのピリオドについては、26.3.2を参照。

21.2 コンマ

コンマは、クローズ〔節〕、フレーズおよび個々の単語をはじめ、センテンスの中の構成単位を分離する。コンマは、どこでクローズまたはフレーズが終わり、どこから次が始まるかを、読者が間違えそうなときに特に重要である。

Before leaving the members of the committee met in the assembly room.
Before leaving, the members of the committee met in the assembly room.

数字の中のコンマの使用については23.2.2を、出典の中の使用については16.1.2と18.1.2を参照。

21.2.1 独立節

等位接続詞（and、but、or、nor、for、so、yet）で結合される2つ以上の独立節を含むセンテンスの中では、コンマを接続詞の前に置こう。これは厳密なルールではない。内部に句読点を持たない2つの短い独立節の間では、コンマは必要ない。

Students around the world want to learn English, and many young Americans are eager to teach them.

The senator arrived at noon and the president left at one.

句読点を持たない3つ以上の短くて簡単な独立節を含むセンテンスの中では、クローズをコンマで分離し、最後のクローズの前に等位接続詞をつけよう（常に等位接続詞の前にコンマを入れる）。もしクローズが長くて複雑なら、セミコロン（21.3を参照）で分離するか、もっとよいのは、そのセンテンスを書き直すことだ。

The committee designed the questionnaire, the field workers collected responses, and the statistician analyzed the results.

The committee designed the questionnaire, which was short; the field workers, who did not participate, collected responses; and the statistician analyzed the results, though not until several days later.

　普通は、2つの主語または述語を結ぶ接続詞の前にコンマは挿入しない。

The agencies that design the surveys and the analysts who evaluate the results should work together.

They do not condone such practices but attempt to refute them theoretically.

　あとに続く2つの独立等位節を修飾するフレーズまたは独立節でセンテンスが始まるとき、2つの独立節の間ではなく、前置きの要素のあとにコンマを置こう。

Within ten years, interest rates surged and the housing market declined.

21.2.2　等位語句の連続

　それ自体の内部に句読点を持たない3つ以上の単語、フレーズ、またはクローズで成り立つ等位語句の連続の中では、それらの要素をコンマで分離しよう。最後の構成要素をつけ加える接続詞の前に、常にコンマを使おう。

The governor wrote his senators, the president, and the vice president.
Attending the conference were Fernandez, Sullivan, and Kendrick.
The public approved, the committee agreed, but the measure failed.

等位語句の連続の中のすべての要素が接続詞で結ばれているときには、コンマは使わない。

The palette consisted of blue and green and orange.

3つ以上の単語、フレーズ、またはクローズで成り立っている等位語句の連続が、継続を示す表現（and so forth、and so on、and the like など）で終わっているなら、その最後に来ている表現に、連続語句の最後の構成要素であるように句読点をつけよう。しかしながら、長い等位語句の連続のあとでは、混乱を防ぐために、継続を示す表現に続けてコンマを加えてもよい。

They discussed movies, books, plays, and the like until late in the night.

Management can improve not just productivity, but hours, working conditions, training, benefits, and so on, without reducing wages.

等位語句の連続の中の構成要素のうち1つでもコンマ含むものがあれば、あるいは構成要素が長くて複雑なら（21.3を参照）、それらの構成要素を分離するためにセミコロンを使おう。しかしながら、もしそのような等位語句の連続が、主動詞の前に来るなら、そのセンテンスを書き換えよう。

The three cities that we compare are Hartford, Connecticut; Kalamazoo, Michigan; and Pasadena, California.
であり、
Hartford, Connecticut; Kalamazoo, Michigan; and Pasadena, California, are three cities worth comparing.
ではない。

21.2.3　非制限節と非制限句

　　非制限節を区別するために、一組のコンマを使おう。クローズは、それが修飾する名詞句の意味を、必ずしも特定させる必要がなければ、非制限的である。

These five books, which are on reserve in the library, are required reading.

　　この名詞句 These five books は、これ1つで執筆者が念頭に置いている書籍を識別させる。つまり、非制限節は、書籍をそれ以上に詳しく特定する必要がない場合に用いる。他方、次のセンテンスで独立節（that are required reading）は制限的である。それは読むことを要求されている書籍を特定するからだ。したがって、そのクローズの周りにコンマは使われない。

The books that are required reading are on reserve in the library.

　　which はしばしば制限節と一緒に使われるが、注意深い筆者は、制限的な that（コンマなし）と非制限的な which（コンマあり）との間に区別をつけている。
　　同じ原則は制限句と非制限句にも適用される。

The president, wearing a red dress, attended the conference.
The woman wearing a red dress is the president.

21.2.4　その他の用例

　　コンマはいろいろな場面で使われる（日付でのコンマの使用については 23.3.1 を参照）。

■**前置きの単語とフレーズ**　センテンスを数語以上の前置きの要素で始めるなら、そのあとにコンマを入れよう。特に、スピーチならば普通は軽い息継ぎをするようなところはそうだ。短い前置詞句のあとには、コンマがないと誤って読まれる可能性があるというのでない限り、コンマは必要ない。

If the insurrection is to succeed, the army and police must stand side by side.
Having accomplished her mission, she returned to headquarters.
To Anthony, Blake remained an enigma.
After this week the commission will be able to write its report.

■**名詞に先行する2つ以上の形容詞**　名詞に先行する2つ以上の形容詞を、意味に影響せずに and で結びつけるのが可能なときには、コンマで分離しよう。もし最初の形容詞が2番目を修飾していて、意味を変えずに省略できないなら、コンマを使ってはいけない。

It was a large, well-placed, beautiful house.
They strolled out into the warm, luminous night.
She refused to be identified with a traditional political label.

■**説明的なコメント**　namely、that is、for example のような単語やフレーズは普通、説明的なコメントを導く。したがって、これらすべてのあとにはコンマがつき、前にセミコロンまたはピリオドを必要とすることもある。また、"言い換えれば in other words" の意味で or を使うときにも、その前にコンマを入れよう。(こうした表現や、これらと類似の表現は、ダッシュまたは丸カッコで区切ってもよい。21.7.2 と 21.8.1 を参照。)

Many people resent accidents of fate; that is, they look on illness or bereavement as undeserved.
The compass stand, or binnacle, must be visible to the helmsman.

■**同格語**　単語またはフレーズは、それが名詞のあとに続き、非制限節のように働くとき、名詞と同格である (21.2.3 を参照)。そのような要素はコンマで区切られる。しかしながら、同格語が修飾している名詞を識別するために同格語が必要なときには、コンマは使わない。

Smith, a Reed College graduate, taught at Harvard for several years.

Kierkegaard, the Danish philosopher, asked, "What is anxiety?"
しかし
The Danish philosopher Kierkegaard asked, "What is anxiety?"

■**地名**　地名の中の、複数の別個の要素を区別するために、コンマを使おう（住所のコンマについては、23.1.7 を参照）。

Cincinnati, Ohio, is on the Ohio River.
The next leg of the trip was to Florence, Italy.

■**感嘆詞と接続副詞**　思考の流れとかセンテンスのリズムの中の中断を示唆するために、感嘆詞や接続副詞のようなものは区切っておこう。しかし、そのような要素が継続性を中断しないときや読むときに息継ぎを必要としないときには、コンマを省略しよう。

Nevertheless, it is a matter of great importance.
It is, perhaps, the best that could be expected.
Perhaps it is therefore clear that no deposits were made.

■**対照された要素**　not, not only または類似の表現で始まる挿入されたフレーズについては、そのフレーズの前で読者に一息つかせたい場合にのみ、その周囲にコンマを置こう。the more…the more 型の 2 つのクローズの間には、個々のフレーズが大変に短いとか、読み違えられる可能性があるということでなければ、コンマを使おう。

The idea, not its expression, is significant.
She was delighted with, but also disturbed by, her new freedom.
The more it stays the same, the less it changes.

■**挿入句の要素**　主語と動詞、または動詞とその目的語の間の挿入句の要素を区切るときには、前後にコンマを使おう。同じセンテンスの中で、複数のそのよ

うな中断する要素で区切っていることに気づいたら、そのセンテンスを書き直すことを考えよう。

The Quinn Report was, to say the least, a bombshell.
Wolinski, after receiving instructions, left for Algiers.

■**繰り返して使われる単語**　同一の単語を分離するため、コンマを使おう。例外はthatだ。

They marched in, in twos.
Whatever is, is right.
例外は
He gave his life so that that cause might prevail.

21.3 セミコロン

セミコロンは、センテンスの継続性において、コンマより大きな中断を示す。重文で等位接続詞（and、but、or、nor、yet、for、so）によって接続されていない独立節を分離するために、セミコロンを使おう。

One hundred communities are in various stages of completion; more are on the drawing board.

もしクローズが長くて内部にコンマまたは他の句読点があるなら、等位接続詞とともにセミコロンも使うことができる。そのようなケースでは、おそらくセミコロンをピリオドで置き換えるべきだろう。

Although productivity per capita in U.S. industry is much more than that in China, China has an increasingly well educated young labor force; but the crucial point is that knowledge—which is transferable between peoples—has become the most important world economic resource.

then、however、thus、hence、indeed、accordingly、besides、therefore という単語が、2つの独立節の間で接続詞的に使われるときには、それらの前にセミコロンを使おう。

Some think freedom always comes with democracy; however, many voters in many countries have voted for governments that they know will restrict their rights.

等位語句の連続の中の構成要素が内部の句読点を持つとき、それらをセミコロンで分離しよう（21.2.2 も参照）。

Green indicates vegetation that remained stable; red, vegetation that disappeared; yellow, new vegetation.

21.4 コロン

コロンは、先行するものの意味を拡張し、明確化し、例証するクローズ、フレーズ、または要素の連続を導入する。独立節の間では、コロンはセミコロンと非常に似た機能を果たすが、セミコロンよりバランスまたは重大さを強く強調する。

People expect three things of government: peace, prosperity, and respect for civil rights.

Chinese culture is unrivaled in its depth and antiquity: it is unmatched in its rich artistic and philosophical records.

図解的な資料やリストを導入するためにコロンを使おう。動詞のあとに直接コロンを置いてはいけない。その代わりに the following や as follows のような前置きの要素を使おう（23.4.2 も参照）。

The qualifications are as follows: a doctorate in economics and an ability to communicate statistical data to a lay audience.

とするが

The qualifications are: a doctorate in economics...

とはしない

　センテンスの中のコロンに続く最初の単語は、固有名詞でなければ、一般的には大文字ではないことに注意しよう。コロンで導かれた引用文の中の大文字使用については、第25章を参照しよう。

　コロンはまた、表題（17.1.2 と 19.1.3 を参照）、時間の表記（23.1.5）、URL（17.1.7 と 19.1.8）、それに出典のいろいろな方法で使われる。

21.5　疑問符

　疑問文として書かれた完全なセンテンスの最後に、疑問符をつけよう。その疑問符が最後の句読点なら、そのあとに1字分のスペースを空けることになる。

Who would lead the nation in its hour of need?

　疑問文として書かれ、センテンスの一部として取り入れられているクローズのあとに疑問符をつけよう。その疑問文が引用文で、センテンスの残りがそうでない場合を除き、引用符は使わない。

Would the union agree? was the critical question.

　挿入された疑問文がセンテンスの最後にあっても、疑問符のあとにピリオドを加えてはならない。挿入された疑問文の最初の単語を大文字にする必要はないが、最初の大文字は、特に疑問文の内部に句読点があるときには、読者が質問を識別する助けになる。もしそのセンテンスがぎこちなくなるときには、その代わりに疑問文をピリオドが続く平叙文に書き換えてもよい。

Several legislators raised the question, Can the fund be used in an emergency, or must it remain dedicated to its original purpose?

Several legislators raised the question of using the fund in an emergency, which was not its original purpose.

　疑問符はまた、日付の中に置かれた場合のように、その情報が疑問であるかまたは不確かであることを示す。

The painter Niccolò dell' Abbate (1512?-71) assisted in the decorations at Fontainebleau.

21.6　感嘆符

　感嘆符は、学術的な文書では、引用する資料の一部である場合を除き、ほとんど使わない。引用の一部である場合、もし感嘆符がセンテンスの最後の句読点なら、そのあとに1字分のスペースを空けよう。

21.7　ハイフンとダッシュ

21.7.1　ハイフン

　ハイフンは複合語（20.3 を参照）と包括的な数字（23.2.4）をはじめ、さまざまな文脈で使われる。

21.7.2　ダッシュ

　ダッシュは、引き伸ばされたハイフンで、コンマ（21.2 を参照）や丸カッコ（21.8.1）と似ているが、もっとはっきりとテキストを区切るために使われる。専門的にはエムダッシュ em dash と呼ばれ、（コンピューターのフォントが導入される以前は、ちょうど大文字の m の幅だった）、大部分のワープロ・ソフトで利用

1　ダッシュには、もう1つの種類があり、エンダッシュ en dash と呼ばれている（かつては、ちょうど大文字の n の幅だった）。これは、出版物において"〜から〜through"を意味し、普通は数字と一緒に用いられる（1998–2008）。これは、『シカゴ・マニュアル *Chicago Mannal of Style*』第15版（2003年）の 6.83-86 で取り上げられているように、別の文脈でも用いることができる。もし、自分の分野のガイドラインがこのダッシュを要求しているのなら、ほとんどのワープロ・ソフトで使うことができる。さもなければ、これの代わりにハイフンを使おう。本書では、上記の *Chicago Mannal of Style* への参照指示にあるように、必要に応じて en dash を用いていることに注意して欲しい。

できる[1]。これは、2つの連続するハイフンで示すことも可能だ。ただし、ほとんどのワープロは、2重ハイフンをem dashに自動的に変化するようにできる。ダッシュの両サイドにはスペースを入れてはいけない。

　挿入句的な要素を区別するためにダッシュを使うときには、コンマまたは丸カッコの場合のように、2つ組み合わせよう。しかしながらダッシュは、割り込む感じが強いので、どんなセンテンスでも使うのは1組だけにしておこう。2度目の挿入句的な情報には、代わりに丸カッコを使おう。

The influence of three impressionists—Monet (1840-1926), Sisley (1839-99), and Degas (1834-1917)—is obvious in her work.

　1つだけのダッシュは、詳述する要素または説明的な要素を区別するために、使うこともできる。

It was a revival of a most potent image—the revolutionary idea.

　1つのダッシュまたはフレーズを囲む1組のダッシュは、センテンスの構造をも中断する、強い思考の中断を示すために使おう。

Rutherford—how could he have misinterpreted the evidence?

Some characters in *Tom Jones* are "flat"— if you do not object to this borrowing of E. M. Forster's somewhat discredited term—because they are caricatures of their names.

　ダッシュはまた、いくつかの要素のリストのあとに、それらを要約する主語を導入することもある。

The statue of the discus thrower, the charioteer at Delphi, the poetry of Pindar—all represent the great ideal.

21.7.3 多重ダッシュ

損傷しているテキストや判読できないテキストから引用するとか、猥褻な言葉を置き換えるときには、欠けている単語または文字を2つの em dash（2つ連続した em dash または4つのハイフンで作られる）で示そう。欠けている単語については、ダッシュのどちらかのサイドにスペースを入れよう。欠けている文字については、ダッシュと単語の残っている部分との間にスペースを入れてはいけない。

The vessel left the —— of July.
H —— h?[Hirsch?]
It was a d—— shame.

3em dash（3つ連続した em dash または6つのハイフンで作られる）は、参考文献目録や参照リストで、著者または編集者の名前が繰り返されているのを示すために使われる（16.2.2 と 18.2.1 を参照）。

21.8 丸カッコと角カッコ

21.8.1 丸カッコ

丸カッコは、一組のコンマ（21.2 を参照）やダッシュ（21.7.2）に非常によく似ていて、普通はセンテンスの説明的な要素や中断する要素を区別する。一般に主節に密接に関係するデータにはコンマを、関係があまり密接でないデータにはダッシュと丸カッコを使おう。説明的なコメント（24.7 を参照）を導くことのできる略語の e.g. と i.e. は、丸カッコまたは注でだけ使われる。

The conference has (with some malice) divided into four groups.

Each painting depicts a public occasion; in each—a banquet, a parade, a coronation (though the person crowned is obscured)—crowds of people are pictured as swarming ants.

There are tax incentives for "clean cars" (e.g., gasoline-electric hybrids and vehicles powered by compressed natural gas and liquefied propane).

　丸カッコはまた、出典で（第 16 章と第 18 章を参照）、またリストやアウトラインの中で数字や文字を区切るために（23.4.2 を参照）用いられる。

21.8.2　角カッコ

　角カッコは、引用文の中で最も頻繁に使われ、引用した 1 節（例文は 25.3 を参照）に加えた変化を示す。また丸カッコの中の第 2 の挿入的なデータを囲むために用いられる。

He agrees with the idea that childhood has a history (first advanced by Philippe Ariès [1914–84] in his book *Centuries of Childhood* [1962]).

21.9　スラッシュ

　語句に先行するスラッシュは、分数（23.1.3 を参照）や詩の引用（25.2.1 を参照）のようないくつかの文脈の中で使われる。単独のスラッシュと 2 重のスラッシュは、語句のあとにつけるスラッシュと同様に、URL や他の電子識別子に見られる（20.4.2 を参照）。

21.10　引用符

　引用された資料での引用符の使用については、25.2.1 を参照。表題や他の特別な状況での使用については 22.3.2 を参照。出典での使用については、16.1.4 と 18.1.4 を参照。

　一部の分野——たとえば言語学、哲学、神学——では、単語や概念を区別するために 1 重の引用符を使う。引用符の閉じ記号は、この場合にはコンマまたはピリオドに先行することになる（21.11.1 を参照）。

kami 'hair, beard'
The variables of quantification, 'something', 'nothing', ...

　他の大部分の分野では、用語の定義とともに引用符とイタリック体を使うこと

については、22.2.2 のガイドラインに従おう。

21.11 重なった句読点

　この章を通して示されるガイドラインは、時折 2 つの句読点を一緒に使うことを要求する。たとえばピリオドと閉じカッコがそうである。下記で示されるガイドラインは、一方の句読点の省略と、両方が使われるときの句読点の順序の原則である。

21.11.1 句読点の省略

　省略符号以外は、略語の中のピリオドでセンテンスが終わるときのように、決して 2 つのピリオドを一緒に使わないようにしよう。センテンスが疑問符または感嘆符で終わるときには、略語のピリオドはつけておこう。

The exchange occurred at 5:30 p.m.
Could anyone match the productivity of Rogers Inc.?

　コンマと、疑問符またはダッシュのようなもっと強い句読点の両方が要求される場面なら、コンマを省略しよう。

If he had read "What Do Dogs Think?" he would have known the answer.

While the senator couldn't endorse the proposal—and he certainly had doubts about it—he didn't condemn it.

21.11.2 句読点の順序

　隣り合わせになる句読点で、最もよくあるのは、引用符、丸カッコまたは角カッコと、最終的な句読点が入る場合である。アメリカ語法は、多重の句読点を配列するうえで、いくつかの信頼すべきガイドラインに従っている。

　引用符とともに　最後のコンマまたはピリオドは、引用された事柄であろうとなかろうと、ほぼ常に引用符の閉じ記号に先行する。

In support of the effort "to bring justice to our people," she joined the strike.
She made the argument in an article titled "On 'Managing Public Debt.'"

1つの例外がある。言語学、哲学、神学のような特定分野で特別な用語を区別するために1重の引用符が使われるとき（21.10を参照）には、ピリオドまたはコンマを引用記号の閉じ記号のあとに置こう。

Some contemporary theologians, who favored 'religionless Christianity', were proclaiming the 'death of God'.

　疑問符と感嘆符は、もし引用された事柄の一部なら、引用符の閉じ記号に先行する。もしそれらが、引用符が現れる全センテンスに適用されるなら、引用符のあとに来る。

Her poem is titled "What Did the Crow Know?"
Do we accept Jefferson's concept of "a natural aristocracy"?

　セミコロンとコロンは、常に引用符のあとに続く。もし引用がセミコロンまたはコロンで終わっていたら、主センテンスの構造に合うように、それをピリオドまたはコロンに変えよう（25.3.1を参照）。

He claimed that "every choice reflects an attitude toward Everyman"; his speech then enlarged on the point in a telling way.
The Emergency Center is "almost its own city": it has its own services and governance.

丸カッコと角カッコとともに　完全なセンテンスを丸カッコの中に囲むとき、そのセンテンスの最終ピリオド（または他の最終句読点）を最後の丸カッコの前に置こう。しかしながら、丸カッコの中の資料が、たとえ文法的に完全なセンテンスであっても、ほかのセンテンスに含まれているときには、ピリオドを外に置こう。同じ原則は、角カッコの中の資料にも適用される。

We have noted similar motifs in Japan. (They can also be found in Korean folktales.)

Use periods in all these situations (your readers will expect them).

Myths have been accepted as allegorically true (by the Stoics) and as priestly lies (by the Enlightenment).

(The director promised completion "on time and *under budget*" [italics mine].)

　挿入句のように示された出典に関する最終の句読点については25.2を参照のこと。

第22章 名前、専門用語、および研究の表題

22.1 名前
    22.1.1 人、場所、および組織
    22.1.2 歴史的事件、文化的用語、および時間の指定
    22.1.3 ほかの種類の名前

22.2 専門用語
    22.2.1 外国語の用語
    22.2.2 専門用語として定義される単語

22.3 作品の表題
    22.3.1 大文字表記
    22.3.2 書体
    22.3.3 句読法

  この章では、名前、専門用語、および著作の表題を示すための一般的なガイドラインを述べる。それには、単語の初めに大文字と小文字のいずれを使うべきか、単語、フレーズまたは表題を区切るために、引用符と（通常のローマン体と対照的な）イタリック体のいずれを使うべきか、ということを含む。

  ここで説明されていない状況に、これらのガイドラインを適用させる必要があるかもしれない。もしそうなら、一貫性を持たせよう。イタリック体のフォントが使えなければ、代わりにアンダーラインを使おう。

  学位論文か博士論文を執筆中なら、所属の学部ないし大学は、名前、専門用

語、および表題を示すための特別な条件を課しているかもしれない。それらの条件は普通、学位論文や博士論文の受付窓口から入手できる。もし講義レポートを書いているなら、指導教員もまた、それらの構成要素を示すには、特定の原則に従うよう求めることがある。レポートを準備する前に、これらの条件をよく調べよう。それらは、ここで示されるガイドラインより優先される。さまざまな学問分野での文体のガイドについては、参考文献目録を参照。

22.1 名前

　固有名詞、すなわち名前には、常に大文字が使われるが、一般的な用語と名前を区別するのが難しいこともある。この節は、最も一般的な場合に言及する。より詳細な情報については、『シカゴ・マニュアル *Chicago Mannal of Style*』第15版（2003年）の第8章を参照のこと。

　本文中、名前は普通、ローマン体で表されるが、22.1.3 で言及されているいくつかの例外がある。

22.1.1 人、場所、および組織

　一般に、特定の人、場所、および組織の名前のそれぞれの要素で、最初の文字は大文字にする。しかしながら、（de や van のような）不変化詞を含む個人名、または複合姓では、大文字の使い方はさまざまだろう。疑わしいときは、*Webster's Biographical Dictionary* または別の信頼できる典拠を調べよう。名前の一部である前置詞（of）と接続詞（and）は、普通は小文字であり、the も名前に先行するときは同様に小文字だ。名前の所有格については 20.2 を、名前に関する省略については 24.2 を、数字の入った名前については 23.1.6 を、それぞれ参照しよう。

Eleanor Roosevelt	the United States Congress
W. E. B. Du Bois	the State Department
Ludwig van Beethoven	the European Union
Victoria Sackville-West	the University of North Carolina
Chiang Kai-shek	the Honda Motor Company
Sierra Leone	Skidmore, Owings & Merrill

Central America	the University of Chicago Press
New York City	the National Conference of Christians and Jews
the Atlantic Ocean	the Roman Catholic Church
the Republic of Lithuania	the Allied Expeditionary Force

個人名の直前につく職業上の肩書は、名前の一部として扱われるため、最初の文字を大文字にすべきである。もし肩書だけを使うとか、個人名のあとに肩書を使うとかいう場合には、それは一般的な用語になるため、小文字にすべきである。同じ原則は、場所または組織の名前の一部である他の一般的な用語にも適用される。

President Harry Truman announced	the president announced
Professors Harris and Wilson wrote	the professors wrote
next to the Indian Ocean	next to the ocean
students at Albion College	students at the college

民族や国民の集団の名前もまた、最初の文字を大文字にする。しかしながら、社会経済的な階層を表す用語は、大文字にしない（両方の種類の複合語のハイフン連結については 20.3.2 を、ホピのような種族の複数形については 20.1.1 を、それぞれ参照しよう）。

Arab Americans	the middle class
Latinos	blue-collar workers

名前に由来する形容詞は、個人または場所との文字通りの関連性を失ってしまい、日常語の一部になってしまっているのでなければ、最初の文字を大文字にしよう。

Machiavellian scheme	french fries
Roman and Arabic art	roman and arabic numerals

22.1.2 歴史的事件、文化的用語、および時間の指定

多くの歴史的な時代や出来事の名前には、伝統的に最初の文字に大文字が使われる。もっと一般的な用語は、名前を含まなければ、普通は大文字にはしない。自分の学問分野の慣行に従おう。

the Bronze Age	ancient Rome
the Depression	the nineteenth century
the Industrial Revolution	the Shang dynasty
Prohibition	the colonial period
the Seven Years' War	the baby boom

文化の様式、政治的・社会的運動、それに学校を示す名詞と形容詞は、一般的には、名前に由来するときにだけ、あるいは（Stoicism のように）一般的な用語と区別される必要があるときにだけ最初の文字を大文字にする。ここでもまた、自分の学問分野の慣行に従おう。

classical	Aristotelian reasoning
impressionism	Dadaism
modernism	Hudson River school
deconstruction	Romanesque architecture

曜日、月、祝日の名前の最初の文字には大文字が使われるが、季節には使われない。日付のシステムについては、23.3 も参照のこと。

Tuesday　September　Independence Day　spring

22.1.3 ほかの種類の名前

ほかの種類の名前もまた、大文字表記についての特定のパターンに従うが、イタリック体が必要なものもある。

■**学術コースと主題**　学問の特定のコース名の最初の文字は大文字にしよう。た

だし、学問の一般的な主題または分野は、言語名を除いて、大文字にしない。

Introduction to Asian Art	art history
Topics in Victorian Literature	English literature

■**法律、条約、および政府計画**　正式の、または承認された法律、条約、政府計画、および類似する文書や対象物の名称の最初の文字は大文字にするが、非公式または一般的なものであれば小文字にする。

the United States (or U.S.) Constitution	the due process clause
the Treaty of Versailles	the treaty
Head Start	

■**ブランド名**　製品のブランド名の最初の文字は大文字にしよう。ただし、名前のあとに®〔登録商標〕や™〔商標〕のような記号を使ってはいけない。特定の製品を論じているのでなければ、ブランド名の代わりに、一般的な用語を使おう。

Coca-Cola	cola
Xerox	photocopy

■**電子技術**　コンピュータのハードウェアとソフトウェア、ネットワーク、ブラウザ、システム、言語の名前、およびそれらの名前の短縮形には大文字を使おう。

Windows XP	the Internet; the Net
Internet Explorer	the World Wide Web; the Web

■**判例**　判例の名称は大文字とイタリック体にしよう。「対 *v.* (versus)」もイタリック体にしよう。判例の名称は、それに完全に言及したあと、短縮してもよい。判例の引用については、17.9.7 と 19.9.7 を参照。

最初の参照	後続の参照
Miranda v. Arizona	*Miranda*
United States v. Carlisle	*Carlisle*

■**船舶、航空機、他の乗り物**　船舶、航空機、そして同種のものの名前の最初の文字は大文字にしてさらにイタリック体にしよう。もし名前の前にUSS（United States ship）またはHMS（Her[or His] Majesty's ship）のような略語があったら、これらの略語はイタリック体にしない。あるいは名前にshipの語加えて使おう。

USS *Constitution*　　　　　*Spirit of St.Louis*
HMS *Saranac*　　　　　　the space shuttle *Endeavor*

■**植物と動物**　人文科学と社会科学のレポートについては、植物や動物の名前は、もし地理学的な名前のような他の固有名詞を含んでいなければ、最初の文字を大文字にはしない。二名法のラテン語の種の名前は、イタリック体にし、属の名前は大文字に、種の名前（または亜種・変種の名前）は小文字にしよう。（分類上の）門や目などの名前は、ローマン体にすべきだ。科学のレポートについては、その学問分野の慣行に従おう。

rhesus monkey　　Rocky Mountain sheep　　*Rosa caroliniana*　　Chordata

22.2　専門用語

一部の特別な用語には、イタリック体、引用符、および大文字表記が必要だ。

22.2.1　外国語の用語

英語の読者には馴染みがなさそうな外国語の孤立した単語やフレーズは、イタリック体にしよう。また、それぞれの言語におけるのと同様に大文字を使おう。（その言語の大文字表記の原則に不案内なら、『シカゴ・マニュアル *Chicago Manual of Style*』第15版（2003年）の第10章のような信頼できる典拠を調べよう。）外国語の著作の表題については、22.3.1を参照。

This leads to the idea of *bermensch* and to the theory of the *acte gratuit* and surrealism.

Merriam-Webster's Collegiate Dictionary に掲載されているほどよく知られている外国の用語は、イタリック体にしてはいけない。

de facto   vis-à-vis   pasha   eros

外国の名前、またはそれらに伴う個人的肩書は、イタリック体にしてはいけない。

Padre Pio
the Académie Française
the Puerto del Sol

もし外国の用語を定義するなら、テキストか注のどちらかの中にあるその用語に続けて、定義を丸カッコか引用符に入れよう。

The usual phrase was *ena tuainu-iai,* "I wanted to eat."
According to Sartrean ontology, man is always *de trop* (in excess).

外国語の長めの引用文については、ローマン体を使おう。原本でイタリック体にされている場合だけ、引用全体またはその中の単語をイタリック体にしよう。引用文は、テキストの中で引用符によって囲むか、または 25.2 にある原則に従ってブロック引用文を使おう。

The confusion of *le pragmatisme* is traced to the supposed failure to distinguish "les propriétés de la valeur en général" from the lincidental.

22.2.2　専門用語として定義される単語

自分が定義する主要な専門用語を強調するため、それらを最初に使うときにはイタリック体にし、そのあとはローマン体を使おう。標準的ではない用法、

あるいは皮肉な用法で専門用語を使っていることに読者の注意を促すため、引用符（"ドキッとさせる引用文 scare quotes" と呼ばれる）を使ってもよい。しかし両方のテクニックとも、使いすぎると効果は薄れる。

The two chief tactics of this group, *obstructionism* and *misinformation*, require careful analysis.
Government "efficiency" resulted in a huge deficit.

専門用語として言及するときには、イタリック体にしよう。

The term *critical mass* is more often used metaphorically than literally.
How did she define the word *existential*?
しかし、次の場合はイタリック体にしない。
A critical mass of students took existential philosophy.

文字自体として言及する文字はイタリック体にし、小文字で示そう。成績を示すため、また類例を識別するために使う文字は、ローマン体で大文字表記にするとよい。これらの方法で使われる文字の複数形については、20.1.2 を参照。

Many of the place-names there begin with the letters *h* and *k*.
In her senior year, she received an A and six B's.
Imagine a group of interconnected persons: A knows B, B knows C, and C knows D.

22.3　作品の表題

　著作物、美術作品、放送作品に言及するときには、その表題を、原本にあるように、もし原本が手に入らなければ信頼できる典拠にあるように、正確に示そう。
　そのような表題の元来のスペリング（ハイフン連結を含む）は、たとえそれが第 20 章で説明されているような現在のアメリカ語法に一致しなくても、常に維持しよう。表題と副題との間のコロンの使用、日付の前のコンマの追加のような、表題の句読法に対して許されている一部の変更については、17.1.2 を参照。

学術的な慣行は、表題が大文字表示や書体（イタリック体、引用符、またはどちらでもない）の特定のパターンに従うよう規定しており、それは原本でどのようになっているかには関係がない。この原則は、テキスト中や出典で使われる表題については多少異なる。

22.3.1 大文字表記

表題には、2つのパターンの大文字表記がある。見出し方式（headline style）とセンテンス方式（sentence style）だ。テキストで使われる大部分の表題は、見出し方式で示そう。外国語の表題には、センテンス方式を使おう。

出典でどの方式を選ぶかは、使っている出典の方式次第だ。一般的には、参考文献目録方式の出典については見出し方式、参照リスト方式の出典についてはセンテンス方式である。（いくつかの例外はある。それぞれ第17章と第19章を参照。）

当該の研究分野がセンテンス方式を優先しているのでない限り、レポートの表題、またその中のどのような部分や章の表題にも、見出し方式の大文字表記を使おう（A.1.5を参照）。

見出し方式の大文字表記　見出し方式の大文字表記は、表題を周りのテキストからはっきり区別することを目的とする。この方式では、表題と副題の最初と最後の単語、および他のすべての単語の最初の文字を大文字にする。しかし、次の場合は除く。

- 冠詞（a、an、the）、等位接続詞（and、but、or、nor、for、so、yet）、またはto と as は、その単語が表題や副題の最初または最後の言葉でなければ、大文字にしない。
- 前置詞（of、in、at、above、under など）は大文字にしてはいけない。ただし、強調されている（A River Runs Through It の場合の through）か、副詞（Look Up の場合の up）、形容詞（The On Button の場合の on）または接続詞（Look Before You Leap の場合の before）として使われているなら、その限りではない。
- ハイフンで連結された複合語の2番目の部分（または、そのあとに続く部分）は、固有名詞または形容詞でなければ、大文字にしない（たとえ20.3で論じられて

いる原則とは異なっても、表題の元来のハイフン連結に従うことを忘れないようにしよう）。

■普通は小文字である固有名詞の一部は、22.1.1 で説明されているように、大文字にしない（Ludwig van Beethoven の場合の van）。

The Economic Effects of the Civil War in the Mid-Atlantic States
To Have and to Hold: A Twenty-first-century View of Marriage
All That Is True: The Life of Vincent van Gogh, 1853-90
Four Readings of the Gospel according to Matthew
Self-government and the Re-establishment of a New World Order
Global Warming: What We Are Doing about It Today
Still Life with Oranges
E-flat Concerto

　多くの短い単語は、この方式では小文字だが、長さが大文字表記を決定するわけではない。短い動詞（is、are）、形容詞（new）、人称代名詞（it、we）、それに関係代名詞（that）は大文字にしなければならない。これらは上のリストにある例外には含まれていないからだ。長い前置詞（according）については、例外に入っているので小文字にしよう。
　以下の 2 種類の表題は、たとえ他のすべての表題を見出し方式にしていても、見出し方式にすべきではない。

■英語以外の言語の表題には、センテンス方式の大文字表記（下記参照）を使う。
■18 世紀以前に出版された著作の表題では、原本の大文字表記（およびスペリング）を維持する。例外として、すべて大文字で綴られている単語は、最初だけ大文字にするのが望ましい。

A Treatise of morall philosophy Contaynyge the sayings of the wyse

センテンス方式の大文字表記　センテンス方式の大文字表記は、見出し方式に比べ、明確さでは劣るが、簡単な表題の表示方法である。この方式では、表題

と副題の最初の単語、およびその後の固有名詞と固有形容詞の最初の文字だけを大文字にしよう。

Seeing and selling late-nineteenth-century Japan
Natural crisis: Symbol and imagination in the mid-American farm crisis
Religious feminism: A challenge from the National Organization for Women
The last supper

　センテンス方式はまた、外国語の著作の表題にも使われる。外国語は、英語とは違う大文字表記の原則を持っている。したがって、特定の言語で、これらの原則について確信が持てないなら、信頼すべき典拠を調べよう。

Speculum Romanae magnificentiae
Historia de la Orden de San Gerónimo
Reallexikon zur deutschen Kunstgeschichte
Phénoménologie et religion: Structures de l'institution chrétienne

22.3.2　書体

　特別な書体——イタリック体と引用符——もまた、著作の表題を周りのテキストから区別する助けになる。ここに挙げるガイドラインは、テキスト中で使われる表題に適用される。それらはまた、参考文献目録方式における出典（第17章を参照）の大部分の表題に適用されるが、参照リスト方式の出典（第19章を参照）の表題には適用されない。

　下の例文は、見出し方式の大文字表記で示されているが、そのガイドラインはまた、センテンス方式の大文字表記による表題にも適用される（22.3.1を参照）。

イタリック体　（印刷または電子形式で）出版された、または以下の種類を含む別の方法で出版された長めの著作の表題は、イタリック体にしよう。テキストで（出典では異なる）、単語の the は、大部分の表題の冒頭でローマン体の小文字にすべきで、これは公式の表題の一部であるときも例外ではない。これらの

著作の一部と、同じ種類の短めの著作については、下を参照。

- 書籍（*Culture and Anarchy*, the *Chicago Manual of Style*）
- 演劇（*A Winter's Tale*）と、非常に長い詩、特に書籍ほどの長さのもの（*Dante's Inferno*）
- 学術雑誌（*Signs*）、雑誌（*Time*）、新聞（the *Washington Post*）、および他の定期刊行物
- 長い音楽作品（the *Marriage of Figaro*）
- 絵画（*Mona Lisa*）、彫刻（Michelangelo's *David*）、写真を除く他の美術作品
- 映画（*Citizen Kane*）とテレビ番組（*Sesame Street*）、およびラジオ番組（*All Things Considered*）

引用符　（上に列挙したような）長めの作品の表題の一部であろうとなかろうと、短めの表題は、イタリック体にせず、引用符に入れよう。

- 書籍の章（"The Later Years"）または他の表題をつけられたパート
- 短い物語（"The Dead"）、短い詩（"The Housekeeper"）、およびエッセイ（"Of Books"）
- 学術雑誌の中の記事または特集記事（"The Function of Fashion in Eighteenth-century America"）、雑誌（"Who Should Lead the Supreme Court ?"）、新聞（"Election Comes Down to the Wire"）、および他の定期刊行物
- テレビ番組の個別のエピソード（"The Opposite"）
- 短い音楽作品（"The Star-Spangled Banner"）
- 写真（Ansel Adams's "North Dome"）

また、次のものをはじめ、公式に出版されていない作品全体の表題には、引用符とローマン体を使おう。

- 学位論文と博士論文（"A Study of Kant's Early Works"）
- 会合で発表された講演とレポート（"Voice and Inequality: The Transformation of American Civic Democracy"）

- 手稿コレクションの中の表題を付けられた文書（"A Map of the Southern Indian District of North America"）

特殊な書体にしない　次のような特殊な種類の表題については、大文字は使うが、イタリック体または引用符は使わない。

- 書籍のシリーズ（Studies in Legal History）
- 手稿コレクション（Egmont Manuscripts）
- 聖書（the Bible）およびその他の崇敬される著作（the Upanishads）、さらには聖書のヴァージョン（the King James Version）およびその書（Genesis; 完全なリストについては 24.6 を参照）
- ジャンルで言及される音楽作品（Symphony no. 41, Cantata BWV 80）。ただし、こうした作品の有名な表題は、上述のとおり長さ次第で、イタリック体にする（the *Jupiter Symphony*）か引用符の中に入れる（"Ein feste Burg ist unser Gott"）。
- ウェブ・サイトには、通常の体裁で言及する（MSNBC.com）。ただし、出典では、ウェブ・サイトの表題はイタリック体にし（*Salon.com*）、個別の記事やページの表題はローマン体にして引用符に入れる（"The Fix"）。

　書籍やその他の著作のパートでは、一般的な用語は、他の単語と同じように扱おう。（センテンスの冒頭におけるように）普通の単語に同じことをする場合を除いて、それらを大文字にしてはいけないし、イタリック体や引用符を使ってもいけない。もしパートが数字を含むなら、原本での表記に関係なく、アラビア数字で示そう（23.1.8 を参照）。

in Lionel Trilling's preface　　　as discussed in chapters 4 and 5
a comprehensive bibliography　　killed off in act 3, scene 2

22.3.3　句読法

　テキストの中の表題の最後でコンマ、ピリオド、その他の句読点を入れるときには、標準的なガイドラインに従おう。もし表題が日付で終わっているなら、センテンスの最後でない限り、それらを 1 組のコンマで区別しよう。センテン

スの最後では、最後の句読点が2番目のコンマに取って代わる（17.1.2 も参照）。引用符内の表題については、引用符の閉じ記号の前にコンマまたはピリオドを置こう（21.11.2 も参照）。

Have you ever read *The Creation of the American Republic, 1776-1787?*
Her article, "Continuity and Change, 1500-1800," argues in favor of continuity.

第23章 数値

23.1 単語か数字か？
- 23.1.1 一般的なルール
- 23.1.2 特別な場合
- 23.1.3 パーセンテージと小数
- 23.1.4 お金
- 23.1.5 時間
- 23.1.6 数値を伴う名前
- 23.1.7 アドレスと道路
- 23.1.8 出版された著作のパート
- 23.1.9 方程式と公式

23.2 複数形と句読点
- 23.2.1 複数形
- 23.2.2 数字の中のコンマ
- 23.2.3 数字の中のほかの句読点
- 23.2.4 範囲を示す数値

23.3 日付の書き方
- 23.3.1 月、日、および年
- 23.3.2 10年、世紀、および年代

23.4 本文以外で使われる数値
- 23.4.1 表、図、および出典での数値
- 23.4.2 一覧表
- 23.4.3 レポートの構成

この章では、数値を示すための一般的なガイドラインを扱う。これらのガイドラインは、大部分の人文科学や社会科学の学問分野にはふさわしい。しかし、数値に関するデータに大きく依存している学問分野では、さらに明細なガイドラインがあるかもしれない。自然科学や物理学、数学、その他の非常に専門的な分野でレポートを書いているなら、その学問分野の慣行に従おう。さまざまな学問分野での文体のガイドについては、参考文献目録を参照のこと。

いくつかの場面では、ここで説明されていない状況に、これらのガイドラインを適用させる必要があるかもしれない。もしそうなら、一貫性を持たせよう。

学位論文か博士論文を執筆中なら、所属の学部ないし大学は、数値の表し方について特定の条件を課しているかもしれない。それらの条件は普通、学位論文や博士論文の受付窓口から入手できる。もし講義レポートを書いているなら、指導教員もまた、数値を表すための特定の原則に従うよう求めることがある。レポートを準備する前に、これらの条件をよく調べよう。それらは、ここで示されるガイドラインより優先される。

23.1 単語か数字か？

数値を示すうえで最も一般的な疑問は、単語で書き出すべきか（twenty-two）、数字で示すべきか（22）である。その数字に計量単位が続くときには、その単位を単語で示すか（percent）、記号または略語として示すか（％）も決めなければならない。

23.1–23.3 で示すガイドラインは、レポートの本文の中で使われる数値に関係したものである。表、図、および出典の中、およびレポートの構成で使われる数値については、23.4 を参照しよう。

特別な断りがない限り、ここでの「数字 numerals」はアラビア数字（1, 2, 3, etc.）である。ローマ数字（ⅰ、ⅱ、ⅲ、など）については、表23.1 を参照。

表 23.1. ローマ数字 アラビア数字

アラビア数字	ローマ数字	アラビア数字	ローマ数字	アラビア数字	ローマ数字
1	I	11	XI	30	XXX
2	II	12	XII	40	XL
3	III	13	XIII	50	L
4	IV	14	XIV	60	LX
5	V	15	XV	70	LXX
6	VI	16	XVI	80	LXXX
7	VII	17	XVII	90	XC
8	VIII	18	XVIII	100	C
9	IX	19	XIX	500	D
10	X	20	XX	1,000	M

注：ローマ数字は大文字で示されている。小文字については（Iにはi、Vにはvなど）アルファベットの文字の場合と同じに使おう。この表にない数字はこの形式に準拠しよう。

23.1.1　一般的なルール

　レポートを起草する前に、数値を示すうえでの全般的なルールを決め、それを首尾一貫して守ろう。どのルールを選ぶかは、数値によるデータをどれほど多く示そうとしているかによるし、学問分野の慣行にもよる。ここに示すルールを修正するかもしれない状況については、23.1.2–23.8を参照。

　人文科学と社会科学で、数値のデータをわずかに使うだけなら、1から100までの数値は単語で書こう。その数値が2つの単語からできているのなら、ハイフンを使おう(fifty-five)。また端数のない数値も、hundred、thousand、hundred thousand、millionなどを続けて単語で書こう。ほかのすべての数値には、アラビア数字を使おう。物理的な数量（距離、長さ、温度など）の一部を成す数値については、このパターンに従おう。また、そのような数量の単位については、略語を使ってはいけない（24.5を参照）。

After seven years of war came sixty-four years of peace.
The population of the three states was approximately twelve million.
He catalogued more than 527 works of art.
Within fifteen minutes the temperature dropped twenty degrees.

　トピックが数値のデータに大きく依存しているなら、異なるルールに従い、1桁の数値だけ単語で書き、それ以外は数字を使おう。

This study of 14 electoral districts over seven years included 142 participants.
He hit the wall at 65 miles per hour, leaving skid marks for nine feet.

科学の分野では、センテンスを始めるとき以外は、すべての数値に数字を使うことを一般的なルールにしてもよい（23.1.2 を参照）。また、数量に略語を使ってもよい（24.5 を参照）。

The mean weight proved to be 7 g, far less than predicted.

これらのルールのどれについても、標準的なものに使う序数（first、second など）には、同じ原則を当てはめよう。必要に応じて st、nd、rd または th をつけ加えよう。

On the 122nd and 123rd days of his trip, he received his eighteenth and nineteenth letters from home.

23.1.2　特別な場合

23.1.1 で論じられた一般的なルールの修正が必要となる場合もある。

最初の数値　センテンスを数字で始めてはいけない。その数値を単語で表すか、特に同じセンテンスの中に同じような数字が別にあるときには、そのセンテンスを書き直そう。

Two hundred fifty soldiers in the unit escaped injury; 175 sustained minor injuries.
そうでなければ、より望ましい表現は
Of the soldiers in the unit, 250 escaped injury and 175 sustained minor injuries.

100 以上の数を単語で書くときには、その用語の中の and は省こう（two hundred and fifty とはしない）。

数値の連続 同じセンテンスの中で、ある水準よりも大きい数値と小さい数値が連続していて、特にそれらが比較されているときには、一般的なルールを無視しよう。次の例文では、すべて数字で表されている。

Of the group surveyed, 78 students had studied French and 142 had studied Spanish for three years or more.

We analyzed 62 cases; of these, 59 had occurred in adults and 3 in children.

　非常に近い関係にある2通りの項目について論じているなら、一般的なルールを無視し、明快にするために、一方の項目ではすべての数値を単語で表し、もう一方ではすべての数値に数字を使おう。

Within the program, 9 children showed some improvement after six months and 37 showed significant improvement after eighteen months.

端数のない数値 端数のない数値は単語にして（整数に hundred、thousand、hundred thousand、million などを続けて）単独で表そう（23.1.1 を参照）。しかし、近くに一緒にある端数のない数値は、そのいくつかを数字で示そう。また、端数のない大きな数値は、数字と単語の組み合わせで表してもよい。（23.1.4 も参照。）

They sold 1,500 copies in the first year and 8,000 in the second.
These changes will affect about 7.8 million people in New York alone.

23.1.3　パーセンテージと小数

　センテンスの冒頭以外では、パーセンテージと小数を表すためには数字を使おう（23.1.2 を参照）。percent は、単語で表そう。ただし、多くのパーセンテージの数値を使うときと、普通は％記号が好まれる科学関係では（数字のあとにスペースを置かずに）％記号を用いる。名詞の percentage は、数字と一緒に使

うべきではないことに注意しよう。

Scores for students who skipped summer school improved only 9 percent. The percentage of students who failed was about 2.4 times the usual rate.

Within this system, the subject scored 3.8, or 95%.

しかし、次の表現は使わない。
The average rose 9 percentage points.

同じセンテンスまたはパラグラフで、同じ種類の項目について分数と整数を使うとき、両方とも数字として示そう。

The average number of children born to college graduates dropped from 2.4 to 2.

表される数量が1.00と同等またはそれを超える可能性があるなら、1.00未満の小数の前に0を置こう。そうでなければ、最初の0を省こう。

a mean of 0.73　　a loss of 0.08　　$p < .05$

単独の分数については、その各部分を単語で表すための一般的なルールに従おう（23.1.1を参照）。もし単語で示すなら、間にハイフンを入れよう。整数と分数が組み合わされた単位は、2つの構成要素の間にスペースを入れずに数字で表そう。

Trade and commodity services accounted for nine-tenths of all international receipts and payments.
One year during the Dust Bowl era, the town received only 15/16 of an inch of rain.
The main carving implement used in this society measured 2 ½ feet.

23.1.4　お金

米国通貨　米国通貨に時々言及するだけなら、一般的なルールに従い

(23.1.1 を参照)、dollars と cents を単語で書こう。それ以外の場合には、$ または ¢ と一緒に数字を使おう。端数の額に言及しないなら、整数のドル額には小数点とそれに続く 00 は省略する。

Rarely do they spend more than five dollars a week on recreation.
The report showed $135 collected in fines.
After peaking at $200.00, shares of the stock plummeted to $36.75.

数字と単語の組み合わせで、端数のない大きな数値を表そう。

The deficit that year was $420 billion.

その他の通貨　米国以外の通貨については、米国ドルのパターンに従おう。大部分の通貨は、数字の前に単位の記号を置く。ヨーロッパ諸国は、小数点をピリオドの代わりにコンマで表すが、資料からの直接引用でない限り、ピリオドを使ってもよい。

When she returned, she had barely fifty euros to her name.
The household records show that it cost only €36.50.
Its current estimated worth is ¥377 million.

　大部分のヨーロッパの国々は現在、ユーロ（€）と呼ばれる統一通貨を使用している。しかし、もし 2002 年以前の時代のトピックについて書いているなら、フランス・フラン（F）、ドイツ・マルク（DM）、およびイタリア・リラ（Lit）のような通貨に遭遇するかもしれない。英国通貨は、依然としてポンド（£）とペンス（p.）で表される。ただし、1971 年の 10 進法化以前は、ポンド、シリングとペンスで表されていた（たとえば、£ 12 17s. 6d.）。伝統的な英国の語法では、billion は 10 億 a thousand million ではなく、1 兆 million million を意味する。混乱を避けるために、英国の金額には billion は使わないようにしよう。
　もし特定の通貨の慣行に不案内なら、信頼できる典拠を調べよう。

23.1.5 時間

1時間や30分、15分という均等分割された単位で時刻に言及するには、時間を単語で書き、構成部分の間にはハイフンを入れよう。もし必要なら、in the morning または in the evening を指定しよう。o'clock を使ってもよいが、研究の文書では今ではめったに見られない。

The participants planned to meet every Thursday around ten-thirty in the morning.

正確な時間を強調したいときには、数字を使い、必要なら a.m. または p.m. を入れよう（小文字、ローマ体、スペースを入れない。24.4.1 も参照）。常に、ちょうどの時間には、コロンのあとに 00 を入れよう。

Although scheduled to end at 11:00 a.m., the council meeting ran until 1:37 p.m.

いずれの場合にも、正午と午前零時という特別な時刻を示すためには、（数字ではなくて）noon と midnight という単語を使おう。

日付での単語または数字の使用については、23.3 を参照。

23.1.6 数値を伴う名前

個人、行政府、および組織の名前は、単語か数字で示された数値を含む。固有名詞の一般的な大文字表記については 22.1 も参照。

■**指導者**　同じファーストネームを持つ皇帝、君主、ローマ教皇は、大文字化されたローマ数字によって区別される（表 23.1 を参照）。

Charles V　　Napoleon III　　Elizabeth II　　Benedict XVI

■**家族の構成員**　同じフルネームを持つ男性の家族構成員は、しばしばローマ数字またはアラビア数字で区別される（24.2.1 も参照）。名前と数字との間にコンマはないことに注意しよう。

Adlai E. Stevenson III   Michael F. Johnson 2nd

■**政府と政治的な区分**　特定の王朝、政府、統治団体、政治部門と司法部門、および軍の部隊は、一般的に名詞の前の序数で明示される。100までの数字は単語で書き、大文字を使おう（数の構成要素の間は、もし関連があれば、ハイフンで連結しよう）。100を超える数値には数字を使おう。

Nineteenth Dynasty   Fourteenth Congressional District
Fifth Republic   Forty-seventh Ward
Eighty-first Congress   Tenth Circuit
109th Congress   101st Airborne Division

■**教会と宗教組織**　教会または宗教組織の名前の前に、序数を単語で書き、大文字を使おう（数の構成要素の間は、もし関連があれば、ハイフンで連結しよう）。

Twenty-first Church of Christ, Scientist

■**非宗教的な組織**　共済組合の支部の地方支局や、労働組合の地方支局を示すときには、名前のあとに数字をつけよう。

American Legion, Department of Illinois, Crispus Attucks Post no. 1268
United Auto Workers, Local 890

23.1.7　アドレスと道路
　　地域の番号がつけられた街路の名前については、一般的なルール（23.1.1を参照）に従おう。州、連邦、および州間のハイウェイは、常に数字で明示されているし、街路、建物の地番、電話番号とファックス番号も同様である。テキストでは、完全なアドレスの各要素は、郵便番号の前を除いて、コンマで区切られる。アドレスにおける略語については24.3.2を参照。

The National Park Service maintains as a museum the house where Lincoln died

(516 10th Street NW, Washington, DC 20004; 202-426-6924).
Ludwig Mies van der Rohe designed the apartments at 860-880 North Lake Shore Drive.
Interstate 95 serves as a critical transportation line from Boston to Miami.

23.1.8　出版された著作のパート

　　出版された著作のパート〔部や章など〕の番号は、一般的なルール（23.1.1を参照）や著作の形態に関係なく、アラビア数字で示される。22.3.2も参照。

chapter14　　part 2　　act 1, scene 3

23.1.9　方程式と公式

　　方程式と公式での数値は、一般的なルール（23.1.1を参照）とは関係なく、常に数字で示される。数学の表現の仕方についての詳細なガイダンスは、『シカゴ・マニュアル *Chicago Manual of Style*』第15版（2003年）の第14章を参照しよう。

23.2　複数形と句読点

23.2.1　複数形

　　他の名詞の複数形のように、単語で書いた数値の複数形を作ろう（20.1を参照）。

Half the men surveyed were in their thirties or forties.

　　数字で表現された数値の複数形は、（'sではなく）sだけつけ加えて作ろう。

The pattern changed in the late 1990s as more taxpayers submitted 1040s online.
To fly 767s, the pilots required special training.

23.2.2　数字の中のコンマ

　　4桁以上の大部分の数字では、thousands、hundreds of thousands、millionsな

どはコンマで区切ろう。科学の分野では、4桁の数字からはコンマがしばしば省略される。

1,500   12,275,500   1,475,525,000

4桁の年の中ではコンマを使わない。しかし、5桁以上の年にはコンマを使おう（23.3 も参照）。

2007   10,000 BC

4桁のページ番号、街路の地番、電話またはファックス番号、郵便番号、1未満の小数、あるいは組織の名前では、コンマを使ってはいけない。

page 1012   0.1911 centimeters   Committee of 1000

23.2.3 数字の中のほかの句読点

数字には、ほかの句読点が入ることもある。ピリオド（小数）については 23.1.3 と 23.1.4 を、コロンについては 23.1.5 を、ハイフンについては 23.1.1 と 23.1.3 を、ダッシュについては 23.2.4 を参照。

23.2.4 範囲を示す数値

ページや年におけるように、一定範囲の数値を表すためには、その最初と最後の（換言すれば「両端を含む inclusive」）数値を示そう。もし、それらの数値が単語で書かれているなら、from と to の単語でその範囲を表そう。もし、数字で表されているなら、これらの単語を使うか、連結するハイフンを両サイドにスペースを置かずに使うかの、どちらかにしよう。出典のようないくつかの設定では、常にハイフンを使おう（第16-19章を参照）。両端を含む数値の表現では、単語とハイフンを組み合わせないようにしよう。

正	誤
from 45 to 50	from 45-50
45-50	forty-five-fifty

表 23.2. 範囲を示す数の短縮形

First number	Second number	Examples
1-99	Use all digits	3-10, 71-72, 96-117
100 or multiples of 100	Use all digits	100-104, 1100-1113
101 through 109, 201 through 209, etc.	Use changed part only	101-8, 1103-4
110 through 199, 210 through 299, etc.	Use two or more digits as needed	245-48, 498-532, 1929-94
	But if three digits change in a four-digit number, use all four	1894-1986, 2787-2816

100 以上の範囲を示す数値については、ハイフンのどちらの側にもすべての数字を使う（245-280 や 1929-1994）か、あるいは 2 番目の数字を短縮するかの、どちらを使ってもよい。表 23.2 は、略記法の 1 つを示している。

この書き方は、ページ番号と年の両方にうまく当てはまる。これらの数字は、5 桁以上になるとコンマを含むが、そんなことはめったに起こらない（23.2.2 を参照）。1 つかそれ以上のコンマを含む数字については、明快さのために必要なので、コンマの右側の数字を繰り返すようにしよう。ローマ数字を短縮してはいけない（表 23.1 を参照）。

6,000-6,018　　12,473-479　　xxv-xxviii

年の場合、1 世紀以上を含む期間には、すべての桁を示そう。また、日付が特定の時点から過去にさかのぼって数えられる紀年法（特に BC すなわち "before Christ" と、BCE すなわち "before the common era"）では、すべて日付を示そう。これら以外では、表 23.2 に示された書き方を使おう。日付の書き方について、さらに詳しいことは 23.3 を参照。

the years 1933-36　　　15,000-14,000BCE
the winter of 1999-2000　　115BC-AD10

23.3 日付の書き方

テキストで日付を表す場合には、23.1 と 23.2 にあるのと同じ事柄が多く関

わってくるが、要素を並べたり名づけたりするのには、いくつかの慣行もある。

23.3.1　月、日、および年

　　テキストの中に月の名前が出てくるときには、単独であろうと日付の中であろうと、単語で書こう。日と年は数字で表し、センテンスの冒頭では使わないようにしよう。そこで使うなら、単語にしなければならない（23.1.2 を参照）。年への言及は短縮してはいけない（"the great flood of '05"）。表、図や出典で使える短縮については、24.4.2 を参照。

Every September, we recall the events of 2001.

しかし、次の表現は使わない。

Two thousand one was a memorable year.

　　日付全体に言及するには、アメリカの習慣どおり、月、日（次にコンマ）、そして年を示そう。もし日を省くなら、コンマも省こう。また、月の代わりに季節とともに示される日付についても、コンマを省こう。季節の名前の最初の文字は大文字にはしない（22.1.2 を参照）。もし引用している資料が英国式の日付を使っているなら（15 March 2007）、変更してはいけない。

President John F. Kennedy was assassinated on November 22, 1963.
By March 1865, the war was nearly over.
The research was conducted over several weeks in spring 2006.

　　完全な日付の中で、日は一般的に序数としては示されないことに注意しよう。——すなわち、数字に st、nd、rd、th をつけない。月または年のない日を特定するときは、単語で書かれた数値にだけ、これらの語尾を使おう。

The date chosen for the raid was the twenty-ninth.

しかし、次の表現は使わない。

The events occurred on June 11th, 1968.

23.3.2　10年、世紀、および年代

　一般に、10年単位の年代〔decade〕に言及するには、世紀も含めて、数字を使おう（複数形については23.2.1を参照）。世紀が明らかな場合、数字を短縮してはいけない（たとえば、"the '90s"）。短縮するならば、その10年の名称を単語で示そう。どの世紀でも、最初の20年はどちらの省略法にも向いていないので、はっきりさせるために、すべて表記するようにしよう。

The 1920s brought unheralded financial prosperity.
During the fifties, the Cold War dominated the headlines.
Many of these discoveries were announced during the first decade of the twenty-first century.

　世紀に言及する場合は、数字か、小文字で書かれた単語の名称にしよう（複数形については23.2.1を参照）。下の2番目の例文の場合のように、世紀が単語で書かれていて、修飾する名詞の前に形容詞として使われているなら、ハイフンを使おう。そうでなければ、ハイフンは使わないようにしよう（20.3.2を参照）。

The Ottoman Empire reached its apex in the 1600s.
She teaches nineteenth-century novels but would rather teach poetry from the twentieth century.

　時代の最も一般的な名称には、略語BC（"before Christ"）とAD（*anno Domini*, "in the year of the Lord"）を使おう。一部の学問分野では、BCEやCE（24.4.3を参照）のような違った名称を使う。ADは年の数字に先行し、他の名称はあとに続く。時代に関する両端を含む数値については、23.2.4を参照。

Solomon's Temple was destroyed by the Babylonians in 586 BC and again by the Romans in AD 70.

23.4 本文以外で使われる数値

これまでの節では、レポートのテキストの中で数値を示すためのガイドラインを提示している。レポートの中のそれ以外の場所、またはレポート自体の構成で使われる数値については、レポートの関連する節または区分についての特定のガイドラインに従おう。

23.4.1 表、図、および出典での数値

表や図における数値に関するデータは、まず例外なくアラビア数字で表される。表の表題をはじめ、表における数値については26.2を、図の説明文をはじめ、図における数値については26.3を参照しよう。

わずかな例外を除き、巻番号、版番号、ページ番号、その他の該当箇所を特定するものを出典として挙げるときには、アラビア数字が使われる。参考文献目録方式の出典での数値については16.1.5と第17章を、参照リスト方式の出典での数値については18.1.5と第19章を参照。

23.4.2 一覧表

テキストで、付録で、あるいはレポートの起草に関係のある資料で、取り上げられる論点を列挙するために、数値を使ってもよい。

リスト テキストには、強調のために列挙しようと選んである項目のリストが含まれているかもしれない。そのようなリストが非常に短くて単純なときには、それらを1つの文法的に正しいセンテンスの中に入れよう。必ずすべての項目が文法的に同等であるようにしよう（すべてが名詞句、形容詞など）。それぞれの項目の前に、丸カッコ入りのアラビア数字を置こう。もし2つ以上の項目があるなら、それぞれのあとにコンマをつけよう（あるいは、もし項目の構成が複雑なら、セミコロンをつけよう。21.3を参照）。もしリストが同格なら、それを導くためにコロンを使おう。そうでなければ、この場所に句読点を使ってはいけない。

Wilson's secretary gave three reasons for his resignation: (1) advancing age, (2) gradually failing eyesight, and (3) opposition to the war.

The committee strongly endorsed the policies of (1) complete executive power, except as constitutionally limited; (2) strong legislative prerogatives; (3) limited judicial authority, especially when it interfered with their own role.

　もし丸カッコ入りのアラビア数字を、すでに他の目的のために使っているなら、数字の代わりにイタリック体の小文字にしよう。

Haskin's latest theory has several drawbacks: (*a*) it is not based on current evidence and (*b*) it has a weak theoretical grounding.

　リストの中の項目が長めであったり、それらをより強調したかったりするなら、項目を縦のリストにしよう。コロンが続く完全なセンテンスで、そのリストを導入しよう。再度確認するが、すべての項目は文法的に同等であるようにし、それぞれは中黒の点か、丸カッコなしでピリオドが続くアラビア数字で始めよう。もし項目が完全なセンテンスなら、各項目の最初の文字を大文字にし、最後にピリオドを使おう。そうでなければ、小文字を使い、ピリオドはつけない（21.1を参照）。ピリオドつきの数字を垂直に並べ、次の行への繰り越し分を最初の文字列の最初の単語に揃えよう。

My research therefore suggests the following conclusions:

1. The painting could not have been a genuine Picasso, regardless of the claims of earlier scholars.
2. It is impossible to identify the true artist without further technical analysis.

アウトライン　状況によっては、レポートの付録にアウトラインまたは同様の一覧表を入れてもよい。あるいは、レポートの草稿段階でも可能だ（6.2.1を参照）。文字とローマ数字、アラビア数字からなる以下のような表記法を使い、レベルごとにタブ（普通は半インチ）で1段ずつ字下げしよう。それぞれのレベルでは、少なくとも2つの項目を挙げるべきだ。もし2つなければ、アウトラインの構成を再考しよう。項目がフレーズなら、センテンス方式で大文字に

し（22.3.1 を参照）、最後には句読点は使わない。それらの項目が完全なセンテンスなら、他のどんなセンテンスにもするように、それらを大文字にし、句読点をつけよう（例文については 6.2.1 を参照）。

Ⅰ. Wars of the nineteenth century
 A. United States
  1. Civil War, 1861-65
   a) Cause
    (1) Slavery
     (a) Compromise
      i) Missouri Compromise
      ii) Compromise of 1850...
   b) Result

・・・・・・・・・・・・・・・・・・・・・・・・・

Ⅱ. Wars of the twentieth century
 A. United States
  1. First World War...

23.4.3　レポートの構成

　レポート自体の構成でも、ページ数、パート、章のタイトルをはじめ、多くの状況で数字を使う必要がある。レポートの構成における数字の詳細については、付録を参照のこと。

第24章 略記法

24.1 一般的な原則
 24.1.1 略記法の種類
 24.1.2 略記法を使うべきとき
 24.1.3 略語の体裁を整える方法

24.2 名前と表題
 24.2.1 個人名
 24.2.2 職業上の肩書
 24.2.3 学位
 24.2.4 行政機関、会社、およびその他の組織

24.3 地理学の専門用語
 24.3.1 地名
 24.3.2 アドレス

24.4 時間と日付
 24.4.1 時間
 24.4.2 日と月
 24.4.3 時代

24.5 計量の単位

24.6 聖書、その他の聖典
 24.6.1 ユダヤ聖書または旧約聖書
 24.6.2 聖書外典
 24.6.3 新約聖書
 24.6.4 聖書の諸版
 24.6.5 その他の聖典

24.7 出典とほかの学術的文脈での略記法

第24章 略記法

この章では、略記法を使用するための一般的なガイドラインを示す。正式な文書での略記法は、かつてはわずかな特別な状況に限定されていたが、今ではあらゆる種類の文書で広く使われている。しかし、たとえそうであっても、特定の学問分野の慣行は反映させなければならない。ここに示すガイドラインは、大部分の人文科学と社会科学の分野にふさわしい。もし自然科学や物理学、数学、その他の専門的な分野でレポートを書いているなら、その学問分野の慣行に従おう。

一部の学問分野では、ここで言及されていない略記法を使う必要があるかもしれない。*Merriam-Webster's Collegiate Dictionary* は、多くの分野からの多くの略記法を示している。もう1つの情報源は『シカゴ・マニュアル *Chicago Manual of Style*』第15版（2003年）の第15章だ。いろいろな学問分野での文体のガイドについては、参考文献目録を参照しよう。

学位論文か博士論文を執筆中なら、所属の学部ないし大学は、略記法の使用について特定の条件を課しているかもしれない。それらの条件は普通、学位論文や博士論文の受付窓口から入手できる。もし講義レポートを書いているなら、指導者もまた、略記法を使うための特定の原則に従うよう求めることもある。レポートを準備する前に、これらの条件をよく調べよう。それらは、ここで示されるガイドラインより優先される。

24.1 一般的な原則

24.1.1 略記法の種類

用語は、いくつかの方法で短縮または省略することができる。用語がそれぞれの単語の頭文字だけに短縮され、1語として発音されるとき（NATO、AIDS）、「アクロニュム acronym」と呼ばれる。文字が個々の文字の連続として発音されるなら、「イニシャリズム initialism」と呼ばれる（EU、PBS）。他の用語は「縮約 contraction」で短縮される。つまり、その用語の最初と最後の文字だけが残される（Mr.、Dr.）か、または最後の方の文字が落とされる（ed、Tues.）。この章では、これらのすべての形式を一般用語の「略記法 abbreviations」のもとに取り扱い、関連があるときに種別を明記している。

24.1.2 略記法を使うべきとき

　　大部分のレポートでは、テキストの中では略記法を控えめにしよう。略記法は文書を、くだけすぎているか、またはあまりに専門的にすぎるかの、どちらかに思わせる可能性があるからだ。この章では、完全な形で綴られた用語よりも好まれる略記法と、もし一貫して使われるなら学術的な文書で受け入れられる他の略記法について取り上げる。

　　当該領域のガイドラインが許すなら、レポートで頻繁に使われる名前、肩書、その他の用語に略記法を使ってもよい。最初の言及では、完全な用語を示し、それに丸カッコに入れた略語を続けよう。その後の言及では、一貫してその略語を使おう。もしそのような略語をたくさん使うなら、略語への最初の言及を見逃すかもしれない読者を助けるために、レポートの前づけに略語のリストをつけ加えることを考えよう（A.2.1 を参照）。

　　略記法は、レポートのテキスト以外では、もっと一般的であり、しばしば要求もされる。この章では、表、図、それに出典で使ってもよいいくつかの略記法を取り上げる。表と図での略記法のさらなる解説については第 26 章を、参考文献目録方式の出典での略記法については 16.1.6 と第 17 章を、参照リスト方式の出典での略記法については 18.1.6 と第 19 章を参照しよう。

24.1.3 略語の体裁を整える方法

　　略記法は、ここで取り上げられている一般的な原則に従うが、多くの例外もある。

■ **大文字表記**　略語はすべて大文字か、すべて小文字か、両方の組み合わせで示される。

BC	p.	Gov.
CEO	a.m.	Dist. Atty.
U.S.	kg	PhD

■ **句読法**　一般に、すべて大文字で示される略語はピリオドを含まない。一方、小文字、または大文字と小文字の組み合わせで示される略語には、それぞれ短

縮された構成要素のあとにピリオドがある。しかしながら、上の例からわかるように、例外はある。すなわち、略語 U.S. はピリオドを含む (24.3.1 を参照)。計量のメートル法の単位 (24.5 を参照) はピリオドなしの小文字であり、略語 PhD はピリオドなしだ。他の例外は、この章を通して取り上げる。

■ **間隔** 一般にアクロニュム (NATO) とイニシャリズム (PBS) では、文字の間にスペースを置かない。しかし、短縮を通して作られた略語 (Dist. Atty.) では、構成要素の間にスペースを入れよう。もし略語がアンパサンド (&) を含んでいるなら、その周りにスペースを置かない (Texas A&M)。個人名でのスペースについては、24.2.1 を参照。

■ **書体** 略語をイタリック体にしてはいけない。

■ **不定冠詞** 略語が不定冠詞に続いているときには、その略語がどのように音読されるかによって、a と an のどちらかを選ぼう。アクロニュム (NATO、AIDS) は単語として発音され、イニシャリズム (EU) は個々の文字の連続として読まれる。

member nation of NATO	a NATO member
person with AIDS	an AIDS patient
member nation of the EU	an EU member

24.2 名前と表題

24.2.1 個人名

　一般に、個人のファースト・ネームは略さず (Benj. Franklin)、ラスト・ネームも略さない。いったんテキストでフル・ネームを使ったら、その後に言及するときはラスト・ネームだけを使おう。しかしながら、そのラスト・ネームで複数の人を挙げているなら、混乱を避けるために、毎度フル・ネームを完全な形で綴ろう (Alice James、William James)。もしレポートでこれらの名前をたびたび挙げるなら、自分で考案した略語を代わりに使ってもよい (AJ、WJ)。しかし、これらの略語は、必ず 24.1.2 で説明されているように扱おう。

　個人の中にはファースト・ネームとミドル・ネーム、またはそのどちらかの代わりに、主として頭文字で知られている人もいる。そのような頭文字のあとには、ピリオドとスペースを入れよう。しかしながら、名前全体を略すなら、

第Ⅲ部 文体

ピリオドとスペースは省こう。

名字以外略	全体略
G. K. Chesterton	JFK
M. F. K. Fisher	FDR

　Ms. や Mr. のような社会的な敬称は、常に略され、大文字で表記され、ピリオドをつけられる。しかしながら、大部分のレポートでは、夫か妻のどちらかに言及するというような混乱の可能性がなければ、そのような敬称は使う必要はない。

　Sr.、Jr.、Ⅲ（または 3rd）やⅣ（または 4th）のような略語は、それらの前にコンマなしで書こう。それらは、名字だけと一緒にするのではなく、フル・ネームのあとだけに使おう。ただし、王族や宗教家はファースト・ネームだけで知られていることがある。その言葉が名前の一部であるときは、完全な形では綴らないようにしよう（たとえば、John Smith Junior）。

Oliver Wendell Holmes Jr.　　　William J. Kaufmann Ⅲ　　　Mary Ⅱ

24.2.2　職業上の肩書

　個人の名前に伴う、以下のような民間や軍の、または宗教上の肩書を持っている人もいる。これらの肩書の多くは、個人名に先行してその一部として扱われるとき、テキストの中では慣例的に、完全な形で綴られずに省略される。それらはすべて公式な（固有の）肩書の短縮された形だから、最初の文字だけを大文字にし、最後にピリオドをつける。

Adm.	Admiral	Lt.	Lieutenant
Ald.	Alderman, Alderwoman	Lt. Col.	Lieutenant Colonel
Atty. Gen.	Attorney General	Maj.	Major
Capt.	Captain	Pres.	President
Col.	Colonel	Rep.	Representative
Dist. Atty.	District Attorney	Rev.	Reverend
Dr.	Doctor	Sen.	Senator

第 24 章　略記法

Fr.	Father	Sgt.	Sergeant
Gen.	General	Sr.	Sister
Gov.	Governor	St.	Saint
Hon.	Honorable		

　上記のような肩書を持つ個人に最初に言及する際には、その略語を個人のフル・ネームと一緒に使おう。(肩書を常に完全な形で綴りたければ、そうしてもよいが、一貫させるようにしよう。) 次から言及する際、普通は個人のラスト・ネームだけを示せばよい。しかし、もし (似た名前の 2 人の人を区別するため、あるいは学問上の敬意の印として) その肩書を繰り返す必要があるなら、完全な形で綴られた肩書をラスト・ネームとともに示そう。Reverend と Honorable は、フル・ネームを伴う場合を除いて、決して使わない。フル・ネームを使う場合には、肩書の前に the をつけた方がよい。

Sen. Barack Obama　　　Senator Obama
Gen. Richard Myers　　　General Myers
Rev. Jane Schaefer　　　the Reverend Jane Schaefer

　このような肩書だけを 1 つ使う場合、または個人名のあとに使う場合には、一般的な用語となるので、小文字で完全な形に綴った方がよい。

the senator from Illinois　　　Myers served as a general

　一般的なパターンの例外は、Dr. である。名前の前に略語の Dr. をつけるか、名前のあとに 2 つのコンマで区切り、学位の公式な略語 (24.2.3 を参照) を入れるかにしよう。両方を一緒に使ってはいけない。

Dr. Lauren Shapiro discovered the cause of the outbreak.
Lauren Shapiro, MD, discovered...
Dr. Shapiro discovered...
The doctor discovered...

学位に加え、以下に挙げるいくつかの他の専門的な肩書も、個人名のあとで略してよい。こうした肩書は、上の例におけるように、コンマで区切った方がよい。

JP	justice of the peace
LPN	licensed practical nurse
MP	member of Parliament
SJ	Society of Jesus

24.2.3 学位

次のリストで示されている一般的な学位については、テキストなどにおいて略語を使ってもよい。いくつかはイニシャリズム（24.1.1 を参照）で、大文字で書かれ、ピリオドやスペースは入らない。その他のものには、頭文字と短縮された用語の両方があるので、大文字と小文字が含まれており、普通はピリオドとかスペースはない。しかしながら、学位論文か博士論文を執筆中なら、所属の学部ないし大学のガイドラインは、丸カッコ内に示されているように、これらの学位を（および場合によっては頭文字語についても）間にピリオドを入れて書くように要求するかもしれない。

AB	Artium Baccalaureus (Bachelor of Arts)
AM	Artium Magister (Master of Arts)
BA	Bachelor of Arts
BD	Bachelor of Divinity
BFA	Bachelor of Fine Arts
BM	Bachelor of Music
BS	Bachelor of Science
DB	Divinitatis Baccalaureus (Bachelor of Divinity)
DD	Divinitatis Doctor (Doctor of Divinity)
DMin (D.Min.)	Doctor of Ministry
EdD	Doctor of Education
JD	Juris Doctor (Doctor of Law)

LHD	Litterarum Humaniorum Doctor (Doctor of Humanities)
LittD (Litt.D.)	Litterarum Doctor (Doctor of Letters)
LLB (LL.B.)	Legum Baccalaureus (Bachelor of Laws)
LLD (LL.D.)	Legum Doctor (Doctor of Laws)
MA	Master of Arts
MBA	Master of Business Administration
MD	Medicinae Doctor (Doctor of Medicine)
MFA	Master of Fine Arts
MS	Master of Science
PhB (Ph.B.)	Philosophiae Baccalaureus (Bachelor of Philosophy)
PhD (Ph.D.)	Philosophiae Doctor (Doctor of Philosophy)
SB	Scientiae Baccalaureus (Bachelor of Science)
SM	Scientiae Magister (Master of Science)
STB	Sacrae Theologiae Baccalaureus (Bachelor of Sacred Theology)

24.2.4　行政機関、会社、およびその他の組織

一般にアクロニュムやイニシャリズムで知られている政府の行政機関、放送会社、協会、共済組織や公益組織、組合、その他のグループの名前について、テキストなどで略語を使ってもよい（24.1.1を参照）。最初の言及でフル・ネームを書き、丸カッコに入れた略語を続けよう（24.1.2を参照）。そのような略語はすべて大文字で、ピリオドは入れない。以下は、そのような略語の代表的なもののリストである。これらのカテゴリーに入る他の名前（たとえば、ABA、CBS、NEH）は、同様に扱うとよい。

AAAS	CNN	NAFTA	TVA	YMCA
AFL-CIO	EU	NFL	UN	
AMA	FTC	NIMH	UNESCO	
AT&T	HMO	NSF	VA	
CDC	NAACP	OPEC	WHO	

もしある会社が略語によって一般に知られていないなら、テキストの中でその名前を完全な形で綴り、大文字で表記しよう。Inc. とか Ltd. という用語は、名前から省略してもよいし、名前の冒頭の the は大文字にはしない。

Merck and Company　　the University of Chicago Press

表、図、出典では、会社の名前で次の略語を使ってもよい。大文字表記と句読法での違いに気をつけよう。

Assoc.	Ltd.
Bros.	Mfg.
Co.	PLC (public limited company)
Corp.	RR(railroad)
Inc.	Ry. (railway)
LP (limited partnership)	

24.3　地理学の専門用語

24.3.1　地名

テキストでは、国、州、郡、カナダの州、準州、河川・湖・海、山などの名前は、常に略さないで書き、大文字にする (22.1.1を参照)。1つの例外は、旧ソビエト社会主義共和国連邦で、普通は「旧ソ連　the former USSR」とされる。

United States は、名詞として使うときは、常に略さないで書こう。形容詞として使うときには、U.S. と略してもよいし、(もっと格式ばった調子を出すために) 完全な形で綴ってもよい。アクロニュムではあるが、この略語には慣習的にピリオドを入れる。

She was ineligible for the presidency because she was not born in the United States. His U.S. citizenship was revoked later that year.

表、図、出典および郵便のアドレスでは、米国の州の名前は、米国郵便公社が作った2文字・ピリオドなしの郵便記号を使って略そう。

第 24 章　略記法

AK	Alaska	DE	Delaware
AL	Alabama	FL	Florida
AR	Arkansas	GA	Georgia
AZ	Arizona	HI	Hawaii
CA	California	IA	Iowa
CO	Colorado	ID	Idaho
CT	Connecticut	IL	Illinois
DC	District of Columbia	IN	Indiana
KS	Kansas	NY	New York
KY	Kentucky	OH	Ohio
LA	Louisiana	OK	Oklahoma
MA	Massachusetts	OR	Oregon
MD	Maryland	PA	Pennsylvania
ME	Maine	RI	Rhode Island
MI	Michigan	SC	South Carolina
MN	Minnesota	SD	South Dakota
MO	Missouri	TN	Tennessee
MS	Mississippi	TX	Texas
MT	Montana	UT	Utah
NC	North Carolina	VA	Virginia
ND	North Dakota	VT	Vermont
NE	Nebraska	WA	Washington
NH	New Hampshire	WI	Wisconsin
NJ	New Jersey	WV	West Virginia
NM	New Mexico	WY	Wyoming
NV	Nevada		

　アメリカの州の名称を略すのなら、カナダの州と準州の名称も略してよい。

AB	Alberta		NU	Nunavut
BC	British Columbia		ON	Ontario
MB	Manitoba		PE	Prince Edward Island
NB	New Brunswick		QC	Quebec
NL	Newfoundland and Labrador		SK	Saskatchewan
NS	Nova Scotia		YT	Yukon
NT	Northwest Territories			

24.3.2 アドレス

　テキストでは、下記のものや、それに類するもの（たとえば street の他の同義語）をはじめ、アドレスの一部である用語は、略さないで書き、大文字にしよう。表、図、出典および郵便のアドレスでは、略語を使おう。アクロニュム（Northeast など）の場合を除いて、すべての略語にピリオドを使うことに注意しよう。テキストの中のアドレスの例については、23.1.7 を参照。

Ave.	Avenue		St.	Street
Blvd.	Boulevard		N.	North
Ct.	Court		S.	South
Dr.	Drive		E.	East
Expy.	Expressway		W.	West
Pkwy.	Parkway		NE	Northeast
Rd.	Road		NW	Northwest
Sq.	Square		SE	Southeast
			SW	Southwest

　これらの用語を単独で 1 つ使うなら、それは一般的な用語となるので、小文字で完全な形で綴った方がよい。

He drove down the street.
The storm came in from the west.

24.4 時間と日付

24.4.1 時間

テキストなどでは、特定の時間を明示するために略語 a.m.（ante meridiem、すなわち正午前）や p.m.（post meridiem、すなわち正午後）を使ってもよい。略語は、ローマン体の小文字で、間にスペースは入れない。これらは、in the morning、in the evening、o'clock とは組み合わせない。23.1.5 も参照。

24.4.2 日と月

テキストでは、曜日と月の名は略さずに書いて、大文字を使おう。23.3.1 も参照。表、図、出典では、一貫してそうするなら、略してもよい。略語にはピリオドをつけよう。

Sun.	Wed.	Sat.		Jan.	Apr.	July	Oct.
Mon.	Thur.			Feb.	May	Aug.	Nov.
Tues.	Fri.			Mar.	June	Sept.	Dec.

24.4.3 時代

時代を明示するには、いろいろな書き方がある。それらのすべては、数字の日付とともに略語を使う。最も一般的な書き方は、BC と AD という用語を使う。しかし、学問分野によっては、下に挙げたような違った名称を使う。レポートを通して関連のある略語を使い、すべて大文字でピリオドなしにしよう。AD は年数に先行し、その他の表示は年数のあとに置かれる（23.2.4 と 23.3.2 も参照）。

BC	before Christ
AD	*anno Domini* (in the year of the Lord)
BCE	before the common era
CE	common era
BP	before the present
MYA (*or* mya)	million years ago

24.5 計量の単位

　人文科学や社会科学では、面積、距離、容積、重量、度などのような計量単位の名前は、略さずに書こう。数については、論文自体が準拠している一般的なルールに従って、単語で書くか、数字を使うかにしよう（23.1.1を参照）。

five miles　　　　150 kilograms　　　　14.5 meters

　科学では、量が数字で示されているときには、計量単位に標準的な略語を使おう。（該当する領域のガイドライン次第で、ほかの学問分野で略語を使ってもよい。）数字と単位の間にはスペースを入れよう。ただし、慣行に従って別のやり方をすることもある（36°、512K）。また、略語が単数形でも複数形でも同じであることに注意しよう。計量単位は、前に数字がないときや、数字が単語で綴られているとき（センテンスの冒頭のように。23.1.1を参照）には、略さないで書き出そう。

We injected 10 μL of virus near the implants.
Results are given in microliters.
Twelve microliters of virus was considered a safe amount.

　一般的な計量単位をはじめ、略語のリストについては『シカゴ・マニュアル *Chicago Manual of Style*』第15版（2003年）の15.55を参照。

24.6 聖書、その他の聖典

　テキストで聖書や聖書外典の章または書の全体に言及するときには、書名は略さず書こう。ただし、イタリック体にはしない。

Jeremiah 42-44 records the flight of the Jews to Egypt.
The Revelation of St. John the Divine, known as "Revelation," closes the New Testament.

　聖書を節単位で引用するときには（17.5.2と19.5.2を参照）、書名を略し、も

しそれに番号がついているならアラビア数字を使おう（1 Kings〔列王記　上〕）。章や節の番号にもアラビア数字を使い、間にコンマを入れよう。聖書は、ヴァージョン〔版・訳〕によって異なる書名や番号づけを使っているので、引用しているヴァージョンを確認しよう。文脈次第で、少なくとも最初に出てきた場合には、そのヴァージョンの名前を略さないで書いてもよいし、前とか中に句読点を入れずに略語（24.6.4 を参照）を使ってもよい。

1 Song of Sol. 2:1-5 NRSV　　　Ruth 3:14 NAB

次節は、聖書の書名について伝統的な略語と短縮した略語を、アルファベット順に列挙している。もしどの形の略語が適切かに確信がなければ、指導者に相談しよう。略語が示されていない場合には、完全な形を使おう。

24.6.1　ユダヤ聖書または旧約聖書

旧約聖書の略語は OT であることに注意しよう。

Traditional	Shorter	Full name
Amos	Am	Amos
1 Chron.	1 Chr	1 Chronicles
2 Chron	2 Chr	2 Chronicles
Dan.	Dn	Daniel
Deut.	Dt	Deuteronomy
Eccles.	Eccl	Ecclesiastes
Esther	Est	Esther
Exod.	Ex	Exodus
Ezek.	Ez	Ezekiel
Ezra	Ezr	Ezra
Gen.	Gn	Genesis
Hab.	Hb	Habakkuk
Hag.	Hg	Haggai
Hosea	Hos	Hosea

Isa.	Is	Isaiah
Jer.	Jer	Jeremiah
Job	Jb	Job
Joel	Jl	Joel
Jon.	Jon	Jonah
Josh.	Jo	Joshua
Judg.	Jgs	Judges
1 Kings	1 Kgs	1 Kings
2 Kings	2 Kgs	2 Kings
Lam.	Lam	Lamentations
Lev.	Lv	Leviticus
Mal.	Mal	Malachi
Mic.	Mi	Micah
Nah.	Na	Nahum
Neh.	Neh	Nehemiah
Num.	Nm	Numbers
Obad.	Ob	Obadiah
Prov.	Prv	Proverbs
Ps.(plural, Pss.)	Ps(plural, Pss)	Psalms
Ruth	Ru	Ruth
1 Sam.	1 Sm	1 Samuel
2 Sam.	2 Sm	2 Samuel
Song of Sol.	Sg	Song of Solomon (Song of Songs)
Zech.	Zec	Zechariah
Zeph.	Zep	Zephaniah

24.6.2 聖書外典

聖書外典の書は、ローマ・カトリックの聖書には含まれているが、ユダヤ聖書やプロテスタントの聖書の中には含まれていない。聖書外典の伝統的な略語は **Apoc.** であることに注意しよう（もっと短い略語はない）。

Traditional	Shorter	Full name
Bar.	Bar	Baruch
Bel and Dragon	–	Bel and the Dragon
Ecclus.	Sir	Ecclesiasticus (Sirach)
1 Esd.	–	1 Esdras
2 Esd.	–	2 Esdras
Jth.	Jdt	Judith
1 Macc.	1 Mc	1 Maccabees
2 Macc.	2 Mc	2 Maccabees
Pr. of Man.	–	Prayer of Manasses (Manasseh)
Song of Three Children	–	Song of the Three Holy Children
Sus.	–	Susanna
Tob.	Tb	Tobit
Wisd. of Sol.	Ws	Wisdom of Solomon
–	–	Additions to Esther (Rest of Esther)

24.6.3 新約聖書

新約聖書の略語は NT であることに注意しよう。

Traditional	Shorter	Full name
Acts	–	Acts of the Apostles
Apoc.	–	Apocalypse (Revelation)
Col.	Col	Colossians
1 Cor.	1 Cor	1 Corinthians
2 Cor.	2 Cor	2 Corinthians
Eph.	Eph	Ephesians
Gal.	Gal	Galatians
Heb.	Heb	Hebrews
James	Jas	James
John	Jn	John (Gospel)
1 John	1 Jn	1 John (Epistle)

2 John	2 Jn	2 John (Epistle)
3 John	3 Jn	3 John (Epistle)
Jude	—	Jude
Luke	Lk	Luke
Mark	Mk	Mark
Matt.	Mt	Matthew
1 Pet.	1 Pt	1 Peter
2 Pet.	2 Pt	2 Peter
Phil.	Phil	Philippians
Philem.	Phlm	Philemon
Rev.	Rv	Revelation (Apocalypse)
Rom.	Rom	Romans
1 Thess.	1 Thes	1 Thessalonians
1 Thess.	1 Thes	1 Thessalonians
1 Tim.	1 Tm	1 Timothy
2 Tim.	2 Tm	2 Timothy
Titus	Ti	Titus

24.6.4　聖書の諸版

　次の略語は、聖書の多くの標準的なヴァージョン〔版・訳〕を網羅している。もし引用している版がここに挙げられていなければ、指導教員に相談しよう。

ARV	American Revised Version
ASV	American Standard Version
AT	American Translation
AV	Authorized (King James) Version
CEV	Contemporary English Version
DV	Douay Version
ERV	English Revised Version
EV	English version(s)
JB	Jerusalem Bible

NAB	New American Bible
NEB	New English Bible
NRSV	New Revised Standard Version
RSV	Revised Standard Version
RV	Revised Version
Vulg.	Vulgate

24.6.5　その他の聖典

　その他の聖典の多くも、聖書と同じように分けられる。聖典自体の名前を大文字にし、ローマン体で書こう（Qur'an Vedas）。ただし、各部分の名前はイタリック体にしよう（*al-Baqarah*、*Rig-Veda*）。これらの聖典やその部分の名前を略すために広く受け入れられている方法はないが、聖書からの出典と同様に、それらからの出典に句読点を打ってもよい（17.5.2 と 19.5.2 も参照）。もしある聖典が複数の番号で区分けされていたら、コロンの代わりにピリオドやコンマにしてもよいし、あるいは引用された1節の場所を明確にするために、ほかの手直しをしてもよい。

Qur'an 2:257 あるいは Qur'an 2 (*al-Baqarah*): 257

Mahabharata 1.2.3

　もしレポートが宗教研究の分野なら、さらなる具体的なガイダンスについては、指導教員に相談しよう。

24.7　出典とほかの学術的文脈での略記法

　略語は、出典では、一般に利用され、むしろ推奨される。特に著者以外の個人の役割（ed., trans.）、著作の部分（vol., bk., sec.）、および所在情報（p., n）を特定するのに便利だ。しかしながら、テキストの中と一部の出典では、略語の代わりに単語を使うべきだ。参考文献目録方式の出典における略語の使用のガイドラインについては 16.1.6 と第 17 章を、参照リスト方式の出典における略語については 18.1.6 と第 19 章を参照。

　一部の学問分野では、レポートのテキストにおいて、丸カッコ入りの論述の

中でのe.g.やi.e.のような学術的な略語の使用を許している。そのような略語の使用については、該当領域のガイドラインを調べよう。

　以下は、出典をはじめとする学術的な文脈で使われる最も一般的な略語のリストである。大部分の略語について、複数形には、もし他の方法が示されていなければ、sかesをつけ加えよう。ラテン語の用語の略語はイタリック体にしてはいけない。もし特定の略語を適切に使う方法に確信が持てないなら、信用できる典拠を調べよう。

abbr.	abbreviated, abbreviation
abr.	abridged, abridgment
anon.	anonymous
app.	appendix
assn.	association
b.	born
bib.	Bible, biblical
bibliog.	bibliography, bibliographer
biog.	biography, biographer
bk.	book
ca.	*circa*. about, approximatety
cap.	capital, capitalize
CD	compact disc
cf.	*confer*, compare
chap.	chapter
col.	column
comp.	compiler, compiled by
cont.	continued
d.	died
dept.	department
dict.	dictionary
diss.	dissertaion
div.	division

DOI	digital object identifier
DVD	digital versatile (or video) disc
ed.	editor, edition, edited by
e.g.	*exempli gratia*, for example
esp.	especially
et al.	*et alii* or *et alia*, and others
etc.	*et cetera*, and so forth
ex.	example
fig.	figure
ff.	and following
fol.	folio
ftp	file transfer protocol
http	hypertext transfer protocol
ibid.	*ibidem*, in the same place
id.	*idem*, the same
i.e.	*id est*, that is
intl.	international
intro.	introduction
l. (*pl.*ll.)	line
loc. cit.	*loco citato,* in the place cited
misc.	miscellaneous
MS (*pl.* MSS)	manuscript
n (*pl.* nn)	note
natl.	national
n.b.or NB	*nota ben,* take careful note
n.d.	no date
no.	number
n.p.	no place; no publisher; no page
NS	New Style (dates)
n.s.	new series
op.cit.	*opera citato,* in the work cited

org.	organization
OS	Old Style (dates)
o.s.	old series
p. (*pl.* pp.)	page
par.	paragraph
pl.	plate; plural
PS.	*postscriptum,* postscript
pseudo.	pseudonym
pt.	part
pub.	publication, publisher, published by
q.v.	*quod vide*, which see
r.	*recto*, right
repr.	reprint
rev.	revised, revised by, revision; review, reviewed by
ROM	read-only memory
sec.	section
ser.	series
sing.	singular
soc.	society
sup.	*supra,* above
supp.	supplement
s.v.	(*pl*.s.vv.) *sub verbo, sub voce,* under the word
syn.	synonym, synonymous
trans.	translated by, translator
univ.	university
URL	uniform resource locator
usu.	usually
v.(*pl*.v v.)	verse; *verso,* right
viz.	*videlicet*, namely
vol.	volume
vs.*or* v.	versus (in legal contexts, use *v.*)

第25章 引用

25.1 正確に引用し、剽窃を避ける
25.2 引用をテキストに組み込む
    25.2.1　流し込み引用
    25.2.2　ブロック引用
25.3 引用の部分的な変更
    25.3.1　許される変更
    25.3.2　省略

　この章では、引用を示すための一般的なガイドラインを述べる。すべての例文は英語だが、ガイドラインはまた、他の言語からの引用にも適用される（22.2.1 も参照）。

　資料から直接引用することは、レポートの中で他の人の著作を提示するための、いくつかの選択肢の1つにすぎない。他の選択肢と、それを使うべき場合についての解説は、7.4 を参照のこと。どの選択肢を選ぼうとも、言葉やアイデアの出典を明示しなければならない。第15章は引用法の手引きである。その続きの章では、2つの一般的な引用方式を説明している（第16章と第17章で注記式参考文献目録方式、第18章と第19章でカッコ入り出典—参照リスト方式）。

　学位論文か博士論文を執筆中なら、所属の学部ないし大学は、引用する際に特定の条件を課しているかもしれない。それらの条件は普通、学位論文や博士

論文の受付窓口から入手できる。もし講義レポートを書いているなら、指導教員もまた、引用するためには、特定の原則に従うよう求めることがある。レポートを準備する前に、これらの条件をよく調べよう。それらは、ここで示されるガイドラインより優先される。さまざまな学問分野での文体のガイドについては、参考文献目録を参照。

博士論文を外部の博士論文リポジトリに寄託する予定なら、特定の種類の引用については、著作権者から正式な許可を得る必要があるかもしれない。『シカゴ・マニュアル Chicago Manual of Style』第15版（2003年）の第4章を参照しよう。

25.1 正確に引用し、剽窃を避ける

正確な引用は、学術的活動には不可欠なので、次のことに気をつけよう。

- 手に入る最も信頼できる版を使う
- 原本にあるのと同じように正確に言葉を書き写すか、または25.3で説明されている方法でのみ部分的な修正を加える
- 参考文献目録や参照リスト（第16章と第18章を参照）で資料を正確に報告し、読者たちが自分自身で調べられるようにする

学問の倫理上も、資料から言葉や表、図またはデータを引用するときは、常に適切な引用方式（第15章を参照）を使って、何をどこから借りたかを明確に示すことを要求される。もしこれをしなければ、剽窃の危険を冒すことになる。たとえ資料を正確に明示していても、資料の言葉をそのまま使ったのに、それが引用であることを25.2で説明されている方法の1つではっきりさせていなければ、やはり剽窃の危険を冒す。剽窃についてのさらに細かな解説は7.9を参照。

25.2 引用をテキストに組み込む

引用は、2つの方法の中の1つを長さに応じて使いわけ、テキストに組み込むことができる。引用が4行以下なら、テキストに流し込み、引用符の中に入れよう。5行以上なら、ブロック引用として区別し、引用符はつけない。脚注または後注の中での引用についても、同じ原則に従おう（16.3.5を参照）。

5行より短い引用についても、もしそれを強調したいとか、もっと長い引用と比較したいなら、ブロック引用にしてもよい。

25.2.1 流し込み引用

5行に満たない1節を引用するとき、原文のままの言葉は2重引用符に入れよう。引用をテキストの流れの中に統合する方法がいくつかある。7.5を参照しよう。著者の名前に notes、claims、argues、according to といった言葉を添えて、引用を導入してもよい。（これらの用語は普通、noted、claimed などではなく現在時制であることに注意しよう。しかし、学問分野によっては違った慣習に従っていることもある。）この場合、引用の前にコンマを置こう。

Ricoeur writes, "The boundary between plot and argument is no easier to trace."

As Ricoeur notes, "The boundary between plot and argument is no easier to trace."

もしセンテンスの構成の中に、that を使ったりして、引用をもっとしっかり組み込むなら、その前にはコンマは入れない。

Ricoeur warns us that "the boundary between plot and argument is no easier to trace."

もし引用の真ん中に著者を示す語句を入れるなら、コンマで区分しよう。

"The boundary between plot and argument," says Ricoeur, "is no easier to trace."

引用の中でのコンマ、ピリオド、その他の句読点の使用については 21.11.2 と 25.3.1 を、引用内の大文字表記については 25.3.1 を参照。

出典の配置　脚注または後注で引用の出典を明示する場合、上付きの注番号（16.3.2を参照）を入れる場所は、その引用がセンテンスのどこに入るかによって決まる。もし引用がセンテンスの最後にあるなら、その番号を引用符の閉じ記号のあとに入れよう。

According to Litwack, "Scores of newly freed slaves viewed movement as a vital expression of their emancipation."[4]

　もし引用がセンテンスの途中で終わるなら、引用を含んでいるクローズの最後に番号を入れよう。これは同時に、センテンスの最後である場合が多い。

"Scores of newly freed staves viewed movement as a vital expression of their emancipation," according to Litwack.[4]

Litwack argues that "scores of newly freed slaves viewed movement as a vital expression of their emancipation,"[4] and he proceeds to prove this assertion.

　同じ配置の選択は、参考文献目録方式（16.4.3）や参照リスト方式の出典（18.3.1を参照）で、カッコ入りで示される出典にも適用できる。ただし、これには1つの重大な違いがある。すなわち、通例はピリオドやコンマが引用符の閉じ記号の中にあっても、この場合には引用の外に出し、閉じカッコのあとに置こう。

The authors seek to understand "how people categorize the objects they encounter in everyday situations" (Bowker and Star 1999, 59).

To determine "how people categorize the objects they encounter in everyday situations" (Bowker and Star 1999, 59), the authors devised a study.

Understanding "how people categorize the objects they encounter in everyday situations " is the key for Bowker and Star (1999, 59).

特別な句読法　引用中の引用については、内部の引用に1重の引用符を使おう。

Rothko, argues Ball, "wanted to make works that wrought a transcendent effect, that dealt with spiritual concerns: 'Paintings must be like miracles,' he once said."

2行以上の詩をテキストに流し込むなら、前後にスペースを入れてスラッシュ（/）で区分しよう。ただし、たいていの場合は、詩にはブロック引用を使おう。

They reduce life to a simple proposition, "All things have rest, and ripen toward the grave; / In silence, ripen, fall, and cease."

25.2.2　ブロック引用

散文　5行以上の散文の引用は、ブロック引用として示そう。テキストの中で自分自身の言葉を使ってその引用を紹介しよう。7.5 を参照。完全なセンテンスで引用を紹介するなら、そのセンテンスをコロンで終えよう。著者名と一緒に notes、claims、argues、according to といった著者を示す語句だけを使うなら、そのフレーズはコンマで終わりにしよう。センテンスの構成の中に引用を組み込む場合、通常は句読点を入れない場所なのであれば、引用があるからといって、その前にはどんな句読点も入れない（下の2番目の例文を参照）。

ブロック引用はシングルスペースでタイプし、ブロックの前後を1行空けよう。冒頭や最後に引用符は加えないが、原本のどんな引用符も残すようにしよう。パラグラフの最初の行を字下げする分だけ、引用全体を下げて書こう（文学研究をはじめ、テキストの綿密な分析に関係する分野では、テキストの原本が字下げされているのであれば、ブロック引用の最初の行を引用の他の部分よりもさらに下げて書くべきだ。25.3 も参照）。引用中の他の句読点と大文字表記については、25.3.1 を参照。

Jackson begins by evoking the importance of home:

> Housing is an outward expression of the inner human nature; no society can be fully understood apart from the residences of its members. A nineteenth-century melody declares, "There's no place like home," and even though she had Emerald City at her feet, Dorothy could think of no place she would rather be than at home in Kansas. Our homes are our havens from the world.[1]

In the rest of his introduction, he discusses…

　複数のパラグラフを引用するなら、それらの間には余計な行を加えない。ただし、2番目以降のパラグラフの最初の行は、引用の他の部分よりもさらに下げて書こう。

He observed that

> governments ordinarily perish by powerlessness or by tyranny. In the first case, power escapes them; in the other, it is torn from them.
> 　Many people, on seeing democratic states fall into anarchy, have thought that government in these states was naturally weak and powerless. The truth is that when war among their parties has once been set aflame, government loses its action on society. (Tocqueville, 248)

　もし脚注または後注で資料を明示するなら、上の最初の例のように、ブロック引用の最後に、注番号を上つき文字で入れよう（16.3.2も参照）。資料を丸カッコに入れて明示するなら、上の2番目の例のように、その出典をブロック引用の最後の句読点のあとに入れよう。（25.2.1で説明されているように、流し込み引用の配置とは違うことに注意しよう。）

　詩と戯曲　詩からの2行以上の引用は、ブロック引用として示そう。詩のそれぞれの行は、行を改めて書き、原本の場合と同様に各行の最後に句読点をつけよう。大部分のレポートでは、散文の引用と同様に、詩のブロックは字下げしよう。もし行が長すぎて1行に入り切らないなら、繰り越し行は引用の他の部分よりも下げて書こう。ただし、多くの詩の引用を含む博士論文や、他の長めのレポートでは、それぞれの引用は中央揃えにしよう。

　　Whitman's poem includes some memorable passages:

> My tongue, every atom of my blood, form'd from this soil, this air,

第25章　引用

> Born here of parents born here from parents the same, and their parents
> 　the same
> I, now thirty-seven years old in perfect health begin,
> Hoping to cease not till death.

独特な行の並べ方になっている詩を引用しようとしているなら、原本の並べ方に合わせよう。

This is what Herbert captured so beautifully:

> 　Sure there was wine
> Before my sighs did drie it: there was corn
> 　　Before my tears did drown it.
> 　Is the yeare onely lost to me?
> 　　Have I no bayes to crown it?
> No flowers, no garlands gay? all blasted?
> 　　　All wasted?

戯曲から2行以上の会話を引用するなら、散文の場合のような体裁で、ブロック引用に分離しよう。それぞれの語り手の名前は、すべて大文字にしたり、違ったフォントを使ったりして、会話とはっきり区別できるように示そう。それぞれのセリフは、新しい行で始めて、繰り越し行は、引用の他の部分よりも下げて書こう。

Then the play takes an unusual turn:

> R. ROISTER DOISTER. Except I have her to my wife, I shall run mad.
> M. MERYGREEKE. Nay, "unwise" perhaps, but I warrant you for
> 　"mad."

エピグラフ　エピグラフ〔題辞〕は、レポートのテーマを確定する引用である。

学位論文や博士論文の前づけに使われるエピグラフについては、A.2.1 を参照。エピグラフは、章またはセクションの冒頭では、ブロック引用として扱おう。その下の行に、右端揃えにし、エムダッシュ em dash（または2つのハイフン。21.7.2 を参照）に続けて、著者と表題を示そう。エピグラフについては、さらなる正式な出典は必要ない。資料の行とテキストの冒頭との間は、2行分空けよう。付録図 A.9 (p.538) も参照。

> The city, however, does not tell its past, but contains it like the lines of a hand.
>
> —Italo Calvino, *Invisible Cities*

25.3 引用の部分的な変更

　引用するときはいつでも、資料における言葉遣い、スペル、大文字表記、句読点を、たとえこの手引のガイドラインに従っていなくても、正確に書き留めなければならない。しかしながら、引用を組み込むとき、周囲のテキストの構造に合うように、あるいは特定の部分に焦点を合わせるために、引用を部分的に変更してもよい。

　各学問分野は、この節で取り上げる問題について、異なった基準を持っていることに注意しよう。たとえば、頭文字の大文字と小文字を変更することや、省略のために省略符号を使うことなどについてである。大部分の分野でのレポートについては、一般的なガイドラインに従おう。文学研究をはじめ、テキストの綿密な分析に関係する分野でのレポートについては、いくつかのトピックのところで示す厳しいガイドラインに従おう。どれに従うべきか確信が持てないなら、自分の領域のガイドライを調べるか、または指導者に相談しよう。

25.3.1　許される変更

スペル　原文に明らかな誤植があるなら、注釈なしで訂正しよう。

Original: These conclusions are not definate, but they are certainly suggestive.

Clayton admits that his conclusions are "not definite."

しかしながら、そのような誤りが資料について重大なことを明らかにしているか、自分の議論に関連があるのなら、引用の中に残しておこう。その誤りの直後に、ラテン語の sic（"原文のまま"）をイタリック体で角カッコに入れて、挿入し、元の著者の誤りとして特定しよう。資料を辱めるためだけに誤りを強調することは、悪いマナーだとみなされる。

Original: The average American does not know how to spell and cannot use a coma properly.

Russell exemplifies her own argument by claiming that the average American "cannot use a coma [*sic*] properly."

より古い資料や、標準とは異なるスペルによって方言を表している資料から引用するときには、スペルの特異性を残しておき、sic は使わない。わかりやすくするために、スペルと句読点のすべてを現行のものにしたり、改めたりするなら、注か序文で読者に知らせよう。

大文字表記と句読点　大部分の学問分野では、引用する1節の頭文字を、大文字から小文字へ、または小文字から大文字へと、注釈なしで変更してもよい。引用をセンテンスの構成の中に織り込むなら、小文字で始めよう。それ以外の場合には、完全なセンテンスで始めるなら大文字で始め、そうでなければ小文字で始めよう。省略符号を使うときにもまた、同様の変更をしてもよい。25.3.2 を参照。

Original: As a result of these factors, the Mexican people were bound to benefit from the change.

Fernandez claims, "The Mexican people were bound to benefit from the change."

Fernandez claims that "the Mexican people were bound to benefit from the change."

Fernandez points out that "as a result of these factors, the Mexican people were bound to benefit from the change."

"The Mexican people," notes Fernandez, "were bound to benefit from the change."

引用をテキストの中でどのように扱うかによって、最後のピリオドを省略したり、コンマに換えたりしてもよい。

Fernandez notes that the Mexicans were "bound to benefit from the change" as a result of the factors he discusses.

"The Mexican people were bound to benefit from the change," argues Fernandez.

文学の研究をはじめ、テキストの綿密な分析に関係する分野では、どんな大文字表記での変更についても、改められた文字を角カッコに入れて示そう。

"[T]he Mexican people were bound to benefit from the change," argues Fernandez.

Fernandez points out that "[a]s a result of these factors, the Mexican people were bound to benefit from the change."

どんな学問分野でも、すでに2重引用符を含んでいる1節を2重引用符に入れるのなら、わかりやすくするために文中の符号は1重引用符にしよう（25.2.1を参照）。原本の1節がセミコロンかコロンで終わるときには、センテンスの構造に合わせるために、ピリオドかコンマに換えよう（21.11.2を参照）。

イタリック体 原本でイタリック体になっていない言葉を、強調するためにイタリック体にしてもよい。しかし、引用か出典のどちらかで、italics mine（斜体は筆者による）とか emphasis added（強調を付加した）という注釈によって変更を示さなければならない。引用の中では、イタリック体にした言葉の直後に角カッコで注釈をつけ加えよう。出典では、ページ番号のあとにセミコロン

に続けて注釈をつけ加えよう（16.3.5 も参照）。もし1つの引用で2つ以上の個所をイタリック体にするなら、カッコ入りコメントよりも注を使おう。22.2.2 も参照しよう。

According to Schultz, "By the end of 2010, *every democracy* [emphasis added] will face the challenge of nuclear terrorism."[1]

Brown notes simply that the destruction of the tribes "had all happened in *less than ten years*" (271; italics mine).

挿入 引用の中に解説、説明、または訂正のために、1語ないしそれ以上の語を挿入する必要があるなら、挿入は角カッコに入れよう。そのような挿入をたくさんしていると感じたら、言い換えるか、引用を短くしてテキストの中に織り込むことを考えよう。

As she observes, "These masters [Picasso, Braque, Matisse] rebelled against academic training."

She observes that Picasso, Braque, and Matisse "rebelled against academic training."

注 上付きの注番号を持つ1節を引用するとき、注そのものを引用しないなら、注番号は省略してもよい。

25.3.2 省略

引用の中の単語、フレーズ、センテンス、またはパラグラフさえも、関連がないからという理由で省略するのであれば、原文の意味を変えたり、不正確に伝えたりしてはならない。（not、never、always のような）引用全体の意味を変えるかもしれないような言葉だけでなく、重要な条件もまた残しておかなければならない。次の例で示される引用は、著者の真意を誤って伝えるものだろう（4.2.3 も参照）。

Original: The change was sure to be beneficial once the immediate troubles subsided.

Yang claims, "The change was sure to be beneficial."

　単語、フレーズ、またはセンテンスの省略を示すために、省略のドット、つまり間にスペースの入った3つのピリオドを使おう（多くのワープロ・ソフトには、省略を示す特別な文字がある）。ドットは、省略された言葉の代わりなので、常に引用符ないしブロック引用の中に入る。引用された最後の単語または句読点と、省略符の最初のドットとの間、また最後のドットと次の言葉または句読点の前に、スペースを入れよう。

"We are fighting for truth; ... for freedom ... ; and ... for survival."

特定の状況で省略符をどのように使うかは、学問分野次第だ。大部分の分野では、一般的な方法に従おう。文学の研究をはじめ、テキストの綿密な分析に関係する分野では、テキスト研究の方法に従おう（下を参照）。どの方法に従うべきかに確信が持てないなら、当該領域のガイドラインを調べるか、指導者に相談しよう。省略に際しての大文字表記および句読点の調整方法については、25.3.1 を参照。

一般的な方法　引用を次のように、いくつかの異なる方法で短くしてもよい。

Original: When a nation is wrong, it should say so and apologize to the wronged party. It should conduct itself according to the standards of international diplomacy. It should also take steps to change the situation.

　センテンスの中の言葉を省略するなら、上で説明されたように3つの省略のドットを使おう。

"When a nation is wrong, it should ... apologize to the wronged party."

センテンスの間の要素を省略し、省略部分に先行する要素が文法的に完全なセンテンスなら、そのセンテンスの直後に文を締めくくる句読点を使おう。その句読点と最初の省略符ドットの間にスペースを入れよう。たとえ省略が先行するセンテンスの最後を含んでいても、残されたものが文法的に完全である限り（ここの2番目の例文の場合のように）、このやり方に従おう。

"When a nation is wrong, it should say so and apologize to the wronged party.... It should also take steps to change the situation."

"When a nation is wrong, it should say so.... It should also take steps to change the situation."

センテンスの間の要素を、省略の前後の要素が組み合わさって文法的に完全なセンテンスになるように省略するなら、省略符の前に文を締めくくる句読点は入れない。しかしながら、こうした場合には、著者の真意を誤って伝えないように、上述の短縮方法の1つを使うか、2つの別々の引用を使う方がよい。

"When a nation is wrong, it should say so and... take steps to change the situation."

同じ原則は、他の種類の句読点にも適用される。それらの句読点は、言葉が略される場所に応じて、省略符に先行したり、そのあとに続いたりする。下の2番目の例文のような状況では、もっと精選して引用することを考えよう。

"How cold was it?... No one could function in that climate."

The merchant's stock included dry goods and sundry other items... , all for purchase by the women of the town."
あるいは
The merchant stocked "dry goods and sundry other items" for the town's women.

多くの文脈では、引用が短縮されたとき、次の状況では省略のドットを使う

必要はない。

■原文から引用したフレーズ、不完全なセンテンス、その他の断片で、明らかに完全な文ではないものの前後。しかしながら、その断片の中の何かを省略するなら、適切な場所に省略のドットを使おう。

Smith wrote that the president had been "very much impressed" by the paper that stressed" using the economic resources...of all the major powers."

■引用の冒頭。たとえ原本から引用したセンテンスの冒頭が省略されていても
■引用の最後。たとえ原本から引用したセンテンスの最後が省略されていても

テキスト研究の方法　テキスト研究における方法は、引用したセンテンスの冒頭と最後での要素の省略を示すために、一般的な方法よりもさらに厳格に省略符を使う。もしこの方法を使うなら、下に示された場合を除いて、一般的な方法の原則に従おう。

Original: When a nation is wrong, it should say so and apologize to the wronged party. It should conduct itself according to the standards of international diplomacy. It should also take steps to change the situation.

■センテンスの間の要素は省略するが、省略に先行するセンテンスを完全に引用するなら、文を締めくくる句読点をそのセンテンスの直後に使おう。その句読点と省略の最初のドットとの間に、一般的な方法と同様、下の最初の例で示されるようにスペースを入れよう。しかしながら、もし省略が先行するセンテンスの最後を含むなら（たとえ残されたものが文法的に完全なセンテンスでも）、そのセンテンスの直後に、句読点の代わりにスペースを入れよう。そのスペースのあとに、（ここの2番目の例文におけるように）省略を示すための4つの省略のドットを使おう。

例文1
"When a nation is wrong, it should say so and apologize to the wronged party.... It

should also take steps to change the situation."

例文2

"when a nation is wrong, it should say so.... It should also take steps to change the situation."

■ センテンスの冒頭で省略があるにもかかわらず、文法的には完全なセンテンスで引用を始めるなら、省略符で省略を示そう。最初の単語が引用の中で大文字になっていても、原文でそうでなければ、変更された文字は角カッコの中で示そう（25.3.1 を参照）。

... [I]t should say so and apologize to the wronged party."

■ センテンスの最後で省略があるにもかかわらず、文法的に完全なセンテンスで引用を終えるなら、センテンスの間で省略する言葉についてと同様に、4つのドットの省略符で省略を示そう。

"When a nation is wrong, it should say so...."

特別な形式の省略 次のやり方は、省略の取り扱いにおける一般的な方法とテキスト研究の方法の両方に適用される。

　もし1つのブロック引用の中で1つかそれ以上の完全なパラグラフを省略するなら、省略の前のパラグラフの最後に、ピリオドと3つの省略のドットで省略を示そう。引用に、省略のあとの次のパラグラフも含まれているなら、新しいパラグラフの最初の行を字下げで書こう。もし引用がパラグラフの真ん中でスタートするなら、字下げのあとに3つの省略ドットで始めよう。

Merton writes:

> A brand-new conscience was just coming into existence as an actual, operating function of a soul. My choices were just about to become responsible....
> 　...Since no man ever can, or could, live by himself and for himself alone, the

destinies of thousands of other people were bound to be affected.

　ブロック引用で引用された詩からの、1行ないしそれ以上の完全な行の省略は、省略する直前の行と同じくらいの長さの点線によって明示しよう。

The key passage reads as follows:

> Weep no more, woeful shepherds, weep no more,
> For Lycidas your sorrow is not dead,
> ....
> To all that wander in that perilous flood.

第26章 表と図

26.1 一般的な問題点
    26.1.1 テキストの中での場所
    26.1.2 大きさ
    26.1.3 資料の行

26.2 表
    26.2.1 表の構造
    26.2.2 表の番号と表題
    26.2.3 列の罫線
    26.2.4 列の見出し
    26.2.5 スタブ
    26.2.6 表の本体
    26.2.7 脚注

26.3 図
    26.3.1 チャートとグラフ
    26.3.2 図の番号とキャプション

    多くの研究レポートは、データを示すために表と図を使う。「表Table」は、行と列からなる格子状のもので、カテゴリーごとに数字または言葉のデータを示す。「図Figure」は、チャート、グラフ、図式、写真、地図、譜例、図面、その他のイメージを含む。これらすべての種類のテキストでない材料は、まとめて「図解illustration」（「図figure」の代わりに使われることもある用語）または

「図表 graphic」と呼ばれる。

　表または図で伝えられるデータがあるとき、最初の課題はこれらの体裁のうち最も効果的なものを選ぶことだ。表で示した方がよい種類のデータもあれば、チャートが適しているものもあるし、グラフがいいものもある。どれを選ぶかは、データに対する読者の反応の仕方に影響を与えるはずだ。これらは第8章で取り上げられている説得力の問題だ。この章では、特に表と2つの種類の図、すなわちチャートとグラフに注目しながら、選んだ特定の形式を組み立てる方法に焦点を合わせる。

　大部分の表、チャートやグラフは、今ではソフトウェアで作り出される。しかしながら、最も効果的な体裁を選ぶため、またそうしたものを正しい方式で作り出すためには、ソフトウェアに頼ることはできないし、ソフトウェアはまた、論理的あるいは形式的な一貫性も保証しないだろう。表、チャートやグラフを作り出す前に、一部の初期設定を変更し、また、いったん作られた図と表を微調整するつもりでいよう。レポートに表やすべての種類の図を挿入することに関しては、特にそれらが自分のワープロ・ソフトで作ったものではないのなら、付録の A.3.1 を参照しよう。

　表や図を含む学位論文か博士論文を執筆中なら、所属の学部ないし大学は、特定の体裁の条件を課しているかもしれない。それらの条件は普通、学位論文や博士論文の受付窓口から入手できる。もし講義レポートを書いているなら、指導者はまた、特定の方法で表や図を準備するよう求めることもある。レポートを準備する前に、これらの条件をよく調べよう。それらは、ここで提案されるガイドラインよりも優先する。いろいろな学問分野での文体のガイドについては、参考文献目録を参照。

26.1　一般的な問題点

　レポートで表や図を提示することには共通の問題点がいくつかある。

26.1.1　テキストの中での場所

　表とか図は、それに最初に言及するパラグラフのあとの、できるだけ近い位置にあることが望ましい。表や図がページの余白に入りきらず、1ページ分より小さければ、テキストをそのページが終わるまで続け、表とか図は次のペー

ジのトップに置こう。（レポートに表や図を挿入することに関してはA.3.1を、また表や図がページ上でどのようにあるべきかの見本は付録図A.12とA.13（pp.544、545）を参照。）

小さめの表と図は、お互いにはっきり区別がつく限り、1つのページ上にまとめてもよい。まとめられても、普通は表自体の表題は維持される（26.2.2を参照）。まとめられた図が相互に密接に関係があるなら、それらに1つの番号と全体をまとめたキャプションをつけよう。そうでなければ、別々の番号とキャプションを使おう（26.2.2を参照）。

もし表とか図が関連性に乏しいとか、テキストに入れるには大きすぎるなら、付録の中、あるいは後づけのうちの「図解 illustration」と名づけられたセクションの中に入れよう（A.2.3を参照）。

26.1.2　大きさ

できればいつも、縦置き〔normal〕、すなわちポートレートのページに合うように、表や図の体裁を整えよう。もし合わないなら、長い列の見出しを短くしたり、繰り返されている言葉を略したりしてみよう。

表や図を1ページに収めることができなければ、いくつかの選択肢がある。

- ■ランドスケープ　表や図の幅が1ページには広すぎるなら、左側をページの一番下になるように90度回転させよう。この向きは、ランドスケープまたは横置き〔broadside〕と呼ばれる。ランドスケープの表や図が入っているページには、どんなテキストも入れてはいけない。表の表題とか図のキャプションは、ランドスケープかポートレートにしよう。見本については、付録図A.13（p.545）を参照。
- ■横並び　表が1ページより長く、幅が1ページの半分より狭ければ、半分で分けて、2つの部分を同じページに横並びに置こう。行の見出しは両方の部分に入れよう。
- ■複ページ　表や図が長すぎてポートレートの1ページに入り切らないとか、幅が広すぎてランドスケープのページに入ら切らないということであれば、それを2つ（またはそれ以上）のページに分けよう。表については、どのページにもスタブ・コラムとすべての列の見出し（26.2を参照〔訳注：スタブ・コラムにつ

いても説明がある］）を繰り返そう。表の番号は、最初のページを除くすべての
ページの左上の"続く"の行に、左端揃えのイタリック体でつけよう（*Table 2
continued*）。最後のページを除いて、ページの底辺の罫線は省略しよう。

■ **縮図** 図が写真や他のイメージなら、縮小することを考えよう。解像度やその
特性についての情報は、当該領域のガイドラインを調べよう。

■ **別々の項目** 上の解決策のどれも適切でないなら、2つ以上の別々の表とか図
でデータを示すことを考えよう。

■ **補遺** 表や図が、大きなデータの集合またはマルチメディアのファイルのよう
な、印刷物では示せない材料で成り立っているなら、A.2.3で説明されている
ように付録で扱おう。

26.1.3　資料の行

　表とか図で使うどんなデータでも、自分自身が集めたものでなければ、典拠
を示さなければならない。たとえ新しい形でそのデータを示すとしても、つま
りたとえば、元来は表で公表されたデータに基づいてグラフを作るとか、表に
他の資料からの新しいデータをつけ加えるとか、あるいは2次的分析で多様な
資料からのデータを組み合わせるとかしても、守らなければならないことだ。

　典拠の行を、表への脚注として（26.2.7を参照）、または図のためのキャプシ
ョンの一部として（26.3.2を参照）扱おう。単語 *Source(s)*（イタリック体で大文
字を使い、コロンを続けて）を使って、典拠の行を導入しよう。もし典拠の行が
1行以上続くなら、繰り越し分はシングルスペースで左端揃えにするとよい。
典拠の行はピリオドで終えよう。

　出典について参考文献目録方式に従っているなら、元の表とか図の番号、デ
ータの典拠となったページ番号をはじめとして、完全な注（第16章を参照）と
同じように典拠を明示しよう。もし同じ資料をレポートの他の場所で言及しな
いなら、それを参考文献目録に入れる必要はない。

Source: Data from David Halle, *Inside Culture: Art and Class in the American Home*
(Chicago: University of Chicago Press, 1993), table 2.

Sources: Data from Richard H. Adams Jr. "Remittances, Investment, and Rural

Asset Accumulation in Pakistan," *Economic Development and Cultural Change* 47, no.1 (1998): 155-73; David Bevan, Paul Collier, and Jan Gunning, *Peasants and Government: An Economic Analysis* (Oxford: Clarendon Press, 1989), 125-28.

　出典について参照リスト方式に従っているなら、カッコ入り出典の場合のように（カッコなしで）典拠を明示し、参照リストにそれについての完全な文献情報を入れよう（第18章参照）。

Map by Gerald F. Pyle. Photograph by James L. Balland

Source: Data from Halle 1993. table 2.

Sources: Data from Adams 1998, 155-73; Bevan, Collier, and Gunning 1989, 125-28.

　もしデータが、最初の資料で示されているものから何らかの方法で手直しされているなら、table 26.1 と table 26.3 で示されているように、典拠の行に adapted from という言葉を入れよう。
　自分自身が作ったものではない写真や地図、その他の図については、典拠の行の代わりに製作者の名前を入れよう。

　もし博士論文が外部の博士論文リポジトリに寄託される予定なら、著作権によって保護されている表とか図を再利用するために、正式な許可を得る必要もあるかもしれない。『シカゴ・マニュアル *Chicago Manual of Style*』第15版（2003年）の第4章を参照。そのような許可との関係で提供者の名前を入れる必要があるなら、*Chicago Manual of Style* の 12.40-51（図）と 13.44（表）を参照しよう。

26.2　表

　多くの状況で、表でデータを示すことを選択してもよい。第8章は、表の使用と、そのデザインについての一般的な原則についての基準を説明している。この節では、表の準備段階で遭遇しそうな問題点の大部分を網羅する。table

26.1-26.3 は、ここで論じられる原則の見本を提供している。

表には、内容の複雑さにおいて、またそのために構造においても、実にさまざまなものがある。しかし、表の内部でも、表どうしの間でも、読者にデータを確実に理解させるためには、一貫性が不可欠である。

もしほかに指定がなければ、表の中の数に関するデータのすべてで、アラビア数字を使おう。スペースを節約するために、テキストの場合よりも自由に略語や記号を使ってもよいが、控えめに、一貫性をもって使おう。一般的な略語が存在しなければ、自分自身のものを作り、その表の脚注（26.2.7 を参照）か、もし多数あるなら、レポートの前づけ（A.2.1 を参照）の略語リストの中で、そ

Table 26.1 Selected churches in Four Corners, Boston

Church	Religious tradition	Attendance	Ethnicity/origin	Class
Church of God	Pentecostal	100	Caribbean, mixed	Middle
Church of the Holy Ghost	Pentecostal	10	Southern Black	Working
Faith Baptist	Baptist	70	Southern Black	Middle
Maison d'Esprit	Pentecostal	50	Haitian	Working
Mt. Nebo Apostolic	Apostolic	30	Southern Black	Working/middle

Source: Data adapted from Omar M. McRoberts, Streets of Glory: Church and Community in a Black Urban Neighborhood (Chicago: University of Chicago Press, 2003), 53.

Table 26.2 Election results in Gotefrith Province, 1950-60

	1950		1956		1960	
Party	% of vote	Seats won	% of vote	Seats won	% of vote	Seats won
	Provincial Assembly					
Conservative	35.5	47	26.0	37	30.9	52
Socialist	12.4	18	27.1	44	24.8	39
Christian Democrat	49.2	85	41.2	68	39.2	59
Other	2.9	0	5.7	1[a]	5.1	0
Total	100.0	150	100.0	150	100.0	150
	National Assembly					
Conservative	32.6	4	23.8	3	28.3	3
Socialist	13.5	1	27.3	3	24.1	2
Christian Democrat	52.1	7	42.8	6	46.4	8
Other	1.8	0	6.1	0	1.2	0
Total	100.0	12	100.0	12	100.0	13[b]

Source: Data from Erehwon 1950,1956,1960a
[a]This seat was won by a Radical Socialist, who became a member of the Conservative coalition.
[b]Reapportionment in 1960 gave Gotefrith an additional seat in the National Assembly.

Table 26.3 Unemployment rates for working-age New Yorkers, 2000

Unemployment rate	As % of labor force		
	Female	Male	Both sexes
All workers	6.1	5.4	...
By education (ages 25-64)			
Less than high school	11.9	5.8	...
High school degree	5.4	5.0	...
Some college	4.2	4.5	...
BA or more	2.6	2.3	...
By age			
16-19	...	...	19.3
20-34	...	...	6.5
35-54	...	...	4.7
55-64	...	...	2.9

Sources: Data adapted from Mark Levitan, "It Did Happen Here: The Rise in Working Poverty in New York City," in *New York and Los Angeles: Politics, Society, and Culture-A Comparative View*, ed. David Halle (Chicago: Univeristy of Chicago Press, 2003), table 8.2.

Note: "Working age" is defined as ages 16 to 64. Educational level is not tracked below the age of 25 in census data.

れらを説明しよう。

26.2.1 表の構造

表には、グラフの水平軸と垂直軸に似た要素がある。水平軸の上には「列の見出し column head」がある。垂直軸には「スタブ・コラム stub column」と呼ばれるものを構成する項目がある。

表の中の列（縦）と行（横）格子（グリッド）は、「独立変数」と「従属変数」という2セットの変数を関連づける。独立変数は、慣習的に左のスタブ・コラムの中にある。従属変数は、慣習的に列の見出しにある。もし同じ変数のセットをレポートの2つ以上の表に入れるなら、一貫性を持たせよう。すなわち、それぞれの表の同じ場所に、列の見出しとして、またはスタブ・コラムの中に、それらを入れよう。

データは、単語の場合も、数字の場合も、それら両方の場合もあるだろうが（表26.1を参照）、列の見出しの下、スタブ・コラムの右にあるセルの中に入れられる。

26.2.2 表の番号と表題

一般に、あらゆる表に番号と表題をつけるべきだ。番号や表題は、左揃えにし、表の上の行に入れよう。「表 Table」（ローマン体で、冒頭を大文字表記）という単語をつけて、そのあとに表番号（アラビア数字で）とピリオドを続けよ

う。スペースのあとに、最後のピリオドなしに表題を示そう。表題は、センテンス方式で大文字表記にしよう（22.3.1 を参照）。もし表題が 1 行以上続くなら、繰り越し分は、シングルスペースで左端揃えにする。

Table 13. Yen-dollar ratios in Japanese exports, 1995-2005

単純な 2 列のリストのように、テキストでも明確に用いることができる簡単な表には、番号も表題もいらない。

Chicago's population grew exponentially in its first century:

1840	4,470
1870	298,977
1900	1,698,575
1930	3,376,438

表の番号 表を、テキストの中で言及する順で、図とは別に番号をつけよう。わずかな表しかなければ、章をまたいでも、レポートを通して連続して番号をつけよう。多くの表と多くの章があるなら、2 重の番号をつけよう。すなわち、「Table 12.4」のように、章の番号にピリオドをつけ、そのあとに表の番号を続ける。

テキストの中で表に言及するときは、その場所（"下の"）よりも表番号（"表 3 で"）を具体的に挙げよう。レポートを編集したり、体裁を整えたりしているうちに、表を移動させることになるかもしれないからだ。テキストの中で表に言及する場合には、table の語は冒頭を大文字にはしない。

表の表題 表の表題は短く、しかしデータの具体的な特質を示し、表をそれぞれ区別するのに足りる程度に説明的なものにしよう。良い表題のつけ方については、8.3.1 を参照。表の表題は、テキストの他の部分よりも小さい字体で示されることがある。該当領域のガイドラインを調べよう。

26.2.3　列の罫線

罫線は異なった種類のデータやテキストを区別する。罫線が多すぎると、ややこしい印象を引き起こす。したがって、罫線は控えめにそして一貫して使おう（8.3.2 も参照）。

- 横幅いっぱいの水平の罫線を、表題と列の見出し（26.2.4 を参照）、列の見出しと表の本体、そして表の本体と脚注とを分けるために挿入しよう。総計の行の上の罫線は、慣習的なもので、不可欠なものではない。テキストの中の 2 列の表は、列の見出しが書体で区別されている限り、罫線がないのが一番よい。
- 特別な種類の見出しを使うのであれば、それがどの列の見出しと列を規定しているかを示すために、部分的な幅の水平の罫線を使おう（26.2.4、table 26.2 を参照）。
- 内部の垂直な罫線や、他の水平な罫線を使わないようにするため、列の間に十分なスペースを取ろう。表をボックスの中に囲い込むために縦の罫線を使ってはいけない。しかしながら、横並びにした長くて幅の狭い表（26.1.2 を参照）については、半分に分けたものを区別するために、垂直の罫線を使おう。
- 長い表や複雑な表を除いて、罫線の代わりに陰影を使わないようにしよう（8.3.2 を参照）。カラーも避けよう。たとえレポートをカラー・プリンターで印刷しても、あとで白黒の機械で印刷またはコピーされるかもしれないし、博士論文であれば、マイクロフィルムになるかもしれない。陰影やカラーは、これらのどんな形でも、うまく再現できない。もし陰影を使うなら、表の中のテキストが見にくくならないことを確認しよう。また、複数の陰影を使ってはいけない。違いが明瞭に再現されないかもしれないからだ。

26.2.4　列の見出し

表には、少なくとも 2 つの列がある。それぞれの列の一番上には、「見出し〔head または heading〕」をつけ、下の列にあるデータが何であるかを示す。

- 列の見出しには、名詞句を使おう。表の幅が広くなりすぎないように、見出しは短くしておこう（または table 26.1 と 26.2 の場合のように、行を折り返しにする）。
- 列の見出しは、下のデータ次第で、単数形または複数形にしよう。スタブの見出しは、もしあれば、普通は単数形だ（26.2.5 を参照）。

- 列の見出しは、センテンス方式で大文字にしよう（22.3.1 を参照）。
- スタブの見出しは、左端揃えにしよう。他の列の見出しは、下の最も幅広い記載項目の中央に来るようにしよう。すべての見出しの一番下は、水平に揃えよう。

　もしデータが複雑なら、列の見出しに加えて、特別な種類の見出しを入れる必要があるかもしれない。そのような見出しは、2つ以上の列のデータに該当することもある。見出しは、関連する列の上方で、それらの中央に来るようにし、その下に（また必要に応じて、上に）部分的な幅の水平の罫線を設けよう。table 26.2 は、列の見出しの上（"1950"）と下（"Provincial Assembly"）の両方の見出しを示している。

　見出しには、下の列にあるデータの計量単位を明快にしたり、示したりするために、説明的なタグが入ることがある。そのようなタグは、丸カッコの中に入れよう。タグの代わりに略語や記号（mpg、km、lb.、%、$M など）を使ってもよい。しかし表の内部で、また他の表との間でも、一貫性を持たせよう。

Responses (%)　　　　　　Pesos (millions)

26.2.5　スタブ

　表の一番左の列は、stub と呼ばれ、それぞれの列のデータのカテゴリーを列挙している。

- スタブには、できる限り見出しを入れよう。（"典型的な特性" や "可変項目 Variable" のように）総称的でも構わない。単に表の表題を繰り返しているだけであるとか、スタブに入っているカテゴリーが単一の見出しをつけるには多様すぎるとかいう場合にのみ、見出しを省略しよう。
- 「スタブの記載項目 stub entries」は、できる限り名詞または名詞句にし、一貫した形式にしよう。つまり "Books, Articles published in journals, Manuscripts" ではなく "Books, Journal articles, Manuscripts" にしよう。すべての表で、同じ項目には同じ言葉を使おう（たとえば、1つの表で Former USSR を使うなら、他の表で Former Soviet Union は使わない）。

■ すべてのスタブの記載項目は、センテンス方式で大文字にし（22.3.1）、最終のピリオドはつけないようにしよう。
■ スタブの見出しと記載事項は左端揃えにし、繰り越し行は字下げにしよう（table 26.1 の場合のように）。
■ 列の数字の合計を示すために、スタブに Total という名で字下げされた記載項目を入れよう（table 26.2 を参照）。

　　もしスタブに、主な記載事項のほかに補足的記載事項が入っていれば（table 26.3 を参照）、字下げ、体裁（イタリック体のような）、またはこれら両方によって区別しよう。主な記載事項の大文字表記などについては、上に挙げたのと同じ原則に従おう。

26.2.6　表の本体

　　表の本体は、データが入る「セル cells」から成り立つ。データは、言葉、数字、または両方の場合がある（table 26.1 を参照）。

　　もしデータが数字で、列または表全体のすべての数値が数千または数百万なら、右端のゼロを省略し、関連する列の見出しの中（26.2.4 を参照）や、表の表題の中（26.2.2）、または脚注の中（26.2.7）に、説明的なタグで単位を注記しておこう。空いているセルは、table 26.3 におけるように、間隔を空けた 3 つのピリオド（省略符ドット）によって、中央揃えで示そう。

水平の配列　各行のデータを、その行のスタブの記載事項に揃えて配列しよう。

■ スタブの記載事項が行送りされて 2 行以上になり、関連のデータはそうならなければ、行は、スタブの記載事項の一番下の行に揃えよう（table 26.1 の中の "Church of the Holy Ghost" で始まる列を参照）。
■ スタブの記載事項とデータが両方とも 2 行以上に繰り越されたら、行は、スタブの記載事項の一番上の行に揃えよう（table 26.1 の "Mt. Nebo Apostolic" で始まる列を参照）。
■ 必要に応じて、読者の目をスタブから最初の列のデータへと導くために、「リーダー leaders」（ピリオド、またはドットの線）を挿入しよう（類似の文脈でのリ

ーダーの見本については、付録図 A.5（p.529）を参照）。

垂直の配列　列の数字を、右端の数字に合わせることによって、実際の小数点または自明のこととして 0 が省略された小数点で、垂直に揃えよう。読者が列で数値を比較することができるようにするためだ。もし列のすべての数値が小数点の前にゼロを持っているなら、それらのゼロを省略してもよい（付録図 A.13（p.545）を参照）。

　ドル記号、パーセント記号、度数などは揃えよう。しかし、もしそれらが列のあらゆるセルに出てくるなら、それをセルから削除し、その単位を列の見出しにタグとして示そう（26.2.4、table 26.2、付録図 A.13 を参照）。

　データが言葉なら、各列を見出しの下で中央揃えにしよう。いずれかの項目が繰り越し行になっていたら、各列を左端揃えで並べよう（table 26.1 を参照）。

26.2.7　脚注

　表に脚注があれば、シングルスペースで左端揃えにしよう。表の一番下の罫線と最初の注の間、さらには注と注との間も、1 行空きにしよう。脚注は、テキストの他の部分より小さい書体で示してもよい。該当領域のガイドラインを調べよう。

　表の脚注には、4 種類ある。(1) 資料の行（26.1.3 で取り上げられている）、(2) 表全体に適用される一般的な脚注、(3) 表の特定の部分に適用される脚注、(4) 統計的な重要性のレベルについての注。もし複数の注があるなら、上記の順に並べよう。

一般的な注　一般的な注は、表全体に適用される。それによって、略語を定義したり、表の表題をさらに詳しく説明したり、どのようにデータが集められたか、または引き出されかを特定したり、数値を概数にしたことを示したりできる。そのような注意書きを、すべて 1 つの注に集めよう。表の中や表題のどこにも、また注自体にも、番号（または他の記号）はつけないようにしよう。簡潔に単語「注 *Note*」（イタリック体で大文字を使い、コロンを続ける）で注を書き始めよう。table 26.3 も参照。

Note: Since not all data were available, there is disparity in the totals.

特定の注　表の中の特定の項目を説明する注は、表の番号と表題以外のどの部分にもつけられる。そのような注は、表の内部と注それ自体の両方で、番号ではなく小文字の上つき文字で、明示しよう。注は、単語「注 note」ではなく、同じ上つき文字で書き始め、そのあとにはピリオドやコロンはつけない。

[a]Total excludes trade and labor employees.

そのような注を（table 26.2 の場合のように）1つの表に複数入れるなら、文字を順番に用いて、表の左上から始め、左から右へと移行し、そうやって1行ずつ下がるようにしよう。もし1つの注が2つ以上の項目に適用されるなら、それぞれの項目に同じ文字を使おう。もし注が列または行のすべての項目に適用されるなら、関連する列の見出しまたはスタブの記載事項に、その文字を入れよう。

統計的な重要性についての注　データの統計的な重要性についての注（「蓋然性についての注 probability notes」とも呼ばれる）を入れるなら、重要性のレベルが標準の場合には、表の内部と注それ自体の両方にアスタリスクで明示しよう。確率の一番低いレベルには1つ、下から2番目には2つ、下から3番目には3つのアスタリスクを使おう。しかしながら、もし標準以外の重要性のレベルに注をつけようとしているなら、代わりに上つき文字を使おう。これらの注は、短くて単一の目的を共有しているので、それらを同じ行にまとめ、間にはスペースを置いて、句読点を入れないようにするのでもよい。文字 p（probability の代わりで、あとにピリオドは入れない）は、小文字でイタリック体にした方がよい。小数点の前のゼロは省略しよう。

*p<.05　　**p<.01　　***p<.001

26.3　図

「図 figure」は、チャート、グラフ、図式、写真、地図、譜例および図面を

はじめ、いろいろなイメージを指す。それらの材料の大部分は、今ではコンピューターで準備し、レポートに挿入できる。技術的な詳細は、ソフトウェアによって異なり、この本で扱うには複雑すぎる。しかし、一部の一般的なガイドラインは、付録の A.3.1 に示されている。

この節では、データから作り出される 2 種類の図、すなわちチャートとグラフを提示するための、いくつかの一般的な原則を説明する。また、すべての種類の図のためのキャプションについても取り上げる。

印刷形式では提示できないビデオ、アニメーション、その他のマルチメディア・ファイルは、付録として扱おう（A.2.3 を参照）。

26.3.1　チャートとグラフ

多くの状況で、データをチャートまたはグラフで示してもよい。第 8 章は、これらの図表を用いる基準と、その一般的なデザインの原則を説明している。同章では、いくつかの違った種類の図表の見本も提供している。チャートとグラフを作るうえでの詳細なガイダンスは、信頼できる典拠を調べよう。

レポートでのチャートとグラフは、それぞれがデータを伝え、レポートの主張を裏づけるのにベストの形になっているのがよい。しかし、図表内部および各図表の間での一貫性は、読者がデータを確実に理解するために不可欠である。どんな種類のチャートやグラフを提示するときにも、次の原則を覚えておこう。

■同じ種類の要素（軸線、線、データ・ポイント、棒、くさび）は、同じ方法で表そう。はっきりした視覚的な効果は、区別するためだけに使おう。決して目先を変えるためだけに使わないこと。

■すべての数値に関するデータには、アラビア数字を使おう。

■すべての軸線には、センテンス方式の大文字表記を使ってラベルをつけよう。表に良い表題をつけるための慣習（8.3.1 を参照）に従って、ラベルは短くしよう。ラベルでは表現しきれないデータの側面を説明するために、図のキャプション（26.3.2 を参照）を使おう。スペースを節約するために、テキストの場合よりも自由に略語や記号を使ってもよいが、控えめに、そして一貫性をもって使おう。一般的な略語が存在しなければ、自分自身のものを作り、それらをキャプションの中か、もし多数あるなら、レポートの前づけ（A.2.1 を参照）の略

語のリストの中で、それらを説明しよう。

■ チャートまたはグラフで、内部の線やデータ・ポイントなどの項目に説明が必要なものがあれば、すべて小文字にするか（単語の場合）か、センテンス方式の大文字表記にするか（フレーズの場合）でラベルをつけよう。もしフレーズと単語の両方が出てきたら、（図8.3の場合のように）すべて同じ形式にするべきである。軸線につけるラベルについて上で説明されている他の原則は、この形式のラベルにもまた適用される。

■ 陰影とカラーは避けよう。たとえレポートをカラー・プリンターで印刷しても、あとで白黒の機械で印刷またはコピーされ、陰影やカラーがうまく再現されないかもしれない。陰影を使うなら、図のテキストを見えにくくしないことを確認しよう。また、複数の陰影は使わないようにしよう。違いが明瞭に再現されないかもしれないからだ。

26.3.2 図の番号とキャプション

　一般に、レポートの中のあらゆる図には、番号とキャプションをつけた方がよい。レポートの中にわずな図しか入れず、テキストの中で具体的にそれらに言及しないなら、番号は省略しよう。図のキャプションは、テキストの他の部分よりも小さい書体で表されることもある。該当領域のガイドラインを調べよう。

　図の下の行に、「図 Figure」（ローマ体で大文字を使い、左端揃えで）と書き、それに続けて図の番号（アラビア数字で）、そのあとにピリオドを入れよう。スペースのあと、キャプションを入れ、普通は最終のピリオドを続ける（下を参照）。キャプションが1行より長くなるなら、繰り越し分は左端揃えでシングルスペースにするのがよい。

Figure 6. The Great Mosque of Cordoba, eighth to tenth century.

譜例の場合だけは、図の番号とキャプションを図の上に置こう。

図の番号　テキストの中で言及する順で、図に表とは別の番号をつけよう。もしわずかな図しかないなら、章をまたいでも、レポートを通して連続で番号を

つけよう。もし多くの図と章があるなら、2重の番号をつけよう。すなわち、「Figure12.4」のように、章の番号にピリオドをつけ、そのあとに図の番号を続ける。

テキストの中で図に言及するときは、その場所（「下の below」）ではなく図の番号（「図3で in figure 3」）を具体的に挙げよう。レポートを編集したり、体裁を整えたりしているうちに、図を移動させてしまうかもしれないからだ。テキストの中で図に言及する場合には、figure の語は大文字にはしない。また、それを fig. のように短縮してはいけない。例外は、丸カッコに入れた参照事項——たとえば「（図10を参照　see fig.10）」だ。

図のキャプション　図のキャプションは、表の表題よりもさまざまだ。名詞句（22.3.1を参照）だけで成り立っている場合もあり、センテンス方式で大文字を使い、最終のピリオドなしとなる。

Figure 9. Mary McLeod Bethune, leader of the Black Cabinet during this era

もっと複雑なキャプションは、名詞句で始まり、1つかそれ以上の完全なセンテンスが続く。そのようなキャプションはまた、センテンス方式で大文字にされるが、最初の不完全なセンテンスのあとでさえ、最終のピリオドはある。もしキャプションに両方の形式が混ざっているなら、一貫性のために最初の形式のキャプションのあとに最終のピリオドを入れてもよい。

Figure 16. Benito Juárez. Mexico's great president, a contemporary and friend of Abraham Lincoln, represents the hard-fought triumph of Mexican liberalism at mid-century. Courtesy of Bancroft Library, University of California at Berkeley.

図に典拠の行があるなら、26.1.3のガイドラインに従って、それをキャプションの最後に置こう。

Figure 2.7. The Iao Valley, site of the final battle. Photograph by Anastasia Nowag.

キャプションは、いくつかの部分から成り立つ図につけられるときもある。「一番上 *top*」、「一番下 *bottom*」、「上 *above*」、「左から右に *left to right*」、「時計回りに見て左から *clockwise from left*」（キャプション自体から区別するためにイタリック体にする）のような言葉で、あるいは小文字のイタリック体の文字を使って、キャプションの中のそれらの部分を区別しよう。

Figure 6. *Above left*, William Livingston; *right,* Henry Brockholst Livingston; *below left*, John Jay; *right*, Sarah Livingston Jay.

Figure 15. Four types of Hawaiian fishhooks: *a,* barbed hook of tortoise shell;*b,* trolling hook with pearl shell lure and point of human bone.

もし図のためのキャプションが、図と同じページに入らなければ、最も近い先行するテキストのページ（A.3.1 を参照）に入れ、図の番号とキャプションの前に、イタリック体で場所を示そう。

Next page: Figure 19.　A couple with a newly purchased 20-inch color TV. The economic reforms of the 1980s encouraged rampant consumerism in China.

付録 レポートの体裁と提出

A.1 一般的な体裁の条件
    A.1.1　余白
    A.1.2　書体
    A.1.3　行間と字下げ
    A.1.4　ページ数表示
    A.1.5　表題

A.2 特定の要素のための体裁の条件
    A.2.1　前づけ
    A.2.2　テキスト
    A.2.3　後づけ

A.3 提出の条件
    A.3.1　ファイルの準備
    A.3.2　ハードコピーの提出
    A.3.3　電子ファイルの提出

　学位論文や博士論文、講義レポートを書いているなら、レポートの体裁や文体に対する特定の条件を守らなければならない。学位論文や博士論文については、そうした条件は学部、または大学の学位論文と博士論文の受付窓口によって設定されている。講義レポートについては、指導者によって定められる。レポートをハードコピーと電子データのどちらで提出するかによって、特定の提出方法に従わなければならないかもしれない。

学位論文や博士論文を書いているなら、これらの条件を特に知らなければならない。該当分野での学術的な慣習に、どれほどよく従っているかを判断されることになるからだ。また、体裁や提出についてのルールの多くは、製本されたり電子化されたりした保存用のコピーを、将来の読者のために、できるだけ閲覧しやすくするためのものである。

　ここで示されるガイドラインは、学術論文と博士論文の体裁と提出について、広く受け入れられている。しかし、大部分の大学は、独自の条件を課している。それらは通常、学位論文と博士論文の受付窓口から入手できる。「学位論文や博士論文を提出する前に、学部や大学の特定のガイドラインをよく調べよう。それらは、ここで示されているガイドラインより優先される」。

　一般に、講義レポートについての条件は、学位論文とか博士論文についてのものほど広範囲には及ばないし、厳しくもない。そのようなレポートは通常、含んでいる要素が少ないし、製本されたり電子的に保存されないので、提出物の条件も少ない。それでも、レポートの体裁を整えるにあたっては、該当分野での慣習を守るべきだ。なぜならば、それらの慣習は、読者が脚注や長い引用のような項目を素早く識別するのに役立つからだ。レポートの体裁について質問があるなら、指導者に尋ねるか、学部担当者に相談してみよう。

　この付録は、レポートをコンピュータで準備することを想定している。ワープロのプログラムはいろいろあるが、大部分のものは自動的に余白の大きさを決め、ページ番号をつけ、脚注の場所を決めて番号をつけることができる。しかしながら、特に余白や配置などの問題点について、特定のガイドラインに従わなければならないなら、レポートを提出する前に、印刷されたものを（できれば定規を手に持って）チェックしよう。ソフトウェアは、レポートの体裁を整える作業を簡単にしたが、自分の判断に完全に取って代わることはできない。

A.1　一般的な体裁の条件

　この節は、レポート全体に当てはまる、一般的な体裁の問題点を説明する。特定の要素と、それら個々の体裁の条件の解説については、A.2 を参照のこと。指導者、学部、大学は、ここで提案するアドバイスとは違うガイドラインを持っているかもしれない。もしそうなら、それらのガイドラインが優先する。

A.1.1　余白

　　米国では、ほとんどすべての紙は 8.5 × 11 インチの標準のページで製造される。ページの 4 方の端に、少なくとも 1 インチの余白を残そう。製本するつもりの学位論文や博士論文には、左側にそれより大きな余白、普通は 1.5 インチを、残す必要があるかもしれない。

　　ページ番号、およびその他の確認情報（A.1.4 を参照）をはじめとして、ヘッダーやフッターに置かれるどんな要素も、必ず該当領域のガイドラインで規定された余白の内側に入るようにする。

A.1.2　書体

　　タイムズ・ローマンやパラティーノのような、テキストのためにデザインされた読みやすい書体を選ぼう。読者の目を引き、著作を真面目さに欠けるように思わせる装飾的な書体は避けること（特定の書体の特色については、Robert Bringhurst, *The Elements of Typographic Style* [Point Roberts, WA: Hartley & Marks, 2004] を参照）。大部分のレポートについて、文字サイズは少なくとも 10 ポイント以上、できれば 12 ポイントにする。大学の中には、テキストには 12 ポイント、脚注や後注、表の表題、図のキャプションには 10 ポイントを要求するところもある。

A.1.3　行間と字下げ

以下のシングルスペースが望ましい項目以外、レポートの中のすべてのテキストはダブルスペースにしよう。

■ブロック引用文（25.2.2 を参照）
■表の表題と図のキャプション

　　以下の項目は、項目内部ではシングルスペースだが、各項目の間は 1 行空ける。

■目次と、図、表および略語のリストをはじめ、前づけ（A.2.1 を参照）の中の特定の要素

- 脚注または後注
- 参考文献目録または参照リスト

　シングルスペースやダブルスペースを要求する代わりに、ポイントによって項目間の縦の間隔を量的に定義している学部や大学もある（たとえば "正確に24ポイント" など）。多くのワープロ・ソフトに備わっているオプションである。

　センテンスの最終の句読点に続けて、2つではなく、1つだけスペースを入れよう。字下げ、テキストのコラムなど、一貫した整列が必要な内容には、スペースではなくタブを使う。

　すべてのパラグラフを、一貫して字下げしよう。ブロック引用文は、散文か詩かによって、字下げに独自のルールがある（25.2.2を参照）。

A.1.4　ページ数表示

　番号づけ　前づけが表題ページだけなら、そのページには番号をつけない。テキストの最初のページからスタートして、レポートの本体と後づけのページに番号をつける。

　学位論文や博士論文を書いているなら、テキストのほかの部分とは別に、前づけに番号をつける。

- 前づけは、表題ページ、およびほかのいろいろな要素を含む（A.2.1を参照）。これらのページに小文字のローマ数字（ⅰ、ⅱ、ⅲなど。表23.1を参照）で、連続して番号をつける。提出届け以外のあらゆる前づけは通常、番号がつけられるが、ものによってはつけなくてよい場合もある。学部と大学はしばしば、前づけの番号づけについて特定の指導をしている。していないようなら、この付録で説明されるガイドラインに従おう。
- 後づけを含むテキストのほかの部分（A.2.3を参照）は、アラビア数字で連続して番号が付けられる。

　学位論文や博士論文が非常に長いなら、所属の学部または大学は、それを何巻かに分けて製本するかもしれない。該当領域のガイドラインは、複数巻のレポートの番号づけに関して、1巻あたりの最大限のページ番号、および特別の

条件があればそれも併せて示しているはずだ。

配置　ページ番号は通常、3つの位置のいずれかに入れる。すなわち、フッター（ページの最低部）の中央、ヘッダー（ページの最上部）の中央、またはヘッダーの右端だ。講義レポートについては、これらの場所の中の1つを選び、一貫してそれを守ろう。

　伝統的に、学位論文や博士論文のページ番号は、レポートのどの部分であるかによって、違った場所に置かれてきた（この付録の見本のとおり）。

■**フッターで（中央に）**　前づけページすべて、および章または付録の最初のページのような、テキストのページと後づけのページで表題が入るもの
■**ヘッダーで（一貫して中央または右端揃えのどちらかに）**　テキストと後づけの中のほかのすべてのページ

　多くの学部や大学は、このような区別をやめ、今では学位論文や博士論文を通して、ページ番号の一貫した配置を求めている。3つの場所の中の1つを指定するところもあるが、学生に1つを選ばせるところもある。該当領域のガイダンスを調べよう。

　その他の確認情報　いくつかの状況では、ヘッダーとかフッターでページ番号のほかに、場所を特定する情報を入れることが認められることもあり、推奨さえされる場合もある。講義レポートについては、ラスト・ネーム、レポートの日付、または"初稿"のような表示を入れるよう、指導者が要求するかもしれない。長めのレポートについては、章とか節の表題は、読者がテキストの中での位置を見失わないようにするのに役立つ。学位論文や博士論文でのヘッダーやフッターについての条件は、まだ進化しているので、該当領域のガイドラインを参照しよう。

A.1.5　表題

　レポートは、その複雑さ次第で、A.2 で説明されているような多くの要素から成り立っていることもあり、それらの大部分には表題が合った方がよい。す

べての要素の表題には、同じ書体と体裁を使おう。伝統的には、すべて大文字のローマン体にし、中央揃えにする（この付録の見本のとおり）。表題に先行するどのような番号の表示も（たとえば Part II : The Early Years）、書体と体裁が表題と一致していなければならない。

もしレポートに章があるなら、その表題と番号の書体に一貫性を持たせて、要素の表題とは異なるようにする。当該領域のガイドラインがセンテンス方式の大文字表記を要求しているのでない限り、大部分の場合には、見出し方式の大文字表記でローマン体を使おう（2つの方式については、22.3.1 を参照）。章の中の小見出しについては、A.2.2 を参照。

当該領域のガイドラインがそれほど厳しいものでないなら、いろいろな種類の表題について、ここで説明しているものとは違う書体と体裁を使ってもよい。1つの種類に属するすべての表題は、一貫しているべきであり、それぞれの種類はほかのすべてのものと異なっているべきだ。長めの区分（パート、章）の表題は、小見出しよりも視覚的に目立っていなくてはならない。一般に表題は、左揃えであったり、通常の書体であったり、センテンス方式で大文字が使われていたりしているときよりも、中央揃えであったり、太文字とかイタリック体であったり、すべて大文字であったり、見出し方式で大文字が使われていたりしている方が目立つ。

表題での一貫性を確実にする最も効率的な方法は、ソフトウェアの標準的な機能を使って、それぞれの種類の表題に1つのスタイル（書体、大文字表記、位置など）を限定して適用することだ（A.3.1 を参照）。

A.2 特定の要素のための体裁の条件

A.1 で概略を示した一般的な条件に加えて、レポートの特定の要素には、特定の体裁の条件がある。この節は、講義レポート、学位論文、および博士論文で、最も一般的に見られる要素を説明し、その多くの見本を提供する。図 A.1 と図 A.8 以外のすべての見本は、シカゴ大学で書かれた博士論文から抜き出したページである。該当のページは、この手引の方式と体裁の勧めに適合するように、必要に応じて編集してある。もし指導者、学部、または大学に、これらの見本とは異なる特定のガイドラインがあるなら、それらが優先する。

大部分の長いレポートと、すべての学位論文や博士論文には、3つの主な部

分がある。すなわち、(1) 前づけ、(2) レポート本体のテキスト、(3) 後づけである。前づけと後づけもまた、複数の要素に分割されるが、それはレポート次第でさまざまである。

講義レポートでは、前づけはたぶん単独の表題ページ、後づけは参考文献目録または参照リストだけだろう。

A.2.1 前づけ

学位論文や博士論文の前づけは、次の要素の一部または全部を含んでいる。学部や大学は通常、要素の順序について具体的な指導をする。していないようなら、ここに説明する順序に従おう。

提出届け　大部分の学位論文と博士論文には、普通は文書の最初のページとして、提出届けのページがある。この位置にあるのなら、ページ番号はなく、前づけページの数には含まれない。

提出届けのページは、論文が修士号または博士号の条件の一部を満たすために提出されたことを申告するもので（言葉遣いはさまざまある）、そのページには、審査委員会のメンバーが署名する欄がある。大部分の学部や大学は、見本となる提出届けのページを提供しており、言葉遣いや形式については、それに忠実に従うことになる。

表題のページ　講義レポートは、表題のページで始まっているのがよい（ただし、表題をテキストの最初のページに置いているものもある。指導者に相談しよう）。レポートの表題を、ページの上から3分の1下に、普通は中央揃えにして入れる。もしレポートに主題と小見出しがあるなら、主題を1行にしてコロンを続け、次の行で小見出しを始める。その数行下に、（学部や番号を含む）課程の名称のような、指導者が要求する情報と一緒に、名前と日付を書こう。図A.1は、講義レポートのための見本の表題ページを示している。こうしたレポートの大部分については、これが必要とされる唯一の前づけだ。

学位論文や博士論文については、大部分の学部や大学は、見本となる表題ページを提供しており、言葉遣いや形式については、それに忠実に従うことになる。もしそうでなければ、図A.2をモデルとして使おう。表題のページを、ペ

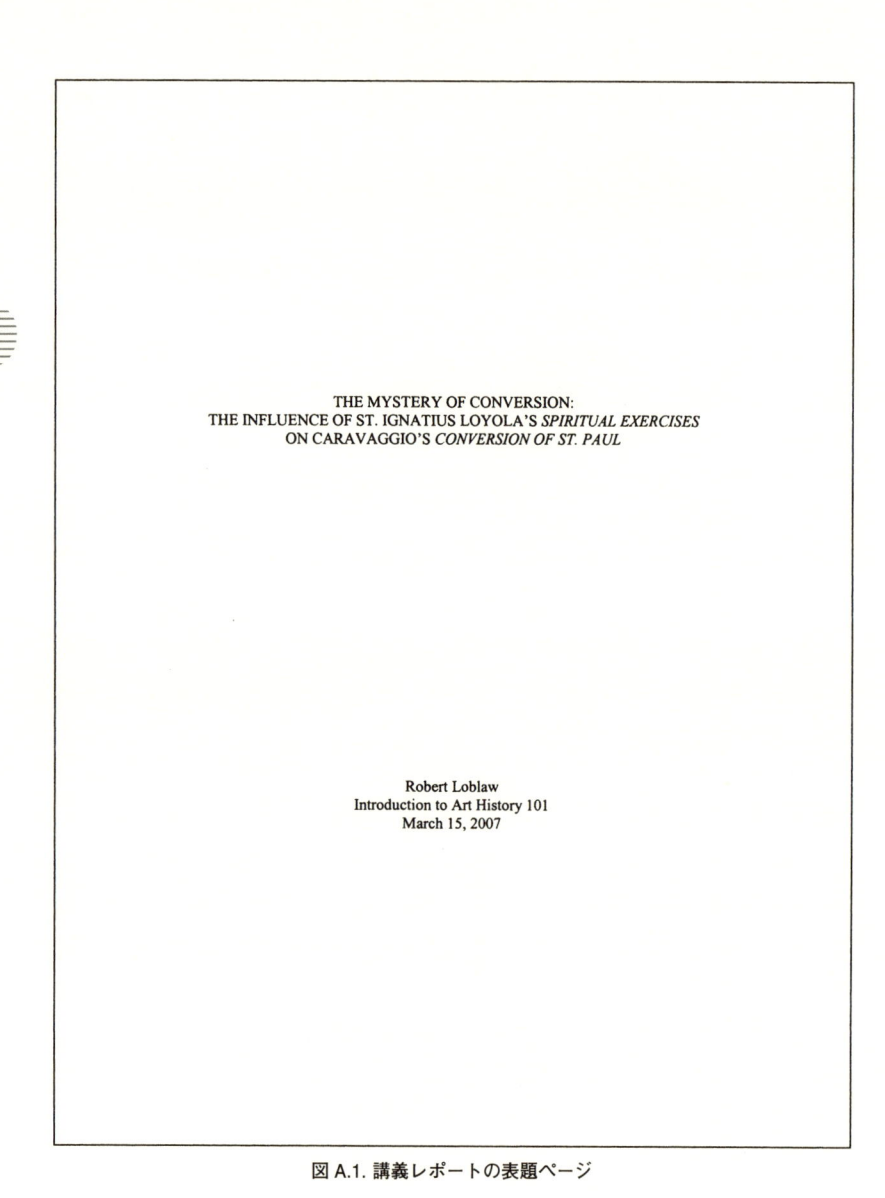

THE MYSTERY OF CONVERSION:
THE INFLUENCE OF ST. IGNATIUS LOYOLA'S *SPIRITUAL EXERCISES*
ON CARAVAGGIO'S *CONVERSION OF ST. PAUL*

Robert Loblaw
Introduction to Art History 101
March 15, 2007

図 A.1. 講義レポートの表題ページ

THE UNIVERSITY OF CHICAGO

ADAM SMITH AND THE CIRCLES OF SYMPATHY

A DISSERTATION SUBMITTED TO
THE FACULTY OF THE DIVISION OF THE SOCIAL SCIENCES
IN CANDIDACY FOR THE DEGREE OF
DOCTOR OF PHILOSOPHY

DEPARTMENT OF POLITICAL SCIENCE

BY
FONNA FORMAN-BARZILAI

CHICAGO, ILLINOIS
DECEMBER 2001

図 A.2. 博士論文の表題ページ

ージⅰとして数える。ただし、ページに数字は書かない。

　学位論文とか博士論文が何巻かに分けて製本されるなら（A.1.4を参照）、おそらくそれぞれの巻に別々の表題のページをつける必要があるだろう。該当領域のガイドラインに従おう。

版権または空白のページ　学位論文や博士論文では、表題ページのあとに版権のページを挿入しよう。このページを、ページⅱとして数える。ただし、該当領域のガイドラインで指示されていない限り、ページに数字は書かない。この形式の場合、版権の掲示をページの底辺近くに、通常は左端揃えにして入れよう。

Copyright © 20XX by Your Name
All rights reserved

　この掲示は法律的に版権を確立するので、正式な版権を申請する必要はない。
　レポートに版権の掲示を入れる必要がないなら、該当領域のガイドライン次第で、その場所に白紙を挿入してもよいし、この要素を省いてもよい。

献辞　学部や大学が献辞を認めているなら、特に重要な人物に謝意を表すために、短い献辞を入れてもよい。献辞のページは、前づけのページ番号に数えよう。ただし、該当領域のガイドラインで指示されていない限り、ページに数字は書かない。献辞をページの上から3分の1下に、普通は中央揃えにし、最終の句読点なしに、ローマ体にして入れる。dedication や dedicated という単語を使う必要はない。簡潔に to としよう。

To Anita

著作を献呈する人を明らかにしてもよいし（"To my father, Sebastian Wells"）、または誕生日と命日のような、ほかの情報を示してもよい。これよりも仰々しい献辞は時代遅れであり、ユーモアのある献辞が時代遅れにならないことは稀である。

題辞 学部や大学が題辞を認めているなら、献辞に加え、またはそれに代えて、短い題辞を入れてもよい。題辞は、レポートのテーマを確立する引用文である。題辞が最も効果的なのは、その言葉がひときわ印象的で、著作の精神を比類なく捕えているときである。題辞のページは、前づけのページ番号に数える。ただし、該当領域のガイドラインで指示されていない限り、ページに数字は書かない。そのページに単語の「題辞 epigraph」を入れる必要はない。

題辞をページ上から3分の1下に、中央揃えにするか、ブロック引用文（25.2.2を参照）のように扱うかして入れる。引用符に入れてはいけない。題辞の次の行に、出典、すなわち著者の名前、著作の表題（22.3.2を参照）を通常は右端揃えで入れよう。もし希望があれば、エムダッシュ（または2つのハイフン。21.7.2を参照）を先行させて、引用の日付を示そう。

Thus out of small beginnings greater things have been produced by His hand…and, as one small candle may light a thousand, so the light here kindled hath shone unto many, yea in some sort to our whole nation.

—William Bradford

Some people think the women are the cause of modernism, whatever that is.

—*New York Sun*, February 13, 1917

題辞は、章や節の最初に置いてもよい。25.2.2と、図A.9（P.536）を参照。

目次 章に分けられるすべてのレポートには目次が必要だ。この要素のすべてのページに、ローマ数字で番号をつけ、最初のページの一番上に「目次 Contents」というラベルをつける。目次が複数のページにわたっても、その表題は繰り返さない。表題と表に入れる最初の項目との間は2行空け、表に入れる個別の項目はシングルスペースにするが、項目の間は1行空ける。

目次には、それに先行するページ（提出届けのページ、表題のページ、版権または空白のページ、献辞、題辞）は含めず、それに続く前づけのページから始めるとよい。これらの項目に続いて、パート、章、またはテキストのほかの単位、そして後づけの要素を、順番に並べよう。もしテキストの中に小見出しがある

なら（A.2.2 を参照）、最初と 2 番目のレベルだけを入れる。それ以下のレベルは、レポートの正確な概観を読者に示すに足りる具体性がある場合に限って入れよう。言葉遣い、大文字表記、番号の方式（アラビア数字、ローマ数字、あるいは単語での表示）、およびすべての表題と小見出しの書体（A.1.5 を参照）は、必ずレポートの中のものと正確に適応させよう。

ページ番号は、それぞれの要素の最初のページについてだけ（全範囲のページではない）示し、ページ本体におけるのと同様に、ローマ数字またはアラビア数字の小文字を使う。ページ番号を右端揃えにし、場合によっては、読者の目をそれぞれの表題からページ番号へと導くために、ピリオドまたはドットの連続（「リーダー leader」と呼ばれる）を使ってもよい。

図 A.3 は、簡単な構造のレポートのための目次の見本を示している。パートと章の表題は左端揃えで、ページ番号は右端揃えである。

もっと複雑なレポートについては、該当領域のガイドラインが特定の体裁を要求しているのでない限り、レポートの構成形式に従おう。図 A.4 は、長い目次の 2 ページ目を示している。パートの表題や巻の番号（関連があれば、A.1.4 を参照）を、関連する章の上で中央揃えにし、章番号を列挙している縦欄の上に「章 Chapter」の単語を見出しとして使ってもよいことに注意しよう。章の表題と小見出しをもっと明確に区別するために、それぞれのレベルを一貫して先行するレベルよりも右へ半インチ下げて、小見出しを字下げしてもよい。

もし学位論文とか博士論文が何巻かに分けて製本されるなら、目次か、少なくともそれに基づく類似の一覧を、2 巻目以降で繰り返す必要があるかもしれない。該当領域のガイドラインを調べよう。

図、表、または図解のリスト　学位論文や博士論文（講義レポートの場合もある）に図、表、またはその両方が入っているなら、それらを前づけで挙げよう。そのようなリストのすべてのページに、ローマ数字で番号をつける。レポートに図（定義については第 26 章を参照）しか入っていないなら、最初のページの最上部に「図 Figure」というラベルをつける。表しか入っていないなら、代わりに「表 Table」というラベルを付ける。リストが複数ページに及んでも、表題は繰り返さない。表題とリストに入れる最初の項目との間を 2 行空ける。リストに入れる個別の項目はシングルスペースにするが、項目の間は 1 行空ける。

CONTENTS

ACKNOWLEDGMENTS ... iv

INTRODUCTION ... 1

PART I. THE CIRCLE OF THE SELF ... 19

Chapter 1. The Conflicted Self ... 20

Chapter 2. The Self and Its Mirror: Sympathy Dynamically Understood ... 43

PART II. THE CIRCLE OF SOCIETY ... 74

Chapter 3. The Socialized Conscience ... 75

Chapter 4. The "Humble Departments": Against the Stoic Cosmopolis ... 102

PART III. THE CIRCLE OF HUMANITY ... 137

Chapter 5. The Cosmopolis of Commercial Nations ... 138

Chapter 6. Sympathy in Space ... 168

Chapter 7. Negative Justice ... 187

CONCLUSION ... 212

BIBLIOGRAPHY ... 215

図 A.3. 目次

Chapter

FOUR "THE DIET OF WAR": MASS HUNGER AND SCIENCE
IN THE TWENTIETH CENTURY..164
  Mass Hunger, Mass Science.. 175
  Starvation Science..204
  The Legacy of Wartime Rationing..................................216

VOLUME II

FIVE RATIONING SPACE: MINIMAL ARCHITECTURE, 1840–1940..... 225
  Rationing Air...230
  Modernism and the Minimum Dwelling............................256
  Conclusion..296

SIX MEASURING MISERY: CONSUMER BUDGETS AND THE
MINIMUM WAGE... 297
  Subsistence.. 305
  Quantifying Subsistence: The Budget.............................. 314
  The Right to Existence... 333
  Wage Politics and the Minimum Plank............................ 345
  The Legal Minimum Wage.. 367
  Conclusion...386

SEVEN *MINIMUM VITAL*, THE PARADOX OF LIMITS. 390
  Vichy's Vital Minimum... 399
  Human Persons, Incompressible Needs, 1944–1951............... 413

CONCLUSION.. 447

BIBLIOGRAPHY..455

v

図 A.4. 複雑な目次の 2 番目のページ

TABLES

1.1	U.S. central government expenditures, 1830–1860	41
1.2	U.S. War Department expenditures, 1855–1860	45
1.3	Comparative approximate national military expenditures in 1860: France, United Kingdom, and United States	65
1.4	Geography of Quartermaster's and Commissary Department disbursement routing, July 1855–June 1860	68
1.5	Quartermaster's Department expenditures by category, 1856–1860	69
1.6	Leading contractors with the Quartermaster's Department, 1855–1860	76
1.7	Partial summary of supplies issued by the Quartermaster's Department at Fort Leavenworth, for the use of the Cheyenne Expedition and the Utah Expedition, 1857	102
1.8	Animal and wagon contracts and purchases for the Second Utah Expedition, February–May 1858	112
2.1	Twenty leading military suppliers to the state of New York, 1861–1862	181
2.2	Twenty leading military suppliers to the state of Massachusetts, 1861	186
2.3	Twenty leading military suppliers to the state of Pennsylvania, 1861–1862	188
3.1	U.S. War Department (Army) expenditures, 1860–1866	240
3.2	Leading Quartermaster's Department purchasing officers, 1860–1865, by funds disbursed and wartime post(s)	245
3.3	Geography of Quartermaster's and Commissary Department disbursement routing, July 1861–June 1865	260
4.1	Comparative profile of major military manufacturing industries in the North	319
4.2	Leading heavy ordnance suppliers to the U.S. Army, 1861–1866	321
4.3	The U.S. gunpowder industry on the eve of the Civil War	330

図 A.5. 表のリスト

ILLUSTRATIONS

Figures

1. Léonce Reynaud, "Prison Mazas," *Traité d'architecture* — 234
2. Eugène Péclet, *Nouveaux documents relatifs au chauffage* — 235
3. Eugène Péclet, *Traité de la chaleur* — 236
4. Maximilien Luce, illustration for Jules Vallès, *Mazas* — 237
5. Le Corbusier, "The Biological Unit," *The Radiant City* — 249
6. "Frankfurt A.M.," *Die Wohnung für das Existenzminimum* — 257
7. Cover, *Die Wohnung für das Existenzminimum* — 259
8. Hannes Meyer, "Co-op Zimmer" — 264
9. Le Corbusier, Salon d'automne living room — 270
10. Le Corbusier, Salon d'automne bedroom — 271
11. Le Corbusier, Bachelor apartment plan — 272
12. Le Corbusier, Salon d'automne floor plan — 273
13. Le Corbusier, "Maison Loucheur" — 275
14. Hannes Meyer, "Die neue Welt" — 277
15. Karel Teige, "Hotel Sheraton" — 284
16. Karel Teige, "Dom Kummuna" — 286

Tables

1. Daily rations in Paris, 1801–1945 — 124
2. Daily rations in internment camps, 1940s — 125

図 A.6. 図解のリスト

図 A.5 は、表のリストの見本を示している。

　レポートに図と表の両方が入っているなら、該当領域のガイドラインは、単一のリストに集約することを認めるかもしれない。そのリストに「図解 Illustration」というラベルをつける（上で説明されたパターンに従って）が、とはいえ、図 A.6 におけるように、Figures および Tables というラベルをつけて、2 つのセクションに分割しよう。

　それぞれの表や図の番号にアラビア数字で番号をつけ、それに続くピリオドで、リストを縦に揃える。もし（図 A.5 におけるように）2 重の番号つけを利用するつもりなら、代わりに小数点で番号を整列させる。

　図のキャプションと表の表題は、レポート本体のものの言葉遣いや大文字表記と対応していなければならない。しかし、それらが非常に長いなら、このリストにおける形式で短縮してもよい。繰り越し行は半インチ字下げしよう（表の表題と図のキャプションについて、さらには 26.2.2 と 26.3.2 を参照）。ページ番号は右端揃えで並べ、場合によっては、キャプションや表題をページ番号と結びつけるためにリーダーを使ってもよい。

序文　学位論文や博士論文では、研究のきっかけとなったもの、研究課題の背景、研究の範囲、およびレポートの目的を説明するために、序文を入れてもよい。序文はまた、謝辞も、それ自体のセクションに値するほど大変多くて細かくなければ（下を参照）入れてもよい。この要素のすべてのページにローマ数字で番号をつけ、最初のページの最上部に「序文 Preface」というラベルをつける。もし序文が複数ページにわたっても、表題は繰り返さない。表題とテキストの最初の行の間を 2 行分空ける。序文のテキストをダブルスペースにし、本体のテキストに合うような体裁にしよう。

謝辞　学位論文とか博士論文では、謝辞を別のセクションにしてもよい。その中で、助言者や同僚に感謝の意を表し、研究を援助し、または（技術的な問題についての相談、または特別の備品や資料を確保する上での援助のような）特別な支援の手を差し伸べてくれた個人や組織の名前を挙げる。もし謝辞が、助言者とか委員会による日常的な助力についてだけなら、序文（上を参照）に入れるか、すべて省く。謝辞のすべてのページにローマ数字で番号をつけ、最初のペ

ージの最上部に「謝辞 Acknowledgments」というラベルをつける。もし謝辞が複数ページにわたっても、表題は繰り返さない。表題とテキストの最初の行の間を2行空ける。謝辞のテキストをダブルスペースにし、本体のテキストに合うような体裁にしよう。

略語のリスト　学位論文や博士論文（講義レポートの場合もある）に、第24章で取り上げた普通の種類以外のもので非常に多くの略語が入っているなら、それらを前づけで列挙しよう。入れるべき項目の例は、たびたび引用される資料（16.4.3を参照）、または広く知られていない組織（24.1.2を参照）の略語だろう。

そのようなリストのすべてのページに、ローマ数字で番号をつけ、最初のページの一番上に「略語 Abbreviations」というラベルをつける。リストが複数のページにわたっても、その表題は繰り返さない。表題と表に入れる最初の項目との間を2行空けよう。表に入れる個別の項目はシングルスペースにするが、項目の間は1行空ける。図A.7は、略語のリストの見本を示している（この見本の項目がイタリック体になっているのは、出版された著作の表題であるからにすぎない）。

項目は、略さずに書き出した用語によってではなく、略語によってアルファベット順に配列されていることに注意しよう。略語自体は、左端揃えにする。略さずに書き出した用語（繰り越し行を含む）は、一定のインデントにし、最初の列にある最も長い略語と、2番目の列の最初の単語との間に、約半インチの間隔が空くようにする。

用語解説　学位論文や博士論文（講義レポートの場合もある）に、読者には馴染みがないかもしれない多くの外国語、また専門的な用語やフレーズが入っているなら、用語解説が必要かもしれない。一部の学部や大学は、後づけの中で、付録よりもあと、後注や参考文献目録または参照リストよりも前に、用語解説を配置することを認めていたり、要求したりしている。もし選ぶ自由があり、読者が読み始める前に定義を知らなければならないなら、前づけの中に入れ、そうでなければ、後づけの中に入れよう（A.2.3を参照）。

前づけに入れるなら、用語解説のすべてのページにローマ数字で番号をつけ、最初のページの一番上に「用語解説 Glossary」というラベルをつけよう。用語

解説が複数のページにわたっても、表題は繰り返さない。表題と表に入れる最初の項目との間を2行空ける。表に入れる個別の項目はシングルスペースにするが、項目の間は1行空ける。図A.8は、用語解説の見本を示している。

　用語は、アルファベット順に左端揃えにし、最後にピリオドをつけて（コロンやダッシュのこともある）配列する。用語を目立たせるために、太文字またはイタリック体にしてもよい。訳語または定義が続くが、最初の単語を大文字表記にし、最終ピリオドをつける。しかしながら、定義が1つの単語や短いフレーズだけで成り立っているなら、最終ピリオドは使わない。もし定義が1行以上なら、次の行への繰り越し分は、半インチ字下げする。

編集または研究の方法　学位論文や博士論文が、（さまざまなテキストの間での選択のような）編集方法、または研究方法について、広範囲にわたる事前の論述を必要とするなら、別個の要素として入れよう。また、方法を序文で手短に取り上げることはできる。引用した資料の中の大文字表記や句読点を現代的な形式にしたことを述べるだけなら、そのことを序文、または最初のそのような引用文につける注に入れよう。

　方法についての注のすべてのページに、ローマ数字で番号をつけ、最初のページの最上部に「編集方法 Editorial Method」または「研究方法 Research Method」というラベルをつけよう。そのセクションが複数のページにわたっても、表題は繰り返さない。表題とテキストの最初の行との間を2行空ける。このセクションのテキストはダブルスペースにし、本体のテキストに適合する体裁にしよう。

要旨　多くの学部または大学は、学位論文や博士論文に内容の要旨を入れることを要求している（要旨は、別の文書として提出されることもある）。この要旨はおそらく、『国際博士論文要旨集 Dissertation Abstracts International』に提出されるだろう。この要素のすべてのページに、ローマ数字で番号をつけ、最初のページの最上部に「要旨 Abstract」というラベルをつけよう。要旨が複数のページにわたっても、表題は繰り返さない。表題とテキストの最初の行との間を2行空ける。大部分の学部または大学には、要旨の特定のモデルがあり、内容、長さ、体裁、および配置について、厳密に準拠すべきである。

ABBREVIATIONS

AD	*Annales danici*
APL	*Acta processus litium inter regem Danorum et achiepiscopum lundensem*
BD	*Bullarium danicum*
CIC	*Corpus iuris canonici*
DBL	*Dansk biografisk leksikon*
DD	*Diplomatarium danicum*
DGL	*Danmarks gamle Landskabslove*
DMA	*Danmarks middelalderlige Annaler*
GD	Saxo Grammaticus, *Gesta Danorum*
KLNM	*Kulturhistorisk leksikon for nordisk middelalder*
LDL	*Libri memoriales capituli lundensis: Lunde Domkapitels Gavebøger (= Liber daticus lundensis)*
PL	*Patrologia latina*
SD	*Svenskt diplomatarium*
SMHD	*Scriptores minores historiae danicae medii aevi*
SRD	*Scriptores rerum danicarum*
VSD	*Vitae sanctorum Danorum*

図 A.7. 略語のリスト（このリストの項目がイタリック体になっているのは、出版された著作の表題であるから）

GLOSSARY

arabic numeral. One of the familiar digits used in arithmetical computation (1, 2, 3, etc.).

block quotation. Quoted material set off typographically from the text by indentation.

boldface type. Type that has a darker and heavier appearance than regular type (**like this**).

italic type. Slanted type suggestive of cursive writing (*like this*), as opposed to roman type.

lowercase letter. An uncapitalized letter of a font (a, b, c, etc.).

roman numeral. A numeral formed from a traditional combination of roman letters, either capitals (I, II, III, etc.) or lowercase (i, ii, iii, etc.).

roman type. The primary type style (like this), as opposed to italic type.

run-in quotation. Quoted material set continuously with text, as opposed to a block quotation.

vii

図 A.8. 用語解説

A.2.2　テキスト

　レポートのテキストは、前づけと後づけの間のあらゆるものを含む。それは序論から始まり、結論で終わる。序論、結論とも、単一のパラグラフ程度の短さのこともあれば、数ページにわたるほどの長さのこともある。学位論文や博士論文では、テキストは通常、章に分けられ、時にはパート、節、および副節に分けられることもある。多くの長めの講義レポートもまた、このように分けられる。

　テキストの大部分は、研究結果を説明するパラグラフから成り立っているので、A.1 で取り上げられたもの以上の体裁の条件はほとんどない。補足的な問題点は、テキストの各区分の始め方、注とかカッコ入り出典の体裁の整え方、およびテキストの中での表と図の配置の仕方、だけである。

　レポートのアラビア数字による番号づけは、テキストの最初のページから始めよう。

序論　多くの学位論文や博士論文（そして、講義レポートの場合もある）は、レポート全体の内容や議論の概略を説明する節で始まるが、それは非常に注目される節なので、筆者はそれをレポートのほかの部分とは別扱いする（研究課題の背景や、研究を特徴づけた問題点は、序文で言及されるべきだ。A.2.1 を参照）。もしそのような序論から始めるなら、最初のページの最上部に「序論 Introduction」というラベルをつける。序論の続きのページには、表題は繰り返さない。表題とテキストの最初の行との間を 2 行空ける。もし序論の題材の内容が、あとに続く章と明確に異なっていなければ、それを最初の章に合体させることを考えよう。

パート　学位論文や博士論文のテキストを、それぞれ 2 つ以上の章からなる 2 つ以上のパートに分けるなら、それぞれのパートを、その表題ページから始めよう。最初のパートの表題ページは、序論に続ける（たとえ序論が第 1 章のラベルをつけられていても）。パートの表題ページは、ページ番号に数える。しかし、下で説明される場合以外、または該当領域のガイドラインで指導されているのでなければ、ページ番号はつけない。このページの最上部に「パート Part」というラベルをつけ、そのあとにパート番号を続ける。該当領域のガイドライン

次第で、パート番号を大文字のローマ数字Ⅱ、または単語 Two のどちらかで示す。必ず章とは違った方法で番号をつけること。そのパートに、番号に加えて説明的な表題があるなら、その表題を1行空けた2行下に置こう。

　パートの表題ページに、そのパートの内容を紹介するテキストを入れるなら、アラビア数字でページに番号を入れる。表題とテキストの最初のページの間を2行空けよう。テキストが1ページよりも長くても、パートの番号や表題は繰り返してはいけない。

　すべてのパートの表題ページについて、一貫した体裁を守ろう。もし1つのパートに、番号に加えて説明的な表題があるなら、すべてのパートに説明的な表題を与える。もし1つのパートに前置きのテキストがあるなら、すべてのパートに前置きのテキストを入れる。

章　大部分の学位論文や博士論文、および多くの長い講義レポートは、2つ以上の章で成り立っている。それぞれの章は新しいページで始まる。このページの最上部に、「章 Chapter」のラベルを貼り、章の番号を続ける。章の番号はアラビア数字4または単語 Four のどちらで示してもよい。レポートにパートがあるなら、章の番号には違った方法の番号つけを選ぼう（たとえば、Part Ⅱ; Chapter Four）。もし章に番号に加えて説明的な表題があるなら、この表題を1行空けて2行下に置こう。章の続きのページには、番号や表題は繰り返さない。表題とテキストの最初の行の間を2行空ける。図 A.9 は、題辞を持った章の最初のページの見本を示している（25.2.2 を参照）。

　別の体裁としては、単語の Chapter を省き、章の番号と表題だけを使う。その場合、それらはコロンとかタブ・スペースで分けて、同じ行に表示する。しかしながら、レポートに章だけでなくパートもあるか、章に表題がないか、新しい章をレポートのほかの区分と混同する何らかの可能性があるなら、この体裁は使わない。

Chapter 1

The Conflicted Self

And what a malignant philosophy must it be that will not allow to humanity and friendship the same privileges which are undisputedly granted to the darker passions of enmity and resentment. Such a philosophy is more like a satyr than a true delineation or description of human nature, and may be a good foundation for paradoxical wit and raillery, but is a very bad one for any serious argument.
—David Hume, *An Enquiry Concerning the Principles of Morals*

Since the closing years of the nineteenth century, scholarship on Adam Smith has addressed the extent to which his two seminal books can be reconciled. The question, which has come down to us as the "Adam Smith problem," turns on how we might reconcile his *Theory of Moral Sentiments* (1759) and its moral philosophical emphasis on sympathy with *The Wealth of Nations* (1776) and its economic emphasis on self-interest.[1] Are the books consistent or continuous? And if not, which in Smith's mind was prior?

As I mentioned in the introduction, scholarship on Smith was long the province of economists and historians of economics, with the consequence that his moral philosophy was regularly subordinated.[2] Self-interest trumped sympathy, most insisted, giving little thought to how the two ideas related in Smith's mind. Though their evaluations of the "Smithian legacy" radically diverged, Chicago-school types like Hayek, Friedman, and Becker and Marxists like Macpherson and Dumont generally agreed that in *The Wealth of Nations* Smith had come to embrace an essentially materialist, Hobbesian orientation to human motivation checked only by an equally celebratory optimism that human

---

1. For a useful history, see Richard Teichgraeber III, "Rethinking *Das Adam Smith Problem*," *Journal of British Studies* 20, no. 2 (Spring 1981): 106–23.

2. For discussion, see Donald Winch, introduction to *Adam Smith's Politics: An Essay in Historiographic Revision* (Cambridge: Cambridge University Press, 1978), 1–27; and Winch, "Adam Smith and the Liberal Tradition," in *Traditions of Liberalism: Essays on John Locke, Adam Smith, and John Stuart Mill*, ed. Knud Haakonssen (Sydney: Center for Independent Studies, 1988), 82–104.

図 A.9. 章の最初のページ

節と副節　学位論文、博士論文、および長い講義レポートの長い章は、さらに節に分けられ、それら自体も副節などへと分けられるかもしれない。レポート、またはそのうちの1つの章に、わずかな節しかないなら、パラグラフの間を広めに空けて、節の切れ目を簡略化して示してもよい。

　レポートの中、または章の中に正式な節を作るなら、それぞれに独自の表題（「小見出し subheading または subhead」とも呼ばれる）をつけてもよい。「第1レベル first-level」「第2レベル second-level」などと呼ばれる、多くのレベルの副題小見出しがあってもよい。非常に長い、複雑なレポートを書いているのでなければ、2つか3つより多くのレベルの小見出しを使う前に、注意深く考えよう。役に立つというより、紛らわしくなる可能性もある。どのレベルでも、少なくとも2つの小見出しがなければならない。もしなければ、その分割は論理的ではないかもしれない。

　該当領域のガイドラインに、小見出しについてのルールがないなら、自分自身の書体と体裁を考案してもよい。それぞれのレベルの小見出しは、一貫していて、ほかのレベルとは異なっていなければならず、高いレベルの小見出しは、低いレベルのものよりも視覚的に目立っていなければならない。一般に小見出しは、中央揃えにしたり、太文字かイタリック体にしたり、見出し方式の大文字表記にしたときの方が、左端揃えにしたり、通常の書体にしたり、センテンス方式の大文字表記にしているときよりも、目立つ。小見出しの前後は1行ずつ空け、小見出しの最後にピリオドはつけない。

　以下は、5段階の小見出しの1つのやり方である。

■第1レベル　中央揃え、太文字またはイタリック体、見出し方式の大文字表記
Contemporary Art
■第2レベル　中央揃え、通常の字体、見出し方式の大文字表記
What Are the Major Styles?
■第3レベル　左揃え、太文字またはイタリック体、見出し方式の大文字表記
Abstract Expressionism
■第4レベル　左揃え、ローマン体、センテンス方式の大文字表記
Major painters and practitioners
■第5レベル　パラグラフの冒頭に挿入（後ろに空き行なし）、太文字またはイタ

リック体、センテンス方式の大文字表記、最終ピリオド
Pollock as the leader. The role of leading Abstract Expressionist painter was filled by Jackson Pollock....

ページを小見出しでは終えない。ワープロ・ソフトを、すべての表題が後続するパラグラフにつく形になるようにセットする。あるいは、もし必要なら、小見出しが次のページの最上部に来るように1、2行の空きを入れる。間にテキストが入らずに一緒に出て来る、異なる2つのレベルの小見出しの間に、空きを1行加えよう。

注またはカッコ入り出典 脚注を伴う参考文献目録方式の出典を使っているなら、脚注の体裁を整える方法についての解説は、16.3を参照しよう。図A.10は、脚注のついたテキストのページの見本を示している。

　参照リスト方式の引用を使っているなら、カッコ入り出典の体裁の整え方についての解説は、18.3を参照しよう。図A.11は、カッコ入り出典のついたテキストのページの見本を示している。

表と図 レポートに表や図が入っているなら、表、いくつかの種類の図、図のキャプションの体裁の整え方についての解説は第26章を、これらの要素のレポートへの挿入についての情報はA.3.1を参照しよう。図A.12は、テキストの中に置かれた図を持つページの見本、図A.13は、それだけ単独にランドスケープで置いた表の見本である〔26.1.2で詳説〕。

結論 学位論文や博士論文（または、長い講義レポートの場合もある）は、たぶん別個の要素として扱うに足りるほどの長さがある結論で終えるだろう。そのような結論を入れるなら、最初のページの最上部に「結論 Conclusion」のラベルをつける。そのあとの結論のページでは、表題は繰り返さない。表題とテキストの最初の行との間を2行空ける。

　また、ほかの部分との関係を強調したいなら、レポートの最後の番号つきの章としてもよい。もしそうするなら、「結論 Conclusion」の語を、章の表題として扱おう（p.535参照）。

A.2.3　後づけ

　　レポートの後づけは、次の要素の一部か全部で成り立っていたり、全くそのような要素では成り立っていなかったりする。学部や大学は通常、要素の順序について特定の指示をしている。していないなら、ここで説明されている順序に従おう。後づけに、アラビア数字を使って、テキストから通しで番号をつけよう。

図解　もし学位論文や博士論文（または、講義レポートの場合もある）に写真、地図、または類似の種類の図が含まれていて、トピックにはわずかにしか関連がないとか、テキストの中に入れるには大きすぎるなら（26.1.1 を参照）、それらを後づけの最初の要素にしよう。これらの基準に当てはまるチャートやグラフのようなほかの種類の図は、表の場合と同様に、付録として扱われるべきだ。下を参照。

　　図解セクションの最初のページの最上部に「図解 Illustration」のラベルをつける。もしこのセクションが 1 ページを越えても、表題は繰り返さない。レポートに図を挿入することに関する情報は、A.3.1 を参照。

付録　学位論文や博士論文（または、講義レポートの場合もある）に、レポート本体に簡単には挿入できない不可欠の立証資料が含まれるなら、その資料を後づけの中の 1 つかそれ以上の付録に入れよう（付録を章の最後に置いてはいけない）。そのような資料の例は、以下のようなものだろう。たとえば表とチャートやグラフのようないくつかの種類の図のうち、トピックにわずかにしか関連がないか、テキストの中に入れるには大きすぎるもの、資料を集めるのに使われた計画表と用紙、読者には入手できない文書のコピー、およびテキストに入れるには長すぎる事例研究などである。

最初のページの最上部に「付録 Appendix」のラベルをつける。もし付録が 1 ページを越えても、表題は繰り返さない。表題と、テキストの最初の行またはほかの資料との間を 2 行空ける。

　　付録の資料が異なる種類――たとえば表と事例研究――なら、複数の付録に分ける。この場合、それぞれの付録に番号か文字、および説明的な表題をつける。数字は、アラビア数字（1, 2）でも単語（One または Two）でもよく、アル

805

influence alone. In fact, the Democrats did not win control of the House until 1875, and it was Republican-controlled Congresses that passed most of the cuts.[66] Support for a small peacetime military was widespread, on both sides of the aisle in Congress and among the public at large. A tradition of antimilitary sentiment among Americans, which had been well established by the antebellum era, survived into the postwar era.[67] In December 1865, soon after President Johnson delivered his address to Congress, the pro-Republican *Cincinnati Daily Commercial* newspaper argued,

> It is not in accordance either with our national interest or the principles of our Government, to keep up a heavy standing army in time of peace. The enormous expense of standing armies is perhaps their least evil. They absorb and withdraw from useful occupations a large class of citizens who would otherwise be engaged in productive industry. They foster a spirit of restlessness, ambition, and discontent. They create and maintain national jealousies and animosities, and minister to that spirit of domination and passion for conquest which is fatal to the steady growth and permanent prosperity of a people.[68]

On the subjects of the peacetime military establishment and national government expenditures, many Republicans could find common ground with their Democratic colleagues. There were many fiscal conservatives in Republican ranks; these included Elihu Washburne, the former Van Wyck committee member, who in 1870 wrote from Paris to his brother (another Congressman) in Washington to say that he was dismayed by the recent Court of Claims awards to war contractors. "I hope your committee," continued Washburne, "will put the knife to the throats of every appropriation not absolutely necessary."[69] Although most Congressmen and their constituents naturally

---

66. Utley, *Frontier Regulars*, 59–68.

67. Marcus Cunliffe, *Soldiers and Civilians: The Martial Spirit in America, 1775–1865* (Boston: Little, Brown & Co., 1968).

68. *Cincinnati Daily Commercial*, December 16, 1865.

69. Elihu Washburne to C. C. Washburn, February 5, 1870, C. C. Washburn Papers, SHSW.

図 A.10. 脚注のついたテキストのページ

141

The conclusions of scholars who argue that the welfare state has "survived" its crisis (Pierson 1994; Piven and Cloward 1988; Schwab 1991; Ruggie 1996) are undeniable if what is being discussed is the first segment of the welfare state, old age pensions: Reagan's positions on cutting Social Security were so unpopular that he quickly drew back from any sustained attempt to reduce it, and Social Security not only maintained its strength, it actually grew in size. As Pierson succinctly explains it,

> Welfare states have created their own constituencies. If citizens dislike paying taxes, they nonetheless remain fiercely attached to public social provision. That social programs provide concentrated and direct benefits while imposing diffuse and often indirect costs is an important source of their continuing political viability. (Pierson 1994, 2)

Of course this is only true for those programs that do concentrate benefits and diffuse costs, like Social Security. The opposite is the case for those programs that benefit a minority by taxing the majority, like means-tested AFDC, for better or worse the symbol of the other part of America's welfare state. The Reagan administration managed a first strike against AFDC in the form of the Omnibus Budget Reconciliation Act of 1981 (OBRA), which tightened program eligibility and put a time limit on the "30 and 1/3 rule." In addition to AFDC, Reagan achieved cuts in the food stamp program, subsidized housing, the school lunch program, child care and housing assistance, public mental health and counseling services, legal aid, and other smaller means-tested programs (Rochefort 1986; Trattner [1974] 1999).

That these cuts were not larger has led most scholars to conclude that the conservative attack was not successful: "These programs remained substantially larger in 1985 than in 1966—the Reagan Revolution was a skirmish when viewed in its historical context" (Gottschalk 1988). This is the conclusion that one would come to after a

図 A.11. カッコ入り出典のついたテキストのページ

234

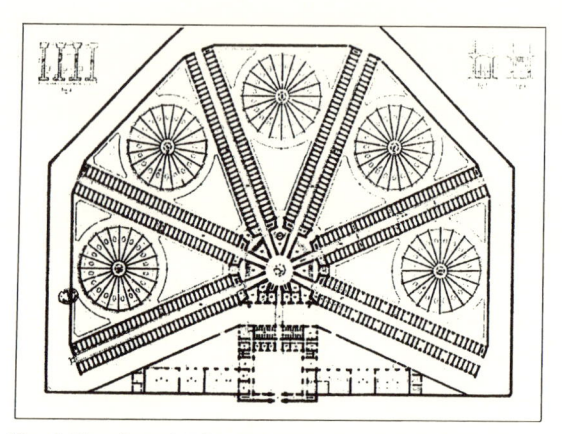

Figure 1. Léonce Reynaud, "Prison Mazas," *Traité d'architecture* (1863), vol. 2, plate 58.

  The Mazas prison, which replaced an aging detention center in Paris's Faubourg Saint Antoine, was one of the first to implement the government's new prescriptions on cellular design (see fig. 1).[35] The Prefect of Paris called upon Dumas, Boussingault, Leblanc, and their colleagues on the commission to set a scientific standard for the prison's air supply. By trial and error, as we have seen, they settled on an hourly figure of ten cubic meters of air per person. This standard was consecrated by the commission and determined the government's choice of building and ventilation plan.

  In May of 1850, the new prison opened its doors. Bentham's Panopticon had

---

35. The Conciergerie contained a few individual holding cells, and the La Roquette prison for youth had experimented with solitary confinement. Mazas, however, was the first large-scale project of its kind in France. Benjamin Appert, *Bagnes, prisons et criminals*, 2nd ed. (Paris: Guilbert, 1836), 1:155.

図 A.12. テキストと図を持つページ

Table 2.2. The largest regions by employment

	Rank	Number of subcenters	Fraction of regional employment in			Mean annual earnings ($)			
			CBD	Center city	Subcenters	CBD	Center city	Subcenters	Region
New York	1	38	.19	.83	.47	47,217	34,781	37,360	33,984
Los Angeles	2	62	.04	.49	.21	38,238	30,228	31,770	29,719
Chicago	3	67	.09	.44	.16	39,968	30,133	28,137	29,355
Washington	4	46	.08	.33	.22	40,156	35,657	32,329	32,556
Dallas	5	72	.06	.40	.34	35,391	29,107	28,959	27,902
Philadelphia	6	58	.10	.55	.34	32,614	28,393	28,805	27,696
Houston	7	47	.06	.77	.19	37,379	27,863	30,784	27,493
Detroit	8	38	.05	.23	.22	32,219	28,606	32,270	29,305
San Francisco	9	35	.12	.40	.35	37,651	33,559	33,256	31,098
Atlanta	10	38	.07	.55	.19	30,548	28,567	29,210	27,800
Minneapolis	11	52	.08	.22	.30	31,671	27,534	27,918	25,962
Boston	12	37	.14	.39	.24	38,285	33,620	27,653	30,684
San Diego	13	26	.05	.58	.19	29,482	26,973	27,113	25,307
Baltimore	14	32	.10	.46	.25	29,926	26,887	27,223	26,191
Saint Louis	15	36	.08	.29	.24	29,923	26,383	28,503	25,147
Phoenix	16	32	.02	.58	.18	29,529	25,147	24,734	24,600
Denver	17	43	.07	.47	.29	32,725	28,072	26,990	26,305
Miami	18	32	.07	.44	.26	28,345	24,539	24,800	24,462
Seattle	19	18	.12	.50	.25	30,177	27,565	29,579	27,574
Cleveland	20	16	.11	.40	.19	32,461	27,972	29,607	26,108
Pittsburgh	21	26	.14	.42	.28	30,801	26,596	26,561	24,968
Tampa	22	36	.05	.36	.23	27,650	23,974	22,825	22,812
Kansas City	23	34	.07	.43	.18	29,578	25,897	24,835	24,925
Milwaukee	24	20	.11	.47	.19	28,434	24,400	26,176	24,086
Portland, OR	25	32	.12	.48	.18	28,319	25,287	23,317	25,458
Sacramento	26	31	.10	.46	.28	29,996	27,995	26,240	27,118
Orlando	27	37	.05	.30	.31	28,089	22,963	22,476	22,629
Indianapolis	28	17	.11	.80	.22	27,004	25,264	26,930	24,693
Columbus	29	30	.13	.74	.30	29,546	26,046	25,294	26,307
Cincinnati	30	21	.14	.54	.13	30,358	27,615	23,093	25,900

Source: Data from U.S. Bureau of the Census 1990.

Note: The portion of CTPP-defined regions that are closest to the CBD of the largest city defines the geography. This definition does not result in exact matches with metropolitan areas in some cases.

図 A.13. ランドスケープで置いた表のページ

ファベットなら1文字ずつ順番に使う（A, B）。「付録 Appendix」の語のあとに番号か文字を続け、次の行に説明的な表題を入れる（レポートに付録が1つしかなくても、説明的な表題をつけてよいが、番号とか文字はつけない）。

もし付録が自分自身の説明的なテキストで成り立っているなら、ダブルスペースにし、本体のテキストと適合するように体裁を整える。それが1次文献または事例研究で成り立っているならシングルスペースにしてもよい。もし長ければ、なおさらだ。

大きなデータセットまたはマルチメディア・ファイルのような、印刷形式での提示が不可能な立証材料は、付録として扱う。ハイパーリンク（もし関連があるならば）を含め、資料とその所在に関する短い説明を入れる。具体的な体裁と提示の条件については、該当領域のガイドラインを調べよう。A.3.1 も参照。

用語解説　学位論文や博士論文（または、講義レポートの場合もある）に用語解説（A.2.1 を参照）が必要なら、前づけか後づけのどちらかに入れてもよい。どんな付録より後ろに置き、後注や参考文献目録または参照リストよりは前にしよう。A.2.1 で説明した特別の体裁の条件は、後づけの用語解説のページをローマ数字ではなくアラビア数字で番号づけすることを除き、すべて当てはまる。図 A.8 は見本の用語解説を示す（前づけに入れる体裁になっている）。

後注　参考文献目録方式の出典を使っているなら、注を後注として後づけに入れてもよい（後注の体裁については 16.3.4 を参照）。この要素の最初のページの最上部に「注 Notes」のラベルをつける。後注セクションの後続のページでは、表題は繰り返さない。表題と最初の注の間を2行、それぞれの注の間を1行空ける。図 A.14 は、章に分けられたレポートの後注のページの見本である。

参照リスト方式の出典を使っているなら後注はない。

参考文献目録または参照リスト　参考文献目録方式の出典を使っているなら、参考文献目録はたぶん後づけに入れるだろう。この要素の最初のページの最上部に「参考文献目録 Bibliography」のラベルをつける。参考文献目録の後続のページでは、表題は繰り返さない。表題とリストの最初の項目の間を2行、各

878

123. The claims of several states are the subject of Kyle Scott Sinisi, "Civil War Claims and American Federalism, 1861–1880" (PhD diss, Kansas State University, 1997). A variety of war claims are discussed in chapter 8.

Chapter 3

1. Meigs to Wilson, February 20, 1864, pp. 516–17, vol. 74-B, roll 45, Letters Sent by the Office of the Quartermaster General, Main Series, National Archives Microfilm Publications M745 (abbreviated hereafter as QMGLS).

2. Ibid.

3. On the history of the Quartermaster's Department, see Russell F. Weigley, *Quartermaster General of the Union Army: A Biography of M. C. Meigs* (New York: Columbia University Press, 1959); Erna Risch, *Quartermaster Support of the Army: A History of the Corps, 1775–1939* (Washington, DC: Quartermaster Historian's Office, 1962); James A. Huston, *The Sinews of War: Army Logistics, 1775–1953* (Washington, DC: Office of the Chief of Military History, 1966). On the number of quartermaster officers during the war, see Meigs to R. J. Atkinson, October 4, 1861, pp. 485–90, vol. 56, roll 36, QMGLS; Meigs circular, May 16, 1862, pp. 49–54, vol. 60, roll 38, QMGLS; Risch, *Quartermaster Support*, 334–35, 382–87, 390–93.

4. After the war, Johnston worked in the insurance business and served from Virginia in the U.S. House. From 1885 to 1891, he was commissioner of railroads under President Cleveland. Patricia L. Faust, ed., *Historical Times Illustrated Encyclopedia of the Civil War* (New York: Harper & Row, 1986), 400–401.

5. Weigley, *Quartermaster General*.

6. Lincoln to Winfield Scott, June 5, 1861, copy in Box 10, David Davis Papers, Chicago Historical Society. George Templeton Strong, a Wall Street lawyer and treasurer of the U.S. Sanitary Commission, would soon describe Meigs as "an exceptional and refreshing specimen of sense and promptitude, unlike most of our high military officials. There's not a fibre of red tape in his constitution." Strong, *The Civil War, 1860–1865*, vol. 3 of *The Diary of George Templeton Strong*, ed. Allan Nevins and Milton Halsey Thomas (New York: Macmillan, 1952), 173. See also Risch, *Quartermaster Support*, 335–36.

7. Weigley, *Quartermaster General*; Allan Nevins, *War Becomes Revolution, 1862–1863*, part 2 of *The War for the Union* (New York: Charles Scribner's Sons, 1960), 471–78. Meigs also appears as a prominent character in Nevins's discussion of how the war promoted organization in American society. See Nevins, "A Major Result of the Civil War," *Civil War History* 5 (1959): 237–50.

図 A.14. 後注

項目の間を1行空けよう。図A.15は、参考文献目録のページの見本である。

いくつかの種類の参考文献目録については、「参照資料 Sources Consulted」のような異なる表題を使うことが望ましい。参考文献目録を著者によってアルファベット順に並べないなら、頭注か（一貫した体裁の）小見出し、またはそれらの両方を入れて配列について説明しよう。これらのバリエーションについては、16.2を参照。

参照リスト方式の出典を使っているなら、後づけに参照リストを入れなければならない。最初のページの最上部に「参照事項 References」のラベルをつける。参照リストの後続ページでは、表題は繰り返さない。表題とリストの最初の項目の間を2行、各項目の間を1行空ける。図A.16は、参照リストのページの見本である。

参照リストを著者によってアルファベット順に並べない珍しいケースでは（18.2.1を参照）、頭注か（一貫した体裁の）小見出し、またはそれらの両方を入れて、配列について説明しよう。

926

Gallman, J. Matthew. "Entrepreneurial Experiences in the Civil War: Evidence from Philadelphia." In *American Development in Historical Perspective,* ed. Thomas Weiss and Donald Schaefer, 205–22. Stanford: Stanford University Press, 1994.

———. *Mastering Wartime: A Social History of Philadelphia during the Civil War.* Cambridge: Cambridge University Press, 1990.

———. *The North Fights the Civil War: The Home Front.* Chicago: Ivan R. Dee, 1994.

Gallman, Robert E. "Commodity Output, 1839–1899." In *Trends in the American Economy in the Nineteenth Century,* edited by the National Bureau of Economic Research, 13–67. Princeton: Princeton University Press, 1960.

Gamboa, Erasmo. "Mexican Mule Packers and Oregon's Second Regiment Mounted Volunteers, 1855–1856." *Oregon Historical Quarterly* 92 (1991): 41–59.

Gansler, Jacques S. *The Defense Industry.* Cambridge, MA: MIT Press, 1986.

Gardner, Mark L. *Wagons for the Santa Fe Trade: Wheeled Vehicles and Their Makers, 1822–1880.* Albuquerque: University of New Mexico Press, 2000.

Gates, Paul W. *Agriculture and the Civil War.* New York: Alfred A. Knopf, 1965.

———. *The Farmer's Age: Agriculture, 1815–1860.* New York: Holt, Rinehart and Winston, 1960.

———. *Fifty Million Acres: Conflicts over Kansas Land Policy, 1854–1890.* Ithaca: Cornell University Press, 1954.

"General Roeliff Brinkerhoff, 1828–1911." *Ohio Archaeological and Historical Publications* 20 (1911): 353–67.

Gerber, David. "Cutting Out Shylock: Elite Anti-Semitism and the Quest for Moral Order in the Mid–Nineteenth Century American Market Place." *Journal of American History* 69 (1982): 615–37.

Gerleman, David James. "Unchronicled Heroes: A Study of Union Cavalry Horses in the Eastern Theater; Care, Treatment, and Use, 1861–1865." PhD diss., Southern Illinois University, 1999.

Geyer, Michael, and Charles Bright. "Global Violence and Nationalizing Wars in Eurasia and America: The Geopolitics of War in the Mid–Nineteenth Century." *Comparative Studies in Society and History* 38 (1996): 619–57.

Gibson, George H. "The Growth of the Woolen Industry in Nineteenth-Century Delaware." *Textile History Review* 5 (1964): 125–57.

図 A.15. 参考文献目録

386

Bréchon, Pierre, ed. 1994. *Le discours politique en France.* Paris: La documentation Française.

Brooks, Clem. Forthcoming. Civil rights liberalism and the suppression of a Republican political realignment in the U.S., 1972–1996. *American Sociological Review.*

Brown, Michael K., ed. 1988. *Remaking the welfare state: Retrenchment and social policy in Europe and America.* Philadelphia: Temple University Press.

Brownlee, W. Elliot, ed. 1996a. *Funding the modern American state, 1941–1995: The rise and fall of the era of easy finance.* Cambridge: Cambridge University Press.

———. 1996b. Tax regimes, national crisis, and state-building in America. In *Funding the modern American state, 1941–1995: The rise and fall of the era of easy finance,* ed. W. Elliot Brownlee, 37–106. Cambridge: Cambridge University Press.

Burawoy, Michael. 1979. *Manufacturing consent: Changes in the labor process under monopoly capitalism.* Chicago: University of Chicago Press.

———. 1989. Two methods in search of science: Skocpol versus Trotsky. *Theory and Society* 18, no. 6:759–805.

Burstein, Paul. 1998. Bringing the public back in: Should sociologists consider the impact of public opinion on public policy? *Social Forces* 77:27–62.

Business Week. 2000. Unions campaign to shrink work time. April 24.

Butler, David, and Dennis Kavanagh. 1984. *The British general election of 1983.* London: Macmillan.

———. 1988. *The British general election of 1987.* New York: St. Martin's Press.

Butler, David, and Michael Pinto-Duschinsky. 1971. *The British general election of 1970.* London: Macmillan.

Cameron, David. 1991. Continuity and change in French social policy: The welfare state under Gaullism, liberalism, and socialism. In *The French welfare state: Surviving social and ideological change,* ed. John S. Ambler. New York: New York University Press.

Campbell, John. 1993. *Edward Heath: A biography.* London: Random House.

Campbell, John L., and Michael Patrick Allen. 1994. The political economy of revenue extraction in the modern state: A time series analysis of U.S. income taxes, 1916–1986. *Social Forces* 72, no. 3:643–69.

図 A.16. 参照リスト

A.3 提出の条件

A.3.1 ファイルの準備

電子ファイルを良好に管理し準備するために、いくつかの基本的な慣行に従うと、どんな状況においても、問題を回避し、読みやすく、きちんと体裁が整ったレポートを作り出すのに役立つ。これらの慣行は、もしレポートを電子的手段で提出しなければならないのなら、特に重要である（A.3.3 を参照）。

ファイル管理 ファイルのデータが、ある瞬間に失われたりダメになったりする危険を、最小限にする努力をしよう。

- レポートは、長さに関係なく、1つの電子ファイルとして準備すること。1つのファイルで仕事をすれば、包括的に検索し変更することや、ワープロ・ソフトの自動番号つけ機能（脚注や同種のものについて）を正確に使うこと、および書式を定め、一貫して適用すること（下を参照）を可能にしてくれる。電子的手段で提出されるレポートは、ほとんど常に、1つだけのファイルに収められていなければならない。
- ファイルには、簡単で論理的な名前をつけること。時間の経過とともに違った版を保存するなら、版の混同を避けるために、一貫した名前をつけよう（たとえば、常に最後に日付を入れる）。
- 複数の種類のソフトウェアで、ファイルに取り組まないこと。ファイルの変換は、標準的なワープロ・ソフトの間を移動するときでさえ、常にある程度エラーやデータ喪失の危険を伴う。
- ファイルは、執筆作業中にも、常に繰り返し保存すること。
- 執筆作業ごとに、複数の場所にファイルのバック・アップを取ること。自分のコンピュータのハード・ディスクに加え、（もし利用できるなら）ローカル・ネットワークに、あるいは CD のような消去可能な記憶媒体に保存しよう。
- 提出日の前に、ファイルをプリント・アウトすること。訂正する時間があるうちに、自分のプリンターではサポートしていない特殊文字のような、ソフトウェアの問題点がないか目を通そう。出力データには「草稿 Draft」のラベルを貼り、少なくとも最終版を提出するまでは保存しておこう。（コンピュータの不

調や、重病のような）緊急の場合には、本当に草稿を作成したことを示すために、それを使うことができる。

テキストの構成要素　テキストのすべての構成要素を、明確に、首尾一貫して示そう。

- 通常のテキスト、ブロック引用文、脚注、およびそれぞれの種類の表題と小見出しをはじめ、テキストの各構成要素の体裁を一貫して整えること。一貫性を確実にする最も効率的な方法は、普通のソフトウェア機能を使い、それぞれの構成要素に対して（書体、大文字表記、位置などを含めた）方式を定め、適用することだ。
- 行を左端揃えにする（右の余白は"不揃い"）ようにワープロ・ソフトをセットし、自動のハイフン連結機能は使わない（20.4.1 を参照）。
- 音声区別符号は、キーストロークを使って、または基本的なフォント・セットの中の記号フォントから作ること。その他の（ギリシャ文字、数学の記号、パラグラフや節の符号のような）特別な文字は、記号フォントから作ろう。
- カラーのフォントは避けること。レポートをカラー・プリンターで印刷しても、あとでモノクロの機械で印刷されたりコピーされたりすれば、カラーがうまく再現されないかもしれない。
- 方程式と公式は、もし可能なら、ワープロ・ソフトの方程式編集機能を使って作ること。それができないなら、こうした要素を関連のソフトで作り、イメージとしてファイルに挿入しよう（下を参照）。イメージと、（もしあれば）上と下の両方のテキストとの間に、少なくとも1行を空ける。

表　明瞭で、鮮明で、関連性のはっきりとした表を示すために、ソフトウェアを使おう。

- 表は、もし可能なら、ワープロ・ソフトの表エディタを使って作ること。それができないなら、それを表計算ソフトで作り、リンクされていない表としてファイルの中に挿入し、それらを周りのテキストに適合する体裁にする。表の構成、体裁、およびテキストの中の配置についての解説は第 26 章を参照。

■表番号と表題を、表の上の行に入れること（26.2.2 を参照）。表の横幅をいっぱいに使って表題を付け、繰り越し行は字下げしない。表の表題は、テキストの他の部分よりも小さい書体にしてもよい。該当領域のガイドラインを参照しよう。

■表の脚注は（もしあれば）、表の最下部の罫線の下に入れ、罫線と最初の注との間、また注と注との間を 1 行空けること。脚注は、テキストのほかの部分よりも小さい書体にしてもよい。該当領域のガイドラインを参照しよう。

■表の表題と、同じページでそれよりも上にあるテキストとの間、また最下部の罫線（または最後の脚注）とその下のテキストとの間を、少なくとも 1 行空けること。表がページの最上部または最下部にあるなら、ページの上部または下部の余白にぴったりつけて置こう。

■長い表や複雑な表を除いて、陰影はつけない（8.3.2 を参照）。また、カラーはやめよう。たとえレポートをカラー・プリンターで印刷しても、あとでモノクロの機械によって印刷されたり、コピーされたりすることもあるし、それが博士論文ならマイクロフィルムにされるかもしれない。陰影やカラーは、これらのどんな形式でも、うまく再現されない。もし陰影を使うなら、表のテキストが不明瞭にならないことを確認しよう。多様な陰影は、はっきり再現されないかもしれないので使わない。解像度などの特性については、該当領域のガイドラインを参照のこと。

■複数ページにわたる表では、スタブとすべての列見出し（26.2 を参照）をページごとに繰り返すこと。2 ページ目以降は、ページごとにその最上部左の "続き continued" の行に、イタリック体で左端揃えにして表番号を入れる（*Table 2 continued*）。最後以外のすべてのページで、最下部の罫線は省く。

■全ページを占めているか、ランドスケープで置かれている表にも、レポートの標準の余白を残すこと（26.1.2 を参照）。ランドスケープの表があるページには、通常のテキストは一切入れない。表の表題は、ランドスケープまたはポートレイトで入れる。そのページに適切に番号をつけよう。

■大きなデータセットが入っている表のような、印刷形式で表示するのが不可能な表は、別のファイルとして保存し、レポートの付録として扱おう（A.2.2 を参照）。

図 図表が、読みやすく、正確で、適切なものであることに注意しよう。

- チャート、グラフ、および図式は、もし可能なら、ワープロ・ソフトで作ること。それができないなら、それらを関連のソフトで作り、イメージとしてファイルに挿入し、それらを、周りのテキストに適合する体裁にする。図の種類、体裁、およびテキストの中の配置についての解説は、第 26 章を参照。

- 写真、地図、その他の種類の図は、イメージとしてファイルに挿入すること。図がハードコピーでしか入手できないなら、できればスキャンして挿入する。レポートのハードコピーに添付されたイメージは、コピーではうまく再現されないし、あとでファイルから印刷されるどのコピーからも失われてしまうだろう。

- 図の番号とキャプションを、図の下の行に入れること（26.3.2 を参照）（譜例だけについては、それらの項目を図の上の行に入れる）。図の横幅をいっぱいに使ってキャプションをつけ、繰り越し行は字下げしない。ページの余白に、図とキャプションの両方を入れる余地がないなら、キャプションを先行する直近のテキストのページの最下部（必要な場合には最上部）に入れる。図のキャプションは、テキストの他の部分よりも小さい書体にしてもよい。該当領域のガイドラインを参照しよう。

- 図と、同じページでそれよりも上にあるテキストとの間、またキャプションとその下のテキストとの間を、少なくとも 1 行空けること。表がページの最上部または最下部にあるなら、ページの上部または下部の余白にぴったりつけて置こう。

- 陰影とカラーはやめること。たとえレポートをカラー・プリンターで印刷しても、あとでモノクロ機械によって印刷されたり、コピーされたりすることもあるし、それが博士論文ならマイクロフィルムにされるかもしれない。陰影やカラーは、これらのどんな形式でも、うまく再現されない。もし陰影を使うなら、図のテキストが不明瞭にならないことを確認しよう。多様な陰影は、はっきり再現しないかもしれないので使わない。

- すべての図の解像度などの特性については、該当領域のガイドラインを参照しよう。

- 全ページを占めているか、ランドスケープで置かれている表についても、レポ

ートの標準の余白を残すこと（26.1.2 を参照）。ランドスケープの図があるページには、通常のテキストは一切入れない。図のキャプションは、ランドスケープまたはポートレイトで入れ、そのページに適切に番号をつける。

■ マルチメディア・ファイルのような、印刷形式で表示するのが不可能な図は、別のファイルとして保存し、レポートの付録として扱う（A.2.3 を参照）。

A.3.2　ハードコピーの提出

　講義レポートを書いているのなら、提出は簡単で、ハードコピーを 1 部プリント・アウトして指導者に出すだけでよいかもしれないが、電子的手段での提出（A.3.3 を参照）や、複数のコピーを複数の個人（クラス・メイトや、同じ学部の他のメンバー）に提出することを要求されるかもしれない。しっかりと指示に従い、自分の記録のために常にハードコピーと電子ファイルの両方を保存しておくこと。すべてのコピーは、原本と完全に一致していなければならない。

　レポートを両面刷りにすることは、紙の節約になるだろうし、今では技術的に簡単だが、大部分の指導者は、ページの片面だけに印刷されているレポートを読み、コメントを書く方が楽だと思っている。特に指定がなければ、レポートは片面刷りで提出しよう。

　学位論文や博士論文についての条件はもっと厳しい。なぜなら、そうした論文はほとんどの場合、製本された形や、電子的な形で、大学や、場合によっては外部の博士論文レポジトリによって保存されるからだ。

　提出期限にかなり先立って、提出手段（ハードコピー、電子ファイル、またはその両方）、要求されているコピーの数、およびレポート提出前に終えておかなければならない書類事務や手続きのような事柄について、学部や大学の具体的なガイドラインを見直そう。もし可能なら、最終のコピーを作る前に、レポートを適切な体裁にするために、職員に批評してもらおう。

　ほとんどすべての学部や大学は、学位論文や博士論文のハードコピーを 1 部かそれ以上、特定の印刷用紙で提出することを要求している。そのような紙は、（米国の大学では）8.5 × 11 インチでなければならず、著作の長期間の保存に適していなければならない。つまり、無酸紙でなければならないということだ。ガイドラインが印刷用紙を指定していないのなら、米国図書館協会の推奨に従い、重さ 20 ポンドで、「緩衝液で処理された buffered」ないしはアルカリ残量

最低2%のどちらかのラベルを貼られた中性pH紙にする。「学術論文用ボンド紙 dissertation bond」と呼ばれる印刷用紙の、すべてではないが一部は、これらの条件を満たしている。したがって、コピーを作る前に、紙の明細事項を必ず調べよう。

　大部分の大学には、キャンパス内かその近くに1つかそれ以上のコピー・センターがあり、学位論文や博士論文のコピーについての条件に精通している。それらのサービスを利用することは、自分自身でコピーを作るよりも費用がかかるかもしれないが、間違った印刷用紙やコピーの質の問題で、レポートが拒絶される危険を減らしてくれる。コピー・センターの従業員たちは一般に、間違った余白のような体裁の誤りはチェックしない。だから、コピーをしてもらう前に、レポートがすべての必要なガイドラインを反映していることを必ず確かめること。コピー・センターを離れる前に、コピーを注意深く調べ、もし何か問題を見つけたら、従業員に知らせよう。

A.3.3　電子ファイルの提出

　多くの学部や大学は、今では学位論文とか博士論文の電子ファイルの提出を、ハードコピーに加えて、またはその代わりとして要求している。指導者もまた、講義レポートの電子コピーを要求するかもしれない。

　技術的な明細事項について、該当領域のガイドラインを参照し、もし必要なら、提出期限のかなり前に援助を求めよう。レポートをPDFファイルで提出することを要求されたら、レポートの外見と体裁を保存するために、必ずフォントを埋め込み、すべてのハイパーリンクが正確かどうかをテストしよう。レポートに図解が入っているなら、そのファイルがどのように使われるか（文書として保存される、印刷される、オンラインに公開される、など）によって、解像度やその他のイメージの特性を設定する。大きなデータセットとかマルチメディア・ファイルのような、単一のファイルの体裁には入り切らない資料の処理については、学位論文と博士論文の受付窓口または指導者に確認しよう。

参考文献

　情報の発見と提示については膨大な文献がある。ここで挙げられるのは、その一部にすぎない。さらに広くより新しい選択肢については、国会図書館のカタログと、カスタマーレビューを提供している商業ウェブ・サイトを参照しよう。項目に日付がついていないものは、年次出版のものである。(従来の印刷媒体に加えて、あるいはその代わりに) オンラインまたは CD-ROM で入手できる資料は、そのように表示されている。URL が示されていないオンライン資料は、複数のオンライン・データベースから容易に入手できる。ここでのリストは、次のように分類されている。

Internet Databases（Bibliographies and Indexes）
　インターネット・データベース（参考文献目録と索引）

Print and Electronic Resource
　出版物と電子情報

各々の学問分野に関する情報源を6つのカテゴリーに分けた。

1. ある分野の諸概念を定義するような短いエッセイのある専門の辞書
2. あるトピックについて、より広範に概観する、一般的な百科事典、専門的な百科事典
3. 情報源を発見し、方法論を活用するための入門書
4. 過去および最新の出版物を列挙している参考文献目録、抄録、および索引
5. 各分野ごとの執筆の手引
6. 各分野で必要とされる出典の特徴を説明したマニュアル

Internet Databases (Bibliographies and Indexes)
General
ArticleFirst. Dublin, OH: OCLC, 1990–. http://oclc.org/.
The Booklist. Chicago: American Library Association. 1969–. http://www.ala.org/booklist/.
ClasePeriodica. Mexico, D.F.: UNAM, 2003–. http://oclc.org.
Digital Dissertations. Ann Arbor, MI: UMI, [19—]–. http://wwwlib.umi.com/dissertations/.
Electronic Resources Review. Bradford, UK: MCB University Press, 1997–2000. http://www.emeraldinsight.com/1364-5137.htm.
ERIC. Educational Resources Information Center. Ipswich, MA: EBSCO Pub., 1994–; Bethesda, MD: Cambridge Scientific Abstracts, 1998–. http://www.lib.umt.edu/laser/cdalpo.htm.
Essay & General Literature. Bronx, NY: H. W. Wilson Co., 1900–. http://wilson-web2.hwwilson.com.
FirstSearch Dissertations. Ann Arbor, MI: University Microfilms. http://wwwlib.umi.com/dissertations/.
FRANCIS. Institut de l'information scientifique et technique (France); Getty Information Institute; Research Libraries Group. Mountain View, CA: Research Libraries Group, 1984–. http://connectsciences.inist.fr/internes/oldi/baseSearch.php.
General Reference Center Gold. Farmington Hills, MI: The Gale Group, 1999–. http://infotrac.galegroup.com/.
InfoTrac OneFile. Farmington Hills, MI: Gale Group. http://web5.infotrac.galegroup.com/itw/infomark.
ISI Web of Knowledge. Philadelphia: Institute for Scientific Information, 2000–. http://isinet.com/webofknowledge.
LexisNexis Academic Universe. Dayton, OH: LexisNexis. http://web.lexis-nexis.com/universe/.
Library Literature & Information Science Full Text. Bronx, NY: H. W. Wilson Co., 1900–. http://wilsonweb2.hwwilson.com.
Periodicals Index Online. ProQuest Information and Learning Company, 1990–. http://pio.chadwyck.co.uk/home.do.
ProQuest Research Library. Ann Arbor, MI: ProQuest Information and Learning Co., 1998–. http://proquest.umi.com/pqdweb?RQT=306&DBld=4138#sform.
Wilson Omnifile Full Text. Mega edition. Bronx, NY: H. W. Wilson Company, 1990–. http://hwwilsonweb.com.
WorldCat. Dublin, OH: Online Computer Library Center. http://www.oclc.org/worldcat/.

Humanities

Arts & Humanities Search. Philadelphia, Institute for Scientific Information; Dublin, OH: OCLC, 1990–. http://oclc.org.

Bibliography of the History of Art. Santa Monica, CA: J. Paul Getty Trust; Vandoeuvre-lès-Nancy, France: Centre national de la recherche scientifique, 1990–. http://www.eureka.rig.org.

History Resource Center U.S. Farmington Hills, MI: Gale Group, ca. 2000–. http://www.galenet.com/servlet/HistRC.

Humanities Full Text. Bronx, NY: H. W. Wilson Co., 1990–. http://hwwilsonweb.com/.

Social Sciences

Anthropological Literature. Cambridge, MA: Tozzer Library, Harvard University, 1984–. telnet://cobalt.rig.org.

LawDesk. http://lawlibrary.ucdavis.edu/lawlib/august02/0095.html.

On-Line Index to Indian Social Science Journals and Press Clippings Files. New Delhi: ISID. http://isidev.nic.in/odb.html.

PAIS International. Public Affairs Information Service. Norwood, MA: SilverPlatter International, 1900–. http://www.bowdoin.edu/dept/library/erl/spirs/pais.

PAISArchive. Public Affairs Information Service. Dublin, OH: OCLC, 2004–. http://www.oclc.org.

Political Science Resources on the Web. Ann Arbor, MI: Document Center, University of Michigan, 1996–. http://www.lib.umich.edu/govdocs/polisci.html.

PsycARTICLES. Washington, DC: American Psychological Association, 2001–. http://psycinfo.com/library/fulltext.cfm.

PsycINFO. American Psychological Association. New York, NY: Ovid Technologies, 1900–. http://www.apa.org/psycinfo/.

Social Sciences Abstracts. Bronx, NY: H. W. Wilson Co., 1997–. http://www.oclc.org.

Social Sciences Citation Index with Abstracts. Philadelphia: Institute for Scientific Information, ca. 1992–. http://www.isinet.com/products/citation/ssci/.

Sociological Abstracts. Sociological Abstracts, Inc. Dublin, OH: OCLC, 1990–. http://www.oclc.com.

Natural Sciences

AGRICOLA (AGRICultural OnLine Access). Beltsville, MD: The Library, 1970–. http://purl.access.gpo.gov/GPO/LPS1292.

Applied Science and Technology Abstracts. Bronx, NY: H. W. Wilson; Dublin, OH: OCLC, 1983–. http://www.oclc.org.

ISI Web of Science. Philadelphia: Institute for Scientific Information, ca. 1998–. http://isiknowledge.com.

PubSCIENCE United States. Washington, DC: U.S. Dept. of Energy, Office of Scientific and Technical Information, 1999–2002. http://purl.access.gpo.gov/GPO/LP3399.

Science Citation Index. Philadelphia: Institute for Scientific Information, ca. 1988–.

http://isi01.isiknowledge.com/portal.cgi/wos.
Web of Science. Philadelphia: Institute for Scientific Information, 1998–. http://isiknowledge.com, http://www.webofscience.com/.

Print and Electronic Resources
General
1. Bowman, John S., ed. *The Cambridge Dictionary of American Biography*. Cambridge: Cambridge University Press, 1995.
1. Garraty, John A., and Mark C. Carnes, eds. *American National Biography*. New York: Oxford University Press, 1999.
1. Matthew, H. C. G., and Brian Howard Harrison, eds. *Oxford Dictionary of National Biography, in Association with the British Academy: From the Earliest Times to the Year 2000*. New York: Oxford University Press, 2004. Also at http://www.oxforddnb.
2. Jackson, Kenneth T., Karen Markoe, and Arnie Markoe, eds. *The Scribner Encyclopedia of American Lives*. 6 vols. covering 1981–2002. New York: Charles Scribner's Sons, 1998–ca. 2004.
2. Lagassé, Paul, ed. *The Columbia Encyclopedia*. 6th ed. New York: Columbia University Press, 2000. Also at http://www.bartleby.com/65/.
2. *New Encyclopaedia Britannica*. 15th ed. 32 vols. Chicago: Encyclopaedia Britannica, 2005. Also at http://www.eb.com.
3. Balay, Robert, ed. *Guide to Reference Books*. 11th ed. Chicago: American Library Association, 1996.
3. Hacker, Diana, and Barbara Fister. *Research and Documentation in the Electronic Age*. 3rd ed. Boston: Bedford/St. Martins, 2002. Also at http://www.dianahacker.com/resdoc/.
3. Kane, Eileen, and Mary O'Reilly-de Brún. *Doing Your Own Research*. New York: Marion Boyars, 2001.
3. Lipson, Charles. *Doing Honest Work in College: How to Prepare Citations, Avoid Plagiarism, and Achieve Real Academic Success*. Chicago: University of Chicago Press, 2004.
3. Mann, Thomas. *Oxford Guide to Library Research*. 3rd ed. New York: Oxford University Press, 2005.
3. Preece, Roy A. *Starting Research: An Introduction to Academic Research and Dissertation Writing*. London: Continuum, 2000.
3. Rowely, Jennifer, and John Farrow. *Organizing Knowledge: An Introduction to Managing Access to Information*. 3rd ed. Aldershot, Hampshire, England: Gower, 2000.
3. Sears, Jean L., and Marilyn K. Moody. *Using Governmental Information Sources: Electronic and Print*. 3rd ed. Phoenix, AZ: Oryx Press, 2001.
3. Whiteley, Sandra, ed. *The American Library Association Guide to Information Access: A Complete Handbook and Directory*. New York: Random House, 1994.
4. *Alternative Press Index*. College Park, MD: Alternative Press Centre, 1969.
4. *Bibliographic Index*. New York: H. W. Wilson. Also at http://hwwilsonweb.com.

4. *Book Review Index.* Detroit: Gale Research Co., 1965–.
4. *Book Review Index: A Master Cumulation.* Detroit: Gale Research Co., 1980–.
4. *Books in Print.* New Providence, NJ: R. R. Bowker. Also at http://www.booksinprint.com/bip.
4. Brigham, Clarence S. *History and Bibliography of American Newspapers, 1690–1820.* 2 vols. Westport, CT: Greenwood Press, 1976.
4. *Conference Papers Index.* Louisville, KY: Data Courier, Inc., 1978–.
4. *Current Book Review Citations* in English. New York: H. W. Wilson Co., 1976–1982.
4. *Current Book Review Citations* in multiple languages. Bronx, NY: H. W. Wilson Co., 1976–1982.
4. Fanning, C. E., Margaret Jackson, Mary Katharine Reely, and Mertice May James. *Book Review Digest. Annual Cumulation.* 1905–. New York: The H. W. Wilson Co.
4. Farber, Evan Ira, and Ruth Matteson Blackmore, eds. *Combined Retrospective Index to Book Reviews in Scholarly Journals, 1886–1974.* Arlington: Carrollton Press, 1979–.
4. Gregory, Winifred, ed. *American Newspapers 1821–1936: A Union List of Files Available in the United States and Canada.* New York: H. W. Wilson, 1937.
4. *Kirkus Reviews.* New York: Kirkus Service, 1991–.
4. *Library of Congress Subject Catalog.* Washington, DC: Library of Congress. Also at http://catalog.loc.gov/.
4. *National Newspaper Index.* Menlo Park, CA: Information Access. Also online from multiple sources.
4. *New York Times Index.* New York: New York Times.
4. *Newspapers in Microform.* Ann Arbor, MI: University Microfilms International.
4. *Periodical Abstracts & General Periodicals. Research II.* University Microfilms International. 1990s–.
4. Poole, William Frederick, and William Isaac Fletcher. *Poole's Index to Periodical Literature.* Rev. ed. Gloucester, MA: Peter Smith, 1970.
4. *Popular Periodical Index.* Camden, NJ: Rutgers University.
4. *ProQuest Digital Dissertations.* Ann Arbor, MI: University Microfilms International. Also at http://wwwlib.umi.com/dissertations/.
4. *Readers' Guide to Periodical Literature.* New York: H. W. Wilson. Also at http://hwwilsonweb.com/.
4. *Reference Books Bulletin.* Chicago: American Library Association, 1984–.
4. *Serials in Microform.* Ann Arbor, MI: University Microfilms International.
4. *Serials Review.* San Diego: Pergamon. Also by subscription through Science Direct. 1975–.
4. *Subject Guide to Books in Print.* New York: R. R. Bowker. Also at http://www.booksinprint.com/bip/.
4. *Wall Street Journal Index.* New York: Dow Jones. Also at http://www.il.proquest.com/products/pt-product-WSJ.shtml.
5. Bolker, Joan, ed. *Writing Your Dissertation in Fifteen Minutes a Day: A Guide to Starting, Revising, and Finishing Your Doctoral Thesis.* New York: H. Holt, 1998.

5. Miller, Jane E. *The Chicago Guide to Writing about Numbers.* Chicago: University of Chicago Press, 2004.
5. Sternberg, David Joel. *How to Complete and Survive a Doctoral Dissertation.* New York: St. Martin's Griffin, 1981.
5. Strunk, William, and E. B. White. *The Elements of Style.* 4th ed. New York: Longman, 2004.
5. Williams, Joseph M. *Style: Toward Clarity and Grace.* Chicago: University of Chicago Press, 1990.
6. *The Chicago Manual of Style.* 15th ed. Chicago: University of Chicago Press, 2003.

Visual Representation of Data (Tables, Figures, etc.)
2. Harris, Robert L. *Information Graphics: A Comprehensive Illustrated Reference.* New York: Oxford University Press, 2000.
3. Cleveland, William S. *The Elements of Graphing Data.* 2nd ed. Summit, NJ: Hobart Press, 1994.
3. ———. *Visualizing Data.* Summit, NJ: AT&T. Bell Laboratories, 1993.
3. Monmonier, Mark. *Mapping It Out: Expository Cartography for the Humanities and Social Sciences.* Chicago: University of Chicago Press, 1993.
3. Tufte, Edward R. *Envisioning Information.* Cheshire, CT: Graphics Press, 1990.
3. ———. *The Visual Display of Quantitative Information.* Cheshire, CT: Graphics Press, 1983.
3. ———. *Visual & Statistical Thinking: Displays of Evidence for Decision Making.* Cheshire, CT: Graphics Press, 1997.
3. Wainer, Howard. *Visual Revelations: Graphical Tales of Fate and Deception from Napoleon Bonaparte to Ross Perot.* New York: Copernicus, Springer-Verlag, 1997.
5. Briscoe, Mary Helen. *Preparing Scientific Illustrations: A Guide to Better Posters, Presentations, and Publications.* 2nd ed. New York: Springer-Verlag, 1996.
5. Kosslyn, Stephen M. *Elements of Graph Design.* New York: W. H. Freeman, 1994.
5. National Institutes of Health, Division of Research Services, Medical Arts and Photography Branch. *Graphics User Guide.* Bethesda, MD: The Branch, 1986?.
5. Nicol, Adelheid A. M., and Penny M. Pexman. *Presenting Your Findings: A Practical Guide for Creating Tables.* Washington, DC: American Psychological Association, 1999.
5. Robbins, Naomi, B. *Creating More Effective Graphs.* New York: John Wiley & Sons, 2004.
5. Ross, Ted. *The Art of Music Engraving and Processing: A Complete Manual, Reference, and Text Book on Preparing Music for Reproduction and Print.* Miami: Hansen Books, 1970.
5. Zweifel, Frances W. *A Handbook of Biological Illustration.* 2nd ed. Chicago: University of Chicago Press, 1988.
6. CBE Scientific Illustration Committee. *Illustrating Science: Standards for Publica-*

tion. Bethesda, MD: Council of Biology Editors, 1988.

Posters

Corbin, Nancy C. "The Well-dressed Poster Board." In *A Mission to Communicate: Proceedings, 32nd International Technical Communication Conference, May 19–22, 1985, Houston, Texas,* VC 26–29. Washington, DC: Society for Technical Communication, 1985.

Dubois, Betty Lou. "Poster Sessions at Biomedical Meetings: Design and Presentation." *English for Special Purposes Journal* 4.1 (1985): 37–48.

Esposito, Mona, Kaye Marshall, and Fredericka L. Stoller. "Poster Sessions by Experts." In *New Ways in Content-based Instruction,* edited by Donna M. Brinton and Peter Master, 115–18. Alexandria, VA: Teachers of English to Speakers of Other Languages, 1997.

George Mason University, Department of Biology. "A Guide to Writing in the Biological Sciences: The Poster Session." http://classweb.gmu.edu/biologyresources/writingguide/Poster.htm.

Griffith, George W. "Poster Sessions: One-to-One Technical Communication." In *Proceedings: 28th International Technical Communication Conference, May 20–23, 1981, Pittsburgh, PA,* G26–G27. Pittsburgh: Society for Technical Writing, 1981.

Larkin, Greg. "Storyboarding: A Concrete Way to Generate Effective Visuals." *Journal of Technical Writing and Communication* 26.3 (1996): 273–90.

Rice University, Cain Project in Engineering and Professional Communication. "Designing Scientific and Engineering Posters." http://www.owlnet.rice.edu/~cainproj/ih_posters.html.

Shalom, Celia. "Established and Evolving Spoken Research Process Genres: Plenary Lecture and Poster Session Discussions at Academic Conferences." *English for Specific Purposes Journal* 12.1 (1993): 37–50.

Stanford University, Visual Art Services. "Posters Templates." http://stanford.edu/dept/VAS/posters/poster_temps.html.

University of California, Davis, Nutrition Department. "Poster Printer." http://teaching.ucdavis.edu/poster/template.htm.

White, J. T. "Technical Poster Fabrication." In *Proceedings: 28th International Technical Communication Conference, May 20–23, 1981, Pittsburgh, PA,* G64–G65. Pittsburgh: Society for Technical Writing, 1981.

Humanities

General

1. Murphy, Bruce, ed. *Benet's Reader's Encyclopedia.* 4th ed. New York: HarperCollins, 1996.
3. Kirkham, Sandi. *How to Find Information in the Humanities.* London: Library Association, 1989.
4. *American Humanities Index.* Troy, NY: Whitston Pub. Co.
4. *Arts & Humanities Citation Index.* Philadelphia: Institute for Scientific Information, 1976–.

4. *Arts & Humanities Index.* Philadelphia: Institute for Scientific Information. Also at http://www.isiknowledge.com.
4. Blazek, Ron, and Elizabeth Smith Aversa. *The Humanities: A Selective Guide to Information Sources.* 5th ed. Englewood, CO: Libraries Unlimited, 2000. Also at http://www.netlibrary.com.
4. *British Humanities Index.* London: Library Association; Bethesda, MD: Cambridge Scientific Abstracts.
4. *Humanities Index.* New York: H. W. Wilson Co., 1974. Also at http://hwwilsonweb.com.
4. *Index to Book Reviews in the Humanities.* Williamston, MI: P. Thomson, 1960–90.
4. *Index to Social Sciences & Humanities Proceedings.* Philadelphia: Institute for Scientific Information, 1979–.
4. Harzfeld, Lois A. *Periodical Indexes in the Social Sciences and Humanities: A Subject Guide.* Microform. Metuchen, NJ: Scarecrow Press, 1978.
4. Walford, Albert J., Anthony Chalcraft, Ray Prytherch, and Stephen Willis, eds. *Walford's Guide to Reference Material. Vol. 3, Generalia, Language and Literature, The Arts.* 7th ed. London: Library Association, 1998.
5. Northey, Margot, and Maurice Legris. *Making Sense in the Humanities: A Student's Guide to Writing and Style.* Toronto: Oxford University Press, 1990.

Art

1. Chilvers, Ian, and Harold Osborne, eds. *The Oxford Dictionary of Art.* 3rd ed. Oxford: Oxford University Press, 2004. Also at http://www.oxfordreference.com.
1. Myers, Bernard L., and Trewin Copplestone, eds. *The Macmillan Encyclopedia of Art.* Rev. ed. London: Macmillan, 1981.
1. Myers, Bernard S., and Shirley D. Myers, eds. *McGraw-Hill Dictionary of Art.* 5 vols. New York: McGraw-Hill, 1969.
2. Myers, Bernard S., ed. *Encyclopedia of World Art.* 17 vols. New York: McGraw-Hill, 1987.
3. Arntzen, Etta, and Robert Rainwater. *Guide to the Literature of Art History.* Chicago: American Library Association, 1980.
3. Jones, Lois Swan. *Art Information and the Internet: How to Find It, How to Use It.* Phoenix, AZ: Oryx Press, 1999.
3. ———. *Art Information: Research Methods and Resources.* 3rd ed. Dubuque, IA: Kendall/Hunt, 1990.
3. Marmor, Max, and Alex Ross. *Guide to the Literature of Art History 2.* Chicago: American Library Association, 2005.
3. Minor, Vernon Hyde. *Art History's History.* 2nd ed. Upper Saddle River, NJ: Prentice Hall, 2001.
4. *Art Abstracts.* Bronx, NY: H. W. Wilson Co., 1984–. Also at http//wilsonweb2.hwwilson.com.
4. *Art Index.* New York: H. W. Wilson. Also at http://hwwilsonweb.
4. *Art Index Retrospective.* Bronx, NY: H. W. Wilson Co., 1997–. Also at http://wilsonweb2.hwwilson.com.

5. Barnet, Sylvan. *A Short Guide to Writing about Art*. 8th ed. New York: Pearson/Longman, 2005.

History

1. Cook, Chris. *A Dictionary of Historical Terms*. 3rd ed. Houndmills, UK: Macmillan, 1998.
1. Ritter, Harry. *Dictionary of Concepts in History*. Westport, CT: Greenwood Press, 1986.
2. Breisach, Ernst. *Historiography: Ancient, Medieval & Modern*. 2nd ed. Chicago: University of Chicago Press, 1994.
3. Benjamin, Jules R. *A Student's Guide to History*. 9th ed. Boston: Bedford/St. Martin's, 2004.
3. Brundage, Anthony. *Going to the Sources: A Guide to Historical Research and Writing*. 3rd ed. Wheeling, IL: Harlan Davidson, 2002.
3. Frick, Elizabeth. *History: Illustrated Search Strategy and Sources*. 2nd ed. Ann Arbor, MI: Pierian Press, 1995.
3. Fritze, Ronald H., Brian E. Coutts, and Louis Andrew Vyhnanek. *Reference Sources in History: An Introductory Guide*. 2nd ed. Santa Barbara, CA: ABC-Clio, 2004.
3. Higginbotham, Evelyn Brooks, Leon F. Litwack, and Darlene Clark Hine. *The Harvard Guide to African-American History*. Cambridge, MA: Harvard University Press, 2001.
3. Kyvig, David E., and Myron A. Marty. *Nearby History: Exploring the Past Around You*. 2nd ed. Walnut Creek, CA: AltaMira Press, 2000.
3. Prucha, Francis Paul. *Handbook for Research in American History: A Guide to Bibliographies and Other Reference Works*. 2nd ed. Lincoln: University of Nebraska Press, 1994.
4. *America: History and Life*. Santa Barbara, CA: ABC-Clio. Also at http://serials.abc-clio.
4. Blazek, Ron, and Anna H. Perrault. *United States History: A Selective Guide to Information Sources*. Englewood, CO: Libraries Unlimited, 1994. Also at http://www.netlibrary.
4. Danky, James Philip, and Maureen E. Hady. *African-American Newspapers and Periodicals: A National Bibliography*. Cambridge, MA: Harvard University Press, 1998.
4. *Historical Abstracts*. Santa Barbara, CA: ABC-Clio. Also at http://serials.abc-clio.
4. Kinnel, Susan K., ed. *Historiography: An Annotated Bibliography of Journal Articles, Books, and Dissertations*. 2 vols. Santa Barbara, CA: ABC-Clio, 1987.
4. Mott, Frank Luther. *A History of American Magazines*. 5 vols. Cambridge, MA: Belknap Press of Harvard University Press, 1930–1968.
5. Barzun, Jacques, and Henry F. Graff. *The Modern Researcher*. 6th ed. Belmont, CA: Thomson/Wadsworth, 2004.
5. Marius, Richard, and Melvin E. Page. *A Short Guide to Writing about History*. 5th ed. New York: Pearson Longman, 2005.

Literary Studies
1. Abrams, M. H. *A Glossary of Literary Terms*. 8th ed. Boston: Thomson/Wadsworth, 2005.
1. Baldick, Chris, ed. *The Concise Oxford Dictionary of Literary Terms*. 2nd ed. Oxford: Oxford University Press, 2001.
1. Brogan, Terry V. F., ed. *The New Princeton Handbook of Poetic Terms*. Princeton: Princeton University Press, 1994.
1. Groden, Michael, Martin Kreiswirth, and Imre Szeman, eds. *The Johns Hopkins Guide to Literary Theory and Criticism*. 2nd ed. Baltimore: Johns Hopkins University Press, 2005.
1. Preminger, Alex, and Terry V. F. Brogan, eds. *The New Princeton Encyclopedia of Poetry and Poetics*. Princeton: Princeton University Press, 1993.
2. Drabble, Margaret, ed. *The Oxford Companion to English Literature*. 6th ed. New York: Oxford University Press, 2000. Also at http://www.oxfordreference.com.
2. Hart, James David, and Phillip W. Leininger, eds. *The Oxford Companion to American Literature*. 6th ed. New York: Oxford University Press, 1995. Also at http://www.oxfordreference.com.
2. Lentricchia, Frank, and Thomas McLaughlin, eds. *Critical Terms for Literary Study*. 2nd ed. Chicago: University of Chicago Press, 1995.
2. Parini, Jay, ed. *The Oxford Encyclopedia of American Literature*. 4 vols. New York: Oxford University Press, 2004.
2. Ward, Sir Adolphus William, A. R. Waller, William Peterfield Trent, John Erskine, Stuart Pratt Sherman, and Carl Van Doren. *The Cambridge History of English and American Literature: An Encyclopedia in Eighteen Volumes*. New York: G. P. Putnam's Sons, 1907–21. Also at http://www.bartleby.com/cambridge/.
3. Altick, Richard Daniel, and John J. Fenstermaker. *The Art of Literary Research*. 4th ed. New York: Norton, 1993.
3. Harner, James L. *Literary Research Guide: An Annotated Listing of Reference Sources in English Literary Studies*. 4th ed. New York: Modern Language Association of America, 2002.
3. Klarer, Mario. *An Introduction to Literary Studies*. 2nd ed. London: Routledge, 2004.
3. Vitale, Philip H. *Basic Tools of Research: An Annotated Guide for Students of English*. 3rd ed., rev. and enl. New York: Barron's Educational Series, 1975.
4. *Abstracts of English Studies*. Boulder, CO: National Council of Teachers of English.
4. Blanck, Jacob, Virginia L. Smyers, and Michael Winship. *Bibliography of American Literature*. 9 vols. New Haven: Yale University Press, 1955–1991. Also at http://lion.chadwyck.co.uk/.
4. *Index of American Periodical Verse*. Metuchen, NJ: Scarecrow Press, 1971–.
4. *MLA International Bibliography of Books and Articles on the Modern Languages and Literature*. New York: Modern Language Association of America. Also online from multiple sources.
5. Barnet, Sylvan, and William E. Cain. *A Short Guide to Writing about Literature*. 10th ed. New York: Longman/Pearson, 2005.

5. Griffith, Kelley. *Writing Essays about Literature: A Guide and Style Sheet*. 7th ed. Boston: Heinle & Heinle, 2005.
6. Gibaldi, Joseph. *MLA Handbook for Writers of Research Papers*. 6th ed. New York: Modern Language Association of America, 2003.

Music

1. Randel, Don Michael, ed. *The Harvard Dictionary of Music*. 4th ed. Cambridge: Belknap Press of Harvard University Press, 2003.
1. Sadie, Stanley, and John Tyrrell, eds. *The New Grove Dictionary of Music and Musicians*. 2nd ed. 29 vols. New York: Grove, 2001. Also at http://www.grovemusic.com.
2. Netti, Bruno, Ruth M. Stone, James Porter, and Timothy Rice, eds. *The Garland Encyclopedia of World Music*. 10 vols. New York: Garland, 2002.
2. Sadie, Stanley, ed. *The Norton/Grove Concise Encyclopedia of Music*. Rev. and enl. ed. New York: W. W. Norton, 1994.
3. Brockman, William S. *Music: A Guide to the Reference Literature*. Littleton, CO: Libraries Unlimited, 1987.
3. Duckles, Vincent H., Ida Reed, and Michael A. Keller, eds. *Music Reference and Research Materials: An Annotated Bibliography*. 5th ed. New York: Schirmer Books, 1997.
4. *The Music Index*. Detroit, MI: Information Service. Also at http://www.hppmusicindex.com.
4. *RILM Abstracts of Music Literature*. New York: RILM. Also online from multiple sources.
5. Druesedow, John E., Jr. *Library Research Guide to Music: Illustrated Search Strategy and Sources*. Ann Arbor, MI: Pierian Press, 1982.
5. Herbert, Trevor. *Music in Words: A Short Guide to Researching and Writing about Music*. London: Associated Board of the Royal Schools of Music, 2001.
5. Wingell, Richard. *Writing about Music: An Introductory Guide*. 3rd ed. Upper Saddle River, NJ: Prentice Hall, 2002.
6. Bellman, Jonathan. *A Short Guide to Writing about Music*. New York: Longman, 2000.
6. Holoman, D. Kern. *Writing about Music: A Style Sheet from the Editors of 19th Century Music*. Berkeley: University of California Press, 1988. Also at http://www.netlibrary.com.

Philosophy

1. Blackburn, Simon. *The Oxford Dictionary of Philosophy*. 2nd ed. Oxford: Oxford University Press, 2005. Also at http://www.oxfordreference.com.
2. Edwards, Paul. *The Encyclopedia of Philosophy*. 8 vols. New York: Simon & Schuster Macmillan, 1996.
2. Parkinson, George H. R. *The Handbook of Western Philosophy*. New York: Macmillan, 1988.
2. Urmson, J. O., and Jonathan Rée, eds. *The Concise Encyclopedia of Western Philosophy and Philosophers*. 3rd ed. London: Routledge, 2005.

3. List, Charles J., and Stephen H. Plum. *Library Research Guide to Philosophy*. Ann Arbor, MI: Pierian Press, 1990.
4. *The Philosopher's Index*. Bowling Green, OH: Philosopher's Information Center. Also at http://www.ovid.com/site/catalog/DataBase/.
5. Martinich, Aloysius. *Philosophical Writing: An Introduction*. 3rd ed. Malden, MA: Blackwell Publishers, 2005.
5. Watson, Richard A. *Writing Philosophy: A Guide to Professional Writing and Publishing*. Carbondale: Southern Illinois University Press, 1992. Also at http://www.netlibrary.com.

Social Sciences

General
1. Calhoun, Craig, ed. *Dictionary of the Social Sciences*. New York: Oxford University Press, 2002. Also at http://www.oxfordreference.com.
1. *Statistical Abstract of the United States*. Washington, DC: U.S. Census Bureau. Also at http://www.census.gov/statab/www/.
2. Sills, David, ed. *International Encyclopedia of the Social Sciences*. 19 vols. New York: Macmillan, 1991.
3. Herron, Nancy L. *The Social Sciences: A Cross-Disciplinary Guide to Selected Sources*. 3rd ed. Englewood, CO: Libraries Unlimited, 2002.
3. Light, Richard J., and David B. Pillemer. *Summing Up: The Science of Reviewing Research*. Cambridge: Harvard University Press, 1984.
3. Øyen, Else, ed. *Comparative Methodology: Theory and Practice in International Social Research*. London: Sage, 1990.
4. *Bibliography of Social Science Research and Writings on American Indians*. Compiled by Russell Thornton and Mary K Grasmick. Minneapolis: Center for Urban and Regional Affairs, University of Minnesota, 1979.
4. *Book Review Index to Social Science Periodicals*. Ann Arbor, MI: Pierian Press, 1964–70.
4. *CommSearch*. Annandale, VA: Speech Communication Association, 1995–.
4. *C.R.I.S.: The Combined Retrospective Index Set to Journals in Sociology, 1895–1974*. Compiled by Annadel N. Wile and Arnold Jaffe. Washington, DC: Carrollton Press, 1978.
4. *Current Contents: Social & Behavioral Sciences*. Philadelphia: Institute for Scientific Information, 1974–.
4. *Document Retrieval Index*. U.S. Dept. of Justice, Law Enforcement Assistance Administration, National Institute of Law Enforcement and Criminal Justice, 1979–. Microfiche.
4. Grossman, Jorge. *Indice general de publicaciones periódicas latinoamericanas: Humanidades y ciencias sociales; Index to Latin American periodicals: Humanities and social sciences*. Metuchen, NJ: Scarecrow Press, 1961–70.
4. Harzfeld, Lois A. *Periodical Indexes in the Social Sciences and Humanities: A Subject Guide*. Metuchen, NJ: Scarecrow Press, 1978.
4. *Index of African Social Science Periodical Articles*. Dakar: Council for the Develop-

ment of Economic and Social Research in Africa, ca. 1989–.
4. *Index to Social Sciences & Humanities Proceedings.* Philadelphia: Institute for Scientific Information, 1979–.
4. *PAIS International in Print.* New York: OCLC Public Affairs Information Service, 1991–.
4. *PAIS International.* New York: SilverPlatter Information, Inc.; OCLC Public Affairs Information Service, 1900s–.
4. *Social Sciences Citation Index.* Philadelphia: Institute for Scientific Information, 1969–.
4. *Social Sciences Index.* New York: H. W. Wilson. Also at http://hwwilsonweb.com.
4. Walford, A. J., Alan Day, and Michael Walsh, eds. *Walford's Guide to Reference Material.* Vol. 2, *Social and Historical Sciences, Philosophy, and Religion.* 8th ed. London: Library Association, 2000.
5. Becker, Howard S. *Writing for Social Scientists: How to Start and Finish Your Thesis, Book, or Article.* Chicago: University of Chicago Press, 1986.
5. Bell, Judith. *Doing Your Research Project: A Guide for First-time Researchers in Education, Health, and Social Science.* 4th ed. Maidenhead, UK: Open University Press, 2005.
5. Krathwohl, David R. *How to Prepare a Research Proposal: Guidelines for Funding and Dissertations in the Social and Behavioral Sciences.* 3rd ed. Syracuse, NY: Syracuse University Press, 1988.
5. Northey, Margot, Lorne Tepperman, and James Russell. *Making Sense: Social Sciences; A Student's Guide to Research and Writing.* Updated 2nd ed. Ontario: Oxford University Press, 2005.

Anthropology

1. Barfield, Thomas J., ed. *The Dictionary of Anthropology.* Oxford: Blackwell, 2000. Also at http://www.netlibrary.com.
1. Winthrop, Robert H. *Dictionary of Concepts in Cultural Anthropology.* New York: Greenwood Press, 1991.
2. Barnard, Alan, and Jonathan Spencer, eds. *Encyclopedia of Social and Cultural Anthropology.* London: Routledge, 2004.
2. Ember, Melvin, Carol R. Ember, and Ian A. Skoggard, eds. *Encyclopedia of World Cultures: Supplement.* New York: Gale Group/Thomson Learning, 2002.
2. Ingold, Tim, ed. *Companion Encyclopedia of Anthropology: Humanity, Culture, and Social Life.* New ed. London: Routledge, 2002.
2. Levinson, David, ed. *Encyclopedia of World Cultures.* 10 vols. Boston: G. K. Hall, 1996.
2. Levinson, David, and Melvin Ember, eds. *Encyclopedia of Cultural Anthropology.* 4 vols. New York: Henry Holt, 1996.
3. Bernard, H. Russell, ed. *Handbook of Methods in Cultural Anthropology.* Walnut Creek, CA: AltaMira Press, 2000.
3. ———. *Research Methods in Anthropology: Qualitative and Quantitative Approaches.* 4th ed. Lanham, MD: AltaMira Press, 2005.

3. *Current Topics in Anthropology: Theory, Methods, and Content.* 8 vols. Reading, MA: Addison-Wesley, 1971–.
3. Glenn, James R. *Guide to the National Anthropological Archives, Smithsonian Institution.* Rev. and enl. ed. Washington, DC: National Anthropological Archives, 1996.
3. Poggie, John J., Jr., Billie R. DeWalt, and William W. Dressler, eds. *Anthropological Research: Process and Application.* Albany: State University of New York Press, 1992. Also at http://www.netlibrary.com.
4. *Abstracts in Anthropology.* Amityville, NY: Baywood Publishing.
4. *Annual Review of Anthropology.* Palo Alto, CA: Annual Reviews. Also online from multiple sources.

Business
1. Friedman, Jack P. *Dictionary of Business Terms.* 3rd ed. Hauppauge, NY: Barron's Educational Series, 2000. Also at http://www.netlibrary.com.
1. Link, Albert N. *Link's International Dictionary of Business Economics.* Chicago: Probus, 1993.
1. Nisberg, Jay N. *The Random House Dictionary of Business Terms.* New York: Random House, 1992.
1. Wiechmann, Jack G., and Laurence Urdang, eds. *NTC's Dictionary of Advertising.* 2nd ed. Lincolnwood, IL: National Textbook Co., 1993.
2. Folsom, W. Davis, and Rick Boulware. *Encyclopedia of American Business.* New York: Facts on File, 2004.
2. *The Lifestyle Market Analyst: A Reference Guide for Consumer Market Analysis.* Wilmette, IL: Standard Rate & Data Service.
2. McDonough, John, and Karen Egolf, eds. *The Advertising Age Encyclopedia of Advertising.* 3 vols. New York: Fitzroy Dearborn, 2003.
2. Vernon, Mark. *Business: The Key Concepts.* New York: Routledge, 2002. Also at http://www.netlibrary.com.
2. Warner, Malcolm, and John P. Kotter, eds. *International Encyclopedia of Business and Management.* 2nd ed. 8 vols. London: Thomson Learning, 2002.
3. Amor, Louise, ed. *The Online Manual: A Practical Guide to Business Databases.* 6th ed. Oxford: Learned Information, 1997.
3. Daniells, Lorna M. *Business Information Sources.* 3rd ed. Berkeley: University of California Press, 1993.
3. Kervin, John B. *Methods for Business Research.* New York: HarperCollins, 1992.
3. Moss, Rita W., and Diane Wheeler Strauss. *Strauss's Handbook of Business Information: A Guide for Librarians, Students, and Researchers.* 2nd ed. Westport, CT: Libraries Unlimited, 2004.
3. Sekaran, Uma. *Research Methods for Business: A Skill Building Approach.* 4th ed. New York: John Wiley & Sons, 2003.
3. Woy, James B., ed. *Encyclopedia of Business Information Sources.* 19th ed. Farmington Hills, MI: Gale Group, 2004.
4. *Business Periodicals Index.* New York: H. W. Wilson. Also at http://hwwilsonweb.com.

5. Farrell, Thomas J., and Charlotte Donabedian. *Writing the Business Research Paper: A Complete Guide*. Durham, NC: Carolina Academic Press, 1991.
6. Vetter, William. *Business Law, Legal Research, and Writing: Handbook*. Needham Heights, MA: Ginn Press, 1991.

Communication, Journalism, and Media Studies
1. Miller, Toby, ed. *Television: Critical Concepts in Media and Cultural Studies*. London: Routledge, 2003.
1. Newton, Harry. *Newton's Telecom Dictionary: Covering Telecommunications, Networking, Information Technology, the Internet, the Web, Computing, Wireless, and Fiber*. 21st ed. San Francisco, CA: CMP Books, 2005.
1. Watson, James, and Anne Hill. *A Dictionary of Communication and Media Studies*. 4th ed. London: Arnold, 1997.
1. Weik, Martin H. *Communications Standard Dictionary*. 3rd ed. New York: Chapman & Hall, 1996.
1. Weiner, Richard. *Webster's New World Dictionary of Media and Communications*. Rev. and updated ed. New York: Macmillan, 1996.
2. Barnouw, Erik, ed. *International Encyclopedia of Communications*. 4 vols. New York: Oxford University Press, 1989.
2. Johnston, Donald H., ed. *Encyclopedia of International Media and Communications*. 4 vols. San Diego, CA: Academic Press, 2003.
2. Jones, Steve, ed. *Encyclopedia of New Media: An Essential Reference to Communication and Technology*. Thousand Oaks, CA: Sage, 2003.
2. Paneth, Donald. *The Encyclopedia of American Journalism*. New York: Facts on File, 1983.
2. Stern, Jane, and Michael Stern. *Jane and Michael Stern's Encyclopedia of Pop Culture: An A to Z Guide of Who's Who and What's What, from Aerobics and Bubble Gum to Valley of the Dolls and Moon Unit Zappa*. New York: HarperPerennial, 1992.
3. Clark, Vivienne, James Baker, and Eileen Lewis Key. *Concepts and Skills for Media Studies*. London: Hodder & Stoughton, 2003.
3. Stokes, Jane. *How to Do Media and Cultural Studies*. London: Sage, 2003.
3. Storey, John. *Cultural Studies and the Study of Popular Culture: Theories and Methods*. 2nd ed. Athens: University of Georgia Press, 2003.
4. Block, Eleanor S., and James K. Bracken. *Communication and the Mass Media: A Guide to the Reference Literature*. Englewood, CO: Libraries Unlimited, 1991.
4. Blum, Eleanor, and Frances Goins Wilhoit. *Mass Media Bibliography: An Annotated Guide to Books and Journals for Research and Reference*. 3rd ed. Urbana: University of Illinois Press, 1990.
4. Cates, Jo A. *Journalism: A Guide to the Reference Literature*. 3rd ed. Westport, CT: Libraries Unlimited, 2004.
4. *CD Review*. Hancock, NH: WGE Pub., 1989–96.
4. *Communications Abstracts*. Los Angeles: Dept. of Journalism, University of California, Los Angeles.

4. *Film Review Annual.* Englewood, NJ: J. S. Ozer, 1981–.
4. Matlon, Ronald J., and Sylvia P. Ortiz, eds. *Index to Journals in Communication Studies through 1995.* Annadale, VA: National Communication Association, 1997.
4. *Media Review Digest.* Ann Arbor, MI: Pierian Press, 1974–.
4. *New York Theatre Critics' Reviews.* New York: Critics' Theatre Reviews, 1943–1995.
4. *New York Times Directory of the Film.* New York: Arno Press, 1971–.
4. *Records in Review.* Great Barrington, MA: Wyeth Press, 1957–1981.
4. Sterling, Christopher H., James K. Bracken, and Susan M. Hill, eds. *Mass Communications Research Resources: An Annotated Guide.* Mahwah, NJ: Erlbaum, 1998.
6. Goldstein, Norm, ed. *Stylebook and Briefing on Media Law.* 40th ed. New York: Associated Press, 2005.

Economics

1. Pearce, David W., ed. *MIT Dictionary of Modern Economics.* 4th ed. Cambridge, MA: MIT Press, 1992.
2. Eatwell, John, Murray Milgate, Peter K. Newman, and Sir Robert Harry Inglis Palgrave, eds. *The New Palgrave: A Dictionary of Economics.* 4 vols. New York: Palgrave, 2004.
2. Greenwald, Douglas, ed. *The McGraw-Hill Encyclopedia of Economics.* 2nd ed. New York: McGraw-Hill, 1994.
2. Mokyr, Joel, ed. *The Oxford Encyclopedia of Economic History.* 5 vols. Oxford: Oxford University Press, 2003.
3. Fletcher, John, ed. *Information Sources in Economics.* 2nd ed. London: Butterworths, 1984.
3. Johnson, Glenn L. *Research Methodology for Economists: Philosophy and Practice.* New York: Macmillan, 1986.
4. *Journal of Economic Literature.* Nashville, TN: American Economic Association. Also at http://www.jstor.org.
5. McCloskey, Deirdre Donald N. *The Writing of Economics.* New York: Macmillan, 1987.
5. Thomson, William. *A Guide for the Young Economist.* Cambridge, MA: MIT Press, 2001.

Education

1. Barrow, Robin, and Geoffrey Milburn. *A Critical Dictionary of Educational Concepts: An Appraisal of Selected Ideas and Issues in Educational Theory and Practice.* 2nd ed. New York: Teacher's College Press, 1990.
1. Collins, John Williams, and Nancy P. O'Brien, eds. *The Greenwood Dictionary of Education.* Westport, CT: Greenwood, 2003.
1. Gordon, Peter, and Dennis Lawton. *Dictionary of British Education.* 3rd ed. London: Woburn Press, 2003.
2. Alkin, Marvin C., ed. *Encyclopedia of Educational Research.* 6th ed. 4 vols. New

York: Macmillan, 1992.
2. Guthrie, James W., ed. *Encyclopedia of Education*. 2nd ed. 8 vols. New York: Macmillan Reference USA, 2003. Also at http://www.netlibrary.com.
2. Husen, Torsten, and T. Neville Postlethwaite, eds. *The International Encyclopedia of Education*. 2nd ed. 12 vols. Oxford: Pergamon, 1994.
2. Levinson, David L., Peter W. Cookson, and Alan R. Sadovnik, eds. *Education and Sociology: An Encyclopedia*. New York: RoutledgeFalmer, 2002.
2. Unger, Harlow G. *Encyclopedia of American Education*. 2nd ed. 3 vols. New York: Facts on File, 2001.
3. Bausell, R. Barker. *Advanced Research Methodology: An Annotated Guide to Sources*. Metuchen, NJ: Scarecrow Press, 1991.
3. Keeves, John P., ed. *Educational Research, Methodology, and Measurement: An International Handbook*. 2nd ed. New York: Pergamon, 1997.
3. Tuckman, Bruce W. *Conducting Educational Research*. 5th ed. Fort Worth, TX: Harcourt Brace, 1999.
4. *Education Index*. New York: H. W. Wilson. Also at http://hwwilsonweb.com.
4. *The ERIC Database*. Lanham, MD: Educational Resources Information Center. Also at http://www.eric.ed.gov/.
4. O'Brien, Nancy P. *Education: A Guide to Reference and Information Sources*. 2nd ed. Englewood, CO: Libraries Unlimited, 2000. Also at http://www.netlibrary.com.
5. Carver, Ronald P. *Writing a Publishable Research Report: In Education, Psychology, and Related Disciplines*. Springfield, IL: C. C. Thomas, 1984.

Geography
1. Witherick, M. E., Simon Ross, and John Small. *A Modern Dictionary of Geography*. 4th ed. London: Arnold, 2001.
2. Dunbar, Gary S. *Modern Geography: An Encyclopedic Survey*. New York: Garland, 1991.
2. McCoy, John, ed. *Geo-Data: The World Geographic Encyclopedia*. 3rd ed. Detroit, MI: Thomson-Gale, 2003. Also at www.netlibrary.com.
2. Parker, Sybil P., ed. *World Geographical Encyclopedia*. 5 vols. New York: McGraw-Hill, 1995.
3. Walford, Nigel. *Geographical Data Analysis*. New York: John Wiley & Sons, 1995.
4. Conzen, Michael P., Thomas A. Rumney, and Graeme Wynn. *A Scholar's Guide to Geographical Writing on the American and Canadian Past*. Chicago: University of Chicago Press, 1993.
4. *Current Geographical Publications*. New York: American Geographical Society of New York.
4. *Geographical Abstracts*. Norwich, UK: Geo Abstracts.
4. Okuno, Takashi. *A World Bibliography of Geographical Bibliographies*. Japan: Institute of Geoscience, University of Tsukuba, 1992.
5. Durrenberger, Robert W., John K. Wright, and Elizabeth T. Platt. *Geographical*

Research and Writing. New York: Crowell, 1985.
5. Northey, Margot, and David B. Knight. *Making Sense: A Student's Guide to Research and Writing: Geography & Environmental Sciences.* 2nd updated ed. Ontario: Oxford University Press, 2005.

Law

1. Curzon, L. B. *Dictionary of Law.* 6th ed. Harlow, UK: Pearson Education Limited, 2002.
1. Garner, Bryan A., and Henry C. Black, eds. *Black's Law Dictionary.* 8th ed. St. Paul, MN: Thomson/West, 2004.
1. Martin, Elizabeth A., ed. *A Dictionary of Law.* 5th ed. Oxford: Oxford University Press, 2003. Also at http://www.oxfordreference.com.
2. Baker, Brian L., and Patrick J. Petit, eds. *Encyclopedia of Legal Information Sources.* 2nd ed. Detroit, MI: Gale Research, 1993.
2. *Corpus Juris Secundum.* St. Paul, MN: West Publishing Company.
2. Hall, Kermit, and David Scott Clark, eds. *The Oxford Companion to American Law.* New York: Oxford University Press, 2002. Also at http://www.oxfordreference.com.
2. Lehman, Jeffrey, and Shirelle Phelps. *West's Encyclopedia of American Law.* 2nd ed. 13 vols. Detroit, MI: Thomson/Gale, 2005. Also online from multiple sources.
3. Campbell, Enid Mona, Lee Poh-York, and Joycey G. Tooher. *Legal Research: Materials and Methods.* 4th ed. North Ryde, Australia: LBC Information Services, 1996.
3. Long, Judy A. *Legal Research Using the Internet.* Albany, NY: West Legal Studies/Thomson Learning, 2000. Also at http://www.netlibrary.com.
4. *Current Index to Legal Periodicals.* Seattle: M. G. Gallagher Law Library and Washington Law Review. Also at http://lib.law.washington.edu/cilp/cilp.html.
4. *Current Law Index: Multiple Access to Legal Periodicals.* Farmington Hills, MI: Gale Group, 2001.
4. *Index to Legal Periodicals & Books.* New York: H. W. Wilson. Also at http://hwwilsonweb.
5. Bast, Carol M., and Margie Hawkins. *Foundations of Legal Research and Writing.* 2nd ed. Albany, NY: West/Thomson Learning, 2002.
5. Garner, Bryan A. *The Elements of Legal Style.* 2nd ed. New York: Oxford University Press, 2002.
6. *The Bluebook: A Uniform System of Citation.* 18th ed. Cambridge, MA: Harvard Law Review Association, 2005.

Political Science

1. Robertson, David. *A Dictionary of Modern Politics.* 4th ed. London: Europa, 2005.
2. *The Almanac of American Politics.* Washington, DC: National Journal. Also at http://nationaljournal.com/members/almanac.
2. Hawkesworth, Mary E., and Maurice Kogan, eds. *Encyclopedia of Government*

  and Politics. 2nd ed. 2 vols. London: Routledge, 2004.
2. Lal, Shiv, ed. *International Encyclopedia of Politics and Laws.* 17 vols. New Delhi: The Election Archives, 1987.
2. Miller, David, ed. *The Blackwell Encyclopaedia of Political Thought.* Oxford: Blackwell, 1998. Also at http://www.netlibrary.com.
3. Green, Stephen W., and Douglas J. Ernest, eds. *Information Sources in Political Science.* 5th ed. Santa Barbara, CA: ABC-Clio, 2005.
3. Johnson, Janet Buttolph, and H. T. Reynolds. *Political Science Research Methods.* 5th ed. Washington, DC: Congressional Quarterly Press, 2005.
4. *ABC PolSci.* Santa Barbara, CA: ABC-Clio.
4. *PAIS International Journals Indexed.* New York: Public Affairs Information Service.
4. *United States Political Science Documents.* Pittsburgh: University of Pittsburgh, University Center for International Studies, 1975–1991.
4. Wynkoop, Sally. *Subject Guide to Government Reference Books.* Littleton, CO: Libraries Unlimited, 1972.
5. Biddle, Arthur W., Kenneth M. Holland, and Toby Fulwiler. *Writer's Guide: Political Science.* Lexington, MA: D. C. Heath, 1987.
5. Lovell, David W., and Rhonda Moore. *Essay Writing and Style Guide for Politics and the Social Sciences.* Sydney: Australasian Political Studies Association, 1992.
5. Schmidt, Diane E. *Writing in Political Science: A Practical Guide.* 3rd ed. New York: Pearson Longman, 2005.
5. Scott, Gregory M., and Stephen M. Garrison. *The Political Science Student Writer's Manual.* 5th ed. Upper Saddle River, NJ: Pearson/Prentice Hall, 2004.
6. American Political Science Association. *Style Manual for Political Science.* Rev. Washington, DC: American Political Science Association, 2001.

Psychology

1. Colman, Andrew M. *Oxford Dictionary of Psychology.* Oxford: Oxford University Press, 2003. Also at http://www.oxfordreference.com.
1. Eysenck, Michael, ed. *The Blackwell Dictionary of Cognitive Psychology.* Oxford: Blackwell, 1997.
1. Hayes, Nicky, and Peter Stratton. *A Student's Dictionary of Psychology.* 4th ed. London: Arnold, 2003.
1. Wolman, Benjamin B., ed. *Dictionary of Behavioral Science.* 2nd ed. San Diego, CA: Academic, 1989.
2. Colman, Andrew M., ed. *Companion Encyclopedia of Psychology.* 2 vols. London: Routledge, 1997.
2. Craighead, W. Edward, Charles B. Nemeroff, and Raymond J. Corsini, eds. *The Corsini Encyclopedia of Psychology and Behavioral Science.* 3rd ed. 4 vols. New York: Wiley, 2002.
2. Kazdin, Alan E., ed. *Encyclopedia of Psychology.* 8 vols. Washington, DC: American Psychological Association; Oxford: Oxford University Press, 2000.
3. Breakwell, Glynis M., Sean Hammond, and Chris Fife-Schaw. *Research Methods*

3. Elmes, David G., Barry H. Kantowitz, and Henry L. Roediger III. *Research Methods in Psychology*. 8th ed. Belmont, CA: Wadsworth, 2005.
   3. Reed, Jeffrey G., and Pam M. Baxter. *Library Use: A Handbook for Psychology*. 3rd ed. Washington, DC: American Psychological Association, 2003.
   3. Shaughnessy, John J., Eugene B. Zechmeister, and Jeanne S. Zechmeister. *Research Methods in Psychology*. 7th ed. Boston: McGraw-Hill, 2005.
   3. Wilson, Christopher. *Research Methods in Psychology: An Introductory Laboratory Manual*. Dubuque, IA: Kendall-Hunt, 1990.
   4. *Annual Review of Psychology*. Palo Alto, CA: Annual Reviews. Also at http://arjournals.annualreviews.org.
   4. *Compact Cambridge MEDLINE*. Bethesda, MD: NLM by Cambridge Scientific Abstracts. Also at http://www.ncbi.nlm.nih.gov/entrez/query.fcgi/.
   4. *NASPSPA Abstracts*. Champaign, IL: Human Kinetics Publishers.
   4. *PsycINFO*. Washington, DC: American Psychological Association. Also online from multiple sources.
   4. *The Web of Science Citation Databases*. Philadelphia: Institute for Scientific Information. Also at http://isiknowledge.com.
   5. Solomon, Paul R. *A Student's Guide to Research Report Writing in Psychology*. Glenview, IL: Scott, Foresman, 1985.
   5. Sternberg, R. J. *The Psychologist's Companion: A Guide to Scientific Writing for Students and Researchers*. 4th ed. Cambridge: Cambridge University Press, 2003.
   6. *Publication Manual of the American Psychological Association*. 5th ed. Washington, DC: American Psychological Association, 2003.

Religion

   1. Bowker, John, ed. *The Concise Oxford Dictionary of World Religions*. Oxford: Oxford University Press, 2000. Also at http://www.oxfordreference.com.
   1. Pye, Michael, ed. *Continuum Dictionary of Religion*. New York: Continuum, 1994.
   2. Jones, Lindsay, ed. *Encyclopedia of Religion*. 15 vols. Detroit, MI: Macmillan Reference USA, 2005.
   2. Routledge Encyclopedias of Religion and Society (series). New York: Routledge.
   3. Kennedy, J. *Library Research Guide to Religion and Theology: Illustrated Search Strategy and Sources*. 2nd ed., rev. Ann Arbor, MI: Pierian, 1984.
   4. Brown, David, and Richard Swinbourne. *A Selective Bibliography of the Philosophy of Religion*. Rev. ed. Oxford: Sub-Faculty of Philosophy, 1995.
   4. Chinvamu, Salms. *An Annotated Bibliography on Religion*. Malawi: Malawi Library Association, 1993.
   4. *Guide to Social Science and Religion in Periodical Literature*. Flint, MI: National Library of Religious Periodicals, 1970–1988.
   4. *Index to Book Reviews in Religion*. Chicago: American Theological Library Association. Also at http://www.ovid.
   4. *Islamic Book Review Index*. Berlin: Adiyok, 1982–.

4. O'Brien, Betty A., and Elmer J. O'Brien, eds. *Religion Index Two: Festschriften, 1960–1969*. Chicago: American Theological Library Association, 1980. Also at http://www.ovid.com.
4. *Religion Index One: Periodicals*. Chicago: American Theological Library Association, 1977–.
4. *Religion Index Two: Multi-author Works*. Chicago: American Theological Library Association. Also at http://www.ovid.

Sociology

1. Abercrombie, Nicholas, Stephen Hill, and Bryan S. Turner. *The Penguin Dictionary of Sociology*. 4th ed. London: Penguin, 2000.
1. Johnson, Allan G. *The Blackwell Dictionary of Sociology: A User's Guide to Sociological Language*. 2nd ed. Oxford: Blackwell, 2002.
1. Scott, John, and Marshall Gordon, eds. *A Dictionary of Sociology*. 3rd ed. New York: Oxford University Press, 2005.
2. Beckert, Jens, and Milan Zafirovksi, eds. *Encyclopedia of Economic Sociology*. London: Routledge, 2005.
2. Borgatta, Edgar F., ed. *Encyclopedia of Sociology*. 2nd ed. 5 vols. New York: Macmillan Reference USA, 2000.
2. Levinson, David L., Peter W. Cookson, and Alan R. Sadovnik, eds. *Education and Sociology: An Encyclopedia*. New York: RoutledgeFalmer, 2002.
2. Ritzer, George, ed. *Encyclopedia of Social Theory*. 2 vols. Thousand Oaks, CA: Sage, 2005.
2. Smelser, N., ed. *Handbook of Sociology*. Newbury Park, CA: Sage, 1988.
3. Aby, Stephen H., James Nalen, and Lori Fielding, eds. *Sociology: A Guide to Reference and Information Sources*. 3rd ed. Westport, CT: Libraries Unlimited, 2005.
3. Lieberson, Stanley. *Making It Count: The Improvement of Social Research and Theory*. Berkeley: University of California Press, 1987.
4. *Annual Review of Sociology*. Palo Alto, CA: Annual Reviews. Also at http://www.jstor.org and at http://arjournals.annualreviews.org/loi/soc/.
4. *Applied Social Sciences Index and Abstracts (ASSIA)*. Bethesda, MD: Cambridge Scientific Abstracts. Also at http://www.csa.
4. *Social Science Research*. San Diego, CA: Academic Press. Also at http://www.sciencedirect.com.
4. *Sociological Abstracts*. Bethesda, MD: Sociological Abstracts. Also at http://www.csa.
5. Sociology Writing Group. *A Guide to Writing Sociology Papers*. 5th ed. New York: Worth, 2001.
5. Tomovic, Vladislav A., ed. *Definitions in Sociology: Convergence, Conflict, and Alternative Vocabularies: A Manual for Writers of Term Papers, Research Reports, and Theses*. St. Catharines, ON: Diliton Publications, 1979.

Women's Studies

1. Bataille, Gretchen M., and Laurie Lisa, eds. *Native American Women: A Biographical Dictionary*. 2nd ed. New York: Routledge, 2001.

1. Mills, Jane. *Womanwords: A Dictionary of Words about Women.* New York: H. Holt, 1993.
1. Salem, Dorothy C., ed. *African American Women: A Biographical Dictionary.* New York: Garland, 1993.
1. Uglow, Jennifer S., Frances Hinton, and Maggy Hendry, eds. *The Northeastern Dictionary of Women's Biography.* 3rd ed. Boston: Northeastern University Press, 1999.
2. Hine, Darlene Clark, Elsa Barkley Brown, and Rosalyn Terborg-Penn, eds. *Black Women in America: An Historical Encyclopedia.* 2 vols. Bloomington: Indiana University Press, 1994.
2. Kramarae, Cheris, and Dale Spender, eds. *Routledge International Encyclopedia of Women: Global Women's Issues and Knowledge.* 4 vols. New York: Routledge, 2000.
2. Tierney, Helen, ed. *Women's Studies Encyclopedia.* Rev. and expanded ed. 3 vols. Westport, CT: Greenwood Press, 1999. Also at http://www.gem.greenwood.com/.
2. Willard, Frances E., and Mary A. Livermore, eds. *American Women: Fifteen Hundred Biographies with Over 1,400 Portraits.* 2 vols. Rev. ed. Detroit, MI: Gale Research, 1973.
3. Atkinson, Steven D., and Judith Hudson. *Women Online: Research in Women's Studies Using Online Databases.* New York: Haworth, 1990.
3. Carter, Sarah, and Maureen Ritchie. *Women's Studies: A Guide to Information Sources.* London: Mansell, 1990.
3. Searing, Susan E. *Introduction to Library Research in Women's Studies.* Boulder, CO: Westview Press, 1985.
4. *Studies on Women and Gender Abstracts.* Oxfordshire, UK: Carfax. Also at http://www.tandf.co.uk/swa/.
4. *Women Studies Abstracts.* Rush, NY: Rush Publishing Company.
4. *Women's Review of Books.* Wellesley, MA: Wellesley College Center for Research on Women, 1983–2004.
4. *Women's Studies International.* Baltimore, MD: National Information Services Corp. Also at http://www.nisc.com.

Natural Sciences

General
1. *McGraw-Hill Dictionary of Scientific and Technical Terms.* 6th ed. New York: McGraw-Hill, 2003. Also at http://www.accessscience.com.
1. Morris, Christopher, ed. *Academic Press Dictionary of Science and Technology.* San Diego, CA: Academic, 1992.
1. Porter, Ray, and Marilyn Bailey Ogilvie, eds. *The Biographical Dictionary of Scientists.* 3rd ed. 2 vols. New York: Oxford University Press, 2000.
1. *Science Navigator.* New York: McGraw-Hill, 1998. CD-ROM, version 4.0.
1. Walker, Peter M. B., ed. *Chambers Dictionary of Science and Technology.* London: Chambers, 2000.

2. Heilbron, J. L., ed. *The Oxford Companion to the History of Modern Science*. Oxford: Oxford University Press, 2003. Also at http://www.oxfordreference.com.
2. *McGraw-Hill Encyclopedia of Science and Technology*. 9th ed. New York: McGraw-Hill, 2002. Also at http://www.accessscience.com.
2. *Nature Encyclopedia: An A-Z Guide to Life on Earth*. New York: Oxford University Press, 2001.
2. *Van Nostrand's Scientific Encyclopedia*. 9th ed. New York: Wiley-Interscience, 2002.
3. *Directory of Technical and Scientific Directories: A World Bibliographic Guide to Medical, Agricultural, Industrial, and Natural Science Directories*. 6th ed. Phoenix, AZ: Oryx Press, 1989.
3. Hurt, Charlie Deuel. *Information Sources in Science and Technology*. 3rd ed. Englewood, CO: Libraries Unlimited, 1998. Also at http://www.netlibrary.com.
3. Nielsen, Harry A. *Methods of Natural Science: An Introduction*. Englewood Cliffs, NJ: Prentice-Hall, 1967.
4. *Applied Science & Technology Index*. New York: H. W. Wilson. Also at http://hwwilsonweb.
4. *British Technology Index*. London: Library Association, 1962–1980.
4. *Compumath Citation Index*. Philadelphia: Institute for Scientific Information, 1981–.
4. Fanning, C. E., Margaret Jackdon, Mary Katharine Reely, and Mertice May James. *Book Review Digest: Annual Cumulation*. New York: The H. W. Wilson Co., 1905–.
4. *General Science Index*. New York: H. W. Wilson, 1978–. Also at http://hwwilsonweb.com.
4. *Genetics Citation Index: Experimental Citation Indexes to Genetics with Special Emphasis on Human Genetics*. Comp. Eugene Garfield and Irving H. Sher. Philadelphia: Institute for Scientific Information, 1963.
4. *Index to Scientific Reviews: An International Interdisciplinary Index to the Review Literature of Science, Medicine, Agriculture, Technology, and the Behavioral Sciences*. Philadelphia: Institute for Scientific Information, 1974.
4. *ISI Web of Science: Science Citation Index*. Philadelphia: Institute for Scientific Information. Also at http://www.isiknowledge.com.
4. *Science and Technology Annual Reference Review*. Phoenix, AZ: Oryx Press, ca. 1989–.
4. *Science Citation Index*. Philadelphia: Institute for Scientific Information, 1961–.
4. *Technical Book Review Index*. New York: Special Libraries Association, 1935–. Available on microfilm and microfiche from University Microfilms.
5. Booth, Vernon. *Communicating in Science: Writing a Scientific Paper and Speaking at Scientific Meetings*. 2nd ed. Cambridge: Cambridge University Press, 1993.
5. Gilpin, Andrea A., and Patricia Patchet-Golubev. *A Guide to Writing in the Sciences*. Toronto: University of Toronto Press, 2000.
5. Valiela, Ivan. *Doing Science: Design, Analysis, and Communication of Scientific Research*. Oxford: Oxford University Press, 2001.
5. Wilson, Anthony, et al. *Handbook of Science Communication*. Bristol: Institute of

Physics Pub., 1998. Also at http://www.netlibrary.com.
6. Rubens, Phillip, ed. *Science and Technical Writing: A Manual of Style.* 2nd ed. New York: Routledge, 2001. Also at http://www.netlibrary.com.

Biology
1. *A Dictionary of Biology.* 5th ed. Oxford: Oxford University Press, 2004. Also at http://www.oxfordreference.com.
1. Allaby, Michael, ed. *The Oxford Dictionary of Natural History.* Oxford: Oxford University Press, 1985.
1. Lawrence, Eleanor, ed. *Henderson's Dictionary of Biology.* 13th ed. Harlow, UK: Prentice Hall, 2005.
1. Singleton, Paul, and Diana Sainsbury. *Dictionary of Microbiology and Molecular Biology.* 3rd ed. New York: Wiley, 2001.
1. Smith, Anthony D., ed. *Oxford Dictionary of Biochemistry and Molecular Biology.* Rev. ed. Oxford: Oxford University Press, 2003.
2. *Biology Encyclopedia.* New York: HarperCollins, 1991. Videodisc.
2. Creighton, Thomas E., ed. *Encyclopedia of Molecular Biology.* 4 vols. New York: John Wiley & Sons, 1999.
2. Dulbecco, Renato, ed. *Encyclopedia of Human Biology.* 2nd ed. 9 vols. San Diego, CA: Academic Press, 1997.
2. Eldredge, Niles, ed. *Life on Earth: An Encyclopedia of Biodiversity, Ecology, and Evolution.* 2 vols. Santa Barbara, CA: ABC-Clio, 2002.
2. Hall, Brian Keith, and Wendy M. Olson, eds. *Keywords and Concepts in Evolutionary Developmental Biology.* Cambridge, MA: Harvard University Press, 2003.
2. Pagel, Mark D., ed. *Encyclopedia of Evolution.* 2 vols. Oxford: Oxford University Press, 2002.
3. Boorkman, Jo Anne, Jeffrey T. Huber, and Fred W. Roper. *Introduction to Reference Sources in the Health Sciences.* 4th ed. New York: Neal-Schuman, 2004.
3. Wyatt, H. V., ed. *Information Sources in the Life Sciences.* 4th ed. London: Bowker-Saur, 1997.
4. *Biological Abstracts.* Philadelphia: BioSciences Information Service of Biological Abstracts. Also at http://www.ovid.
4. *Biological and Agricultural Index.* New York: H. W. Wilson. Also at http://hwwilsonweb.com.
4. *Environment Sciences & Pollution Management.* Bethesda, MD: Cambridge Scientific Abstracts. Also at http://www.csa.com.
4. *Genetics Citation Index; Experimental Citation Indexes to Genetics with Special Emphasis on Human Genetics.* Comp. Eugene Garfield and Irving H. Sher. Philadelphia: Institute for Scientific Information, 1963.
5. McMillan, Victoria E. *Writing Papers in the Biological Sciences.* 3rd ed. Boston: Bedford/St. Martin's, 2001.
6. *CBE Style Manual: A Guide for Authors, Editors, and Publishers in the Biological Sciences.* 5th ed. Bethesda: Council of Biology Editors, 1983.

Chemistry
1. Hawley, Gessner Goodrich, and Richard J. Lewis Sr. *Hawley's Condensed Chemical Dictionary*. 14th ed. New York: Wiley, 2002.
2. Kroschwitz, Jacqueline, and Arza Seidel, eds. *Kirk-Othmer Encyclopedia of Chemical Technology*. 5th ed. Hoboken, NJ: Wiley-Interscience, 2004.
2. Lide, David R. *CRC Handbook of Chemistry and Physics*. 86th ed. Boca Raton, FL: CRC Press, 2005.
2. Meyers, Robert A., ed. *Encyclopedia of Physical Science and Technology*. 3rd ed. 18 vols. San Diego, CA: Academic, 2002. Also at http://www.sciencedirect.com.
3. *CRC Handbook of Chemistry and Physics*. Cleveland, OH: CRC.
3. Leslie, Davies. *Efficiency in Research, Development, and Production: The Statistical Design and Analysis of Chemical Experiments*. Cambridge: Royal Society of Chemistry, 1993.
3. Wiggins, Gary. *Chemical Information Sources*. New York: McGraw-Hill, 1991.
4. *ACS Publications*. Columbus, OH: American Chemical Society. Also at http://pubs.acs.org.
4. *Chemical Abstracts*. Columbus, OH: American Chemical Society. Also at http://www.cas.org.
4. *Composite Index for CRC Handbooks*. 3rd ed. 3 vols. Boca Raton, FL: CRC Press, 1991.
4. *CrossFire Beilstein*. San Leandro, CA: MDL Information Systems. Also at http://www.beilstein.com/products/xfire/.
4. *ScienceDirect*. New York: Elsevier Science. Also at http://www.sciencedirect.com/.
5. Beall, Herbert, and John Trimbur. *A Short Guide to Writing about Chemistry*. 2nd ed. New York: Longman, 2001.
5. Ebel, Hans Friedrich, Claus Bliefert, and William E. Russey. *The Art of Scientific Writing: From Student Reports to Professional Publications in Chemistry and Related Fields*. 2nd ed. Weinheim, Germany: Wiley-VCH, 2004.
5. Schoenfeld, Robert. *The Chemist's English, with "Say It in English, Please!"* 3rd rev. ed. New York: Wiley-VCH, 2001.
6. Dodd, Janet S., ed. *The ACS Style Guide: A Manual for Authors and Editors*. 2nd ed. Washington, DC: American Chemical Society, 1997.

Computer Sciences
1. Gattiker, Urs E. *The Information Security Dictionary: Defining the Terms That Define Security for E-Business, Internet, Information, and Wireless Technology*. Boston: Kluwer Academic, 2004.
1. LaPlante, Phillip A. *Dictionary of Computer Science, Engineering, and Technology*. Boca Raton, FL: CRC Press, 2001.
1. Pfaffenberger, Bryan. *Webster's New World Computer Dictionary*. 10th ed. Indianapolis, IN: Wiley, 2003.
1. *Random House Concise Dictionary of Science and Computers*. New York: Random House Reference, 2004.
1. South, David W. *The Computer and Information Science and Technology Abbrevia-

tions and Acronyms Dictionary. Boca Raton, FL: CRC Press, 1994.
2. Henderson, Harry. *Encyclopedia of Computer Science and Technology.* New York: Facts on File, 2003.
2. Marins, Brigham, ed. *World of Computer Science.* 2 vols. Detroit, MI: Gale Group/Thomson Learning, 2002.
2. Reilly, Edwin D., Anthony Ralston, and David Hemmendinger, eds. *Encyclopedia of Computer Science.* 4th ed. Chichester, UK: Wiley, 2003.
3. Ardis, Susan B., and Jean A. Poland. *A Guide to the Literature of Electrical and Electronics Engineering.* Littleton, CO: Libraries Unlimited, 1987.
4. *Directory of Library Automation Software, Systems, and Services.* Medford, NJ: Learned Information.
5. Eckstein, C. J. *Style Manual for Use in Computer-Based Instruction.* Brooks Air Force Base, TX: Air Force Human Resources Laboratory, Air Force Systems Command, 1990.

Geology and Earth Sciences

1. Clark, John O. E., and Stella Stiegeler, eds. *The Facts on File Dictionary of Earth Science.* New York: Facts on File, 2000.
1. Jackson, Julia A., and Robert Latimer Bates, eds. *Glossary of Geology.* 4th ed. Alexandria, VA: American Geological Institute, 1997.
1. *McGraw-Hill Dictionary of Geology and Mineralogy.* 2nd ed. New York: McGraw Hill, 2003.
2. Bishop, Arthur C., Alan R. Woolley, and William R. Hamilton. *Cambridge Guide to Minerals, Rocks, and Fossils.* Rev. ed. Cambridge: Cambridge University Press, 2001.
2. Bowes, Donald R., ed. *The Encyclopedia of Igneous and Metamorphic Petrology.* New York: Van Nostrand Reinhold, 1989.
2. Dasch, E. Julius, ed. *Macmillan Encyclopedia of Earth Sciences.* 2 vols. New York: Macmillan Reference USA, 1996.
2. Good, Gregory A., ed. *Sciences of the Earth: An Encyclopedia of Events, People, and Phenomena.* 2 vols. New York: Garland, 1998.
2. Hancock, Paul L., and Brian J. Skinner, eds. *The Oxford Companion to the Earth.* Oxford: Oxford University Press, 2000. Also at http://www.oxfordreference.com.
2. Nierenberg, William A., ed. *Encyclopedia of Earth System Science.* 4 vols. San Diego, CA: Academic, 1992.
2. Selley, Richard C., L. R. M. Cocks, and I. R. Plimer, eds. *Encyclopedia of Geology.* 5 vols. Amsterdam: Elsevier Academic, 2005.
2. Seyfert, Carl K., ed. *The Encyclopedia of Structural Geology and Plate Tectonics.* New York: Van Nostrand Reinhold, 1987.
2. Singer, Ronald, ed. *Encyclopedia of Paleontology.* 2 vols. Chicago: Fitzroy Dearborn, 1999.
2. Steele, John H., S. A. Thorpe, and Karl K. Turekian, eds. *Encyclopedia of Ocean Sciences.* 6 vols. San Diego, CA: Academic Press, 2001. Also at http://www

.sciencedirect.com/science/referenceworks/.
4. *Bibliography and Index of Geology.* Alexandria, VA: American Geological Institute. Also at http://georef.cos.com/.
4. *Geobase.* New York: Elsevier Science. Also online from multiple sources.
4. Wood, David N., Joan E. Hardy, and Anthony P. Harvey. *Information Sources in the Earth Sciences.* 2nd ed. London: Bowker-Saur, 1989.
5. Bates, Robert L., Marla D. Adkins-Heljeson, and Rex C. Buchanan, eds. *Geowriting: A Guide to Writing, Editing, and Printing in Earth Science.* Rev. 5th ed. Alexandria, VA: American Geological Institute, 2004.
5. Dunn, J., et al. *Organization and Content of a Typical Geologic Report.* Rev. ed. Arvada, CO: American Institute of Professional Geologists, 1993.

Mathematics

1. Borowski, E. J., and J. M. Borwein, eds. *Collins Dictionary: Mathematics.* 2nd ed. Glasgow: HarperCollins, 2002.
1. James, Robert Clarke, and Glenn James. *Mathematics Dictionary.* 5th ed. New York: Van Nostrand Reinhold, 1992.
1. Schwartzman, Steven. *The Words of Mathematics: An Etymological Dictionary of Mathematical Terms Used in English.* Washington, DC: Mathematical Association of America, 1994.
2. Darling, David J. *The Universal Book of Mathematics: From Abracadabra to Zeno's Paradoxes.* Hoboken, NJ: Wiley, 2004.
2. Ito, Kiyosi, ed. *Encyclopedic Dictionary of Mathematics.* 2nd ed. 2 vols. Cambridge: MIT Press, 1993.
2. Weisstein, Eric W. *CRC Concise Encyclopedia of Mathematics.* 2nd ed. Boca Raton, FL: Chapman & Hall/CRC, 2003.
3. Pemberton, John E. *How to Find Out in Mathematics: A Guide to Sources of Information.* 2nd rev. ed. Oxford: Pergamon, 1969.
4. *East European Scientific Abstracts.* Arlington, VA: Joint Publications Research Service.
4. *Mathematical Reviews: 50th Anniversary Celebration.* Providence, RI: American Mathematical Society, 1990.
4. *MathSci.* Providence, RI: American Mathematical Society. Also at http://www.ams.org/mathscinet/.
5. *A Manual for Authors of Mathematical Papers.* Rev. ed. Providence, RI: American Mathematical Society, 1990.
5. Miller, Jane E. *The Chicago Guide to Writing about Multivariate Analysis.* Chicago: University of Chicago Press, 2005.

Physics

1. Basu, Dipak, ed. *Dictionary of Pure and Applied Physics.* Boca Raton, FL: CRC Press, 2001.
1. Isaacs, Alan, ed. *A Dictionary of Physics.* 4th ed. Oxford: Oxford University Press, 2000.
1. Sube, Ralf. *Dictionary: Physics Basic Terms; English-German.* Berlin: A. Hatier,

1994.
1. Thewlis, James. *Concise Dictionary of Physics and Related Subjects.* 2nd ed. rev. and enl. Oxford: Pergamon, 1979.
2. Lerner, Rita G., and George L. Trigg, eds. *Encyclopedia of Physics.* 3rd ed. Weinheim, Germany: Wiley-VCH, 2005.
2. *McGraw-Hill Concise Encyclopedia of Physics.* New York: McGraw-Hill, 2005.
2. Meyers, Robert A., ed. *Encyclopedia of Modern Physics.* San Diego, CA: Academic Press, 1990.
2. Trigg, George L., ed. *Encyclopedia of Applied Physics.* Weinheim, Germany: Wiley-VCH, 2004.
2. Woan, Graham. *The Cambridge Handbook of Physics Formulas.* 2003 ed. Cambridge: Cambridge University Press, 2003.
3. Shaw, Dennis F. *Information Sources in Physics.* 3rd ed. London: Bowker-Saur, 1994.
4. *American Institute of Physics Journals.* College Park, MD: AIP. Also at http://www.aip.org/ojs/service.html.
4. *Astronomy and Astrophysics Abstracts.* Berlin: Springer-Verlag.
4. *Current Physics Index.* New York: American Institute of Physics. Also at http://ojps.aip.org/spinweb/.
4. *IEEE Xplore.* New York: Institute of Electrical and Electronics Engineers. Also at http://www.ieee.org/ieeexplore/.
4. *Inspec.* Stevenage, UK: Institution of Electrical Engineers. Also at http://www.iee.org/Publish/INSPEC/.
4. *Institute of Physics Electronic Journals.* London: IOP. Also at http://www.iop.org/EJ/.
4. *Physics Abstracts.* London: Institution of Electrical Engineers.
5. Katz, Michael J. *Elements of the Scientific Paper.* New Haven: Yale University Press, 1985.
6. American Institute of Physics. *AIP Style Manual.* 4th ed. New York: American Institute of Physics, 1990. Also at http://www.aip.org/pubservs/style/4thed/toc.html.

索　引

欧文
CD-ROM　270
DOI　247
DVD-ROM　270
Eメール　273, 408
ftp　247
http　247
URL　247

あ行
アウトライン　30, 33, 46, 72, 83, 89, 90, 101, 458
アクセス日　249
アクロニュム　236
あとがき　251
後づけ　518, 519, 521, 525, 532, 536, 541, 546, 548
アラビア数字　257, 310
言い換え　103
イタリック体　237, 256, 257
1次資料　35-38, 42, 74, 212, 296, 303, 313, 384, 391
イニシャリズム　236, 347
イメージ　107
インターネット　18
インタビュー　274
インデント　310
引用　38, 103, 223
　——符　109, 256
　——方式　39, 104
ウィキペディア　38
映画　35, 283
エレベーター・ストーリー　33
円グラフ　130
演劇　282
演奏家　35
大文字　258
　——表記（法）　207, 238, 239, 243, 251, 256, 257, 259, 263, 264, 305, 306, 329, 331, 335, 342, 347, 349, 351, 354, 372, 373, 376, 432, 434, 436-450, 462, 468, 483, 485, 488-490, 492, 504, 507, 510, 511, 520, 526, 531, 533, 539, 540, 552

折丁記号　277
折れ線グラフ　118, 119, 122, 130
音楽　282
オンライン・データベース　272, 273, 361, 362, 363
オンライン情報　197, 198

カ行
改稿　18, 101, 137, 138, 141, 153, 154, 155, 160, 200
改訂版　328
会話　275
化学　35
学位論文　25
角カッコ　425
学術雑誌　39, 47, 253, 255, 343
楽譜　35, 288
箇条書き　37
頭文字　409
カッコ入り出典　106, 305, 306, 310, 312-317, 320-325, 327, 333, 335, 338, 341, 343, 344, 346, 349, 350, 352, 353, 355, 357, 361, 364, 365, 367-374, 376, 378, 379, 381, 388, 389, 501, 540
カッコ入り出典—参照リスト方式　39, 194, 304, 310, 320
カッコ入り注　222, 223, 224, 228, 234, 263, 266, 268, 275, 281, 282
可変項目　135, 136
感嘆符　330, 422
キーワード　43, 46, 47, 57, 60, 63, 66, 67, 93, 94, 95, 97, 102, 138, 139, 140, 152
起草　18, 87, 94, 95, 101, 102, 106, 108, 115, 149, 457
疑問符　330, 421
脚注　106, 195, 202, 214, 215, 216, 222, 223, 248, 266, 268, 317, 339, 357, 364, 482, 483, 486, 500, 502, 505, 507, 508, 516, 517, 518, 540, 551, 552, 553
脚本　35
キャプション　121, 125
議論　72
句読点　409

585

句読法　173, 306
区分された可変項目　135
グラフ　183, 497, 498, 500, 509, 510, 511, 541, 554
クローズ〔節〕　413
経済学　35
芸術学　35
芸術　281
結果　88
決議　291
結論　88, 137
研究課題　9, 18-22, 25-33, 37, 44, 45, 50, 52, 60, 64, 67, 88, 90, 92, 99, 102, 103, 144, 147, 148, 173, 174, 192, 213, 250, 341, 531, 535
講演　274
恒久的情報識別子　249
講義レポート　33, 49
後注　106, 195, 202, 214-216, 222, 223, 268, 482, 483, 486, 517, 518, 532, 546
公聴会　291
口頭発表　176, 177, 179, 180, 182
古典文学　265, 266
コレクション　251
コロン　418
根拠　77-85, 97, 98
コンマ　413

サ行

再版　328
作業仮説　27-30, 33, 41, 43, 54, 61, 65, 68, 71
作業支援グループ　32
索引　44
作品　35
作家　35
作曲家　35
雑誌記事　121
雑誌　255
参考文献　193, 209
　——情報　252
参考文献目録　20-22, 40, 42, 44-46, 48, 195, 200, 202, 203, 207-210, 212, 213, 216, 218, 220, 223, 228-233, 239, 242-244, 246, 247, 250-254, 259, 261, 262, 266, 268-277, 279-281, 284-287, 289, 292, 294, 300-302, 412, 424, 430, 444, 461, 482, 498, 500, 518, 532, 546, 548
　——方式　39, 40, 106, 194, 195, 198, 199, 202, 314, 437, 439, 457, 462, 477, 481, 484, 500, 540, 546

500, 540, 546
　——または参照リスト　546
3次資料　38, 47, 212, 313
参照資料　209
参照番号　223
参照リスト　196, 200, 305-307, 310-316, 320-325, 327-329, 333-335, 337, 338, 341, 342-344, 346, 348, 349, 351, 352, 353, 356-370, 373-376, 379-381, 383, 384, 388, 391, 424, 482, 518, 521, 532, 546, 548
　——方式　39, 40, 106, 194-196, 198, 199, 223, 304, 305, 437, 439, 457, 462, 477, 481, 484, 501, 540, 546, 548
詩　285
視覚芸術　280
字下げ　310
自然科学　39, 304
執筆グループ　32, 33, 70
社会科学　37, 39, 304
修士論文　49
手稿　35
　——コレクション　277, 365
主張　72, 92, 137
出典　38, 191
出版社　336
出版情報　198, 207, 209, 244, 254, 260, 265, 268, 271-273, 278, 281, 287, 291, 302, 306, 336, 344, 350, 352, 354, 361, 362, 367, 376, 380, 389
出版地　336
出版年　328
情報源　38
省略法　310
初期英文学　265
序文　251
序論　251
資料　35
事例　135, 136
新聞　39, 352
人文科学　37, 39
心理学　35
図　107, 108, 117, 120, 122, 123, 131, 133, 248, 339, 413, 444, 457, 462, 468, 470, 471, 482, 497-501, 504, 509-513, 517, 526, 531, 536, 540, 541, 554, 555
推敲　170
推奨文献目録　209
数値　135
図解　118, 248, 339, 497, 499, 526, 531, 541,

586

556
図形　132
図像　35
スタブ　506, 507
　──・コラム　499, 503
ストーリーボード　30, 32, 35, 64, 68, 72, 75, 76, 83, 86, 89, 90, 92-95, 97, 99, 101, 102
図表　118, 120, 121, 124, 132, 183, 282, 371, 498, 510, 554
スペリング　174
政府・商業データベース　35
接頭辞　401, 407
説明的位置指定子　249
セミコロン　417
線グラフ　125
先行研究　91, 145, 146, 149, 177, 184, 208, 310
選集　252
前置詞　234, 326
センテンス方式　207, 236, 238, 256, 257, 263, 306, 347, 351, 437-439, 458, 506, 507, 510-512, 520, 539, 540
草案　18

タ行

ダウンロード　345
ダッシュ　422
探索　35
短縮注　218, 223, 228, 234, 252, 276
ダンス　282
単独著者の文献目録　209, 212
チャート　118, 125, 497, 498, 509-511, 541, 554
注記式参考文献目録方式　39, 194, 202, 208, 228
注釈付参考文献目録　209
中世文学　265
著者　39
定期刊行物、定期刊行文献　44, 255, 278, 345
データ　8
手紙　35, 275, 278
テレビ番組　283
電子情報　194
電子メーリング・リスト　280
テンプレート　57, 61, 201, 304
頭注　209, 212, 213, 313, 548
導入部　88, 137
討論　92
図書館　18
ドット　413

トピック　9
ドラマ　285

ナ行

流し込み引用　104, 483, 486
2次資料　32, 36-38, 42, 44, 74, 89, 212, 296, 302, 303, 313, 384, 391
2次文献　42
2重引用符　256
日記　35
博士論文　25

ハ行

版（エディション）　332
版権　328
版権または空白のページ　524
パンフレット　271
表　107, 117, 118, 122, 125, 134, 183, 214, 248, 339, 413, 444, 457, 462, 468, 470, 471, 482, 497-512, 517, 526, 531, 532, 536, 540-552, 553, 554
剽窃　59, 108, 109, 111, 112, 192, 482
　──者　88
表題　39, 123, 152, 171, 194, 198, 203, 207-209, 215, 218, 219, 221, 223-225, 228-233, 236-243, 245-247, 250-253, 255-260, 264, 266, 271, 273, 274, 276-279, 281-284, 286, 290, 291, 293, 295, 296, 298, 299-301, 305, 309, 312, 315, 316, 320-325, 327-332, 334, 335, 337, 341-351, 353-356, 360, 362, 363, 366, 376, 379, 380, 382, 384, 387, 388, 413, 421, 425, 429, 430, 434, 436, 437-442, 457, 463, 499, 503-509, 512, 517-521, 524-526, 531-533, 536, 539-541, 546, 548, 552, 553
　──内　329
表番号　553
ピリオド　412
ファースト・ネーム　315
フォーマット　345
複合語　401
複合姓　234
副題　39, 46, 95, 138, 212, 215, 216, 232, 236-238, 250, 254, 256, 260, 265, 302, 313, 324, 328, 329, 330, 335, 341, 344, 350, 352, 389, 413, 436, 437, 439
副見出し　215
舞台芸術　280
2つ折版　277

587

物理学　304
部分集合　135
ブラン　18
フレーズ　413
ブレーンストーミング　33
付録　458, 541, 546, 553
ブログ　368
ブロック引用（文）　104, 110, 113, 214, 314,
　　485, 486-488, 492, 517, 518, 525, 552
文学　35
文献情報　310, 501
文献目録　236
文法　173
編者　231, 323
編集者　39
補遺　260
法案　291
棒グラフ　118, 119, 126, 127, 130, 132
報告書　271, 290
放送　280
方法論　88
法令　292
翻訳者　39, 231, 323
翻訳　312

マ行

マイクロフォーム　271
前づけ　488, 517-519, 521, 524-526, 532, 536,
　　541
丸カッコ　424
未公刊　288
見出し語　37
見出し方式　207, 236, 238, 243, 256, 257, 263,
　　264, 273, 306, 335, 347, 351, 354, 370, 372,
　　373, 376, 437-439, 520, 539
メディア研究　281
メモ　35, 54
目次　44, 180, 525, 526

ヤ行

用語解説　546
要旨　46, 270, 360
要約　47, 103

ラ行

ライヴ・パフォーマンス　280, 282
ラジオ番組　283
ラスト・ネーム　313
ラベル　125

リーダー　413
略語　409
理由　72
歴史学　35
レビュー　144, 145
レポート　54
　　——と原稿　278
連続的な可変項目　135
ロード・マップ　93, 179
ローマ数字　257, 310
ローマ体　256, 264
録音　35, 284
論拠　20, 72
論述　88

著訳者紹介

[著者]

ケイト・L・トゥラビアン（Kate Larimore Turabian, 1893〜1987）は、アメリカの編集者で、本書の著者として広く知られている。1930〜58年にシカゴ大学大学院で、論文の受付窓口を担当し、すべての修士論文や博士論文の認可に携わった。本書は、シカゴ大学出版局の論文作法（いわゆる「シカゴ・スタイル」）に忠実に基づき、その概要を解説したものである。1937年の初版から2007年の第7版までで総計800万部以上を売り上げたとされ、本書とそれに基づいた論文作法は、一般に「トゥラビアン」として親しまれている。

[改訂者]

ウエイン・C・ブース（Wayne C. Booth）は、シカゴ大学のジョージ・M・プルマン特別名誉教授（George M. Pullman Distinguished Service Professor Emeritus）だった。彼の多くの著書には、いずれもシカゴ大学出版局から出版された *The Rhetoric of Fiction*、*For the Love of It: Amateuring and Its Rivals*、*The Essential Wayne Booth* などがある。2005年逝去。

グレゴリー・G・コロンブ（Gregory G. Colomb）は、ヴァージニア大学の英語学の教授。*Design on Truth: The Poetics of the Augustan Mock-Epic* の著者である。

ジョセフ・M・ウィリアムズ（Joseph M. Williams）は、シカゴ大学の英語学と言語学の名誉教授。*Style: Lessons in Clarity and Grace* の著者で、同書は現在9版を重ねている。

ブース、コロンブ、およびウィリアムズは、*The Craft of Research* を共同執筆した。現在、第2版が出ている（シカゴ大学出版局、2003）。コロンブとウィリアムズはまた、*The Craft of Argument* を執筆した。現在は第3版である。

[訳者]

沼口　隆（ぬまぐち　たかし）
東京藝術大学准教授、国立音楽大学および桐朋学園大学講師。国立音楽大学准教授等を経て2020年より現職。ドルトムント大学（当時）博士課程修了。専門は音楽学（西洋音楽史）。学術論文・翻訳論文のほか、共著書に『よく分かるクラシックの基本』、『楽譜をまるごと読み解く本』など。

沼口好雄（ぬまぐち　よしお）
東京大学文学部英文科卒業。元 朝日新聞社記者。
前 文教大学・大正大学非常勤講師（情報論、文章表現、時事英語など担当）。

シカゴ・スタイル　研究論文執筆マニュアル

2012年11月10日　初版第1刷発行
2022年1月31日　初版第5刷発行

著者　　　　　　ケイト・L・トゥラビアン
改訂者　　　　　ウェイン・C・ブース、グレゴリー・G・コロンブ、
　　　　　　　　ジョセフ・M・ウィリアムズ、シカゴ大学出版局エディトリアル・スタッフ
訳者　　　　　　沼口　隆、沼口好雄
発行者　　　　　依田俊之
発行所　　　　　慶應義塾大学出版会株式会社
　　　　　　　　〒108-8346　東京都港区三田 2-19-30
　　　　　　　　TEL〔編集部〕03-3451-0931
　　　　　　　　　　〔営業部〕03-3451-3584〈ご注文〉
　　　　　　　　　　〔　〃　〕03-3451-6926
　　　　　　　　FAX〔営業部〕03-3451-3122
　　　　　　　　振替　00190-8-155497
　　　　　　　　URL　https://www.keio-up.co.jp/
装丁　　　　　　土屋　光（Perfect Vacuum）
印刷・製本　　　萩原印刷株式会社
カバー印刷　　　株式会社太平印刷社

　　　　　　　　Ⓒ2012 Takashi Numaguchi, Yoshio Numaguchi
　　　　　　　　Printed in Japan　ISBN978-4-7664-1977-1

慶應義塾大学出版会

ベッカー先生の論文教室

ハワード・S・ベッカー著／小川芳範訳　20年以上もアメリカで読みつがれる「論文の書き方」ベストセラー。著名な社会学者のベッカー先生が、論文の作法とその心得を伝授。学生、研究者だけでなく、白い紙の前に座る「書く人」すべてに贈る希望の一冊。　●2,000円

ジャマーノ編集長　学術論文出版のすすめ

ウィリアム・ジャマーノ著／松井貴子訳／原田範行解題　コロンビア大学出版局の元編集長が、学術論文出版の基本的な知識や手続きを分かりやすくユーモアを交えて解説。論文の書き方から、出版社の選定方法等、本気で論文出版を考える学生から研究者、出版関係者まで幅広く参考になる実用書。　●3,800円

英語論文の書き方入門

迫桂・徳永聡子著　学問の心得や英語論文ならではの特徴、テーマ探しから執筆・完成に至るまでの手順を、準備編と実践編にわけて詳しく解説する。はじめて英語論文に取り組む人にも、きちんと学び直したい人にも、よくわかる一冊。　●2,000円

表示価格は刊行時の本体価格（税別）です。